DYNAMIK VON ZEIT UND RAUM

Dynamik von Zeit und Raum

Wege zur Öffnung der Grenzen von Erkenntnis

TARTHANG TULKU

Dharma Publishing Deutschland

Herzlichen Dank all denjenigen, die das Erscheinen dieses Buches durch Initiative, Mitarbeit und finanzielle Unterstützung ermöglicht haben!

Autorisierte Übersetzung aus dem Amerikanischen
von Manfred Merker

Originaltitel: *Dynamics of Time and Space – Transcending Limits on Knowledge*
Erschienen bei Dharma Publishing, Berkeley, USA

Satz: Thomas Nuber
Umschlagfoto: Fractal Image
Abdruck mit freundlicher Genehmigung
von Liz Dobson, USA
Druck: Dharma Druck, Altenberge
Printed in Germany

Die Deutsche Bibliothek – CIP-Einheitsaufnahme

Tarthang <sPrul-sku> :
Dynamik von Zeit und Raum : Wege zur Öffnung der Grenzen von Erkenntnis / Tarthang Tulku.
[Autorisierte Übers. aus dem Amerikan. von Manfred Merker]. –
Münster: Dharma Publ. Deutschland, 1999
Einheitssacht.: Dynamics of time and space <dt.>
ISBN 3-928758-15-2

Inhalt

Verfügbarkeit von Wissen

Transformationen

Übungen

Vorwort

Mitte der siebziger Jahre gab ich am Nyingma-Institut in Berkeley, Kalifornien, eine Reihe von Sommerkursen. In enger Zusammenarbeit mit Experten aus Gebieten wie Psychologie, Pädagogik und Philosophie konzentrierte ich mich zunächst auf die Vermittlung von Lehrinhalten der Nyingma-Schule des tibetischen Buddhismus, in der ich erzogen worden war.

Obwohl dieses Angebot ein begeistertes Echo fand, stieß ich ab einem bestimmten Punkt auf einige fundamentale Verständigungsschwierigkeiten. Denkweisen, Begriffe, Terminologie und Bildwelt der Tradition waren für die Kursteilnehmer manchmal schwierig zu verstehen oder in ihrem Wert nicht leicht zu würdigen. Darin kam nicht nur eine andersgeartete Logik, sondern auch eine wesentlich andere Mentalität zum Ausdruck. Menschen des Westens haben den wissenschaftlichen Zugang zur Erkenntnis im Blut und wissen mit dem eher spirituellen Zugang, den buddhistische Kulturen zugrundelegen, nicht immer etwas anzufangen. Und dies waren erst die offensichtlicheren Hindernisse.

Als ich über diese Probleme nachdachte, begannen neue Ideen mir im Kopf herumzugehen. Ich konnte an ihnen bestimmte Anknüpfungspunkte mit dem Buddhismus ausmachen, ich sah aber auch, daß diese Neuformulierungen eine Loslösung von der Tradition bedeuteten. Nach und nach fing ich an, einige dieser Ideen mit Schülern und Freunden näher auszuarbeiten. Da sie hilfreich schienen, arbeitete ich in dieser Richtung weiter. Je mehr ich mich mit ihnen beschäftigte, desto mehr begannen diese Ideen ein Eigenleben zu gewinnen. Aus diesen Anfängen gewann die Raum-Zeit-Erkenntnis-Vision (Time Space Knowledge: TSK) Gestalt.

Es ist nicht leicht, die wirkliche Quelle der TSK-Vision im nachhinein festzustellen. Mein eigener Hintergrund und meine Studien lieferten mir sicherlich das Rüstzeug für eine Art von intellektueller Disziplin, die sich für die neue Wirklichkeitsschau als wesentlich herausstellte. Gleichzeitig beschäftigten mich meine eigenen Überlegungen über die neue Kultur, in der ich mich befand, und über die Denk- und Erkenntnismethoden, auf denen sie fußte. Schließlich empfand ich ein starkes Gefühl von Dringlichkeit: die Notwendigkeit, wirksame Wege zu finden, um bestimmte Einsichten zu vermitteln, die für diese unsere Gegenwart wichtig sind.

Als ich anfing, Erfahrung und Ereignisse in den Begriffen von Zeit, Raum und Erkennis zu erforschen, stellte ich mir die Frage, warum gerade diese drei Themen sich als dominant erwiesen hatten. Es gibt gewiß andere naheliegende Wege, die menschliche Erfahrung und die menschliche Welt zu deuten. Doch als ich anderen meine Fragestellung mitteilte, lernte ich einzusehen, daß diese Art des Analysierens einschneidende Vorteile aufwies.

Die Konzentration auf Zeit, Raum und Erkenntnis kommt der westlichen Denkweise sehr zustatten, denn Zeit und Raum sind objektive Faktoren in unserem Leben, und Erkenntnis steht im Mittelpunkt all unseren Tuns. Ohne Zeit könnten wir nicht leben; ohne Raum wären wir nicht in unserem Körper. Erfahrung, Erscheinung und Tun sind sämtlich abhängig von Zeit, Raum und Erkenntnis. Doch diese grundlegenden Aspekte des Seins werden nicht allgemein gewürdigt oder zum Gegenstand der Diskussion; im allgemeinen werden sie unbesehen vorausgesetzt.

Ein konzentriertes Hinterfragen von Zeit, Raum und Erkenntnis bietet die Gelegenheit zu klarer und prägnanter Analyse. Es kann auf kulturelle Konzepte und Begriffe zurückgreifen, die in den schöpferischsten Tendenzen innerhalb des westlichen Denkens anklingen. Darüber hinaus ist es angemessen für die Probleme, die natürlicherweise in einer Gesellschaft zum Tragen kommen, in der die Zeit sich anscheinend ständig beschleunigt, der Raum fortwährend manipuliert wird und das Wissen sich mit jeder Generation auf dramatische Weise wandelt.

Der fortwährende Prozeß des Hinterfragens, zu dem die neue Vision aufforderte, war nicht religiöser oder philosophischer Art; er paßte tatsächlich in keinerlei vorgegebene Kategorie. Doch er bot ganz eindeutig Ausblicke auf eine andere Art von Erfahrung, die nicht auf unserer üblichen Rolle als ›Zaungast‹ oder Kommentator unseres eigenen Lebens beruht. Als die Vision aufzutauchen und Gestalt zu gewinnen begann, sah ich, daß sie sich öffnen könnte auf so etwas wie eine andere Art und Weise, mit der Wirklichkeit umzugehen.

Meine ersten flüchtigen Einblicke in diese Möglichkeiten haben sich zu einer anderen Verstehensweise vertieft. Anfangs dachte ich über Zeit und Raum und Erkenntnis mehr oder weniger genauso wie jedermann. Inzwischen denke ich darüber anders. Ich habe festgestellt, daß ich tatsächlich nicht von Raum und Zeit und Erkenntnis getrennt bin, und es scheint mir, dies gilt für jeden von uns.

Meine Überzeugung, daß die TSK-Vision einen bahnbrechenden neuen Zugang zu grundlegenden menschlichen Problemen anzubieten hatte, veranlaßte mich dazu, einige meiner Gedanken und Erfahrungen für eine Publikation zusammenzustellen. Ich sah eine Möglichkeit für einen Neuanfang: eine Forschungsmethode, die sich aus sich selber heraus, ohne Bezugnahme auf Dogmen oder vorgefaßte Meinungen, würde entwickeln können.

Das erste TSK-Buch, *Raum, Zeit und Erkenntnis* (1977), entwickelte eine Darstellung, in der sich Zeit, Raum und Erkenntnis auf drei verschiedenen Ebenen analysieren ließen. Damit war keineswegs die Hypothese verbunden, diese drei Ebenen seien ›wirklich‹ oder Erscheinung lasse sich in genau dieser Weise unterteilen. Dieser Zugang bot jedoch eine nützliche Basis, um eine Auffassung vorzustellen, die sich signifikant von konventionelleren Analysemethoden abhob.

In den folgenden Bänden der Reihe *Love of Knowledge* (1987) und *Knowledge of Time and Space* (1990) habe ich andere Wege beschritten, diese Vision darzubieten, und dieses Projekt findet hier seine Fortsetzung. Die Herausforderung ist beträchtlich. Die TSK-Vision versucht, eine Verstehensweise zu vermitteln, die nicht auf den üblichen Erklärungskategorien wie Existenz und Nicht-Existenz oder wahr und falsch beruht. Es war notwendig, Sprache in ungewohnter Weise zu benutzen und den Versuch zu machen, eine Bedeutung erahnen zu lassen ›hinter‹ jener Bedeutung, die die verwendeten Wörter üblicherweise beinhalten.

Einer solchen Unternehmung setzen die Erfordernisse des schriftlichen Diskurses bestimmte Grenzen. Die Natur der Sprache erheischt es, im Laufe der Darstellung Behauptungen aufzustellen und Definitionen vorzunehmen. In gewissem Sinne kann dies den Leser und Erforscher dieser Vision vom Wesentlichen ablenken, denn es provoziert dazu, für oder gegen das Gesagte Stellung zu beziehen. Doch alles Präsentierte kann seinerseits in Frage gestellt werden, und dies kann an sich bereits ein fruchtbarer Weg sein, Erkenntnis zur Erscheinung gelangen zu lassen.

Bei der Erforschung der TSK-Vision fand ich es hilfreich, eine große Bandbreite von Perspektiven einzunehmen und so den Forschungsprozeß Eigendynamik entwickeln zu lassen. Durch Konzentration auf einen jeweils anderen Zugang in jedem neuen Buch wurde es möglich, bestimmte Aspekte der Vision zu klären und sie in neuer Weise zugänglich zu machen. Für die Herausgeber, die bei jeder Veröffentlichung mit mir zusammengearbeitet haben, bedeutete dies eine immer neue

Herausforderung. Ich bin für ihre Sorgfalt und ihre Hilfe dankbar.

Auch in diesem Buch habe ich wieder ein breites Spektrum von Themen angesprochen. Ich möchte nicht den Anspruch erheben, jeden der angesprochenen Punkte vollständig zu verstehen oder jedes behandelte Thema gemeistert zu haben. Diese Art der Meisterung ist eng verknüpft mit konventionellen Formen des Wissens, und ich habe meine Rolle nicht in solchen Begriffen aufgefaßt. Anstatt Anspruch auf den Besitz von Wissen zu erheben, das ich anderen weitergeben könnte, habe ich versucht, einen fortgesetzten Dialog zwischen und unter Raum, Zeit und Erkenntnis in Gang zu setzen. In gewissem Sinne ließe sich sagen, daß die behandelten Themen sich selber einbringen. Meine Rolle bestand darin, das, was gesagt wird, zu reflektieren oder es auf eine für den Leser potentiell nützliche Art zu reformulieren und auf seine Essenz hin zu untersuchen. Ich war willens, frei zu spekulieren, uneingeengt durch Ansprüche auf die ›Wahrheit‹ oder ›Exaktheit‹ des Geäußerten.

Über die Jahre hinweg fanden die Bücher der TSK-Reihe viele höchst interessierte Leser. Ihr Engagement und ihre Wertschätzung für die Vision haben mich dazu ermutigt, meine eigenen Forschungen fortzusetzen. Ich hoffe, daß diese Personen in Zukunft die Resultate ihrer eigenen Studien anderen mitteilen werden. Je mehr solcher Interaktionen entstehen, umso wahrscheinlicher ist es, daß Erkenntnis sich Gehör verschaffen wird.

Ich bin oft gefragt worden, wie TSK sich als Disziplin einordnen ließe. Diese Frage ist nicht leicht zu beantworten. Es ist weder Philosophie noch Psychologie noch Religion. Vielleicht läßt es sich auffassen als ein Abenteuer des Geistes mit dem Potential einer Verzweigung in viele Richtungen. Jemandem mit Expertenwissen in einem bestimmten Bereich kann TSK möglicherweise neue Ideen bezüglich dieser Disziplin erschließen. Für andere kann TSK dazu beitragen, Klarheit und Wertebewußtsein entstehen zu lassen.

Meiner eigenen Auffassung nach sollte TSK nicht als eine eigene Disziplin aufgefaßt werden, zumindest nicht dergestalt, daß es dadurch mit anderen Zugängen zur Erkenntnis in Konflikt träte. Ich sehe keine Widersprüche zwischen TSK und meinem eigenen buddhistischen Hintergrund, wie ich auch keinen Konflikt zwischen TSK und anderen Erkenntnistraditionen wahrnehme.

Da die Frage der Beziehung zwischen TSK und anderen Formen von Studium oder Praxis immer wieder erhebliche Aufmerksamkeit auf sich gezogen hat, ist es vielleicht hilfreich, kurz aufzuzählen, inwiefern TSK sich von anderen Erkenntniswegen unterscheidet:

* TSK verkündet keine Thesen bezüglich eines Absoluten. In der Tat spezifiziert es in keiner Weise irgendeine Form von Substanz oder Realität. Aus einer TSK-Perspektive erzeugen solche Definitionen und Thesen unweigerlich konzeptuelle Strukturen. Sobald solche Strukturen als etwas anderes angesehen werden denn als Analyseinstrumente, wirken sie erkenntnishemmend, führen zur Herausbildung von Territorien und Positionen, die alsbald der Erforschung und der Einsicht den Vorrang streitig machen.

* TSK behauptet nicht die Existenz eines Schöpfers oder einer schöpferischen Kraft, die für die Erscheinung verantwortlich wäre. Die Identifizierung einer solchen Schöpferquelle ist ein weiteres Beispiel für die Tendenz, Etiketten zuzuweisen und diese Etiketten zur Grundlage von Beschränkung zu machen. Leser früherer Bücher dieser Reihe könnten zum Beispiel sagen, TSK schreibe die Schöpfung einer Art magischem Vorgang zu. Doch das Etikett ›magisch‹ ist nur eine weitere Methode der Einengung dessen, was entsteht. Die Versuchung, beim Umgang mit TSK auf Etiketten zurückzugreifen, ist sehr groß, da das gewöhnliche Verstehen von Etiketten abhängig ist und wir im allgemeinen nur an dem interessiert sind, was wir verstehen können. Doch die Anwendung dieses Zugangs auf TSK wird nur garantieren, daß das uns bereits Vertraute sich

perpetuiert. Eine neue Vision hat insofern keinerlei Gelegenheit, sich zur Kenntnis zu bringen.

* TSK lehrt keinen Glauben an eine äußere Macht noch rät es zur Hingabe an ein höheres Wesen wie an einen Gott oder an Buddha. Es legt nahe, daß die Erkenntnis, die wir benötigen, in der Verkörperung des Selbst innerhalb von Zeit und Raum enthalten ist. Die höchsten Werte sind uns unmittelbar zugänglich.

* TSK sucht nicht nach Wissen vermittels auf Begründungen basierender Glaubenslehren. Stattdessen operiert es mit aktiver Erkundung, die als unmittelbare Verkörperung von Erkenntnis betrachtet wird.

* TSK erkundet kein Subjekt, das in einem Anderswo, getrennt vom Selbst, lokalisiert wäre. Sein Augenmerk richtet sich unmittelbar auf Gewahrsein.

* TSK folgt keinem Modell und keiner Doktrin. Alle Erkenntnis kann Teil der Vision sein.

* TSK strukturiert die Realität nicht in Form einer Hierarchie von Höherem zu Niederem oder von gut zu schlecht. Obwohl die Vision sich manchmal einer Sprache bedient, die solche Unterscheidungen trifft, ist die grundlegende Perspektive die, daß Erkenntnis alle Manifestationen als in gleicher Weise gut ansieht. Obwohl der Forschungsprozeß zunächst Schritt für Schritt voranschreitet und sich von Ebene zu Ebene bewegt, spiegelt diese Abfolge der Entfaltung keinerlei inhärente Charakteristik der Erscheinung.

* TSK liefert keinen Moralkodex. Aus einer TSK-Perspektive ist das Sein als solches vollkommen und bringt in all seinen Facetten die Eigenschaften von Leben und Schönheit zur Anschauung. Da dem so ist, besteht keine Notwendigkeit, Vollendung aufzusuchen. Die natürliche Seinsweise ist in sich heilig. Wenn wir diese Vollkommenheit in unseren Handlungen zum Ausdruck bringen, sind Gelübde und Reglementierungen nicht erforderlich.

* TSK bedient sich keiner Gebete oder Zeremonien, noch erheischt es das Darbringen von Opfergaben oder die An-

sammlung von Verdiensten. Als Ritual bietet es schöpferisches Handeln, als Zeremonie präsentiert es die Herausforderung, Erkenntnis wachzurufen, als Gebet kennt es die lautlose Stille des Gewahrseins. Statt äußerer Gebärden verweist es auf die innere Heilung des Herzens, die sich dann vollzieht, wenn sich Erkenntnis ungehindert in der Zeit entfaltet.

* TSK bedient sich nicht der Devotion. Anstatt Kommunion bietet es Verstehen seiner selbst; anstatt Einweihungen betrachtet es das natürliche Fließen des Wissens innerhalb der Erscheinung. Die natürliche Heilung, die sich durch Erkenntnis vollzieht, genügt, um sämtliches Leiden zu heilen.

* Es gibt keinen Pfad in TSK: kein ›von‹ und ›zu‹ und keinen Übergang von Diesem zum Nächsten. Sämtliche derartigen Bewegungen entstehen innerhalb der linearen Entfaltung der Zeit, und TSK stellt dieses Sich-Entfalten als solches in Frage. Da alles, was erscheint, ein Teil der Vision ist, gibt es nichts ›Höheres‹, das man zu begreifen oder mit dem man sich zu vereinigen hätte. Der gewöhnliche Geist, gewöhnliche Wahrnehmungen und die Strukturen der gewöhnlichen Erfahrung sind bereits die volle Verkörperung von Erkenntnis in Zeit und Raum.

* TSK stützt sich nicht auf eine höhere Autorität außerhalb der Erkenntnis selbst. Innerhalb der Erkenntnis gibt es keine Abgrenzungen, Unterscheidungen oder Ausschließungen. Anhänger jeder Schule oder jeder Lehre können TSK studieren und jeden ihnen möglichen Nutzen daraus schöpfen.

* TSK verlangt keinen Angriff auf die Positionen, Glaubensüberzeugungen oder Einstellungen des Ego. Das Ego läßt sich betrachten als Manifestation einer engen Brennweiteneinstellung auf Zeit und Raum und Erkenntnis; es funktioniert als ›Einenger‹. In dem Maße, wie sich Zeit, Raum und Erkenntnis weiter öffnen, fällt diese Enge automatisch weg zugunsten einer umfassenderen Wissendheit.

* TSK nimmt keine Schuldzuweisungen vor und legt auch keine unverbrüchlichen Regeln fest. Selbst Handlungen, die

schädliche Folgen zeitigen, können zur Quelle von Erkenntnis werden. Was immer auch in der Vergangenheit geschah, wir können dankbar sein für die gegenwärtige Gelegenheit, Erkenntnis in all ihren Manifestationen als solche wahrzunehmen und ihr Herberge zu geben.

* TSK lehrt nicht unmittelbar die Übung von Liebe und Mitgefühl gegenüber anderen. Sobald jedoch die Enge der von uns eingenommenen Positionen wegfällt, stellen wir fest, daß wir leichter mit anderen zusammenwirken, und aus dieser Offenheit ergeben sich Liebe und Mitgefühl als natürliche Reaktionen. In dem Maße, wie wir mit der Vision vertraut werden, erkennen wir, daß wir alle den gleichen Raum teilen, daß wir verbunden sind durch die Zeit und daß wir eine gemeinsame Sprache sprechen, die Erkenntnis verkörpert. Jegliche Basis für eine Trennung zwischen dem Selbst und anderen entfällt.

* TSK vollzieht keine letztgültige Trennung zwischen Realem und Fiktivem. Aus einer TSK-Perspektive läßt sich unser gesamtes Tun als das Spiel der Zeit im Raum auffassen. Doch verweigert das Spiel sich nicht der Ernsthaftigkeit noch setzt es Spielerisch-Sein ineins mit der Suche nach Amüsement. Unbekümmert zu spielen heißt angemessen auf alle Gegebenheiten zu reagieren, und spielerisch zu sein bedeutet nicht, die Bedeutung dessen, was sich darbietet, zu ignorieren oder von der Hand zu weisen.

* TSK legt keinen besonderen Wert auf gute Werke oder die Sorge um andere durch Mildtätigkeit. TSK bietet jedoch spontan die Erkenntnis, die dem Leiden ein Ende setzen und Schmerz in Wissen lösen kann. Insofern ist die Vision selber ein Geschenk.

Diese Liste könnte den Eindruck erwecken, TSK sei ein Feind von Lehrsystemen, die Thesen über die Realität oder über angemessene Handlungsweisen aufstellen. Doch diese Schlußfolgerung würde die Vision nur begrenzen. Hingabe und Rituale ›gehören‹ zwar nicht zur TSK-Vision, stehen aber nicht im Widerspruch zu ihr. Der Pfad der Religion kann sich auf Erkenntnis hin öffnen, und desgleichen der Pfad der Wissenschaft. Nichts innerhalb der Vision spricht gegen den Rückgriff auf solche Traditionen und Zugangsweisen.

Aus diesem Grunde habe ich keinen eigentlichen Konflikt mit Lesern, die darauf beharren, die TSK-Vision sei in Wahrheit eine Form der Mystik oder der Meditationsübung oder verkleideter Buddhismus. Dies ist nicht meine Auffassung, doch andere können ihre eigenen Deutungen beitragen. Die Vision selbst wird durch Charakterisierungen nicht beeinträchtigt. Nur wenn solche Charakterisierungen zum Dogma werden, vermögen sie den Nutzen, den die Vision zu bieten hat, Abbruch zu tun.

Wichtiger als jede Charakterisierung ist es, zu lernen, das kritische Hinterfragen zu einem Werkzeug des Verstehens und einer Manifestation der Erkenntnis zu machen. Ohne daß wir zu Anhängern einer bestimmtem Disziplin oder zu Verfolgern eines bestimmten Zieles werden müßten, können wir unsere Weise des Verstehens, des Denkens und des Seins transformieren. Wir können eine Vertrautheit mit Zeit, Raum und Erkenntnis entwickeln, mit Folgen, die sich in unserem Leben deutlich zeigen.

Bei meinen eigenen Bemühungen, diese Entwicklung zu unterstützen, sehe ich kein spezifisches Ich am Werk. Ein wichtiger Schutz besteht darin, daß die Vision nicht darauf abzielt, Ich, Seele, Schöpfer oder irgendeine andere Kategorie als konkret existent aufzuweisen, und dies steht einer Dogmenbildung entgegen. Das Gesagte wird geäußert als Mitteilung gegenüber einem Publikum und als Kommuniqué des Wissens. Eine verborgene Botschaft ist darin nicht enthalten.

Da dem so ist, steht es jedem Leser frei, zu entscheiden, wie er diesen Text interpretieren will. Vielleicht gibt es fruchtbare Parallelen zu Naturwissenschaft, Psychologie, Buddhismus oder zahlreichen anderen Erkenntnistraditionen. Jeder dieser Zugänge erscheint mir angemessen. Ich bin nicht der Auffassung, es gäbe nur einen richtigen Weg, den Stoff zu verstehen oder auf ihn zu reagieren.

Neue Leser finden womöglich Verbindungen zwischen den hier vorgelegten Ausführungen und ihren eigenen Interessen in den unterschiedlichsten Bereichen. Vielleicht ist dies ein Ansporn für sie, ihre eigenen Untersuchungen weiter voranzutreiben. Dieses Buch kann durchaus als Einführung in die Vision dienen, und es besitzt genügend Substanz, um die Mühe einer eingehenden Lektüre und Analyse zu lohnen. Ein solches Studium früherer Bücher dieser Reihe hat vielen Personen Nutzen gebracht.

Die Zeit, in der ich persönlich unterrichtete, liegt viele Jahre zurück, und manche, die meine Arbeit auf anderen Gebieten kennen, werden vielleicht neugierig sein zu erfahren, wie sich mein Denken entwickelt hat. Dieses Buch ist so etwas wie ein Bericht aus dem Feld: eine Gelegenheit, Kontakt aufzunehmen und einen Eindruck von meinen aktuellen Gedanken und Wahrnehmungen zu vermitteln. Jeden, der ein solches Interesse hat, möchte ich hiermit willkommen heißen.

In diesem Buch experimentiere ich mit verschiedenen Möglichkeiten, die Vision darzubieten. Wie schon in den anderen Büchern dieser Reihe fand ich es nützlich, Übungen als eine Möglichkeit der Erforschung anzubieten. Leser, die sich mit dem Buch vertraut machen, werden sehen, daß sich diese Übungen mit verschiedenen Teilen des Textes in Verbindung bringen lassen. Ich ermutige Sie, Ihren eigenen Zugang zu suchen und Ihre eigenen Verknüpfungen vorzunehmen. Vielleicht wollen Sie auch Übungen aus früheren Büchern der Reihe einbeziehen.

Wie in früheren Bänden habe ich mir die Freiheit genommen, Wörter in unkonventioneller Weise zu verwenden. Im Fall bestimmter technischer Termini spiegelt mein Gebrauch vielleicht nicht genau die konventionelle Bedeutung; insofern sollte der Leser den Kontext genau beachten, um zu sehen, was gemeint ist. Oft habe ich mich eher auf die Suggestivkraft der Wörter und auf ihr Spiel und Wechselspiel gestützt als auf ihre althergebrachten Konnotationen. Für mein Empfinden sind Wörter ›Behälter‹ und ›Ausdruck‹ von Wissen. Wenn wir ihren Inhalt zum Aufleuchten bringen können, werden sie uns zum Körper des Wissens führen, indem sie den Körper der Sprache aktivieren.

Die hier vorgetragenen Ideen sind in gewisser Weise die meinen; sie spiegeln meine Gedanken und Empfindungen im Laufe der letzten Jahre. In einer anderen Weise gehören sie zur Vision. Doch bin ich nicht der Besitzer dieser Vision. Es steht Ihnen frei, Ihren eigenen Kommentar dazu abzugeben, Ihre eigenen Einsichten beizutragen, Ihre eigene Version zu entwickeln. Um Ihres eigenen Wachstums und um des Wohlergehens Ihrer Freunde willen hoffe ich, daß Sie das tun.

Damit ist mehr gemeint als eine höfliche Einladung. Es ist in der Tat an Ihnen, diese Vision in Ihrem Leben zu aktivieren. Wenn Erkenntnis nicht zu mehr Erkenntnis führt, welchen Wert hat sie dann? Wenn wir unser Lebendigsein nicht intensivieren können, wozu dient dann unsere Erscheinung im Raum? Wenn unsere Zeit nicht produktiv und fruchtbar ist, dann ist es Zeit, weiterzugehen.

Letzten Endes ist die hier formulierte Vision nicht durch Ihre noch durch meine Gedanken geformt und gestaltet. Obwohl wir solchermaßen Anspruch auf Eigentümerschaft erheben, untergräbt das Zusammenspiel von Raum, Zeit und Erkenntnis derlei Ansprüche. Wir alle sind im Raum verknüpft und teilen alle den Wandel dieser Zeiten. Dies ist auf unmittelbarste Weise wahr, denn möglicherweise wurde die Luft, die Sie in diesem Augenblick einatmen, vor kurzem von mir oder einem anderen Schüler dieser Vision eingeatmet. Wenn wir dies als Fingerzeig nehmen, können wir erschließen, daß wir Zeit, Raum und Erkenntnis auch auf einer viel tieferen Ebene teilen. Wir können den Entschluß fassen, sie gemeinsam zum Wohle aller Wesen zu entwickeln.

Beim Schreiben dieses Buches war es nicht meine Absicht, irgendjemanden oder irgendjemandes Kultur oder Lebensweise anzufechten oder zu kritisieren. Ich hege keinerlei Wunsch, zu interpretieren oder zu vereinfachen oder Anstoß zu bieten. Wenn das hier Ausgeführte Sie allerdings dazu anregt, Ihre eigene Kultur, Ihre Glaubenssysteme und Ihre ›Lebensweise‹ im weitesten Sinne zu hinterfragen, so sind Sie herzlich dazu eingeladen. Der Geist des hier Mitgeteilten kann, wenn er aktiv verkörpert wird, zu immer höheren Stufen der Leichtigkeit und Lichtheit führen, bis das Licht zur Befreiung aller Wesen führt. Wenn Erkenntnis frei zur Verfügung steht, können wir die vollkommene Freiheit des Raumes erfahren. Wir müssen nicht darum kämpfen, mit der Zeit Schritt zu halten, und wir sind in der Lage, unser eigenes Schicksal zu gestalten.

Wir alle sind Teil einer universellen Familie – als fühlende Wesen alle untereinander verbunden. Aus der Perspektive der Raum-Zeit-Erkenntnis-Vision manifestieren wir Raum, sind wir in der Zeit verknüpft und entwickeln wir gemeinsam unseren Lebensunterhalt. Wir alle sind auf diesem Planeten geboren und teilen die Botschaft der Erkenntnis. Jeder von Ihnen bringt mir Nutzen durch sein Dasein. Dieses Buch ist meine Art, Ihnen dafür zu danken.

Tarthang Tulku
Berkeley, Kalifornien
Januar 1994

Einführung

Wir leben in einer weltgeschichtlichen Ära, in der sich alles im Wandel befindet. Wir bewegen uns in Rhythmen von Komplexität, Beschleunigung und zunehmender Intensität, von Zusammenbruch und Auflösung. Es herrscht das starke, immer wiederkehrende Gefühl, daß die Ereignisse einen zu raschen Verlauf nehmen, als daß wir mit ihnen Schritt halten könnten; daß die Dynamik der Veränderung außer Kontrolle geraten ist und daß niemand die Konsequenzen dieser Tatsache voraussagen kann.

Doch unsere Zeit ist auch eine Zeit beispielloser Möglichkeiten. Die gleichen Kräfte des gewaltsamen Umbruchs, die Chaos und Katastrophe zu Dauerthemen unsere Epoche werden lassen, gewähren uns Zugang zu einer erstaunlichen Fülle von Materialien und Informationen. Wissen jeglicher Art bietet sich in Hülle und Fülle, so als hätte ein Riese es achtlos kreuz und quer in die Landschaft geschüttet. Die uralten, durch zahllose Kulturen und Zeiten überlieferten Wissenstraditionen werden zusammengetragen und zu neuen Gebilden zusammengefügt. Gleichzeitig sind wir dabei, eigenes neues Wissen anzusammeln. Obwohl viele Wege der Erkenntnis verloren gingen und andere in ihrem Überleben bedroht sind, scheint die schiere Fülle des uns verfügbaren Wissens in der Weltgeschiche beispiellos dazustehen. In zahllosen Bereichen werden alte Geheimnisse geklärt und bringt jeder Tag neue Entdeckungen.

Doch damit nicht genug. In diesem unserem Jahrhundert

hat der Raum selbst eine Verwandlung erfahren. Bei der Erforschung des Mikro- und des Makrokosmos vermittels früher nicht verfügbarer Werkzeuge haben wir entdeckt, daß der Raum im Mittelpunkt aller Erscheinung steht, und wissen wir jetzt, daß die Materie, so wie der Raum sie darbietet, nicht das ist, wofür wir sie vordem hielten. Die Entfernung bietet dem, was wir erreichen können, keine unverrückbaren Schranken mehr, und Grenzen, die früher starr schienen, haben sich aufgelöst. Indem wir lernen, fast simultan zu kommunizieren und Veränderungen in Gang zu setzen, die alte Trennlinien durchbrechen, scheinen die gültigen Wahrheiten von einst weniger unanfechtbar und die Wirklichkeit weniger festgefügt als je zuvor.

Für jeden, der den Nutzen anerkennt, der aus einer Erweiterung der Breite und Tiefe menschlicher Erkenntnis zu erwachsen vermag, kann der sich beschleunigende Rhythmus des Wandels ein Grund des Jubels sein. Es gibt Zeiten, zu denen alle einengenden Horizonte verschwinden und wir in der Lage scheinen, endlich die gesamte Palette unserer menschlichen Fähigkeiten zum Leben zu erwecken. Der Prozeß der Erweiterung des Wissens erzeugt ein Gefühl von Offenheit und Möglichkeit. Unsere Leistungen beim Zähmen der Naturkräfte geben uns Anlaß zu der Zuversicht, daß wir auch innerlich Wissen zu erwecken vermögen.

Dies ist der Punkt, an dem das tatsächliche Potential zur Verwandlung sich aktivieren läßt. Wenn wir lernen können, mit den Augen des Wissens zu schauen, werden wir unsere eigenen Grenzen erblicken und sehen, wie wir sie ins Dasein leiten. Wir werden entdecken, wie wir die menschlichen Angelegenheiten im Gleichklang mit einer anderen Dynamik gestalten können. Raum und Zeit selber werden in anderer Weise verfügbar werden und die festen Identitäten, die wir zuweisen, die Geschichten, die wir erzählen, und sogar die Art, wie wir uns der Erfahrung bemächtigen, neu strukturieren. Indem wir solche Möglichkeiten lebendig werden lassen, können wir unsere natürliche Affinität zur Erkenntnis in unerwarteter Art und Weise entwickeln.

Menschliche Wesen haben Wissen immer geschätzt und immer darauf gebaut, doch die Wissensmethoden, die wir entwickelt haben, können im Umgang mit den grundlegenden Problemen der menschlichen Existenz nur auf begrenzten Erfolg verweisen. Warum ist dies so? Ist dem Wissen die eigene Begrenztheit inhärent? Oder haben wir noch nicht gelernt, Wissen unbeschränkt zu verkörpern?

Im allgemeinen wird Wissen als etwas verstanden, das man besitzen und ansammeln kann. Aber das Wissen, das wir nach diesem Modell erlangen, ist weder stabil noch verläßlich. Manchmal wird es unseren Anforderungen nicht gerecht; ein andermal löst es sich auf in Verwirrung oder in Tagträumerei. Das Wissen, das wir erlangen, kann seine Lebendigkeit verlieren, kann starr werden und unfähig zur Reaktion auf wechselnde Umstände oder unbemerkt abgleiten in eine folgenreiche Fehleinschätzung.

Wie wäre es, könnten wir Wissen, anstatt es zu *besitzen*, erfolgreich *verkörpern*? Unsere neue Untrennbarkeit vom Wissen könnte das Wirken einer universellen Wissensfähigkeit zu Tage fördern, die raum- und zeitübergreifend am Werk ist. Wenn dies der Fall ist, wäre das Ergebnis eine tatsächliche Verwandlung unseres Wesens. Indem wir ›unter‹ alles bereits Bekannte vordringen, würden wir für uns selbst den inneren Wert des Wissens erfahren. Vom Licht des Wissens erleuchtet, würden unsere Handlungen auf jede neue Situation, so wie sie entstünde, angemessen reagieren. In harmonischer Interaktion mit allem, was erscheint, würden wir teilhaben an der Schönheit schrankenloser Darbietung und des innigen Vertrautseins vollkommener Teilhabe.

Sofern wir nicht völlig zufrieden sind mit unseren gegenwärtigen Wissensformen und den von ihnen erbrachten Ergebnissen, sollten wir solche Möglichkeiten nicht als unbegreiflich oder mystisch von der Hand weisen. Es mag sein, daß unsere jetzigen Wissensmethoden es nicht zulassen, Wissen als einen natürlichen Teil des Seins zu erfahren, doch es besteht immer die Möglichkeit, daß wir neue Wege des Verstehens erwecken, die für eine solche Erfahrung offener sind. Wenn wir es unserem jetzigen Unverständnis gestatten, die Möglichkeiten einer tatsächlichen Wissensfähigkeit auszuschließen, dann werden wir nur bestätigen, was von vornherein festgelegt ist. Doch warum sollen wir, solange der Geist fähig ist, Alternativen zu ersinnen, uns von vornherein mit dieser Festlegung begnügen?

Wir alle wissen, wie es sich anfühlt, mit Nichtwissen als Stubengenossen und Begrenztheit als stillem Teilhaber vorlieb zu nehmen. Müssen wir auf solche Weise leben oder könnten wir eine Seinsweise zulassen, die auf natürlichere Weise auf Licht und Freude abgestimmt ist? Allein schon die Vorstellung, daß wir Wissen verkörpern könnten, deutet auf solche Möglichkeiten hin. Vielleicht sind wir nicht genötigt, Frustration und Enttäuschung als den Schatten auf den Fersen jeder Erfahrung zu akzeptieren. Wenn der Geist gesünder werden kann, als er es jetzt ist, können wir uns anfreunden mit dem Wissen und Tanzpartner des Wissens werden. Vielleicht kann der Körper des Wissens zu unserem Körper werden.

Universelles Wissen

Indem wir dem Wissen einen Platz im Universum zuweisen, neigen wir dazu, eines von zwei konkurrierenden Modellen anzuwenden. Das erste ist der Ansicht, Wissen entstehe zufällig im Verlauf der kosmischen Evolution als unerklärtes Nebenprodukt von Kräften, die sich blind und sinnlos entfalten. Das zweite behauptet, das Wissen, das das Universum steuert, sei letzten Endes der Besitz irgendeiner Art von absolutem Wesen und insofern der Menschheit nicht zugänglich. Beide Auffassungen münden in dieselbe Schlußfolgerung: Für menschliche Wesen ist es fruchtlos, nach universellem Wissen zu streben.

Jenseits dieser konzeptuellen Alternative verweist die Erfahrung auf eine andere Möglichkeit. Wir wissen, daß wir ein Teil des Universums sind; daß unser Geist und unser Körper teilhaben an Raum und Zeit und auf innige Weise verwoben sind in die Dynamik, durch die Wissen entsteht. Wenn wir unser gegenwärtiges Hiersein und die Dynamik seiner Entfaltung erforschen, können wir vielleicht entdecken, daß Wissen auf Arten und Weisen zur Verfügung steht, die wir jetzt nicht erkennen.

Der natürliche Ausgangspunkt für eine solche Erforschung ist der Geist, denn der Geist ist der Prozessor des Wissens, so wie wir es kennen. Der Geist ist der Dirigent, der Künstler, der Gründervater; der Heiler, der Sucher, der Führer. Auf geheimnisvolle Weise kommuniziert der Geist mit dem, was in Zeit und Raum erscheint. Er spricht, denkt, erkennt, phantasiert, imaginiert, visualisiert und projiziert; er leitet Wissen ins Dasein.

Wenn wir uns der Erforschung des Geistes zuwenden, haben wir die Ressourcen des Geistes zu unserer Verfügung. Von Geist zu Geist, von Gedanke zu Gedanke können wir befragen, was zum Entstehen kommt. Doch wenn wir getreu den üblichen Erkundungsmustern fragen, machen wir wahrscheinlich keine großen Fortschritte. In der Bewegung hin auf ›von‹ und ›zu‹, auf Bekommen und Erlangen, auf Interaktionen zwischen Subjekt und Objekt, werden wir zu festgelegten Folgerungen und vertrauten Arten des Wissens geführt. Der Geist wird als ein *Objekt* des Wissens erscheinen, was bedeutet, daß er in gewisser Weise überhaupt nicht erscheint.

Eine alternative Methodologie ist verfügbar. Wenn der Geist der Gegenstand des Geistes ist, dann braucht das Gewahrsein nicht zurückzugreifen auf die Struktur ›Subjekt erkennt Objekt‹. Der Geist kann Gewahrsein leiten, wie Gewahrsein den Geist leitet. Der Körper des Gewahrseins und der Körper des Geistes können untrennbar sein.

Der Geist als Partner des Geistes kann die Sinne und das

Bewußtsein direkt der Erkenntnis öffnen. Dann kann die Erkenntnis unser Lehrer und unser bester Freund werden, der uns ermutigt, die Wahrheit des Universums und unserer eigenen Existenz in neuer Weise zu leiten. Es bietet sich die Möglichkeit eines Wissens, das nicht den ausgetretenen Pfaden folgt, dem ›So-war-es-immer-schon‹ der vorgeprägten Automatismen.

Um diese Form der Erforschung in die Praxis umzusetzen, müssen wir den Geist darin üben, auf neue Art und Weise zu funktionieren. Für gewöhnlich ist der Geist in schneller Bewegung, zielorientiert. Gesteuert von dem Modell, das Wissen zu etwas Besitzbarem macht, formt er in aktiver Weise die Wahrnehmung und produziert Gedanken, um zu verläßlichen Informationen zu gelangen, die er zum Planen und Handeln einsetzen kann.

Wenn der Geist auf diese Weise funktioniert, kann er nicht zu sich kommen. Gefangen in Urteilen und Unterscheidungen, ist er von vornherein von der Erfahrung abgeschnitten. Ein einzelner Gedanke oder eine Empfindung kommt als Träger von Wissen zum Entstehen, doch bevor wir das darin enthaltene Wissen entwickeln können, ist der nächste Gedanke oder die nächste Empfindung schon da. Der Geist ist gebunden an die Oberfläche der Erfahrung, und während ihn diese Perspektive innig mit Emotionalität, Unterscheidung und Urteil vertraut werden läßt, gibt es für ihn keinen Weg zu größerer Tiefe.

Im Bann dieser chaotischen Rastlosigkeit des Geistes können wir unser Wissen nicht stabilisieren und keine Klarheit darüber erlangen, was eigentlich geschieht. Obwohl wir den Eindruck haben mögen, voll und ganz an unserem eigenen Leben teilzuhaben, haben wir keinen wirklichen Kontakt mit dem intrinsischen Gewahrsein, durch welches das Wirken des Geistes verfügbar wird. Wissen kann nur erscheinen als ›Wissen von‹ oder als ›Wissen über‹. Eine unkontrollierbare Getriebenheit jagt uns von einem Augenblick zum nächsten.

Ist es möglich, daß wir Entspannung in diese unaufhörliche Getriebenheit hineinbringen und es lernen, uns in einem Geisteszustand zu Hause zu fühlen, der sich in stabileren Rhythmen bewegt? Könnten wir unser Hauptaugenmerk vom Inhalt dessen, was entsteht, verlagern auf die Erkundung der Bewegung und der Rhythmen des Geistes, einschließlich der rastlosen Getriebenheit, durch die Gedanken und Wahrnehmungen Gestalt annehmen? Könnten wir das Gewahrsein ausweiten, so daß es allumfassend wird, oder den Geist und das Denken und Fühlen so weit ausdehnen, daß sie mit dem Gewahrsein verschmelzen? Könnten wir, anstatt an der Oberfläche zu bleiben, vordringen bis in den lautlosen Kern der Erfahrung?

Solche Möglichkeiten werden sich mit Leben erfüllen, wenn wir tatsächlich erkennen, daß der Geist kein Werkzeug ist, das wir unabhängig von dem, der wir sind, einsetzen können. Damit der Geist in anderer Weise funktioniert und sich in anderer Weise dem Wissen öffnet, müssen wir eine andere Seinsweise erlernen.

Der Ausgangspunkt besteht darin, eine neue Dynamik des Hinterfragens in Gang zu setzen. Anstatt dem Gegebenen hinterherzujagen oder uns in vorgefertigten Schablonen zu bewegen, anstatt Gefolgschaft zu leisten oder uns loszusagen, anstatt zu ignorieren oder zu akzeptieren, können wir das Gewahrsein dessen vertiefen, wer und wie wir sind. Gewahrsein kommt zum Vorschein als unser inneres Wesen – die Wahrheit unseres Daseins in Zeit und Raum.

Inneres Leiten von Erkenntnis

Unser maßgebliches Modell, die Wissenssuche zu steuern und Erkenntnis zu entwickeln, so wie es sich exemplarisch in der Naturwissenschaft darstellt, fordert uns auf, uns aus der Position des Erkennenden nach außen zu wenden, um das zu Erkennende zu entdecken. Als erstes dirigieren wir unsere Sinne so, daß sie mit dem, was erscheint, Kontakt aufnehmen.

Indem wir dementsprechende Bilder imaginieren, nehmen wir Gedächtnisspeicherungen vor, treffen Aussagen und versehen des Imaginierte mit unumstößlichen Identitätszuweisungen. Das Resultat ist ein doppeltes: Wir machen das Erkannte real und bestätigen das Selbst als den Erkennenden.

Heute ermessen wir den Schaden, der entsteht, wenn die vorwärtsdrängende Triebkraft eines sogearteten Wissens uns blind macht für die umfassenderen Folgen unseres Tuns. Insofern wir dies sehen, sind wir vielleicht willens, die Erforschung nach innen zu richten, auf den Erkennenden und das Erkennen – den Dirigenten und das Dirigieren.

Dies ist kein Eskapismus und keine Verleugnung unserer Verantwortung in der Welt. Indem wir auf den Mittelpunkt des Mittelpunktes schauen, können wir das Sein unsres Menschseins und die Wissensweise unseres menschlichen Geistes hinterfragen. Ist erst einmal das Zentrum in unserem Blick, können wir mit größerem Erfolg nach außen handeln. Wenn wir wissen, wie der Geist funktioniert, können wir unsere Handlungen vorab durchdenken, das Entstehende sortieren und für die verfügbaren Reaktionen empfänglich sein. Wir können schöpferisch umgehen mit dem Fehlen von Lösungen, mit dem wir vielleicht konfrontiert sind, Geduld entwickeln und uns von der Wahrheit unserer Situation leiten lassen. Wir können eine andere Vision dessen, was real und was möglich ist, willkommen heißen.

Weil wir so daran gewöhnt sind, außenbezogen zu wirken, gibt es keinen direkten, einfachen Weg, auf ein inneres Wirken umzuschalten. Geschieht dies im Einklang mit den vorherrschenden Modellen, dann macht unsere Wendung nach innen das Innere zu etwas Äußerem. Wohin wir uns auch wenden, stets reproduzieren wir die Strukturen unserer konventionellen Erkenntnisweise.

Der wirkliche Weg nach innen öffnet sich auf andere Weise. Wir transformieren die Triebkraft unseres nach außen gerichteten Erkennens, wenn wir das gegenwärtige Entstehen dieser

Triebkraft nachzeichnen. Die Dynamik, die sich auf das Erkannte hinbewegt, kann auch zu dem Ursprungsmittelpunkt unseres Gewahrseins und unseres Erkennens hinführen.

In dem Maß, wie wir diese Dynamik nachzeichnen, öffnet unsere Analyse sich in Raum und Zeit. Die Dynamik eines nach außen drängenden Erkennens ist abhängig von einer zeitlichen Ordnung und einer linearen zeitlichen Antriebskraft und setzt Entfernung, Getrenntheit und die Existenz von Dingen im Raum voraus. Unser Sein ist ein Raum-Zeit-Sein, und die Erkenntnis, die wir aktivieren, entfaltet sich auf vorbestimmten Wegen in den Dimensionen von Raum und Zeit.

Diese fundamentalen Strukturen der Erfahrung lassen sich als Teil unserer Wissenssuche hinterfragen. Indem wir sehen, daß unser Sein in Raum und Zeit das Thema ist, haben wir den Geist bereits zum Wissen erwachen lassen. Jetzt können wir schöpferisch und vervollkommnend wirken. Wir können Qualität und Tiefe und Exaktheit entwickeln; wir können uns zubewegen auf Langlebigkeit. Indem wir die Erkenntnis als solche transformieren, können wir unsere Interessen in der Welt mit der inneren Gestaltung unseres Menschseins in Harmonie bringen.

Spielraum für neues Wissen

Wir leben in einem physikalischen Bereich, in dem der Raum feste Gegenstände darbietet, die in vorhersagbarer Weise miteinander interagieren. Doch ›unterhalb‹ dieses Bereichs und mit ihm koexistent, auf der mikroskopischen Ebene von Atomen und Molekülen, ist die ›Wirklichkeit‹ eine völlig andere. Wenn wir in irgendeiner Form in dieser mikroskopischen Welt leben würden und Erfahrung durch deren Brennweiteneinstellung erlebten, wäre alles, was wir als wahr akzeptieren, vollständig verwandelt. Was würde aus der Elternschaft dessen, was erscheint: aus der Abfolge des Entstehens von einem

Ursprung aus, die wir als gegeben hinnehmen? Was geschähe mit der Unterscheidung zwischen Geistigem und Körperlichem? Wo in dieser neuen Welt träfen wir auf den Geist?

Dieser Wechsel der Perspektive ist uns vielleicht nicht zugänglich in einem konventionellen Sinne. Als Wesen, die in eine Welt ›objektiven‹ physikalischen Raumes hineingeboren sind, haben wir die Verantwortung, mit eben dieser Welt umzugehen. Doch indem wir uns andere Möglichkeiten vor Augen führen, werden wir daran erinnert, daß die Realität in ihren Strukturen nicht fixiert ist. Objekte bieten sich auf der Basis spezifischer Interaktionen zwischen Gewahrsein, Erscheinung und Raum der Erkenntnis dar; und andere Interaktionen ergäben eine ganz andere Welt. Ließe der Raum eine andere Form von Erscheinung zu, dann könnte der Geist auch auf ganz andere Weise funktionieren.

Aus einer Raumperspektive ist das fundamentale Ordnungsprinzip bei der Konstruktion von Welt die Unterteilung, die der Geist vermittels solcher Kategorien wie ›dieses‹ und ›jenes‹, ›hier‹ und ›da‹ und ›angenehm‹ und ›unangenehm‹ gegenüber der Erfahrung vornimmt. Wenn wir uns diese Perspektive bewahren, dann erlaubt uns das, die Substanz zu öffnen. Wir können in jene das konventionelle Wissen steuernden Strukturprinzipien – nicht nur in Unterteilungen und Positionen, sondern auch in Dialoge, Bilder, Gefühlstönungen, Qualitäten und Identitäten – größere Klarheit bringen. Wir können sehen, wie Gedanken mit den Sinnen interagieren, und die Energie entdecken, die jedes Feld des Gefühls umgibt. Die Masse und Kompaktheit dessen, was erscheint, wie auch die Schwerkraft, die es ausübt, lassen sich auf neue Weise hinterfragen.

Zeit und die Erkenntnisdynamik

Wie der Raum erscheint die Zeit in unserem gewöhnlichen Verständnis als etwas unserem eigenen Sein Äußerliches, eine

Kraft, die auf uns einwirkt mit einem Impuls, auf dessen Tempo und Intensität wir keinen Einfluß haben. Wir wissen indes, daß dies eine einseitige Auffassung ist. Unser Leben ist zugleich auch untrennbar mit der Zeit verbunden, denn die Wirklichkeit, die wir erfahren, ist schlicht und einfach die Entfaltung der Zeit. Zeit ist unser stummer Partner, wie der Atem oder der Herzschlag. Lautlos trägt sie unser Tun und hält sie unser Erleben in Gang. Ob unser Leben erfolgreich und erfüllend ist, ob es vital und pulsierend ist, hängt ab vom Spiel und von der Macht der Zeit in ihm.

Gegenwärtig lassen wir die Zeit im Hintergrund; wir haben die Vorstellung, wenn wir nur tun, was uns wichtig ist, dann werde die Zeit sich schon als geschmeidig genug erweisen, um neue Möglichkeiten zu beherbergen. Doch wir sehen die Defizite dieser Auffassung an der Art und Weise, wie sich unser Leben gestaltet. Wie groß unser Engagement und wie fest unsere Überzeugung auch immer sind, wir können unseren Schwung und unsere Tatkraft nicht länger als ein paar Stunden oder Tage oder Monate aufrechterhalten. Wir schreiten vielleicht mit Klarheit und visionärem Elan zu Werke, doch unsere Gedanken, unsere Energie, unsere Emotionen, unsere Intelligenz wandeln sich von Tag zu Tag und von Stunde zu Stunde, ja sogar von Augenblick zu Augenblick – in Richtung auf Emotionalität und mangelnde Konzentration, auf Ablenkung und Verwirrung.

Das Hinterfragen von Mustern der Zeit fördert eine Erkenntnis, die diese Muster transformieren kann. Wieso entfaltet sich die Zeit von der Vergangenheit hinein in die Gegenwart und dann in die Zukunft? Warum präsentiert sie Erfahrung in so vorhersagbarer und repetitiver Weise? Warum stellen wir fest, daß wir nicht im Einklang mit unseren eigenen Überzeugungen und Werten zu handeln vermögen? Dabei fällt es nicht schwer, Erklärungen anzubieten: unsere Psyche, unsere Konditionierung, unser physisches Sosein. Doch Erklärungen spiegeln die Zeitstrukturen der Weise des Dirigierens, die sie zu erklären versuchen: Sie kartographieren eine Ebene sequentieller Abfolge mit Hilfe einer anderen.

Was wäre der Fall, könnten wir dem Dirigieren der Zeit in anderer Weise nachspüren, indem wir unmittelbar auf die Dynamik ihres ›Präsentmachens‹ schauen? Könnten wir das ›Präsentieren‹ selber in Frage stellen und reagieren, ›bevor‹ die Präsentation sich verhärtet in ›die Art, wie die Dinge sind‹? Was wäre der Fall, wenn eine solche Verhärtung in Wahrheit gar niemals einträte?

Die Möglichkeit, daß Zeit in anderer Weise ›präsentieren‹ könnte, transformiert Schwierigkeiten und Hindernisse, Unzufriedenheit und sogar Hilflosigkeit in Hinweise, daß die Zeit in einer ganz bestimmten Weise ›präsentiert‹. Wir können inwendig erforschen, wie dies geschieht. Vielleicht sind die Reibungen, die der linearen Entfaltung der Zeit inhärent zu sein scheinen, auf die Tatsache zurückzuführen, daß die Zeit selbst ignoriert oder vergessen wird – verloren geht im Getümmel der Ereignisse und in der Oberflächendarbietung der Erscheinung. In diesem Fall haben wir eine Wahl: Wir können versuchen, das nach innen gerichtete Wissen zu entfalten, das uns die Zeit ›wiedererlangen‹ läßt. Wenn wir die Zeit an ihren Ort im Zentrum unseres Seins zurückrufen, kann ihre vergessene Natur möglicherweise neue Möglichkeiten für Sein und Wissen eröffnen.

Es gibt Situationen, wo wir mit Zeit in unmittelbare Verbindung zu treten scheinen. Wenn wir zutiefst betroffen sind über das, was mit uns oder anderen geschieht, dann scheint sich die *Qualität* der Zeit selbst zu verändern, und ebenso kann sich mit ihr die Bandbreite der Erfahrungen, denen wir begegnen, verändern. Es gibt Zeiten des Glaubens oder der Hingabe, Zeiten des Wunders und Zeiten, wenn das Herz sich öffnet, Augenblicke der Schönheit und unerwartete Epiphanien der Vollkommenheit.

Die konventionelle Auffassung würde solche Zeiten als Zeichen einer Veränderung in unserer subjektiven Erfahrung ansehen. Aber diese Erklärung beruht auf der ungeprüften Hypothese, daß die ›objektive‹ Zeit Ereignisse in einer Weise präsentiert, die festgelegt und unveränderlich ist. Wenn wir Erkenntnis nach innen dirigieren, dann läßt sich diese Hypothese anfechten.

Sobald Zeit ein Thema inwendiger Erforschung wird, leuchtet ihre Macht innerhalb der Strukturen des Gewöhnlichen hervor. Zeit kann ebenso sanft wie zornvoll sein; sie kann lösen und auflösen, lehren und raten, Geduld und Freundschaft gewähren. Vor allem kann sie Erscheinung in all ihrer Lebendigkeit und in der Fülle einer inhärenten Erkenntnisfähigkeit darbieten.

Gegenwärtig unternehmen wir heftige Anstrengungen, um uns von der Zeit abzuwenden oder sie auf Distanz zu uns zu bringen; ihr Wirken in unserem Leben zu ignorieren, ihre Kraft zu leugnen und unsere gegenwärtigen Positionen unverändert aufrechtzuerhalten. Doch nachdem wir uns abgewandt haben, können wir uns auch wieder zurückwenden: Wir können Zeit anerkennen und ihre aktive Präsenz in unserem Leben willkommenheißen. Fast sofort entsteht vielleicht ein Gefühl der Entspannung: das erste Anzeichen für ein Wissen, das stärker auf die Dynamik der Zeit eingestimmt ist.

Problematik von Erkenntnis

In unserer gegenwärtigen Weise des Wissens jagen die Gedanken hintereinander her wie Würfel, die im Würfelbecher durcheinanderpurzeln. Gebunden an Wörter und Sprache, lassen wir jedes Wort seine spezifischen Bedeutungen verkünden und schleppen diese Bedeutungen dann mit uns weiter in Geschichten, die spezifische Seins- und Verhaltensweisen begünstigen und dirigieren. Gebunden an Identität und Substanz, wie der Raum sie zur Schau stellt, bewegen wir uns innerhalb fixer Strukturen. Gebunden an Abfolgen, die sich in linearer Zeit entfalten, haben wir nur eingeschränkte Wahlmöglichkeiten.

Auf der Oberfläche scheint unsere Erfahrung vielleicht interessant genug, doch wenn wir das Erkennen nach innen dirigieren, sehen wir bald, daß die Muster, die Raum und Zeit gegenwärtig zulassen, unsere Begrenzungen nur bestätigen. Indem wir uns in den Dienst bestimmter Methoden des Wissens stellen, bringen wir vielleicht eine bestimmte Lebensweise zur Perfektion. Unter Umständen folgen wir dem Modell fehlerlos – als wahre Profis. Doch unweigerlich bringen wir so auch Probleme und Defizite zum Tragen. Indem wir auf dem Wahren und Richtigen beharren, etablieren wir das Falsche und Unwahre. Und selbst wenn sich unser eigenes Leben in einer Weise entfaltet, die wir als befriedigend empfinden, säen wir in größerem Maßstab die Samen für Konkurrenz und Konflikt. Allein schon dadurch, daß wir einem Modell vor dem anderen den Vorzug geben, bestärken wir ein System, in dem bestimmte Individuen unweigerlich bei der Übermittlung des vorherrschenden Wissens erfolgreicher sind als andere.

Solche Muster auszuagieren ist Garant dafür, daß Wissen fehlt; daß wir unvollständig leben. Auf jeder Ebene manipulieren die Großen und Mächtigen die Kleinen und Schwachen, während diejenigen in der Mitte darum kämpfen, ihre Position zu verbessern. Standards sind gesetzt, und jetzt herrscht Konkurrenz und Kampf und Angst; es herrschen Sonntagsreden und Posen. Entweder sind wir nicht dort, wo wir sein wollen, oder wir müssen darum kämpfen, das zu behalten, was wir innehaben. Was immer wir besitzen und unser nennen, es ist nicht genug. Wir sind gefangen in »möchte sein ... könnte sein ... will sein ... sollte sein ... muß sein.« Auf zahllose Arten leisten wir der Gebundenheit Vorschub.

Diese Verhaltensweisen übernehmen keine wirkliche Verantwortung für Erkenntnis. Anstatt daß wir in eigener Regie dirigieren und unser eigenes Sein in Zeit und Raum erforschen, schließen wir uns einer Mannschaft an. Das kann die Wissenschaftsmannschaft sein, die Religionsmannschaft, die Samsaramannschaft, die Nirwanamannschaft, die Nationsmannschaft, die ›Gute-Sache‹-Mannschaft. In jedem Fall nehmen wir das vorab Festliegende als Ausgangspunkt.

Die Ergebnisse dieses Ansatzes sind keineswegs nur schlecht: Obwohl wir viele Fehler machen und zeitweise manchmal blind zu agieren scheinen, dienen unsere Fehler selbst als unsere Lehrer, und auf vielen Ebenen machen wir Fortschritte. Doch viel Mühe wird fruchtlos verschwendet. Es ist schwierig, alles zu erreichen, was wir wollen, oder alles zu wissen, was gewußt werden muß. Die Form ist nicht richtig: Irgendwie scheinen Raum und Zeit und Erkenntnis sich in grundlegender Weise nicht zu fügen.

Heute können wir uns diesen Ansatz des Blindversuchs nicht länger leisten. Wir müssen Wege finden, um Erkenntnis unmittelbarer zu öffnen: um Erkenntnis zu bewahren, zu fördern und zu mehren. Wir müssen die Beziehung menschlicher Wesen zum Wissen transformieren – um unseretwillen und um anderer willen.

Wenn wir den Geist und die Gedanken und Sinne wach werden lassen für das Wissen, entdecken wir für uns, daß Erkenntnis der Heiler aller Übel ist. Jetzt können wir das Wissen dirigieren, das wir brauchen, um uns und der Gesellschaft zu nützen; um Parteilichkeit und Diskriminierung, Niedergang und Verfall ein Ende zu setzen. Jenseits der Standarddaten der Sinne und der Standarddeutungen können wir in einen neuen Boden neue Samen pflanzen, die neue Früchte tragen.

Wonach suchen wir eigentlich, und wie sollen wir verfahren? Am Anfang werden unsere Ziele ungewiß scheinen, und die Formulierungen, durch die wir der Erkenntnis näher zu rücken versuchen, mögen wie Mystifizierungen klingen. Doch ist dies kein Grund, den inneren Weg der Erkenntnis in Zweifel zu ziehen. Schließlich gibt es Formen des Wissens, die wir unhinterfragt akzeptieren, die vor fünfhundert Jahren mysteriös erschienen wären, und das Vokabular, das wir jetzt auf dem Feld der Erkenntnis benutzen, wäre vor wenigen kurzen

Jahrzehnten noch auf blankes Unverständnis gestoßen. Sicher wird sich in fünfhundert Jahren derselbe Zyklus abermals wiederholt haben, denn Raum und Zeit erlauben keinen Mangel an Alternativen.

Wenn dies so ist, warum nehmen wir die Herausforderung nicht jetzt an, in diesem Augenblick in Raum und Zeit? Warum erlauben wir dem Körper des Wissens nicht, hervorzutreten? Gleich welches Ziel wir uns auch gesteckt haben, wir agieren Grenzen aus, die unseren Bemühungen Hohn sprechen. Unser Leben ist kurz, und es scheint verfehlt, unsere Verantwortung zur Entfaltung unserer eigenen Natur aufzuschieben oder zu ignorieren.

Aktivierung von Wissen

Obwohl wir uns vielleicht nach Wissen sehnen, das unser Leben transformieren könnte, haben wir im Augenblick keine verläßliche Methode, um es zu aktivieren. Vielleicht trifft uns ein Blitzstrahl; vielleicht wird unsere Art, den Geist einzusetzen, ein für allemal verwandelt. Bis dies geschieht, müssen wir die Last unseres Nichtwissens weitertragen. Weil der Körper des Wissens nicht in unmittelbarer Verbindung zu dem steht, was wir gegenwärtig wissen, bleiben wir zurück ohne Weg und ohne Wahl.

Augen der Erkenntnis sehen dies völlig anders. In dem Augenblick, in dem wir dazu bereit sind, unser Forschungsinteresse auf die Formen von Wissen zu dirigieren, die wir jetzt unhinterfragt voraussetzen, gewinnt eine tiefere Erkenntnisfähigkeit Gestalt.

Anfangs geht es nur darum, Interesse aufzubringen dafür, wie sich unser eigenes Leben entfaltet. Indem wir den Prozeß des ›von‹ und ›zu‹ beobachten, möchten wir deren Wirkungsweise begreifen; indem wir Raum zwischen dem Raum öffnen, möchten wir ihn bewohnen. Wenn wir gewahr werden, wie unser Verhalten geformt wird von Kommen und Gehen, von Anfang und Ende, werden wir motiviert zur Ergründung ihres Entstehens und Vergehens. Wir möchten lernen, wie wir Teilnehmer sein können an unserem eigenen Leben und wie diese Teilnahme sich vorbehaltloser gestalten kann.

Dieses nach innen gerichtete Wissen ersetzt die Negativität und Verwirrung des Nichtwissens durch die positive Ganzheit des Wissens. Wenn wir eine Veränderung herbeiführen wollen, ist uns dies möglich; wenn wir eine neue Seinsweise wünschen, kann Erkenntnis uns auch diese verfügbar machen. Lange genug haben wir Leiden verkörpert; nun haben wir die Möglichkeit, Zufriedenheit und inneren Frieden zu verkörpern. Wenn wir unser Nichtwissen wissen, ist kein darüber hinausgehendes Wissen vonnöten. Jetzt, in diesem Augenblick, können wir aufbrechen zu einer Reise der Erfüllung in Zeit und Raum.

Je besser wir Wissen verstehen, desto besser können wir die Dumpfheit und Finsternis von Neurose und Verwirrung bekämpfen. Mit neuer Intelligenz können wir uns auf Wandel und Transformation zubewegen. Wenn wir uns offen mit den Begrenzungen, die wir erfahren, konfrontieren, können wir unsere Erforschung speisen aus der gewaltigen Frustration und der Sehnsucht, die wir empfinden, oder aus dem verborgenen Potential, das wir in greifbarer Nähe spüren.

Wie andere vor uns, die den Weg der Erkenntnis entdeckt haben, können wir über die jetzige Bewußtseinsebene hinausgelangen. Dann kann die Erkenntnis selbst die Verantwortung für Erkenntnis übernehmen. Das Licht der Erkenntnis kann unser Leben erleuchten und die Gesellschaft, in der wir leben, transformieren; es kann sich ausdehnen in die Welt als ganze. Unterschiedliche Wesen können die Qualitäten des Wissens in unterschiedlicher Weise zum Ausdruck bringen und jedes so seinen jeweils eigenen Beitrag zum Ganzen leisten. Wir können uns die Möglichkeit einer erleuchteten Gesellschaft ausmalen: eine Gesellschaft, in der Erkenntns eine Transformation der Gesamtheit herbeiführt.

In dem Augenblick, da wir Erkenntnis in unser Leben einladen, haben wir sie bereits aktiviert. Wünschen wir, ein Leben voller Erfüllung zu leben? Uns und andere vom Leiden zu befreien? Größere Freude und größeres Wohlbefinden zu erleben? Jedes von Herzen ausgesprochene »Ja!« ist auch ein Ja zur Erkenntnis. Sobald wir erkennen, daß es uns frei steht, zu wählen, baut ein Ja auf dem nächsten auf, und die Erkenntnis entwickelt sich durch ihre eigene Dynamik.

Die Erkenntnisdynamik dirigiert Gedanken auf neue Weise und öffnet neue Dimensionen des Geistes. Das Denken selber wird eine Form der Wertschätzung: ein Ausdruck der Dankbarkeit für alle Erkenntnis, die bisher hervorgebracht worden ist. Als eine Einladung von Wissen bewahrt das Denken das Gedachte weiter für die fortwährende Präsentation von Wissensfähigkeit. Indem wir sehen, wie Gewahrsein unser Leben verwandelt, wird das Denken ein Weg zu noch größerem Gewahrsein, und unser Entschluß, Wissen wachzurufen, gewinnt an Intensität.

Sobald Gedanken mit dem Körper des Wissens zu verschmelzen beginnen, bewegen sich die Verwirrung und die Schwierigkeiten, die wir erleben, in natürlicher Weise auf ihre Lösung zu. Es ist, als würde man ein Fenster auf eine andere Sphäre öffnen, neues Licht hereinlassen und frische Luft einatmen. Neue Möglichkeiten leiten neues Wissen. Die Gestalt und Form dessen, was sich zeigt, wird untrennbar von der Gestalt und Form des Geistes: Der Körper des Geistes nimmt Gestalt an, und das Verständnis gewinnt eine neue Tiefe.

Wissen, wie wir es heute kennen, akkumuliert und vervielfältigt sich endlos, bis es uns unter Bergen von Daten zu begraben droht. Doch wieviel von diesem Wissen trägt bei zum Gewahrsein oder fordert uns auf zur Transformation? Wir können nicht weiterhin Wissen auf diese Weise sinnlos ansammeln und dabei jede verfügbare Dimension des Raumes ausfüllen in einem Prozeß, der sich bis zum Ende der Zeit erstreckt.

Wenn wir in dieser linearen Art und Weise vorgehen, werden wir niemals die Zeit finden, das Gewahrsein zu entwickeln, das wir benötigen, oder den Raum zu entdecken, um das, was wir bereits wissen, auch zum Einsatz zu bringen.

Wenn wir nur zu sehen wissen, ist die Alternative bereits verfügbar. Anstatt uns auf dieses oder jenes zu konzentrieren, brauchen wir ein Wissen, das die Gesamtheit würdigt; anstatt spezifischen Gedanken nachzugehen, ist es notwendig, die übergreifenden Muster des denkenden Geistes zu erforschen. Eine universelle Geschichte kann vorausweisen auf eine universelle Erkenntnis.

Können wir garantieren, daß diese Art des Wissens auch funktioniert – daß wir Erfolg haben werden? Die Archive der Vergangenheit und unsere Alltagserfahrung bieten den Ansatz einer Antwort. Wir können garantieren, daß Erkenntnis wertvoll ist. Wir können vertrauen auf unsere Fähigkeit, erkenntnisfähiger zu werden. Wir können Beweise dafür finden, daß andere Wege gefunden haben, Erkenntnis in fruchtbarer Weise auszudrücken und zu verkörpern. Und wir können sicher sein, daß große und noch unerforschte Möglichkeiten der Erkenntnis zur Verfügung stehen.

Erkenntnis ist nicht irgendjemandes anderen Besitz; sie ist nicht einem Eigentumsverhältnis unterworfen und kann nicht verborgen werden oder verloren gehen. Sobald wir mit Erkenntnis in Berührung sind, erkennen wir, daß wir jederzeit Zugang zu ihr finden können, denn wir sind von Natur aus ein Teil des Körpers des Wissens. Wie immer auch unsere gegenwärtige Erfahrung aussieht, wir können uns sicher sein, daß wir Leiden, Verwirrung, Kampf, Frustration und die Tendenz zum Schlimmeren überwinden können; daß wir unmittelbar vordringen können auf die andere Seite dessen, was wir jetzt als unhinterfragbar hinnehmen.

In der Heilsamkeit des Wissens können wir uns selbst genügen. Wir können uns verbinden mit Schönheit und anderen

Nutzen bringen. Indem wir den Raum und die Zeit der Erkenntnis und den Körper des Gewahrseins dirigieren, können wir uneingeschränkt teilnehmen an dem Dirigieren, durch das Erkenntnis Form und Gestalt verleiht. Wir können mitwirken an der Magie und wissen, daß dem so ist.

Gewidmet den Lesern und Erforschern

der TSK-Vision.

Mögen alle Wesen den Nutzen erfahren,

den dieses Werk hervorbringt.

TEIL EINS

Die Erscheinung von Raum

KAPITEL I

Wie substantiell ist die Substanz?

Nehmen wir einmal an, wir könnten etwas sehr Kleines an den Rändern nehmen und es nach und nach in die Länge und in die Breite ziehen, so daß es größer wird. Wir könnten zum Beispiel mit einer Zelle des Körpers anfangen und sie vorsichtig auseinanderziehen, so daß sie nach ein paar Minuten schon einige Zentimeter mißt. Nach weiteren ein, zwei Minuten könnte ihr Durchmesser bereits mehrere Dezimeter betragen und bald darauf schon einen Meter überschreiten.

Wenn wir auf diese Weise weitermachen würden, bis die Zelle mehrere Kilometer Durchmesser aufweist, was sähen wir dann, wenn wir auf unseren Ausgangspunkt zurückschauten? Wäre überhaupt irgendetwas vorhanden? Ergäbe sich vielleicht so etwas wie ein umgebendes, sich eigentümlich anfühlendes Energiefeld?

Angenommen, wir radikalisierten diese Versuchsanordnung und dehnten ein Molekül immer weiter aus, bis es so groß wäre wie dieser Planet oder sogar noch größer. Ab einem bestimmten Stadium sähen wir beim Rückblick auf den Ausgangspunkt gar nichts mehr. Selbst wenn wir unsere Sinnesfähigkeiten bis zu den weitest denkbaren Grenzen verfeinerten, irgendwann gäbe es im Verlauf des Ausdehnungsvorgangs einen Zeitpunkt, ab dem keine Gestalt oder Form mehr erschiene.

Diese Ausdehnung von Erscheinung zu ›nichts‹ scheint unserem Empfinden zu widersprechen, daß Substanz sich von einer Quelle herzuleiten habe. Stellen wir uns, um dies zu verdeutlichen, vor, die von uns durchgeführte Ausdehnung werde umgekehrt. Eine Zeitlang scheint rein gar nichts da zu sein; dann tritt plötzlich etwas – ein sichtbarer Aspekt des Ausgangsobjekts – in unser Gesichtsfeld. Wie findet dieses Hervortreten von ›etwas‹ statt?

Um dieser Frage ihr angemessenes Gewicht zu geben, sei daran erinnert, daß wir hier zwar einen Vorgang des Ausdehnens und des Verdichtens beschrieben haben, daß in Wirklichkeit aber die ausgedehnte Welt des ›Überhaupt nichts‹ und die gewöhnliche Welt der Substanz koexistieren. Der Unterschied zwischen ihnen ist keiner der Aufeinanderfolge, sondern einer des Maßstabs und der Perspektive. Wenn wir von der gewohnten Perspektive aus schauen, sehen wir Kompaktheit; schauen wir von einer ›ausgedehnteren‹ Perspektive, wird die Substanz allmählich ungreifbarer, bis sie schließlich in einem Endstadium anlangt, das offen und leer ist.

Könnten wir angesichts dieser Koexistenz behaupten, die Welt der Substanz, mit der wir normalerweise zu tun haben, sei nur eine verdichtete Form des ›Nichts‹, das wir im Laufe des Ausdehnens entdecken? Gegen diese Folgerung erhebt sich starker Widerstand, denn die Logik sagt uns, daß etwas nicht aus nichts ›entspringen‹ kann. Das Ganze besteht aus seinen Teilen, die in diesem Sinne seine Erzeuger und seine Belieferer sind. Wenn die Teile ihrerseits zurückverfolgbar sind zu ›gar nichts‹, wie kann das Ganze, dem sie zur Entstehung verhelfen, jemals Substanz erlangen?

Die annehmbarste Antwort scheint die zu sein, daß das in unserem Gedankenexperiment angewandte Verfahren unzulässig ist. Wir haben angenommen, unser Ausgangsobjekt lasse sich stetig immer weiter ausdehnen, doch es kann sein, daß wir im Laufe unserer Ausdehnung zu einer Art ›letztendlichem‹ Teilchen kommen, das sich nicht weiter zerdehnen läßt. In diesem Fall könnte dieses letztendliche Teilchen in der Realität, mit der wir üblicherweise zu tun haben, als Quelle der Substanz dienen.

Doch warum sollte diese Begrenzung dessen, was ausgedehnt werden kann, wirksam sein? Stellen Sie sich ein letztendliches Teilchen vor: Beansprucht es Raum? Wenn dies der Fall ist, dann kann es anscheinend im Prinzip auch ausgedehnt oder aufgeblasen werden, um noch mehr Raum zu beanspruchen. Ist dies nicht der Fall – ist das Teilchen irgendwie für den Raum undurchdringlich –, wie kann es dann die Funktion erfüllen, dem, was im Raum erscheint, Substanz zu geben? Vielleicht gibt es andere Alternativen; vielleicht nehmen ›letztendliche‹ Teilchen keinen Raum ein, sondern sind Anzeiger oder Summationen oder Bewerkstelliger bestimmter Modi von ›Rauminteraktionen‹. Doch je mehr wir versuchen, solchen Möglichkeiten Sinn abzugewinnen, desto mehr erhärten wir die Auffassung, Substanz sei eine auf geheimnisvolle Weise verdichtete Form dessen, was wir in unserer gewöhnlichen Ausdrucksweise ›rein gar nichts‹ nennen würden.

Raum ohne Inhalt

Das Geheimnis, auf welche Weise Substanz entsteht, läßt sich auch anders formulieren, und zwar bezogen auf die Grenzen, die die Form einer bestimmten Entität umreißen – jene Grenzen, die wir angefaßt haben, als wir unser Ausgangsobjekt auseinanderzogen. Im allgemeinen gehen wir davon aus, daß alles, was erscheint, eine definierende und schützende Grenze hat, innerhalb derer es enthalten ist, wie die Schale eines Eies oder die Haut des menschlichen Körpers. Jede Entität hängt von drei interagierenden Elementen ab – von ihrer Substanz, der definierenden Grenze und der umgebenden Umwelt oder dem Raum. Nichts kann ohne diese Elemente Gestalt annehmen. In einem See ohne Boden kann es zum Beispiel kein Wasser geben.

Wenn wir uns vorstellen, einen Gegenstand im Raum auseinanderzuziehen, wird diese Dreierstruktur sehr bald problematisch. Die Grenze wird porös und verschwindet schließlich, ohne eine Unterscheidung zwischen innen und außen zu hinterlassen. Es erscheint eine neue Entität mit einer neuen Grenze, doch wenn wir das Ausdehnen fortsetzen, verschwindet auch diese. Schließlich verschwindet jede Grenze. Substanz und Behälter – innen und außen – sind ununterscheidbar geworden.

Diese Beschreibung führt uns zu einem Element, das in unserer ersten Darstellung gefehlt hat: dem Raum, innerhalb dessen die vorgestellte Entität sich ausdehnt. Wenn wir unser Ausgangsobjekt immer weiter ausdehnen, kommen wir anscheinend an einen Punkt, an dem die Substanz verschwunden ist und nichts übrigbleibt als leerer Raum. Doch was ist mit dem Raum geschehen, innerhalb dessen die Ausdehnung stattfindet?

Zwei Antworten scheinen möglich. Die erste heißt: der Raum bleibt so, wie er ist, ein unendlich aufnahmefähiges Behältnis, das bereit ist, jeden Grad von Ausdehnung zu beherbergen. Für diese Auffassung verschmilzt das ›Nichts‹, in welches das Objekt unseres Experiments sich schließlich auflöst, vermutlich mit dem ›Nichts‹ des Raumes, oder aber es ist von Anfang an mit ihm identisch. Den ganzen Prozeß der Expansion hindurch bleibt der Raum bewahrt als das, was er war: Eine schützende Umgebung mit ihren eigenen meßbaren Eigenschaften, ein ›bedingendes Nichts‹, das von Substanz ausgefüllt werden kann.

Es gibt auch eine andere Möglichkeit. In der ›Verwandlung‹ von Substanz zu leerem Raum könnte es sein, daß der Raum ebenfalls verwandelt wird. Könnten wir uns vorstellen, daß der Raum sich mit dem Objekt, das er enthält, gemeinsam ›ausdehnt‹? Wenn dem so wäre, kämen wir dann an jenen Punkt innerhalb der Ausdehnung, an dem der Raum seine gewöhnliche Identität als Behältnis der Materie verlöre – an dem der Raum zu nichts werden würde?

Diese zweite Möglichkeit läuft der gewöhnlichen Auffassung zuwider, derzufolge Raum von Anfang an ohnehin ›nichts als nichts‹ ist. Doch dieses konventionelle ›Raum-Nichts‹ ist abhängig von dem Gegensatz zu ›etwas‹. Das ›Nichts‹ des Raumes und das ›Etwas‹ dessen, was der Raum enthält, sind durch den Vorgang der Negation aneinander gekoppelt. Wenn das ›Etwas‹ der Substanz durch das Ausdehnen verschwindet, scheint es daher, daß auch das ›Nichts‹ des Raumes verschwände. Wir könnten sagen, daß der Raum als Nichts einen Körper habe; jetzt verschwindet dieser Körper.

Diese Aussicht auf eine ›Raumtransformation‹ eröffnet interessante Möglichkeiten. Wenn Substanz in Nichts ›verwandelt‹ wird, bleiben wir zurück mit der Negation dessen, was wir für wahr hielten. Wir dachten, wir verstünden die substantielle Natur der Erscheinung; jetzt zeigt es sich, daß wir sie nicht verstehen. Da unser konventionelles Wissen auf dem Wechselspiel substantieller Entitäten basiert, müssen wir es entweder neu überdenken und neu begründen oder aber wir müssen uns damit abfinden, daß das Wissen, das wir zu besitzen beanspruchen, vorläufig bleiben wird. Indem wir Substanz in Raum verwandeln, gelangen wir zu einer blanken Leere, die schlicht und einfach ein Geheimnis ist.

Raumtransformation ruft jedoch eine völlig andere Dynamik herauf. Eine vorläufige Auffassung davon wäre die folgende: Wenn wir das ›Nichts‹ des Raumes negieren, negieren wir eine Negation. Gelangen wir in dieser doppelten Negation zu etwas Positivem? Könnte diese Art des Verständnisses eine neue Art von Wissen hervortreten lassen? Könnten wir zum Beispiel eine ›andere Art‹ von Nichts entdecken, die grundlegender wäre als die Substanz oder der leere Raum?

Die schiere Bereitschaft, diese Möglichkeit zu erwägen, löst einen dramatischen Umschwung in unseren üblichen Orientierungen aus. Die Substanzverplichtetheit, die unsere konventionellen Wissensmodi kennzeichnet, macht Raum zum Fehlen von ›irgend etwas‹. Diese Festlegung stellt sicher, daß dem Raum keinerlei Interesse beigemessen wird; faktisch verbürgt sie das Verschwinden des Raumes. Jetzt, wo wir das ›Raum-

Nichts‹ hinterfragen, machen wir den Raum selber der Erkundung zugänglich. Wir initiieren das Wiedererscheinen des Raumes als aktives Element innerhalb unserer menschlichen Wirklichkeit.

KAPITEL 2

Wo entspringt die Wirklichkeit?

Stellen wir uns vor, wir hätten gelernt, Erfahrung in eine große Kiste einzulagern. Nur bestimmte Arten von Erfahrung passen in die Kiste, doch diese passen sehr gut hinein, denn die Kiste ist maßgetischlert, und jede Art von Erfahrung hat darin ihren speziellen Platz. Begegnungen mit substantiellen Entitäten passen in die Kiste, desgleichen Gedanken und Phantasien und Erinnerungen sowie unser Gefühl einer eigenen Identität.

Jetzt passiert etwas Überraschendes: Die Erfahrungen, die wir sorgfältig gesammelt und eingelagert haben, verwandeln sich auf unerfindliche Art und Weise in Phantome. Vielleicht sind sie noch da, doch wenn wir sie anschauen, wirken sie fast durchscheinend.

Was geschieht in diesem Fall mit der Kiste, in der wir unsere Sammlung untergebracht haben? Sollen wir annehmen, daß ihre Grundstruktur dieselbe bleibt? Oder ist es wahrscheinlicher, daß sich die Kiste ebenfalls verändert – daß sie auf neue Weise durchscheinend und unstofflich wird?

Die Erkundung einer Möglichkeit, Raum über das konventionelle ›Raum-Nichts‹ hinaus auszudehnen, ist so etwas wie eine Kehrtwendung, um die Kiste anzuschauen, in der wir Erfahrung ablagern. Doch wie sollen wir das anfangen? Wenn wir die Struktur der Kiste unmittelbar betrachten, machen wir aus der Kiste selber ein Ding, und unsere Begegnung mit ihr wird ihrerseits eine weitere Erfahrung von der Art derjenigen, für deren Unterbringung die Kiste gebaut worden ist. In Raumbegriffen ausgedrückt könnten wir es so formulieren: Wir können unser Verständnis des Raumes nicht dadurch weiterentwickeln, daß wir ihn zu einem Forschungsgegenstand machen, denn in diesem Fall wenden wir uns ab von dem Nichts, das den Raum in einzigartiger Weise zur Beherbergung von Erscheinung befähigt.

Es bietet sich eine andere Vorgehensweise. Wir können die Kiste ganz einfach öffnen. Doch ›die Kiste öffnen‹ meint nicht, den Deckel hochzuheben, wie wir es tun, wenn wir eine neue Erfahrung in ihr unterbringen. Wir öffnen die Kiste, *indem wir die Kiste selber auseinandernehmen.* Wir könnten uns vorstellen, daß die Kiste aus Karton besteht, aus zusammengeleimten oder zusammengeklebten Pappstreifen. Jetzt nehmen wir die Pappstreifen auseinander; wir machen die Kiste flach. Während wir dies tun, geschieht etwas Merkwürdiges: Sogar der Raum, den die Kiste einmal umfing – der zuvor seine eigene spezielle Substantialität zu besitzen schien –, verschwindet. Ohne Behältnis gibt es auch kein Enthalten.

Etwas ganz Ähnliches wollen wir mit dem Raum tun. Ohne ihn zu einer Substanz zu machen, möchten wir den Raum gerne öffnen und seine Natur erforschen: seine ›Nichtsheit‹ in Frage stellen, um zu sehen, was darunter liegt. Wie sollen wir das anfangen?

Es ist schwierig, dem Raum unmittelbar beizukommen, denn von klein auf werden wir erzogen, uns auf das zu konzentrieren, was Substanz hat – was im Raum erscheint. Damit Raum sich selbst verfügbar macht, müssen wir ihn erst einladen; in gewisser Weise müssen wir ihm Platz machen, damit er wieder erscheinen kann. Das Gedankenexperiment des vorangegangenen Kapitels bietet ein Modell, wie wir dies tun können. Als ersten Schritt können wir die Natur der Substanz hinterfragen. Indem wir unser überkommenes Verständnis dessen, was wirklich ist, öffnen, kommt die Offenheit des Raumes leichter in den Blick. Indem wir unser Verständnis der Substantialität dessen, was im Raum erscheint, schärfen, erlauben wir es dem Raum, selber zu erscheinen.

Die Substanzlosigkeit des Wirklichen

Unsere Analyse hat bislang vermuten lassen, daß die von uns angetroffenen und mit einer jeweiligen Identität versehenen Objekte mit ihren verschiedenen Eigenschaften und Qualitäten nicht in der Weise fest und kompakt sind, wie wir uns dies üblicherweise vorstellen. Doch diese Vermutung stimmt mit unserer Erfahrung nicht überein. Ein jedes Objekt, das vor uns erscheint, legt sich in ganz spezifischer Weise darauf fest, es selbst zu sein. Es behauptet seine eigene Realität und äußert eine Seinsgewißheit, die wir akzeptieren und auf die wir zurückgreifen, um aus ihr die Substanz unseres eigenen Lebens zu bilden.

Vielleicht besteht zwischen diesen unterschiedlichen Perspektiven kein Widerspruch. Selbst wenn Substanz sich zu ›gar nichts‹ auseinanderdividieren läßt, behaupten die Objekte doch weiterhin ihre ›Realheit‹, die unsere Sinne und unsere Erfahrung tagtäglich bezeugen und bestätigen. Schließlich scheint auch niemand sagen zu können, wie die Materie entstand oder wie das Universum sich gebildet hat, und dennoch hält uns dieses Geheimnis nicht davon ab, die Materie als etwas Festes und Substantielles aufzufassen.

Nehmen wir also an, es sei völlig einleuchtend, Objekte zumindest für bestimmte praktische Zwecke als substantiell zu betrachten. Es bleibt eine grundlegende Frage: was ist die Natur dieser Substantialität?

Wir können mit den Entdeckungen der modernen Naturwissenschaft beginnen, der die oberste Schiedsrichterrolle in Sachen Realität zuerkannt wird. Die Erschütterungen, die sie dem Substanzbegriff zugefügt hat, sind wohlbekannt. Auf der subatomaren Ebene lösen sich in der Physik die von uns in der

Welt angetroffenen Objekte in ›Partikel‹ auf, denen nur noch im weitesten Sinne Gestalt, Form oder sogar Masse zugesprochen werden kann. In bestimmten Aussagen der Quantentheorie müssen auch solche Partikel zugunsten von Wellen von Wahrscheinlichkeiten zurücktreten.

In der Biologie herrscht eine ähnliche Indeterminiertheit. Strukturen und Funktionen, die früher einmal invariant schienen, haben sich als manipulierbar und rekombinierbar erwiesen, mit absehbar tiefgreifenden Auswirkungen auf unser Leben. Und obwohl die Technik andersartigen Orientierungen unterliegt, tendiert auch sie zu einer Infragestellung des Standpunkts, es gebe innerhalb der Erfahrung irgendetwas Unumstößliches und Fixes, denn sie erzeugt eine Welt, in der das Spektrum des Möglichen und des Wünschenswerten sich fortwährend verändert.

Die These, die Realität sei objektiv und die Substanz sei kompakt, läßt sich auch aus einer erfahrungsbezogeneren Perspektive in Frage stellen. Obwohl die Identitäten, die wir zuweisen, um der Welt Sinn abzugewinnen, uns dazu auffordern, in Begriffen von Substanz zu denken, ist die Erfahrung von ständiger Verwandlung gekennzeichnet. Von Stunde zu Stunde und von einem Augenblick zum nächsten verändert sich die Welt, und wir wissen aus erster Hand, daß der sie erfahrende Geist sich gleichfalls verändert. Die Geschichte ist im Wandel; spezifische Erscheinungen wechseln, Stimmungen und Einstellungen ändern sich. Bestimmte Gegebenheiten haben eine Weile Bestand und entschwinden dann wie Eis, das sich in Wasser auflöst. Letztendlich ist nichts von Dauer. Der Eindruck der Festigkeit, den eine beiläufige Beobachtung vermittelt, erweist sich als ähnlich der Festigkeit, die wir unter den Sohlen spüren, wenn wir über das Deck eines Ozeanriesen gehen: Sie verleugnet die Bewegung unter der Oberfläche.

Warum fällt es uns so schwer, diese fortwährende Verwandlung in unseren Umgang mit der Welt einzubeziehen? Die Antwort scheint in Zusammenhang zu stehen mit unserer Verwendung von Namen und Begriffen zur Etikettierung von Erfahrung. Sobald spezifische Identitäten zugewiesen wurden, entfaltet sich die Realität als das Wechselspiel der Entitäten, die diese festgelegten Identitäten tragen. Dadurch, daß wir sich wandelnde Eigenschaften und Charakteristika auf Objekte beziehen, sind wir regelrecht gezwungen, die Illusion von Dauer zu akzeptieren. Doch zahlen wir für diesen Trugschluß einen Preis, denn unsere Bemühungen, der Erfahrung auf diese Weise Sinn abzugewinnen, können dem fortwährenden Fluß dessen, was sich ereignet, allenfalls näherungsweise gerecht werden.

Wenn Objekte nicht in der von uns vorgestellten kompakten und substantiellen Art und Weise existieren, können wir Kompaktheit vielleicht auf Tendenzen, Ausrichtungen und auf zeitlicher Kontinuität begründen. Denn obwohl sich die Erscheinung wandelt, können wir doch die Quelle dessen, was erscheint, ausfindig machen; wir können auf seine Herleitung und seine Bestimmung verweisen, auf sein ›von‹ und ›zu‹.

Doch hier erhebt sich eine andersgeartete Schwierigkeit. Richtungen lassen sich nur aus einer bestimmten Perspektive herleiten: einer Lokalisierung in Raum und Zeit. Angenommen, man betrachtet die Vorgänge auf der Erde von einem Punkt aus dem Weltraum: Würde das Auf und Ab oder das Vor und Zurück, das wir üblicherweise mit diesen Vorgängen verbinden, immer noch gelten, oder gäbe es ganz einfach nur Bewegung ohne irgendwelche Benennungen? Allgemeiner gesprochen: könnten wir einen Standpunkt außerhalb des Universums in Raum und Zeit einnehmen, dann würden Kommen und Gehen, mit deren Hilfe wir den Dingen Sinn zuweisen, nicht länger als Orientierungspunkte dienen. Die von uns wahrgenommenen Tendenzen scheinen eher ein Konstrukt unserer Interessen als eine objektive Basis für die Begründung von Substantialität zu sein.

Angenommen, Sie sitzen in einem fahrenden Auto. In Ihrem Körper herrscht auf vielen Ebenen Bewegung, und obwohl er als ganzer ruht, können wir schwerlich behaupten, er sei völlig bewegungslos. Dazu kommt die Bewegung des Autos – nicht nur vorwärts, sondern auch nach oben und unten und von einer Seite auf die andere. Ferner haben wir die Bewegung, die die Bewegung möglich macht: die Umdrehung der Reifen, das Auf und Ab der Kolben, das Fließen des Benzins, des Öls und anderer Schmierstoffe. Das alles ist umschlossen vom Fluß des uns umgebenden Verkehrs. Vielleicht sollten wir auch den Fluß der Ereignisse mit einbeziehen, die mit daran beteiligt sind, daß wir uns in dem Wagen befinden und uns mit ganz bestimmten Vorhaben in eine ganz bestimmte Richtung bewegen. Dann gibt es noch das Spektrum weiträumigerer Bewegungen, die meist nicht in Betracht gezogen werden: die Trift des Kontinents, die Erdrotation, das Tempo des Planeten bei seiner Bewegung um die Sonne, die Bewegung des Sonnensystems in der Galaxis, die Fortbewegung der Milchstraße durch den kosmischen Raum.

Keine von uns gebotene Beschreibung kann alle diese Aspekte gleichzeitig berücksichtigen. Nur wenn wir uns auf ein bestimmtes System von Interessen und Annahmen festlegen, können wir von Herleitung und Richtung, von Kommen und Gehen so sprechen, als verwiesen wir damit auf eine einzige objektive Wahrheit. Welche Spezifika auch immer wir erfassen, es ist unser Interesse, es sind unsere Interpretationen, die sie ins Dasein treten lassen – nicht irgendein starres, unbewegliches Fundament.

Das Gesamt der Wirklichkeit

Vielleicht können wir eine substantiellere Grundlage der Erfahrung entdecken, indem wir uns anstatt einzelnen Entitäten der Realität des Gesamts zuwenden. Die grundlegende Einsicht, die diesen Schritt nahelegt, ist die Tatsache, daß wir ja in der Erfahrung ›etwas‹ antreffen, ganz gleich, wie wir es charakterisieren oder es uns erklären. Jede individuelle Erscheinung verweist zurück auf diese ›Etwasheit‹, die sämtlichen Dingen, denen wir begegnen, gemeinsam ist. Irgendwie differenziert und spezialisiert sich das Gesamt dessen, was ist, in die verschiedenen interagierenden und sich wechselseitig aufeinander beziehenden Entitäten und Eigenschaften; irgendwie ›sät es sich aus‹ in identitätstragende Dinge in einer Art und Weise, die Ausgangspunkte, Interaktionen und Ableitungen nachzuzeichnen erlaubt. Auch wenn die Einzelelemente sich in Frage stellen lassen, gibt es doch jene zugrundeliegende ›Realheit‹, die das Gesamt seinen Teilen mitteilt.

Doch was ist es, das diese ›Realheit‹ konstituiert? Ein Gemälde, das ein sinntragendes Bild oder eine Szene darstellt, besteht aus Farbe auf Leinwand; der Stoff, in dem sich Muster abzeichnen, ist aus Fäden zusammengewebt; die Melodie eines Liedes entsteht durch den Klang. Wodurch bildet sich aber die ›Realheit‹ alles Seienden?

Obwohl diese Frage als durchaus sinnvoll erscheint, weist sie die Analyse auf einen Weg, den wir bereits ad acta gelegt haben, denn sie erheischt eine Antwort im Sinne von Teilchen oder Entitäten, die in irgendeiner Weise letztendlich oder unteilbar sind. Selbst wenn wir diese Vorgehensweise rehabilitieren wollten, scheint sie hier unangemessen. Angenommen, wir hätten ein letztendliches Teilchen benannt: Um in dem hier gegebenen Kontext dessen ›Realheit‹ zu behaupten, würden wir es auf das Gesamt zurückbeziehen, während wir zum Aufweis der ›Realheit‹ des Gesamts auf die ›Realheit‹ dieses Teilchens verweisen würden. Im Gefängnis dieses Zirkels könnten wir schwerlich hoffen, unser Verständnis zu erweitern.

Vielleicht ist ein fruchtbarerer Zugang der, die ›Realheit‹ des Gesamts im Sinne einer Bedeutung zu betrachten. Wenn wir etwas als real akzeptieren, dann vertreten wir eine These darüber, wie sich der entsprechende Gegenstand innerhalb eines breiten Spektrums von Umständen verhalten wird. Zu sagen, etwas sei real, bedeutet dann, daß wir uns darauf verlassen können, daß es sich auf bestimmte Art und Weise verhält und sich in ganz spezifischer Weise nachweisen läßt.

Diese Methode, ›Realheit‹ aufzufassen, verschiebt unsere Fragestellung von individuellen Entitäten zu Interaktionen zwischen Entitäten. So wie auf einem Gemälde ein einzelner Farbfleck oder ein einzelner Pinselstrich nur in Bezug auf andere von anderen Pinselstrichen auf die Leinwand aufgetragene Farbflecke sinnvoll wird, so gewinnen auch Gegenstände ihre Identität und Bedeutsamkeit nur in Bezug auf alles andere, was erscheint. Wie Echos, die von der Wand einer Höhle zurückgeworfen werden, interagieren Erscheinungen ineinander und schaffen so Erfahrung als ständig sich wandelndes Gefüge. Selbst die scheinbare Unabhängigkeit individueller Entitäten ist eine zugewiesene Bedeutung, die auf andere Entitäten verweist. Diese durch wechselseitiges Verweisen verbundenen Manifestationen bilden gemeinsam die Wirklichkeit des Gesamts.

Doch wäre es ungenau, diese ›Wirklichkeit des Gesamts‹ mit den speziellen Interaktionen gleichzusetzen, die uns eine bedeutungtragende Entität mit Dutzenden oder gar Hunderten anderer verknüpfen lassen. Unsere Erfahrung in diesem besonderen Augenblick bezieht sich zurück auf eine Realität, die mehr als die Summe ihrer Teile ist. Jenseits aller partikularen Interaktionen und aller möglichen Verknüpfungen gibt es das Feld dieser Interaktionen. Dieses Feld verlautbart fortwährend seine eigene Verfügbarkeit als Feld, ebenso wie eine Struktur und ein die Operationen des Feldes kennzeichnendes Muster. Das, was wir bedeutungsvoll finden, ist abhängig von dieser umfassenden Verlautbarung: dem ›Feldkommuniqué‹.

Erkundung des Feldkommuniqués

Die individuellen Erscheinungen, die den Inhalt der Erfahrung ausmachen, manifestieren sich *im Sinne* des Feldkommuniqués, das sie in ähnlicher Weise verbindet, wie Aktienbesitz die Aktionäre einer Aktiengesellschaft verbindet. Beim Auftauchen aus dem Feld erscheinen Entitäten Hand in Hand. Sie bringen ein besonderes inniges Vertrautsein zum Tragen, das Charakterisierungen, Unterscheidungen und ein durch zeitliche ›Von-zu‹-Strukturen ausgedrücktes Wechselspiel zuläßt.

Im Sinne des Feldkommuniqués ist die ›Realheit‹ des Realen schlicht die behauptete Authentizität dieser im Wechselspiel auf sich selbst verweisenden Identifizierung: ein vitaler Aspekt des ununterbrochenen, innigen Vertrautseins alles dessen, was sich manifestiert. Doch diese Behauptung von Authentizität wirkt nicht nur in Bezug auf das Gesamt: Sie ist so distribuiert, daß sie auch jede einzelne verlautbarte Entität mitumfaßt. Wir könnten sogar sagen, der *Zweck* der wechselseitig aufeinander bezogenen Interaktionen, die das Gesamt ergeben, bestehe darin, die Unumstößlichkeit jeder individuellen Identität zu begründen. Dies also ist die fortwährende Bedeutung, die das Kommuniqué zum Ausdruck bringt: Das Gesamt stützt die Identität eines jeden besonderen Teils, während jeder Teil seinerseits das manifestierte Gesamt bestätigt.

Dieses wechselseitige Darbieten dient dem Zweck des gegenwärtig Gegenwärtigen. Jeder spezifische Nexus wird authentifiziert – identifiziert als das ›reale Objekt‹ einer authentischen Wahrnehmung. Verfügt als die Selbstaneinanderreihung des bereits Vorausgesetzten, manifestiert sich dieser einzigartige Nexus aus sich selbst, im Besitz der Attribute, die ihn zum Sein befähigen.

Das Bild des Feldkommuniqués macht begreifbar, inwiefern Erscheinung als Substanz erscheinen kann. Es bestätigt, was wir schon zuvor vermuteten: Die substantielle Natur des Erscheinenden ist lediglich ein Produkt der Erscheinung. Obwohl Substanz als Substanz erscheint, löst sie sich nicht aus dem ursprünglichen Wechselspiel des Kommuniqués, in dem jede Erscheinung ihrer Natur nach echogleich ist. Die ›Quelle‹ der Substanz ist die Interaktion dessen, was keine Substanz hat. Jede qualifizierte, verfügte Einzigartigkeit wird innerhalb des Feldes dargeboten. Für jede Erscheinung gilt: Es gibt nichts über oder unter ihr, keinen Ursprungspunkt, der greifbarer wäre als seine eigene Verlautbarung.

Auf diese Art und Weise betrachtet, verliert die übliche Unterscheidung zwischen einem substantiellen Objekt und einem nicht-substantiellen Subjekt viel von ihrer Bedeutung. Die subjektive ›Antwort‹ auf das Kommuniqué ist Teil des Kommuniqués. Wenn das Subjekt das Sich-Verweben der Erscheinung artikuliert und spezifische Manifestationen unterscheidet, *ist* dieses Erzeugen von Geistesverknüpfungen die ›Realheit‹ dessen, was verkündet wird.

Wir können den gleichen Sachverhalt unter Vorgriff auf einen Zusammenhang, dessen Bedeutung später klarer werden wird, auch noch anders ausdrücken. Da das Feldkommuniqué jede Entität als *verlautbarte* darbietet, wird die Erkenntnis dessen, was erscheint, *gemeinsam mit* dem Erscheinenden dargeboten. Wissen ›über‹ Erscheinung ist untrennbar ›von‹ Erscheinung.

KAPITEL 3

Rückkehr zum Namenlosen

Das Feldkommuniqué überträgt sich selbst weiter durch Namen und Begriffe, die Qualitäten identifizieren – Form, Farbe, Festigkeit, Arten der Interaktion. Je mehr Wörter wir haben, desto mehr Eigenschaftsprädikate häufen sich an. Eigenschaftsprädikate ihrerseits werden wiederum auf Entitäten zurückbezogen. Solchermaßen wird die ›Realheit‹ der Erfahrung gewährleistet.

Erscheinung wird auf diese Weise zum Auslöser von Bildern und Ideen, die uns dazu veranlassen, das sich Präsentierende zu benennen und zu identifizieren und mit den entsprechenden Gedanken und Assoziationen zu reagieren. Zunächst zimmert der Gedanke den Rahmen; dann trägt er die spezifischen Merkmale und Charakteristika ein, die die Identität des Erfahrenen bestätigen. In dem Maße, wie Identitäten zugewiesen werden, bestätigt deren wechselseitiges Aufeinanderverweisen das Gesamt. Eine Welt wird errichtet, lückenlos in einer Logik, deren zwingende Kraft gewährleistet, daß vorherrschende Muster von Bewußtsein und Erfahrung hinausprojiziert und Identitäten verläßlich verbürgt werden und daß die Substanz ihre Kompaktheit erlangt.

In diesem Mitteilungsvorgang treten wir selber in der Rolle des Manifestierenden zu Tage, desjenigen, der weiß. Doch obwohl unsere Rolle für das Ingangsetzen des Gesamts zentral ist, ist sie zugleich beschränkt. Unser Wissen entspricht der Logik des Benennens; unser Geist reagiert auf das, was identifiziert worden ist. Wir haben keine andere Wahl als mitzuwirken und teilzunehmen, denn der Geist hat keine andere Funktionsweise. Wir können keine irgendwie geartete ›andere‹ Zeit reservieren, um ihn innere Ruhe finden zu lassen; wir können uns nicht für eine Methode des Denkens entscheiden, die ›objektiver‹ wäre als diejenige, die uns von Konstrukten auferlegt wird. Genauso wie alles andere voll und ganz identifiziert, gehen wir aus dem Prozeß des Benennens hervor, in unseren Antworten festgelegt auf jene Reaktionen, die die uns zuerteilte Identität zuläßt.

Es wäre irreführend zu sagen, die reale ›Substanz‹ dieser Welt aus Konstrukten seien Wörter und Bilder und Konzepte, denn Wörter und Konzepte sind ebenfalls Hervorbringungen des Kommuniqués: Standardreaktionen auf Sinnesdaten, Gefühle, Assoziationen und die Menge der zuvor angehäuften Wörter und Bilder. Und ›Daten‹, ›Sinne‹ und ›Gefühle‹ sind gleichfalls Konstrukte. Wie auch immer wir die Erzeugungsmechanismen nachzuzeichnen versuchen, wir werden uns immer in Zirkeln bewegen, gefangen in den vom Feldkommuniqué übertragenen wechselseitigen Bezogenheiten. Es ist, als würde man aus einem Standardblatt neue Karten ausgeben: Obwohl es fast endlos viele Kombinationen gibt, ist das Spektrum der Möglichkeiten doch von Anfang an unweigerlich begrenzt.

Wenn wir Wörtern und Bildern und den mit ihnen einhergehenden Konzepten eine spezifische Rolle in diesem Drama zuweisen wollen, könnten wir sie als die ›Träger‹ des Kommuniqués bezeichnen. Im Bann seiner Mechanik und Dynamik übertragen sie altes Wissen weiter und gewährleisten so die Perpetuierung dessen, was vorab aufgezeichnet ist. Doch auch diese Sichtweise ist nicht erschöpfend, denn wir wissen aus unmittelbarer Erfahrung, daß Wörter neues Wissen wachrufen und neue Sichtweisen eingeben, das Herz berühren und den Geist bewegen können.

Dieses tiefere Vermögen läßt sich unmittelbar herleiten aus

der Rolle der Wörter als Agenten des Kommuniqués. Die Kraft, die Wörter und Bilder dazu befähigt, die Formen unserer Realität zu begründen, ist die Kraft des Kommuniqués. Zu Zeiten, in denen wir zu dieser Kraft unmittelbar Zugang haben, begreifen wir, daß das, was als real identifiziert wird, genaugenommen das Produkt eines Projektionsvorgangs ist: daß die ›Realität‹ die Übersetzung von Worten, Konzepten und Bildern in eine andere Dimension ist.

Wie können wir dieses Verständnis aktivieren und es uns leiten lassen? Dichter, Schriftsteller und Künstler können die Kraft von Wörtern und Bildern bisweilen zum Leben erwecken, doch dieser schöpferische Weg erscheint in unserer Welt als eine Ausnahme. Wir können nicht alle Künstler sein, und selbst die größten Künstler vermögen nicht jedem Aspekt der Erfahrung ein tieferes Verständnis abzugewinnen. Gibt es eine Vorgehensweise, die nicht an diese Begrenztheiten gebunden ist?

Eine Möglichkeit, die Enge eines auf Wörtern gründenden Wissens aufzubrechen, besteht darin, sich der Erfahrung direkt zuzuwenden und es ihrer Unmittelbarkeit zu erlauben, unsere Sinne für ein tieferes Wissen zu öffnen. Es gibt Methoden, um eine andere Art von Gewahrsein zu aktivieren, in welchem wir Qualitäten, Charakteristika und Wechselwirkungen registrieren, ohne sie auf die Objekte, die sie besitzen, zurückzuverweisen. Wir können zum Beispiel eine rote Farbe, eine spezifische Form und Struktur und einen angenehmen Duft identifizieren, ohne die normale Verbindung zu dem Namen ›Rose‹ herzustellen. Auf einer subtileren Ebene könnten wir sogar das Wirken dieser Benennungstendenz zulassen, ohne ihre Folgerung als letztgültig zu akzeptieren.

Während dieser Zugang den Vorteil hat, daß er eine systematische Methodik anbietet, die jeder anwenden kann, wird es kaum jemanden geben, der ihn ohne intensive Anstrengung zu meistern vermag. Von neuem erhebt sich die Frage: Können wir neues Wissen nur durch solche außergewöhnlichen Mittel wachrufen? Können wir Wissen nicht in der Erfahrung entdecken, wie wir sie jetzt kennen?

Verkündung der ›Realheit‹ des ›mein‹

Der Zugang, den wir soeben beschrieben haben, hat eine inhärente Beschränkung. Selbst wenn wir annehmen, wir könnten den Geist darin üben, die verbalen Identifizierungen, die jeder Sinneserfahrung auf dem Fuße folgen, zu überspringen oder zu deaktivieren, so wären wir damit dem Bereich der Konstrukte noch nicht entronnen. Qualitäten wie Farben und Gerüche – der Stoff der Sinneserfahrung – sind ebenfalls nicht die Grundfaktoren innerhalb der Erfahrung. Selbst solche Sinnesdaten durchlaufen in Abhängigkeit von einer vorherrschenden Rationalität einen sprachlichen Verarbeitungsprozeß.

Auf dieser grundlegenderen Ebene ist das leitende Konstrukt die Trennung und das Wechselspiel von subjektiver und objektiver Sphäre. ›Realheit‹ und die Geltungsansprüche der Substanz beruhen gleichermaßen auf jener Struktur, die eine Welt von ›Dingen, die von einem Erkennenden erkannt werden‹ in Szene setzt. Die Substanz und Realität von Erfahrung ließe sich auffassen als der unmittelbare Ausdruck des besonderen, innigen Vertrautseins von Subjekt und Objekt.

Konventionelles Wissen tanzt dieses innige Vertrautsein ins Dasein, indem es die Wahrheit der subjektiven wie der objektiven Sphäre jenseits irgendeiner Möglichkeit des Hinterfragens affirmiert. Indem es Erfahrung im Sinne von Erkennendem und Erkanntem strukturiert, bestätigt konventionelles Wissen die Erscheinung als die ›Realheit‹ des Realen. Es verkündet das Innere der Oberfläche: die Substanz dessen, was ist, und die ›Istheit‹ dessen, der erfährt. Doch *das auf diese Weise verkündete Innere bleibt ein Oberflächenphänomen*. Nichts ist grundgelegt: der Tanz bleibt ein Tanz. Es gibt nur die Echos des Feldkommuniqués.

Wenn wir diese Verlagerung von der Oberfläche zur Substanz, von der Erscheinung zur ›Realheit‹ mitvollziehen, dann schauen wir an dem Kommuniqué als solchem vorbei und akzeptieren die Wahrheit der in ihm verlautbarten Geschichte. Wir lassen seine Strukturen diktatorisch über unsere Imagination bestimmen und reagieren mit der Fülle unseres Seins. Unser Gewahrsein erlaubt bestimmte geistige Projektionen, unsere Physiologie erlaubt eine bestimmte Funktionsweise der Sinne, unsere Stimme verbindet sich mit den anderen interagierenden Echos des Feldkommuniqués, um die Realität des Gesamt zu verkünden. Wir bekräftigen eine in beide Richtungen wirkende Beziehung der Eigentümerschaft: verweisen Eigenschaften zurück auf Entitäten, die sie besitzen, und verweisen Erfahrung zurück auf uns als auf den, der erfährt.

Im Einklang mit diesem Prozeß der Selbstspiegelung hören wir unsere eigene Stimme, sehen wir unsere eigenen Spiegelbilder, verkünden wir unsere eigenen Interpretationen. Indem wir eine sehr reine Objektivität und eine sehr reine Subjektivität proklamieren, verflechten und konfigurieren wir das Gewebe der Erfahrung zur Wahrheit einer Substanz, die realer ist als die Erscheinung. Ohne daß wir Wort für Wort zu verkünden haben, umfassen wir durch unsere Verkündungen einen ausgemessenen Bereich der Realität, in dem jeder verlautbarte Nexus von Zeit und Raum benannt werden kann.

Affirmieren einer Erkenntnis aus Begrenzungen

Indem wir die Wahrheit des Benannten und Verkündeten affirmieren, wenden wir uns von der Erscheinung ab, um eine ›höhere‹ Realität zu affirmieren. Die Projektion des Feldkommuniqués wird zu einer Hinwendung zu der als real verkündeten ›Wahrheit‹. Es ist so, als hätte jeder von uns seine eigene Philosophie zu dozieren, sein eigenes Dogma darzulegen, seine eigenen unleugbaren Gewißheiten einzubringen.

Gleich, wie ›bodenständig‹ und den Spezifika der Erfahrung getreu dieser Erkenntnismodus erscheinen mag, er geht am Kern dessen vorbei, was verfügbar ist. Im Bann seiner Geltungsansprüche verlieren wir die voraussetzungslose Lebendigkeit des Feldkommuniqués aus dem Blickfeld. Indem wir uns dafür entscheiden, ›aufzuzeigen‹ was geschieht und uns selbst zu dessen Eigentümern zu ernennen, bewegen wir uns in Richtung Abstraktion. Indem wir Erfahrung ›dingfest machen‹ und uns ›engführen‹ auf das, was wirklich so ist, liefern wir unsere Intelligenz an die vorgefertigten Konstrukte des Kommuniqués aus. Wir haben eine Wirklichkeit errichtet, die kein Herz hat.

Die kompakte Substanz der auf diese Weise ins Dasein gerufenen Welt erzeugt eine verarmte Erkenntnis. Nachdem wir unsere Umstände benannt und die Identitäten begründet haben, die uns binden, lassen wir der Erkenntnis wenig Spielraum. Wir erkennen von einer ganz bestimmten Perspektive aus und richten unsere Erkenntnis auf ein ganz bestimmtes Ziel; wir bewegen uns sofort von der Einsicht weg hin zu unseren eigenen Reaktionen und verdunkeln so die anfängliche Klarheit der Erfahrung. Solch ein Wissen folgt seinem eigenen Entropiegesetz, im Lauf der Zeit verliert es an Kraft, indem Einsichten verblassen und Erinnerungen verschwimmen.

Diese Grenzen lassen sich zwar in der Tat in Frage stellen und überwinden, doch nur mit großer Mühe. Die Geschichte läßt sich als ein Archiv solcher Bemühungen lesen, ein Protokoll kleiner Erfolge und großer Durchbrüche im Wechsel mit gigantischen Niederlagen und allmählichem Niedergang des Begreifens. Doch die daraus zu erlernende Grundlektion ist eine der Begrenzung: eines fundamentalen, gelegentlich von Blitzen der Eingebung durchzuckten Nicht-Wissens.

Wir haben gelernt, diese Grenzen der Erkenntnis – und den Kampf, sie zu überwinden – als natürlich anzusehen. Wir schauen auf die großen Philosophen in der Hoffnung, einen Hinweis auf das Wesen der Dinge zu erhalten, der uns unserer gewohnten Blindheit enthebt. Wir entwickeln Naturwissenschaften als Vehikel, um uns im Angesicht der Unwissenheit mit verläßlicher Information zu versorgen. Wir suchen Wegweisung zum inneren Sinn des Menschseins bei der Religion, im Kampf mit unserem eigenen Zweifel und in Unterwerfung unter eine Frömmigkeit, die auf unserem Mangel an Wissen begründet ist. Wir stürzen uns auf Erfahrungen, die uns einen Geschmack tieferer Wirklichkeit vermitteln, nur um bestürzt zu entdecken, daß unsere Augenblicke der Klarheit entschwinden, so daß wir in Verhaltensweisen und Denkmuster zurückfallen, von denen wir wissen, daß sie schädlich sind. Wir sehnen uns nach einer anderen Seinsweise, haben uns aber abzufinden mit momentanen Lichtblicken in den wirbelnden Nebelbänken von Verwirrung und Ungewißheit.

Angenommen, wir ständen als Riesen neben dem Universum und könnten das Gesamt von Raum und Zeit in unserer Hand halten. Vielleicht wären wir dann in der Lage zu sehen, wie sich Form im Raum manifestiert und wie wir selbst geboren wurden; wie Erscheinung ins Dasein getanzt wird und wie Erkenntnis der Welt Gestalt verleiht. Vielleicht könnten wir in dieser Lage im Schulterschluß neben den Göttern stehen und mit Sicherheit erkennen, ob unser Dasein in diesem Universum Sinn und Bedeutung hat. Doch das ist nicht unser Status. Wenn wir nicht einmal den morgigen Tag planen oder unseren eigenen geistigen Zustand in der nächsten Stunde voraussagen können; wenn wir das Wissen, das wir bereits besitzen, nicht umsetzen noch unseren eigenen Einsichten treu bleiben können, scheint es müßig, von einem Wissen zu träumen, das die Grenzen unseres Seins transzendiert.

Raum für neues Wissen

Der von uns bis jetzt zurückgelegte Weg deutet auf eine Alternative. Zwar mag es zutreffen, daß wir nicht über unsere Grenzen hinausgehen können; doch diese Grenzen verlieren ihre Letztgültigkeit, wenn sie einfach nur ein Ausdruck des Feldkommuniqués sind. Wenn wir eine spezifische Identität annehmen, nehmen wir unweigerlich auch deren Schranken und Begrenzungen an. Doch wie die Identitäten, die wir affirmieren, sind diese Grenzen *Konstrukte des Wissens*. Das Wissen selber können sie nicht begrenzen.

Wenn wir die Substanz der Erscheinung hinterfragen, dann geht es um unsere Verpflichtung auf solche Grenzen. Wenn die Substanz selber substanzlos ist, dann kennt der Prozeß der Erkundung keine Grenzen. Zwar sind wir in der Tat keine Giganten, die die Bande von Raum und Zeit gesprengt haben; in der Tat bringen wir eine begrenzte Perspektive auf die Realität zum Tragen. Und dennoch steht es uns frei, mit dem Gesamt von Raum und Zeit Verbindung aufzunehmen; es steht uns frei, aus unseren Begrenztheiten hinauszutreten.

Sobald wir sehen, daß das fortwährende Kommuniqué unweigerlich das Gesamt von Raum und Zeit als die ›Figur‹ der gegenwärtigen Realität präsentiert, können wir mit dieser Realität so spielen, wie wir wollen. Wir können den Anfang der Zeit betrachten; wir können Anfang und Ende zusammenlegen und beide gleichzeitig betrachten; wir können die Muster einer Universalgeschichte nachzeichnen. Wir können die Spezifika dessen, was erscheint, sowohl anwesend als auch nicht anwesend sein lassen. Es ist nicht so, daß unsere Grenzen uns nicht länger einschließen; vielmehr führen uns die Grenzen selber, als aktiver Ausdruck von Wissen, zu einer Wissensfähigkeit, die unbegrenzt ist.

In diesem Stadium ist es schwierig, die Magie heraufzubeschwören, die diese Seinsweise verfügbar macht. ›Vor‹ der gegenwärtigen Manifestation, ›vor‹ dem ›Bevor‹, das die Manifestation voraussetzt, bietet Erscheinung ohne Substanz die andere Seite der Geburt und das ›Unterhalb‹ von Zero. Offen auf dieser Ebene, im Genuß einer neuen Wissensfähigkeit, entdecken wir Erscheinung als Geheimnis: ein grenzen-loses Spiel, an dem teilzunehmen uns freisteht.

Wenn wir diese Möglichkeiten selber kosten wollen, müssen wir lernen, wie wir Erscheinung als Erscheinung wiederherstellen und sie ihrer vermeintlichen Substantialität entkleiden können. Die ersten Schritte dazu haben wir getan, indem wir das Feldkommuniqué ins Blickfeld gerückt haben.

Ein auf Substanz basierendes Wissen geht davon aus, daß Objekte dem Geist durch Sinneswahrnehmung, Gedanken und dergleichen erscheinen. Es verkündet die Substanz *von* Erscheinung, indem es auf den Tanz von Subjekt und Objekt insistiert als der inneren Wahrheit dessen, was sich darbietet. Doch der Verlautbarungsvorgang des Feldkommuniqués bietet ein völlig anderes Bild. Hier ersteht Substanz *durch* den Geist *hindurch* und gewinnt Gestalt im Akt des Benennens.

Benennen heißt Wissen ins Werk setzen. Wenn Substanz durch Benennen entsteht, muß das Wissen, das Benennen möglich macht, unmittelbar ›innerhalb‹ jeder Erfahrung verfügbar sein. Wir stoßen zu dieser intrinsischen Wissensfähigkeit vor, indem wir uns in das Feldkommuniqué einstimmen. Ohne uns in eine blanke Leere zurückzuziehen, können wir unseren Verlaß auf Wörter und Sprache, auf Name und Form loslassen. Wir können in Berührung treten mit dem Namenlosen und Formlosen innerhalb der Erfahrung, die Benennung und Formgebung möglich machen.

Das Feldkommuniqué offenbart an der Erscheinung eine Ganzheit, die die Spezifika von Namen und Form Lügen straft. Das Ende des Endes führt an den Anfang, und in jedem Anfang ist das Ende anwesend. Indem wir solche Zyklen als die der Einheit nachzeichnen, entdecken wir, daß die Darbietung einer jeden Manifestation keine Substanz hat. Was erscheint, beschreibt den Kreis von Zero und ›entwirkt‹ Form und Gepräge aus der Offenheit.

Ohne sich aus Zero zu lösen, ohne einen Körper zu erfordern, kann die Darbietung des Schauspiels dem Zweck genügen. Die innige Verfügbarkeit dieser formlosen Offenheit ist sowohl das Ziel, nach dem wir streben, als auch der Weg, der unserem Frageprozeß Gestalt verleiht.

Wie können wir mit diesem innigen Vertrautsein in Berührung kommen? Hier führt uns der Weg, den wir bisher erkundet haben, zu unserem Ausgangspunkt zurück. Wir erreichen das Namenlose und Formlose, indem wir die Erscheinung dem Raum öffnen.

KAPITEL 4

Raumerkenntnis einladen

Die Erziehung, die wir als menschliche Wesen erfahren, lehrt uns, in Übereinstimmung mit den Diktaten der Substanz zu leben. Wir sehen mit ›Formaugen‹ und bewegen uns mit ›Formkörpern‹. Wir reagieren auf eine Welt, in der die erscheinende Oberfläche auf ein unbekanntes Inneres verweist, und wir bekräftigen durch unsere Reaktionen, daß die Realität in diesem Inneren angesiedelt ist. Indem wir diese unbekannte Sphäre etablieren, stellen wir sicher, daß unser Wissen begrenzt sein wird: unfähig, die eindeutige Wahrheit der Realität zu erreichen.

Jetzt wollen wir eine andere Art von Wissen öffnen – wollen wir mit ›Wissensaugen‹ sehen. Der Weg ist klar: Wir müssen unsere ›Formaugen‹ mit ›Raumaugen‹ vertauschen. Sobald wir wissen, wie dies möglich ist, werden unsere Gesichtsfelder sich weiter ausdehnen, als wir uns jetzt vorstellen können. Wir können Nahrung ziehen aus Speise, die keine Substanz besitzt, und die Berührung dessen genießen, was ohne Stofflichkeit ist. Was wir mit unseren gewöhnlichen ›Formkörpern‹ niemals hätten vollbringen oder mit einem auf Form fixierten Geist nie hätten erkennen können, können wir im ›Nicht-Körper-Raum‹ universeller Wissensfähigkeit ohne weiteres vollbringen und erkennen.

Unsere gewöhnliche Ausrichtung auf Substanz und Identität hat Raum zum Nichts der Nicht-Erscheinung werden lassen. Indem wir Raum in Gegensatz setzen zu dem, was Form hat, indem wir ihn in die schiere Leere des Vakuums verwandeln, haben wir ihn zu einem ›formlosen Körper‹ gemacht: zu einem ›Ding‹ mit der Eigenschaft, gar nichts zu sein. Seine Natur mißdeutend haben wir ihn zum Verschwinden gebracht. Und da das, was ohne Form ist, auch ohne Eigenschaften ist, haben wir überdies sichergestellt, daß Raum nicht erkannt werden kann. Auf diese Weise haben wir ihn ein zweites Mal zum Verschwinden gebracht. Um dieses doppelte Verschwinden zu negieren, versuchen wir jetzt, der Erscheinung Raum zu restituieren.

Natürlich wäre es alles andere als sinnvoll, diese Restitution dadurch zu versuchen, daß wir den Raum aus der Sphäre des Unbekannten in die des Bekannten verlagern. Wenn wir dem Raum eine Identität zuwiesen, entzögen wir ihm die Möglichkeit, Erscheinung zu beherbergen, und in diesem Fall hätten wir es gar nicht mehr mit Raum zu tun. Wenn Raum zur Erscheinung kommen soll, dann nicht in Form eines Erkenntnisobjekts, in der Art und Weise von Dingen, die *im* Raum erscheinen. Ein anderes Wissen ist verlangt: eines, das grundlegender ist als die Unterscheidung zwischen Bekanntem und Unbekanntem.

Raum als das zentrale Geheimnis

Wir haben mit dem Bild der sich in das Nichts ausdehnenden Substanz begonnen. Jetzt können wir deutlicher verstehen, was darin angedeutet war: Ein solches Ausdehnen führt ins Nirgendwo, wenn es bei dem Nichts des konventionellen Raumes haltmacht. In das konventionelle ›Raum-Nichts‹ verwandelte Substanz ist überhaupt nicht verwandelt; stattdessen bleibt sie ganz und gar innerhalb des Bezugsrahmens von Substanz. Die blanke Leere dieses Nichts ist tatsächlich die absolute Bestätigung der Grenzen konventioneller Erkenntnis.

Um über eine solche in die Sackgasse führende Ausdehnung

hinauszugelangen, können wir mit der Beobachtung beginnen, daß der Raum nicht einfach nur das ist, was ›stattfindet‹, wenn Substanz verschwindet. Raum ist bereits unmittelbar innerhalb der Erscheinung ›aktiv‹, denn Materie benötigt Raum – dieses unerkennbare und inexistente ›Ding‹ –, oder sie kann nicht erscheinen.

So zeigt der Raum sich als sowohl essentiell unerkennbar als auch für das Erkennbare essentiell. Das Nicht-Wissen, das jeglichen Anspruch unsererseits auf Wissen untergräbt, findet seine ausdrückliche Bestätigung. Das ›unbekannte Jenseits‹ des Raumes ist kein lediglich in einer entrückten Zone unseres Wissens auftauchendes Grenzphänomen. Die Nichtverfügbarkeit des Raumes für das Wissen – sein Verschwinden aus dem Bereich des Wißbaren – macht das Geheimnis zum Herz aller Erscheinung. Wenn wir den Raum nicht kennen, gibt es tatsächlich gar nichts, das wir mit Sicherheit kennen.

Das Geheimnis der Erscheinung läßt sich in vielerlei Weise ausdrücken. Es stellt sich die grundlegende Frage, warum überhaupt irgend etwas erscheint und nicht etwa nichts. Es geht um die Natur des Mechanismus, der Erscheinung zuläßt, und um die Natur der schöpferischen Kraft, die für die Auslösung dieses Mechanismus verantwortlich ist. Es geht um den Widerstreit zwischen dem aktiven und ständig sich wandelnden Entstehen von Erscheinung einerseits und der fixen Identität dessen, was ist und sich erkennen läßt, andererseits.

Was an solchen Fragen vielleicht am meisten interessiert, ist die Tatsache, daß ihre Bedeutung sich uns entzieht. Wir könnten sagen, daß sie gemeinsam mit dem Raum verschwunden ist. Begraben unter den Annahmen, die wir verkünden, indem wir uns einen Sinn der Welt zurechtlegen, ermangeln solche Fragen im allgemeinen der Kraft, in uns ein Gefühl für das Urgeheimnis wachzurufen, das sie aussprechen. Jetzt müssen wir dieses Geheimnis aufrufen und aktivieren. Andernfalls wird unsere Erkundung ihre Energie wirkungslos verschleißen und gebunden bleiben an die Ebene von Konzepten und Ideen.

Aktives Erscheinen von Raum

Um über das Raum-Nichts als Grundgeheimnis hinauszugehen, müssen wir die Auffassung hinterfragen, die dem Raum lediglich zwei Möglichkeiten zubilligt: Substanz und ihre Abwesenheit. Betrachten wir stattdessen die folgende Formulierung, die Erscheinung direkter mit dem Raum verknüpft:

Erscheinung manifestiert Raum: Was ›im‹ Raum erscheint, ist Raum in Tätigkeit.

Obwohl diese Aussage deutlich von unserer üblichen Auffassung abweicht, entspricht sie dem Geheimnis des Raumes als des wesentlichen Hintergrundes der Erscheinung. Sie deutet auf die Möglichkeit, daß Raum innerhalb der Erscheinung verfügbar ist, und fordert uns auf, auf die Erscheinung zu schauen, um Raum zu entdecken. Wie können wir dieser Aufforderung Folge leisten?

Wenn wir Raum betrachten, sehen wir für gewöhnlich nur seine ›Unbekanntheit‹. In der Abwesenheit von Substanz greifen wir ins Leere. Doch die Unbekanntheit, die der Raum zu bieten hat, ist nicht selber unbekannt; wie wir gesehen haben, ist sie anwesend in den vielfältigen Mysterien der Erscheinung. Wir treffen auf ›Raumunbekanntheit‹ in den Beziehungen, die Raum zuläßt, von ›groß und klein‹ und ›drinnen und draußen‹ bis zu dem Wechselspiel von Subjekt und Objekt und von Körper und Geist. Sie kann sogar verfügbar sein in dem Geheimnis unserer Begrenztheiten – in den Schranken und Fesselungen, die wir als mit unserer Art zu leben gegeben empfinden.

Diese ›wohlbekannte‹ Unbekanntheit stellt sicher, daß Raum überall verfügbar und zugänglich ist. Und diese Betrachtungsweise scheint der Dynamik des Raums tatsächlich angemessen: Da Raum keine Grenzen hat und nichts Spezifisches enthält, kann er eine Unendlichkeit von Manifestationen tragen und sich endlos öffnen, während er nach wie vor Raum bleibt.

Wenn die hervortretenden Echos des Feldkommuniqués

dieses offene Feld der ›Raumunbekanntheit‹ betreten dürfen, wird eine Dynamik aktiviert, die alles transformiert. Die Echos der Erscheinung klingen nicht länger zusammen zur Symphonie der Substanz. Indem sie in Schweigen, in das Zulassende des Raumes, verhallen, führen sie nicht zu Eingrenzung und Identität. Stattdessen dehnen sie sich aus in die Fülle des Raumes. Auf diese Verlagerung können wir hindeuten in der folgenden Formulierung:

Da Erscheinung niemals Form annimmt, erfüllt jede Erscheinung – als untrennbar von Raum – das Gesamt des Raumes.

Wir sind noch nicht an dem Punkt, diese Sichtweise in ihrer Tiefe zu ergründen, doch können wir zumindest ein Gefühl für ihre Bedeutsamkeit entstehen lassen. Raum, der frei ist für indeterminierte Erscheinung, bewahrt in seinem vollsten Sinne das Mögliche. Dient er nicht länger als Speicher für das Benannte und als existent Proklamierte, dann trägt Raum die Erscheinung in die Überfülle. Bereit, grenzenlos zur Schau zu stellen, stellt er von neuem Platz bereit für Existenz ohne Beschränkung.

Im Raum, der der Ganzheit zurückerstattet wurde, erscheinen Formen, doch werden sie nicht geboren; sie stellen zur Schau, doch nehmen sie die Bedingungen, die sie abbilden, nicht auf sich. Es gilt eine neue Ordnung: ›Dinge‹ als Erscheinung sind Raum, während Raum ›in‹ Dingen erscheint. Die Grenzen zwischen ›ist‹ und ›ist nicht‹ sind nicht mehr in gleicher Weise starr. Erscheinung hat Anteil an der ›Nicht-Identität‹ des Raumes, ›gewinnt‹ Form ohne einen Körper, nimmt an, was gegeben wird. Dinge manifestieren sich wie die Objekte, die wir beim Aufwachen aus einem tiefen Schlaf als erste sehen; in einer Hinsicht waren sie schon da, bevor wir aufwachten; in anderer Hinsicht waren sie überhaupt nicht da.

Wenn diese Seinsweise jenseits unserer gegenwärtigen Fähigkeiten zu liegen scheint, dann aufgrund der Beschränkungen, die jene Wissensmodi uns auferlegen, die unsere Verbindung mit den schrankenlosen Möglichkeiten des Raumes kappen. Wenn wir für die Zugänglichkeit des Raumes erwachen, sehen wir vor uns unsere Aufgabe: Raum zum Vorschein zu bringen, ihm die Erscheinung zu gestatten, so daß er uns seinen Überfluß frei darbieten kann.

KAPITEL 5

Raum ohne Besetztheit

Die von Vernunft und Logik regierten Erkenntnismodi reduzieren Raum unweigerlich auf physische Nichtanwesenheit. In ihrem Bestreben, die Dinge ›mit Bestimmtheit‹ zu erkennen, werden sie nur Dinge erkennen, die bestimmt *sind*.

Vielleicht räumen wir ein, daß dies nur eine Form von Wissen ist; daß ein Wesen aus einer anderen Welt oder einer anderen Sphäre Zeit und Erkenntnis vielleicht nicht in der gleichen Weise in den Raum hineindirigieren würde. Doch für unseren menschlichen Geist hat das Mögliche eine spezifische Form angenommen. Andere Möglichkeiten gehören in das Reich der Phantasie.

Nichtsdestotrotz erlaubt der Geist in seiner jetzigen Verfaßtheit durchaus andere Modi des Erkennens. Wir können zum Beispiel erkennen, was es bedeutet, wenn jemand glücklich ist, obwohl es keine Sprache gibt, dieses Gefühl zu übermitteln, und keine Logik, um es zu definieren. Wir können solches Glück empfinden und es in unserem eigenen Körper und eigenen Geist erfahren.

Der Ausgangspunkt für solche anderen Modi des Wissens ist die Wertschätzung der Möglichkeit als solcher. Durch Wertschätzung wandelt sich die vorherrschende Atmosphäre. Ein Lüftchen regt sich, das die Tendenz in Richtung Stagnation umkehrt. Erkenntnis und Zeit können in einem Raum zusammenwirken, der keine Besetztheit zuläßt. Eigenschaften erscheinen ohne Eigentümerschaft: Niemand nimmt in Besitz, und nichts gibt es, das begründet oder aufgewiesen oder konkret gemacht werden müßte.

Raum ohne Besetztheit klingt vielleicht nach subjektiver Erfahrung, aber die Nicht-Besetzheit von Raum ist in keiner Weise von der Psychologie des Selbst abhängig. Ja, sie ist bereits ›im‹ physikalischen Raum am Werk, denn selbst wenn Objekte im Raum erscheinen, bleibt Raum dennoch Raum. Er wird weder besetzt noch besessen durch das, was in ihm erscheint, noch wird er auf die Seite geschoben, um der Substanz Platz zu machen.

Entgegen unserer gewöhnlichen Annahmen erlaubt der gewöhnliche physikalische Raum, an den wir alle gewöhnt sind, zwar Erscheinung, den *Körper* dessen, was erscheint, umfängt er indessen weder noch läßt er ihn zu. Auf der physikalischen Ebene hat der Raum in der Tat keinen Körper. Seine Dimensionen haben keine Substanz, und wir können ihn weder einfangen noch dingfest machen. Da das, was im Raum erscheint, Raum bleibt, hat es Teil an dieser Nicht-Verkörperung. Erscheinung ›bewahrt‹ die Nicht-Substantialität des Raumes.

Keine Binnenbesetzheit

Für eine Erkenntnis, die auf Substanz beharrt, besetzt physische Erscheinung sebstverständlich Raum. Doch besetzter Raum ist zum ›ausdimensionierten‹ Behälter von Substanz geworden und insofern überhaupt nicht mehr Raum. Indem die Spiegelungen des Geistes hin- und hertanzen und dabei Substanz und die mit ihr verknüpften Qualitäten verkünden, wird die oberflächliche Erscheinung von Raum – Raum als Behälter – zur Maske, hinter welcher Raum in seinen Tiefen verschwindet. Wir kennen die Konsequenzen gut: Unwissenheit taucht auf als grundlegend, und Erscheinung wird zu einem Geheimnis.

Raum in seinen Tiefen manifestiert sich ganz anders als der besetzte Raum, ›innerhalb‹ dessen Substanz der Verlautbarung nach erscheint. Dieser ›Nicht-Körper-Raum‹ war niemals besetzt und hat insofern die Freiheit, Eigenschaften ohne Eigentümerschaft zuzulassen. In der ›Binnenheit‹ dieses Raumes sind – der Erkenntnis völlig transparent – die fortwährend sich wandelnden Darbietungen der Erscheinung zu Hause.

Wenn die ›Binnenheit‹ des Raumes innerhalb der Erscheinung ›erscheint‹, sehen wir deutlich, daß Raum keinen Ort, keine Bedingtheit und kein Fundament hat. *Die Bedingtheiten, die sich manifestieren, wenn wir Dinge ›im‹ Raum verfolgen, vermögen es nicht, dem Raum ihre Strukturen ›auf‹zuzwingen.* Darum kann Raum in seiner Tiefe nicht als Behälter dienen: Was sich ›drinnen‹ und was sich ›draußen‹ befindet, ist weitgehend eine Frage unserer nebeneinandertretenden Wahrnehmungen. In anderen Worten: was sich ›außerhalb‹ des Raumes befindet, befindet sich zugleich auch innerhalb des Raumes. Zwischen Innen und Außen ist einfach nur: mehr Raum.

Die Tatsache, daß Raum für Substanz, Referenz und Bedingtheit nicht verfügbar ist, drücken wir aus durch die Feststellung, der Raum habe keinen Körper. Doch für ganz bestimmte Zwecke könnten wir auch von einem Körper des Raumes sprechen: von einem Körper, der durch Erscheinung erscheint, so wie Licht erscheint durch Spiegelung. Wir deuten auf den Körper des Raumes, indem wir auf das deuten, was sich im Raum manifestiert, doch unser Deuten hinterläßt den Raum frei und bar aller Bedingtheit. Was sich im Raum manifestiert, fängt den Raum nicht ein.

Der Körper des Raumes wirkt ›zwischen‹ dem Objekt und seiner Erscheinung, aber er bezieht sich weder auf das eine noch auf die andere. Er ist ›in‹ dem Zulassen von Erscheinung – selbst wenn diese Erscheinung die Form identifizierter Objekte annimmt –, verleiht den Objekten aber keine Substanz.

Selbst wenn die Objekte am stärksten auf ihrer eigenen Substantialität beharren, sind sie für ihr Erscheinen in ähnlicher Weise auf den Raum angewiesen, wie Luftblasen in einem Fluß auf das Wasser angewiesen sind, das sie umströmt und ihr kurzfristiges Aufblitzen ermöglicht. Sie spiegeln eine Raumenergie, fast so als wären sie aus feinsten ›Raumpartikeln‹ zusammengesetzt. Auch wenn sie den Körper des Raumes manifestieren, bleibt der Raum selber ›Niemands-Raum‹: nicht verfügbar für Inbesitznahme oder Bezeichnung, für Begrenzung oder Umfriedung. Er gehört zu nichts anderem als zum Raum.

In der Welt, die wir bewohnen, tritt die Tiefe des ›Nicht-Körper-Raums‹ nicht zu Tage. Die Eigenschaften, die erscheinen, werden zurückbezogen auf Entitäten mit Substanz, und die Tiefe des Raumes weicht der Dichte von Identität, die ein ›Oberflächenphänomen‹ bleibt. Wir versuchen, die Tiefe des Raumes gegen die unbekannte Binnendimension einer objektiven Realität einzutauschen, und weil wir es darauf anlegen, diese Realität zu verkünden, können wir nicht unmittelbar anerkennen, was verloren geht. Doch die Konsequenzen unserer Entscheidung sind überall offenkundig. Wir erfahren sie täglich in der Reibung und der Frustration, die entstehen, wenn Objekte und andere etablierte Entitäten in Wechselwirkung treten.

Wechselspiel des Wissens

Als einen Zwischenschritt weg von dieser Auffassung und ihren schmerzlichen Implikationen könnten wir uns vorstellen, daß Raum die Bilder dessen, was im Raum erscheint, in den Geist hineinprojiziert. Substanz tritt in Erscheinung, aber in einer Weise, die uns einlädt, unser Hauptaugenmerk von der Identität dessen, was erscheint, auf den nicht-konkretisierten Akt der Projektion zu verlagern.

Damit Raum in den Geist hineinprojiziert, muß der Geist eine Erkenntnisfähigkeit in den Raum hinausprojizieren. Wenn wir ein klares Gewahrsein entwickeln, kann diese Außenprojektion des Erkennens ›drinnen‹ verfügbar bleiben. Nennen wir dieses ›Binnen-Auswärts-Erkennen‹ »Eknosis«.

In Eknosis weicht das oberflächliche, der Perspektive und

engen Brennweiteneinstellung des Subjekts entspringende ›Auswärts-Erkennen‹ einem Auswärts-Erkennen, das der ›Binnenheit‹ des Raumes entspringt. Äußerliches Objekt und physischer Raum, subjektive Erkenntnis und Geist, alle finden sie zusammen wie Partner in einem Tanz und verschmelzen in wechselseitiger Anerkennung und Übereinstimmung. Das, was erscheint, läßt sich genauso verstehen als Projektion des Geistes in den Raum wie als ›Zurückgespiegeltwerden‹ aus dem Raum in den Geist.

Eknosis ist nicht an Dimensionen gebunden (nicht einmal an die Dimension des Ausstrahlens aus einem Mittelpunkt). Da sowohl das Bekannte wie das Unbekannte projiziert werden, gibt es keine Besetztheit. Ganz gleich, wie sie Gestalt gewinnt, welche Projektion sie auch ermöglicht, Eknosis eröffnet auf umfassende Weise Weisheit.

Indem sie hinaus-, in das projizierte Wechselspiel von Erscheinung und Wissen hineinerkennt, öffnet Eknosis sich in den Raum und wird Teil des projizierten Bildes. In scharfer Vergrößerung kann das Erscheinende sich in denjenigen hineinspiegeln, dem es erscheint, und so eine Ganzheit des Wissens einladen. Es ist, als schnellte man einen Pfeil geradeaus von der Sehne: Wenn keine Hindernisse den Weg versperren, wenn die Schwerkraft keinen Einfluß nimmt, wenn Reibung nicht bremsend wirkt, wird der Pfeil schließlich nach Vollendung des Kreises wieder zurückkehren. Mit dem Blick des ›Raumwissens‹ können wir dieses Ganze sehen.

Auswärts-Erkennen eröffnet das Mögliche. Es besteht keine Notwendigkeit zum Erlaß von Vorgaben, noch haben Erscheinung und Handlung es nötig, dem Erlassenen zu entsprechen. Das Binnen›Volumen‹ des Raumes kann das Ganze umfassen und universelles Wissen gewähren. ›Meine Weise‹ und ›deren Weise‹ weichen einer umfassenderen Weise. Indem wir auf verschiedenste Weise kommunizieren und verstehen, ersetzen wir Widerstreit und Positionsverhaftung mit Geschmeidigkeit und Flexibilität.

Die Scheinbarkeit von Grenzen

Raum, der zum Behältnis für Substanz ausdimensioniert worden ist, kann lediglich ein Wissen einladen, das an der Oberfläche bleibt. Das charakteristische Wechselspiel von Subjekt und Objekt präsentiert diese Oberflächlichkeit als Trennung. Das Subjekt reagiert auf das Objekt, das vor ihm erscheint: Es arbeitet sich *an* ihm ab, geht *mit* ihm um und denkt *über* es nach. Es besteht keine Möglichkeit, inwendig und von innen heraus zu wissen, denn der Raum, der ein solches Verschmelzen erlauben könnte, ist der Dimensionalität von besetztem physischem Raum gewichen. Weil es in diesem Verschwinden von Raum begründet ist, kann sich konventionelles Wissen nur in Richtung auf Grenzen bewegen. Es teilt das Erkannte auf in Segmente: die Transistoren eines Mikrochips, die Zellen des Gehirns, den Durchmesser eines Teleskops, das Spektrum des sichtbaren Lichts. Für das Wissen besteht keine Möglichkeit, das Gesamt zu umfassen.

Wissen als Eknosis, das aus dem Binnenherzen des Raumes ausstrahlt, versteht Grenzen in anderer Weise. Da es nicht in Getrenntheit gefangen ist, entdeckt es in und jenseits einer jeden Begrenzung eine Aura von Wissensfähigkeit: den strahlenden, leuchtenden Körper des Wissens.

Von gewöhnlicher Erkenntnis verdunkelt, wurde der Körper des Wissens in die Sphäre des Unbekannten und Unerkennbaren verbannt. Weil er jedoch frei verfügbar bleibt, können wir ihn ans Licht bringen – ihn ›erleuchten‹. Wenn wir gute ›Techniker‹ der Erkenntnis sind, können wir die universelle Vollendung ins Werk setzen. Das Gesamt kann wissensfähig werden.

Solange wir unsere eigene begrenzte Erkenntnis pflegen, sind wir wie Pilze auf einem Waldboden, die sich darum mühen, ohne Wissen um die schützenden Bäume über ihnen zu voller Größe zu gelangen. Eknosis bietet eine andere Möglichkeit. Indem wir in einer einzigen Bewegung nach innen wie nach außen erkennen, bewegt sich Eknosis, ohne sich aus ihrem Raumursprung zu lösen. Sie erlaubt uns, mit einem Wissen zu wissen, das nicht unseres ist – einem Wissen, das sich über Beschränkungen hinweg ausdehnt und zu universeller Verfügbarkeit verdichtet. In jedem Augenblick können wir wissen vermittels der Protokolle der Vergangenheit und den Möglichkeiten der Zukunft. Frei von allen Hindernissen, können wir das Ganze ebenso sehen wie alle verschiedenen Perspektiven. Wir können uns leiten lassen von einer Vision des Ganzen, die von der vollendeten Unmittelbarkeit des hervortretenden Augenblicks untrennbar ist.

KAPITEL 6

Raumdimensionalität

Angenommen, wir könnten Raum flachdrücken und so seine Dimensioniertheit eliminieren: Würde dieser Vorgang uns zu größerer Klarheit über die Möglichkeit verhelfen, uns vom ausgefüllten physikalischen Raum zum Nicht-Körper-Raum der Wissensfähigkeit hinzubewegen?

Wenn wir einen Gegenstand flachdrücken, reduzieren wir seine Dimensionen von drei auf zwei. Doch dieses Flachdrücken ereignet sich innerhalb des Raumes und ist abhängig davon, daß der Raum so bleibt, wie er ist. Raum als solchen flachzudrücken wäre etwas völlig anderes. Ein möglicher Denkansatz wäre der folgende: In einem flachgedrücken Raum wäre jeder einzelne Punkt im Raum flachgedrückt, so daß er Ausdehnung in die Dimensionen von Höhe oder Tiefe oder Breite nicht mehr zuließe. Da die konventionelle Geometrie einen Punkt als etwas Nulldimensionales definiert, könnten wir sagen, daß ein auf diese Weise flachgedrückter Punkt zu etwas würde, das noch unter der Null ist, in anderen Worten: ›Infra-Zero‹.

Stellen wir uns vor, wir bewohnten eine flachgedrückte Welt. Das Hohe, das Große – alle Formate und Größenordnungen – sind verschwunden, weil jeder tragende Punkt verschwunden ist. Alle physischen Phänomene sind nur noch Infra-Zero, ohne irgendeine Eigenschaft oder Ausdehnung. Es gibt nichts, was sich messen oder beschreiben ließe; keine Substanz, die der Raum enthalten, und keinen Inhalt, mit dem die Zeit in Berührung treten könnte.

Die Vorstellung liegt nahe, daß in dieser Infra-Zero-Sphäre die konventionelle Realität an Extension *vermindert* ist; daß wir mit weniger vorlieb nehmen müssen, als wir vordem hatten. Doch dies ist nicht unbedingt der Fall. Betrachten Sie im Vergleich, was geschähe, wenn das Universum anfinge, sich in der Zeit rückwärts zu entwickeln. Die für das gegenwärtige Universum charakteristische physikalische Expansion würde sich umkehren, und die Materie würde anfangen, in sich selbst zu kollabieren, bis sie schließlich den singulären Ursprungspunkt erreicht hätte, der von der gegenwärtigen Kosmologie zugrundegelegt wird. Jenseits dieses letzten, höchstverdichteten Punktes käme ein Bereich, der sich in der Tat als ›Infra-Zero‹ auffassen ließe: ein Aggregat oder Zustand vor Zeit und Raum. Können wir sagen, dieser ›Ort‹ vor dem Raum, dieser ›Augenblick‹ vor der Zeit sei weniger real als die gegenwärtige Realität? Er sei überhaupt in irgendeiner Weise weniger expansiv oder vermindert? Jede solche Folgerung scheint unzulässig. Der Augenblick ›vor‹ der Zeit ist schlicht ein Geheimnis: Er bietet uns keinen Zugangspunkt. Ähnlich können wir den zusammengedrückten Infra-Zero-Bereich betrachten.

Ins Innere von Infra-Zero

Wenn es keine Eigenschaften, Dimensionen oder Möglichkeiten der Messung gibt, was bleibt dann noch im flachgedrückten Raum? Obwohl wir schwerlich sagen können, es gebe darin Dinge oder Substanzen, sollten wir nicht annehmen, es sei ›überhaupt nichts mehr‹ übrig. Sich für ein solches ›Nichts‹ zu entscheiden trägt in unsere flachgedrückte Welt einen Begriff, der auf der konventionellen Vorstellung von einem der Substanz entgegengesetzten Raum basiert, und dies geht an der Bedeutung des Flachdrückens vorbei. Es gilt zu bedenken, daß der Akt des Flachdrückens uns als Einwohner des Raumes ebenso betreffen würde wie alles andere, was im Raum erscheint. Angenommen, wir würden diesen Vorgang überstehen, würden wir unter Umständen in allem, was erscheint, keinerlei Unterschied bemerken.

Dennoch wäre die Natur der flachgedrückten Erscheinung grundlegend verwandelt. Durch das Flachdrücken von der Dimensionalität befreit, wäre die Erscheinung es auch von den fortwährenden Ansprüchen der Substanz. Sie würde Infra-Zero werden.

Eine Infra-Zero-Welt würde weder Enge noch Begrenzungen noch Schranken aufweisen. Im Wechselspiel der Erscheinung gäbe es kein Platzgreifen und kein Besitzen und also auch kein Unterbrechen. Es gäbe keinen Punkt im Zentrum und keinen Punkt, der das Ganze umfängt; keine Struktur, die solchen Unterscheidungen wie ›Mittelpunkt‹ oder ›Peripherie‹ Vorschub leistete. Es gäbe keine Domänen, die besessen werden könnten, und keine auf Eigentümerschaft basierenden Strukturen. Wir könnten sagen, daß der Rand sich in die Fülle hinein geöffnet hat, jedoch nicht etwa deswegen, weil etwas hineingefüllt worden wäre. Eher wären Fülle und Offenheit untrennbar, anwesend von Anfang an, ohne erst hervorgerufen oder evoziert werden zu müssen.

Die Formen und Dimensionen des gewöhnlichen Raumes funktionieren auf der Basis von Ausschließlichkeit: eine Form umfriedet einen bestimmten Raum und läßt alles andere draußen. Wird die Dimensionalität aber flachgedrückt, dann ist nichts ausgeschlossen. Im Infra-Zero-Raum öffnen sich die Dimensionen, als habe man ihnen den Reißverschluß aufgemacht. Alles ist überall in gleicher Weise verfügbar, denn jeder ›Ort‹ ist aller Orten, und jeder Rand öffnet sich in das Gesamt. Sogar der Rand des Randes öffnet sich. Wir sind ›drinnen‹, und ein ›Draußen‹ gibt es nicht. Zwar bewegen sich Manifestationen von Energie vielleicht in Richtung auf Partikularität, doch die sich auf diese Weise bildenden Partikel bleiben Übergangsphänomene.

Wenn jeder Punkt Infra-Zero ist, wird nichts Fixiertes

etabliert oder begründet. Alle Erscheinung bleibt wissensfähig in dem spezifischen Sinn, daß sie dem Wissen uneingeschränkt zugänglich bleibt. Infra-Zero-Raum manifestiert, insofern er universeller ›Wissendheit‹ Vorschub leistet, den Körper des Geistes.

Raumwissen

Raum in seiner Infra-Zero-Erscheinung erlaubt es der Substanz, sich aufzulösen. Doch Substanz löst sich nicht in Raum auf, wie Zucker sich in Wasser auflöst und dabei seine Form verliert; sie verliert auch nicht ihre Dichte, wie ein abbrennendes Räucherstäbchen, das sich langsam in Asche verwandelt. In seinem Erscheinen erlaubt es der Infra-Zero-Raum der Substanz, als die Erscheinung von Substanz zu erscheinen; er beherbergt die Geschichte der Substanz, ihr Entstehen und die Fülle ihrer Anwesenheit. All dies läßt sich dokumentieren und authentifizieren, erforschen und strukturieren durch das ganze Spektrum der aus dem konventionellen Erkennen gespeisten Wissensdisziplinen.

Der Infra-Zero-Raum beherbergt ohne Schwierigkeit oder Widersprüchlichkeit das Gesamt des Erscheinenden. Die Verwandlung, die er möglich macht, wirkt auf einer anderen Ebene. Sie gründet auf der *Erscheinung des Raumes als der Fähigkeit zur Beherbergung.*

Raumerscheinung kennzeichnet das ›Vollständig-Offensein‹ von allem. Alles ist zugelassen, und alles Zugelassene hat gemeinsam Anteil an der Vollständigkeit des Zulassens. Konventionelles Wissen kann in keiner logikkonformen Weise ausdrücken, wie dies möglich ist, doch läßt der Raum ein andersgeartetes Wissen zu. Wann immer wir Beherbergung als Vorgang illustrieren oder zur Schau stellen und damit das Erscheinen von Raum einladen, ist dies ein vom Raum initiiertes Zulassen. Raumverfügbarkeit ist bereits Raumerscheinen.

Innerhalb des Gewöhnlichen ist das Außergewöhnliche am Werk. In dem Augenblick, in dem wir ›hinter‹ den etablierten Punkt schauen, lassen sich Erscheinung und ihre Ableitung in fruchtbarer Weise hinterfragen. Was so und so zu sein scheint, erscheint in einem neuen Licht. Seine Eigenschaften variieren, je nach dem Blickwinkel, aus dem wir schauen, der Perspektive, die wir einnehmen, und der Tiefenschärfe unserer Brennweiteneinstellung.

Fühlen wir den Impuls, Substanz und Identität nach Maßgabe dieser Raumbeherbergung zu hinterfragen? Dient ein solcher Schritt unseren Zielen? Wenn wir nicht dieser Ansicht sind oder wenn wir fürchten, in Abstraktion oder blanke Leere zu verfallen, sollten wir noch einmal hinschauen. Dient das Verstehen, das wir gegenwärtig zum Tragen bringen, unseren Zielen? In den Dienst einer ›Wahrheit‹ hineingesogen, die geradewegs in die Begrenztheit mündet, führen wir das Leben, das wir zu führen wünschen?

Solange wir für die Offenheit des Raumes verschlossen bleiben, neigen wir dazu, das, was wir bereits zu haben glauben, festzuhalten. Wir erkennen vielleicht, daß unsere Perspektive begrenzt ist; daß es vieles gibt, was wir nicht sehen. Doch welche anderen Möglichkeiten haben wir?

Diese Denkweise ermangelt der Einsicht, daß wir gegenwärtig die Folgen des Verschwindens von Raum zu tragen haben. Indem wir uns an der Wahrheit des uns jetzt Bekannten festklammern, fürchten wir uns, zu weit zu gehen; zu viel aufs Spiel zu setzen. Wir versuchen, uns Stückchen für Stückchen vorzuarbeiten und Wissen jeweils nur um einen Schrittbreit zu erweitern, so wie die Seefahrer von einst in ihrer Angst, vom Rand der Erde hinunterzufallen. Doch die Offenheit des Infra-Zero-Raumes hat ein anderes Wissen mitzuteilen. Es ist wahr: der Rand ist der Rand, doch ebenfalls wahr ist, daß wir nicht hinunterfallen. Es besteht keine Notwendigkeit, uns zu schützen. Wir können nirgendwohin fallen.

Verdunkelung von Infra-Zero

Wie kommt es, daß wir nicht bereits eine Infra-Zero-Welt bewohnen? Um diese Frage zu ergründen, stellen Sie sich vor, die Dynamik des Flachdrückens werde umgekehrt. Aus dem Infra-Zero universeller ›Wissendheit‹ entspringt eine ›Dimensionalisierung‹ des Raumes, die die ursprüngliche Ganzheit überdeckt. Wie geht dies vor sich? Ist jemand oder etwas dafür verantwortlich?

Innerhalb der konventionellen Erfahrung präsentiert sich sofort ein Kandidat. Im Mittelpunkt der Erfahrung steht das Selbst oder ›Ich‹. Stellen Sie sich vor, was in dem Augenblick geschieht, in dem das Ich zum ersten Mal diese Position im Mittelpunkt einnimmt. Sofort und automatisch formuliert es die Gleichungen, die diese Position nach außen projizieren. Messend und urteilend präsentiert es die Perspektive seiner Wahrnehmungen, verkündet es Substanz und Kompaktheit. Indem es subjektive Festlegungen vornimmt, affirmiert es Begrenzungen, die von der Ganzheit des Gesamts wegführen. Indem es Ansprüche stellt und proklamiert, greift es auf und hält aufrecht. Indem diese Prozesse ihre Reichweite ausdehnen und ihre Ansprüche immer weitertreiben, strahlt Dimensionalität nach außen – ein Anspruch des Selbst, der die geschlossene Welt fester Identitäten errichtet, die ein flachgedrückter Raum niemals zulassen würde.

Diese imaginierte Dynamik der Dimensionalität entspricht der Wirkungsweise des Selbst, wie wir sie in unserer eigenen Erfahrung sehen. Das Selbst entfacht einen Prozeß wechselseitiger Verweisung: Das Subjekt greift nach dem Objekt, und das Objekt bestätigt das Wirken des Subjekts. Bilder oder Schatten, die *vom* Geist *aus* als kompakt projiziert werden, werden *zum* Geist *hin* als der bewohnte ›physische‹ Raum des Existenzbereiches projiziert, und so wird die Dimensionalisierung des Raumes bestätigt.

An diesem Punkt der Untersuchung verstehen wir indes,

daß es diesem Versuch, etwas Reales und Festes zu errichten, niemals gelingen kann, über sich selbst hinauszuverweisen. Die Dynamik, deren Aktivierung unsere Imagination dem Selbst zugeschrieben hat, bleibt substanzlos.

Da dem so ist, läßt sich diese Dynamik mühelos umkehren. Stellen Sie sich vor, wenn das Subjekt nach außen greift, um Attribute zuzuerteilen, *sei gar kein Objekt ›da‹*, um die zuerteilten Attribute zu tragen. In diesem Fall wird der Impuls, nach außen zu greifen, niemals entstehen. Wenn Erscheinung Erscheinung bleiben könnte – Infra-Zero getreu –, dann hätte das Selbst keine Gelegenheit, seine Position im Mittelpunkt einzunehmen, und der Schritt in Richtung Dimensionalisierung würde nie getan.

Aus der Perspektive von Infra-Zero könnten wir sogar sagen, daß die Dimensionalisierung nie geschehen *ist*. Wenn wir die Zauberkünstler sind, die den Raum zum Verschwinden gebracht haben, dann sind wir auch das Publikum, dem der Trick vorgeführt wird: diejenigen, die die Illusion hinters Licht führt.

Innerhalb von Infra-Zero können Subjekt und Objekt und die Welt, die sie bewohnen, ohne weiteres erscheinen, und wir können dieses Erscheinen unangefochten als ›real‹ akzeptieren in einer Weise, die dem konventionellen Verständnis in angemessener Weise Rechnung trägt. Doch die solchermaßen errichtete Ordnung bleibt ›nicht-dimensioniert‹. Begriffe wie Distanz und Trennung funktionieren wie zuvor, doch besitzen sie nicht mehr ihre übliche ordnende Macht. Da keine Positionen aufrechterhalten werden können, berühren wir eine Ganzheit, die grundlegender ist als die von der konventionellen Ordnung auferlegten Strukturen.

Sobald wir die Verfügbarkeit des Infra-Zero-Raumes würdigen, können wir die Positionen, die das Selbst bezieht, und die Identitäten, die sie unterstützen, auf die Grunddynamik des Benennens und Interpretierens zurückbeziehen. Nicht länger genötigt, die ›ausdimensionierte‹ Substantialität zu bekräftigen, die solche Benennungsvorgänge behaupten, können wir das im Benennen wirksame Wissen ›im‹ Raum verfügbar bleiben lassen. Das Ergebnis ist, Erscheinung *als* Erscheinung zu bewahren und zugleich universelle Wissensfähigkeit zu behaupten. Bietet uns dieser Zugang mehr Freiheit, mehr schöpferischen Spielraum und mehr Erkenntnis als unsere gewohnten Arten des Seins und des Wissens? An uns ist es, dies zu entscheiden.

Die Dimension des Bewußtseins

Benennen und Interpretieren gelten für gewöhnlich als subjektive Tätigkeiten, und aus dieser Perspektive haben sie wenig mit Raum zu tun. Doch die gängige Unterscheidung zwischen Subjekt und Objekt gilt nur in der Welt des dimensionalisierten Raumes. Genauso wie der Schritt in Richtung Raumdimensionalität den Infra-Zero-Raum in ein ›physisches Nichts‹, das feste Gegenstände beinhalten kann, verwandelt, so etabliert er auch einen unbekannten geistigen Bereich, ›innerhalb‹ dessen Gedanken und andere Bewußtseinsereignisse auftreten.

Im Infra-Zero-Raum sieht dies alles ganz anders aus. ›Subjektiv‹ und ›objektiv‹ – und ihre charakteristischen Interaktionen – sind alle gleichermaßen Produkte eines universellen Wissens. Von dieser ›Basis‹ ausgehend könnten wir uns eine Entfaltung vorstellen: In dem Schritt, durch welchen das Selbst (als Subjekt) die Sphäre der Substanz (als Objekt) verkündet, bewegt sich Wissensfähigkeit ›auswärts‹, um die erkannte und erkennbare objektive Sphäre zu schaffen. Gleichzeitig bewegt sie sich ›einwärts‹. Indem sie in sich selbst hineinstürzt wie ein Stern, der kollabiert, um dann ein schwarzes Loch zu bilden, ›verzehrt‹ sie das der Infra-Zero-Erscheinung inhärente Wissen und benutzt es zur Fabrikation und Proklamation des unbekannten Subjekts. Die Realität entsteht in einer binären, polaren Beziehung, distribuiert zwischen der ›Null‹ (Zero) des subjektiven Bewußtseins und der ›Eins‹ der objektiven Identität.

KAPITEL 7

Gedankenformen im Raum

Raum und die von ihm dargebotene Freiheit sind im Mittelpunkt der gegenwärtigen Erfahrung, so wie sie ist, verfügbar. Wenn wir in unserer Erfahrung keinen Raum vorfinden, dann deswegen, weil diese Raumverfügbarkeit überdeckt worden ist. Um Raum›gegenwart‹ wiederzuerlangen, müssen wir die Funktionsweise des denkenden Geistes klären, dessen aktives Benennen und Identifizieren eine Welt errichten, aus welcher der Raum verschwunden ist.

Obwohl Gedanken oft wie ein Reflex kommen und gehen, so schnell vorüberhuschend, daß sie unbemerkt bleiben, so gewahren wir doch, sobald wir uns nur mit genügend Zeit auf den Strom der geistigen Ereignisse konzentrieren, daß wir fast immer am Denken sind. Wir könnten uns durchaus die Frage stellen, warum dem so ist. Denn ihrem Inhalt nach sind Gedanken tendenziell trivial und repetitiv. Sie kreisen um die immer gleichen Themen und Bilder, rufen dieselben Erinnerungen wach und verweilen bei denselben Sorgen. Sie reagieren auf jedweden Stimulus, der auftaucht, und führen an kein bestimmtes Ziel. Während wir unserem Tagwerk nachgehen, kreisen Gedanken durch unseren Geist wie das Hintergrundsummen eines Haushaltsgeräts oder eine nervöse Geste, die wir beinahe unbewußt ständig wiederholen.

Der Zweck dieser ganzen Aktivität scheint in Verbindung zu stehen mit der Rolle der Gedanken als ›Träger‹ oder ›Vehikel‹ für die Interpretationsmuster, die der Erfahrung Kontinuität verleihen. Denkend bestätigen wir bestimmte Verknüpfungen und Identitäten, die uns erlauben, das, was geschieht, als sinnvoll zu erfahren. Abgesehen von seinem spezifischen Inhalt zielt ein Gedanke, als Handlung betrachtet, darauf ab, die von den wechselwirkenden Präsentationen des Feldkommuniqués gestiftete Ordnung zu bewahren und weiterzutragen. So wie der Atem den Körper erhält, so erhält das Denken die Welt, die wir bewohnen.

Bevor Gedanken Erfahrung transportieren und ausliefern können, müssen sie sie ›verpacken‹ und ›etikettieren‹. Um dies zu tun, benutzen sie die vorhandenen Materialien – das Gewohnte und Akzeptierte, die Welt, wie sie vorab bekannt ist. Sobald ein Gedanke sich bildet, wird sein Inhalt lokalisiert oder eingeordnet nach dem Raster vergangener Erfahrung oder zukünftiger Interessen. In einer wohlbekannten Geschichte gegründet und auf eine vorausgesetzte Zukunft ausgerichtet, werden die Qualitäten, die sich herausbilden, sofort zurückverwiesen auf die Gewißheiten der Identität und offenbaren so Merkmale, die dem ähneln, was voraufgegangen ist.

In dieser Welt von Substanz und Identität gibt es keine Möglichkeit für Lücken. Jedes bekannte Ding hat seinen entsprechenden Ort, und jede neue Erfahrung kommt gerade recht, um in diese vorausgesetzte Ordnung einsortiert zu werden. Selbst wenn unser Geist müßig umherschweift, selbst wenn wir uns gegen unsere Verhältnisse sträuben und auflehnen, bestätigen die uns leitenden Gedanken doch die Situation, in der wir uns befinden. Obwohl neue Muster hervortreten und es sogar Durchbrüche verschiedenster Art geben mag, ist doch in jedem sukzessiven Augenblick das Resultat das gleiche: Alles rückt wieder ›an seinen Platz‹. Wenn gleichwohl eine Lücke auftaucht, ist sie wie ein Riß im Gewebe der Realität. Wir sprechen von solchen Ereignissen als Irrsinn oder als Nervenzusammenbruch, als Identitätskrisen oder – vielleicht – als Genialität.

Projektion des Altbekannten

Gedanken strukturieren die Erfahrung, indem sie Realität ›aufbauen‹. Gemeinsam mit ihrem Inhalt übermitteln sie die *Substantialität* dieses Inhalts – ein Gefühl fortdauernder Eigenschaften und einer unabhängigen ›Anwesenheit‹: einer besonderen Art von ›Masse‹, die ihre eigene Schwerkraft ausübt. Diese Schwerkraft formt ihrerseits das, was ›vor‹ dem und ›durch‹ den Geist erscheint, und zwar auf eine Art und Weise, die entsprechend der etablierten Ordnung das Gesamt strukturiert.

Müssen Gedanken Substanz besitzen, um Substanz zu verleihen? Wenn Substanz nur mit dem Akt der Identifikation entsteht, scheint dies unmöglich, denn es könnte niemals einen letztgültigen substantialisierenden Gedanken geben: jedem Gedanken müßte seinerseits wiederum durch einen anderen Gedanken Substanz verliehen werden. Die Erfahrung bestätigt die Insubstantialität von Gedanken, die meist von nirgendwoher im Geist aufzublitzen scheinen. Selbst wenn sich der Inhalt eines Gedankens zu dem unmittelbar voraufgegangenen Gedanken zurückverfolgen läßt, scheint es keinen festdefinierten Mechanismus zu geben, durch den der erste Gedanke den zweiten entstehen läßt: keinen Weg, durch den Substanz übertragbar wäre.

Dennoch wird die Macht der Gedanken, Substanz zu etablieren – und die unbegründete Natur dessen, worüber nachgedacht wird, ohne Einbeziehung des Denkakts selber – gedankenlos akzeptiert. Wir können dieses ›gedankenlose‹ Akzeptieren zurückführen auf unsere vorgängige Verpflichtung auf das Kommuniqué. Gedanken mögen zwar entstehen wie Luftblasen in einem Fluß, doch wir sind darauf aus, uns in die ›Luftblasenwelt‹ des Gedankens hineinzubegeben. Aus dem Inneren dieser Welt können wir nicht mehr fragen, wo die Luftblase herkommt oder wo sie hingeht, noch können wir die Substantialität dessen, was in der Luftblase erscheint, hinterfragen. Der verkündete Inhalt des Gedankens bezieht sich bestätigend auf andere, als ›anderswo‹ situiert aufgefaßte Inhalte: den Inhalt des voraufgegangenen Gedankens, auf das, was in dem voraufgehenden Augenblick als Existentes gegenwärtig war, auf den voraufgehenden Augenblick selbst; kurzum auf den gesamten Stammbaum des gegenwärtigen Entstehens. Muster zur Verarbeitung aufgenommener Bilder liefern vertraute Projektionen, die in das tägliche Leben hineinverkündet werden.

Diese projizierte und meßbare Vertrautheit behauptet das, was in keiner Weise erkannt ist, als erkannt. Das, was als real verkündet wurde, hat seinen Quell in einem Entstehen, das geheimnisvoll bleibt. Wir begegnen diesem Geheimnis in dem breiten Spektrum der Fragen, die für uns anscheinend unbeantwortbar sind: »Wie entspringt Erscheinung?« »Warum wurde ich in genau diese Umstände hineingeboren?« »Wie bewegt sich die Zeit von einem Augenblick zum nächsten?«

Normalerweise gibt es für uns keine Möglichkeit, diese Geheimnisse zu erkunden. Verpflichtet auf das Kommuniqué, das die Gedanken verlautbaren, und auf die spezifische Ordnung, die sie projizieren, leben wir in einer Welt fester Grenzen. Es wäre anders, wenn wir das Denken selber hinterfragen könnten, doch dies scheint nicht möglich zu sein. Indem sie ihren Inhalt präsentieren, überantworten Gedanken diesem Inhalt ihre eigene Identität. Im Akt des Etablierens ziehen sie sich zurück.

Wie der Raum, der physische Objekte zuläßt, präsentiert sich das Denken außerhalb seines Inhalts als einer Substanz völlig ermangelnd – schiere Verfügbarkeit. Doch genauso wie beim physikalischen Raum ist dieses ›Nichts‹ in Wahrheit der Gegenpol von ›Etwas‹: die unverzichtbare Vorbedingung für das Entstehen von Substanz. Ausgehend von dem ›Nullpunkt‹ des Gedankens gewinnen Punkte Gestalt als etwas Festes, und der Infra-Zero-Raum verschwindet in die Dichotomie Substanz / Nichts. Eine Schwerkraft wird aktiviert und eine Ordnung auferlegt; wuchernd bildet sich Substanz, und die Übergangskonstruktionen multidimensionaler Erscheinung weichen einer konfektionierten Realität.

Man könnte meinen, wir könnten diese Komplikationen durchbrechen, indem wir auf die unmittelbare, allen Gedanken voraufgehende Erfahrung zurückgehen. Doch ist diese Alternative wirklich verfügbar? Scheinbar erfahren und handeln wir konzeptungebunden; wenn wir zum Beispiel eine habituelle Tätigkeit ausführen wie gehen, ohne daß wir unterwegs über jeden einzelnen Schritt nachdenken müssen. Doch wenn solche alltäglichen ›gedankenfreien‹ Erfahrungen in einer Hinsicht auch unleugbar sind, sind sie doch auch unzugänglich. Sobald wir uns auf eine solche Tätigkeit konzentrieren, machen wir aus ihr ein Denkobjekt und verlieren so die Erfahrung als solche. Wenn wir behaupten, wir können uns auf die Erfahrung verlassen, ohne sie zu beschreiben, dann ist diese Behauptung selber wiederum ein Produkt von Denken.

Wir sind in ein Dilemma verstrickt: Wenn die Bestätigung der ›gedankenfreien‹ Sphäre sich durch das Medium des Denkens vollzieht, dann läuft die ›Übersetzung‹ aus einer Sphäre in die andere Gefahr, die ursprüngliche Erfahrung auf eine Art und Weise zu verlieren oder zu verzerren, die nicht feststellbar ist. Obwohl es ein Gewahrsein ohne Gedanken geben kann, ist es nicht klar, wie dieses Gewahrsein in den folgenden Augenblick übertragen werden kann, um erkannt zu werden, ohne dadurch zum Objekt des denkenden Geistes gemacht zu werden.

Es ergibt sich noch eine weitere Schwierigkeit. Sich auf die Unmittelbarkeit des ›Gedankenfreien‹ zu stützen trennt die Erfahrung, insofern sie gedacht wird, von der ›gedankenfreien Erfahrung‹. Diese Unterscheidung vorzunehmen verhärtet die Substantialität, die das Denken eingeführt hat. Überdies wurde die ›gedankenfreie‹ Sphäre als eine von Gedankenkonstruktionen freie, abgesonderte Sphäre ihrerseits wiederum identifiziert und bezeichnet. Wird sie als ein zu erreichendes Ziel betrachtet, ist die Sphäre ohne Gedanken selber ein Gedanke.

Freiheit ohne Fundament

Ob wir uns dazu entscheiden, zu affirmieren, was Gedanken verlautbaren, oder versuchen, Gedanken ganz zu umgehen, in jedem Fall scheinen wir auf undurchdringliche Grenzen zu stoßen. Nehmen wir stattdessen einmal an, daß wir ganz einfach innehalten, um Gedanken *als* Gedanken zu bemerken – als das einfache Phänomen des Denkens. In einem Augenblick beobachten wir, wie ein Vogel vorüberfliegt, oder wir trinken eine Tasse Tee, und im nächsten taucht ein Gedanke auf. Wie kommt dies zustande? Auf einer Ebene gibt es vielleicht Erklärungen; auf der anderen ist es einfach so. Gedanken ›tauchen einfach auf‹: schiere Erscheinung, quellenlos.

In seinem anfänglichen Entstehen, seinem Auftauchen, scheint der Gedanke dimensionslos zu sein. Selbst wenn ein Übergang zur Dimensionalität auf dem Fuße folgt, muß es doch einen Augenblick geben, in dem der entstehende Gedanke noch nicht auf seinen Inhalt festgelegt ist; in dem es ihm noch freisteht, potentiell jede Form anzunehmen.

Wir haben uns an Gedanken gewöhnt, die eine Welt etablieren und, selber etabliert, ausschließlich im Sinne ihres Inhalts definiert sind. Doch in diesem Anfangsaugenblick ist der Gedanke unetabliert, und genauso unetabliert wie er ist auch die Welt. Könnten wir in der Freiheit dieses Unetabliertseins verweilen und ihren Geschmack auskosten? Könnten wir, ohne den ›durch‹ den Gedanken erscheinenden Inhalt zurückzuweisen, ihn ganz einfach unetabliert belassen? Könnten wir das Kennen des Bekannten ›entkennen‹, um auf neue Weise zu erkennen?

Wir haben gesehen, daß Gedanken dann, wenn sie ihren Inhalt affirmieren, sich selbst als das Nichtvorhandensein von Inhalt affirmieren: als Zero. Doch dies ist eine Fehlaffirmation, denn Zero ist seiner Natur nach nicht affirmierbar. Wenn Zero erscheint (zum Beispiel wenn wir den Umriß der Null aufs Papier zeichnen), dann geschieht dies lediglich symbolisch.

Obwohl wir zeigen, gibt es keinen Ort und keine Eigenschaft, auf die sich hinzeigen ließe. Der ›Zeropunkt‹ ist ›punkt- und sinnlos‹, und Zero selber ist ›Zero-los‹ und ›Infra-Zero‹.

Für Gedanken ist diese ›Punkt- und Sinnlosigkeit‹ von Zero der springende Punkt. Der Gedanke präsentiert seinen Inhalt, ohne das Präsentierte zu etablieren. Nichts entsteht, doch dieses Nicht-Entstehen erscheint. Es besteht keine *Notwendigkeit*, daß dies so ist, doch so ist es. Und da es so ist, ist es von äußerster Wichtigkeit, ›aufzuzeigen‹, daß es keineswegs so ist.

Diese Ausdrucksweise ist kein Kniff, der einen bestimmten Stand- oder Gesichtspunkt etablieren soll. Es gibt nichts zu etablieren, denn zum Etablieren müßten wir Punkt für Punkt vorgehen, und das würde den Punkt verfehlen. Zuvor wurde eine Behauptung, etabliert zu haben, verlautbart; nun provoziert sie eine Reaktion. Wir könnten sagen, es sei sinnlos, weiterhin Verlautbarungen zu machen, doch diese Behauptung aufzustellen bedeutet, daß wir schon weitergemacht haben. In Wahrheit können wir nicht anders, wir müssen einfach weitermachen.

Wie können wir also angemessener reagieren? Indem wir Erscheinung als symbolisch aktivieren: Erscheinung als Zero und Zero als Zero-los und Infra-Zero. In dieser Modalität werden Gedanken zu Symbolen ihres eigenen Entstehens.

Befreit von der Verantwortung, ein nahtloses Ganzes zu konstruieren, können die Gedanken zu Agenten von Infra-Zero-Raum werden. Die dimensionalisierte Struktur, die sie verkünden, wird in einem ganz bestimmten Sinne flachgedrückt: *Das, was erscheint, und die Prozesse, denen wir sein Erscheinen zuschreiben, entstehen Seite an Seite, zusammen mit der Dynamik ihrer Interaktion.* Wir sehen, daß etablierte Dimensionalität ganz einfach zusammen mit jedem entstehenden Gedanken ›auftaucht‹. In einer auf diese Weise flachgedrückten Sphäre, in der jeder Punkt ›punktlos‹ ist, üben Gedanken keinen Schwerkraftsog mehr aus, der Erscheinung zu Substanz zu formen vermöchte.

Wenn wir im unetablierten Denken verweilen, betreten wir

einen Raum, aus dem Wissen nicht ausgeschlossen worden ist. Nicht länger Bewohner des konventionellen Raums, brauchen wir nirgendwohin zu gehen und keinem Weg zu folgen. Ohne uns von dem Bekannten zu lösen, steht es uns frei, alles Beliebige zu sein. Wir entdecken eine innere Wohligkeit, die uns nährt und unerwartete Fähigkeiten erweckt. Indem wir uns in eine Realität hinein entspannen, die nach ihren eigenen Gesetzen verfügbar ist, können wir eine Wissensfähigkeit wiedererlangen, die schon länger als von Anbeginn der Zeit an ausgeschlossen war.

Infra-Zero-Denken bietet die Aussicht auf Freiheit und Schönheit. Anstatt hinzudrängen auf das, was Substanz hat, könnten Gedanken eine Infra-Zero-Welt offenbaren: Erscheinung ohne Substanz und Gegenwart ohne Quelle. Auf natürliche Weise vereint mit Gewahrsein und Einsicht, könnten sie die bemerkenswerte Eigenschaft der Erscheinung wachrufen, potentiell jede Form anzunehmen. Hervortretend aus der Infra-Zero-Wahrheit ihres eigenen (Nicht-)Entstehens, könnten sie zu Agenten einer schrankenlosen Raumschöpferkraft werden.

KAPITEL 8

Magisches Wechselspiel

Die Dynamik, die Gedanken in den Sog der Substanz zieht, indem sie sie zu Trägern des Feldkommuniqués macht, manifestiert sich in herkömmlichen Begriffen als das Wechselspiel sich miteinander verwebender Geschichten. Solche fortlaufenden Erzählungen erlauben uns, das Geschehen dessen, was entsteht, immer wieder von neuem zu referieren. Sie umgrenzen das Spektrum unseres Erkennens und liefern den Rohstoff, aus dem Gedanken Identitäten formen. Jede Identität oder Entität läßt sich auf verschiedene Geschichten zurückbeziehen, und jede dieser Geschichten ist ihrerseits wiederum mit anderen Geschichten verknüpft. Schichtförmig ineinandergelagert, müssen Geschichten sich ineinanderfügen; wenn dies nicht gegeben ist, wird die daraus entstehende Störung oder Dissonanz zu einem Element in einer neuen Runde von Geschichten.

Für jede identifizierte Identität scheint die Vielfalt der erzählbaren Geschichten und der Arten ihres Wechselspiels potentiell endlos. Wenn wir von der physischen Erscheinung ausgehen, könnten wir uns zum Beispiel auf die molekulare oder atomare Ebene dessen begeben, was erscheint. Desgleichen könnten wir uns solchen Dimensionen wie Bedeutung, Kausalität oder ästhetisches Urteil zuwenden, emotionale Reaktionen und Assoziationen erkunden oder uns auf jene Stufe begeben, auf der jede Geschichte über ein Objekt ›mich‹ als Subjekt mitbeinhaltet.

Im Verlauf dieser Schritte affirmieren wir aber nicht unentwegt ein und dieselbe Identität, von der wir ausgegangen sind. Stattdessen redefinieren wir die Entität, auf die wir uns ausrichten, und verleihen ihr eine neue Identität. Wir reagieren zum Beispiel auf eine Person, die wir auf der Straße sehen, als auf einen Amerikaner, einen Fußgänger, einen Arzt, einen guten Freund, ein menschliches Wesen, ein Säugetier, einen Partner in dem Gespräch von eben oder als das gerade in unserem Wahrnehmungsfeld befindliche Sehobjekt.

Wenn diese Identitätsverschiebungen thematisiert würden, würden wir natürlich behaupten, daß wir ein und dasselbe ›Ding‹ nur verschieden etikettieren. Doch diese These von einer zugrundeliegenden Identität ist eine weitere Geschichte: eine Geschichte mit dem Zweck, andere Geschichten zu verknüpfen und eine Erklärung darüber zu liefern, wie es möglich ist, daß Geschichten sich verknüpfen lassen. Stabile Objekte als Subjekte potentieller Geschichten auf solche Weise identifizieren zu können scheint zweifellos nützlich: eine grundlegende menschliche Fähigkeit. Doch der – als Teil dieser Geschichte erhobenen – Behauptung, dies sei ›die Natur der Dinge‹, kommt kein intrinsischer Sonderstatus zu.

Jedesmal, wenn wir eine Identität zuweisen, gebieten wir der Hervorbringung einer bestimmten Art von Geschichten Einhalt und schließen wir bestimmte Erfahrungsbereiche aus. Die Substanz dessen, was identifiziert wurde, ist der Erkundung nicht länger verfügbar – außer es wird ihr eine neue Identität zugewiesen als einer Entität, deren Identität hinterfragbar ist. In gleicher Weise wenden wir dann, wenn wir die Substantialität der von uns identifizierten Entitäten verkünden, diese ›Ausschließungs‹-Dynamik auf den Prozeß des Geschichtenerzählens selber an. Haben wir erst einmal akzeptiert, daß wir in einer Welt von Substanzen leben – nicht als eine Geschichte, sondern als Faktum –, dann wird die Welt in ihren elementaren Grundlagen arretiert. Ihre Natur als Konstrukt gerät aus dem Blickfeld.

Übersetzung in Substanz

In ihrer gewöhnlichen Wirkungsweise setzt die Geschichte von der Substanz ein Siegel der Authentizität auf andere Geschichten – so ähnlich wie im Märchenende: »Und so lebten sie für immer glücklich und zufrieden.« Doch durch diesen Vorgang macht sie die Geschichten selber zu einer ganz anderen Art von Entität als den Inhalt, den diese Geschichten verkünden. Während die in den Geschichten identifizierten Entitäten und Ereignisse substantiell sind, sind es die Geschichten, die wir über sie erzählen, nicht. Es ist nicht so, daß Geschichten falsch wären; vielmehr greifen die Kategorien ›wahr‹ und ›falsch‹ hier nicht. Geschichte und Substanz sind schlicht und einfach in *unterschiedlichen Dimensionen* der Wirklichkeit angesiedelt.

Die Unterscheidung zwischen Geschichte und Substanz steht in Verbindung mit der Definition von Substanz als dem, was im dimensionalisierten Raum erscheint. Doch ›Raumdimensionalität‹ ist nichts als ihrerseits eine weitere Geschichte. Und wenn wir versuchen, die Wahrheit dieser Geschichte durch andere Behauptungen zu stützen (zum Beispiel Behauptungen über die Sphären des Subjektiven und des Objektiven), dann sind auch dies nur Geschichten. Um das Argument klarer zu formulieren:

Substanz nimmt Form an vermittels Geschichten, die Infra-Zero-Raum in Dimensionalität übersetzen.

Es kann wie Magie wirken, daß sich die Nicht-Substantialität der Geschichte in die Kompaktheit dessen, was real ist, übersetzen läßt – so als werde etwas aus dem Nichts geschaffen. Doch der Mechanismus selbst ist nicht geheimnisvoll. Geschichten verwandeln die wissende Lebendigkeit ihrer eigenen Dynamik in die bestätigte Kompaktheit dessen, was erzählt wird. Sie verfügen Dimensionalität, indem sie sich die inhärente Wissensfähigkeit des Infra-Zero-Raumes aneignen.

Diese Übersetzung ordnet Erscheinung in grundlegender Weise um. Indem Substanz Form annimmt, tritt Infra-Zero aus dem Blick und wird undenkbar. Identität tritt in den Mittelpunkt dessen, was erscheint. Raum wird Zero und verschwindet; Geist wird Zero und zieht sich zurück. Auch Wissen wird Zero und entschwindet in die Sphäre der Subjektivität. Konventioneller Raum und konventionelle Zeit bilden sich heraus, ebenso wie Objekte, die in Zeit und Raum erscheinen, und das Subjekt, das mit diesen Objekten in Beziehung tritt. Und Nicht-Wissen regiert.

Magische Erscheinung

Damit die Mechanik der Übersetzung funktioniert, müssen die von den Geschichten identifizierten Entitäten miteinander in Wechselwirkung treten können. So ist zum Beispiel Wasserstoff ein Element unserer Atemluft. Die beiden Stoffe – Wasserstoff und Luft – wirken auf verschiedenen Ebenen und koexistieren konfliktlos. Wir können uns leicht vorstellen, daß dies anders sein könnte: daß Wasserstoff in dem Gemisch, das die Luft ausmacht, explodiert. Aber in diesem Fall hätte es für menschliche Wesen oder andere Formen des Lebens niemals eine Entstehungsmöglichkeit gegeben.

Auf dieser anfänglichen Ebene ist Wechselwirkung eine Frage der Koexistenz. Stellen wir uns dagegen vor, Wasserstoff und Luft seien aufgrund einer subtileren Disharmonie zur Wechselwirkung unfähig. Stellen wir uns vor, wir lebten in einer Sphäre, in der Identitäten, so wie Geschichten sie definieren, in ihrer Wirkungsweise ausschließlich wären. In einer solchen Sphäre könnte das Wasserstoff genannte Element nicht auch noch Teil jenes Gases sein, das wir als Luft kennen. Eine einmal definierte Substanz würde in allen folgenden Interaktionen ihre Identität behalten müssen.

Es ist klar, daß dies nicht unsere Welt ist und nicht sein könnte. Hier in dieser Sphäre können wir uns gewiß sein, daß unter oder hinter der Ebene von Identität, auf die wir gegenwärtig eingestellt sind, andere Ebenen ohne Konflikt oder Ausschließlichkeit am Werk sind und wechselnde Verbindungen hervorbringen, die ihren eigenen spezifischen Charakter besitzen. Wäre es anders, wäre Substanz in dieser starren und unveränderbaren Weise festgelegt, könnte Interaktion, gleich welcher Art auch immer, sehr wohl unmöglich sein, und in diesem Fall könnte nichts jemals geschehen.

Aus einer gewöhnlichen Perspektive ist das Phänomen der ›Interagibilität‹ ein rein subjektives Phänomen. Luft und Wasserstoff sind nicht ›wirklich‹ zwei verschiedene Entitäten, die zur Interaktion gebracht werden müssen; sie sind vielmehr zwei Arten, verwandte Phänomen aufzufassen. ›Interagibilität‹ ist also, in anderen Worten, eine Bezeichnungsweise für die bemerkenswerte Fähigkeit des menschlichen Geistes, vielfältige Bedeutungen zuzuweisen, unterschiedliche Verbindungen zu knüpfen und parallele Geschichten zu verfolgen.

Doch ›Interagibilität‹ reicht über die subjektive Sphäre hinaus. So gibt es zum Beispiel das Wechselspiel der Sinne, die es erlauben, eher Objekte als Qualitäten zu erfahren. Es gibt das Wechselspiel subjektiver und objektiver Zeit, das dem, was geschieht, Kohärenz verleiht. Es gibt die grundlegende Interaktion von Subjekt und Objekt, von Geist und Erscheinung, von Erkennen und Sein.

Solche Interagibilität verweist letzten Endes auf die Untrennbarkeit der interagierenden Elemente. Die kompakten Qualitäten der Substanz sprechen von getrennten Identitäten, doch die Interagibilität stellt das multidimensionale Wechselspiel im Herzen des immer neu präsentierenden Feldes menschlicher Möglichkeiten wieder her. Unter den Oberflächeninteraktionen der in einem vorausgesetzten Feld situierten Entitäten, vor den präetablierten, durch das Kommuniqué verfügbar gemachten Erkenntnisakten, bestätigt Interagibilität die aktive Macht des Infra-Zero.

Infra-Zero bietet die Gabe der Nicht-Dimensionalität. Nur dann, wenn nichts jemals Form ›angenommen‹ hat, können wir darauf vertrauen, daß keine Form irgendeine andere ausschließt. In dieser verborgenen Nicht-Dimensionalität harrt die Magie unseres Seins ihrer Entdeckung.

Das unumschränkte Entstehen der multidimensionalen Erscheinung durchtränkt die Nicht-Dimensionalität des Infra-Zero-Raumes mit unausdenkbarer Energie. Es manifestiert eine wirbelnde Welt des Wunderbaren und zahlloser Interaktionen. Unentdeckte Schichten der Ordnung wirken in ungeahnten Weisen, und nichts ist so, wie es scheint.

Wenn wir diese Energie nicht direkt erwecken oder beobachten können, dann deswegen, weil wir sie in die eingegrenzte Dynamik der linearen Zeit eingepfercht haben. Indem wir so reagieren, wie es uns anerzogen wurde, haben wir bestimmte Mechanismen entwickelt, die die Schöpferkraft des Raumes und die Dynamik des Geschichtenerzählens in die festen Strukturen von Substanz und Partikularität, von Positionen und Bedingungen verwandeln. Doch wenn wir erst einmal wissen, daß dem so ist, können wir den Raum dazu einladen, von neuem innerhalb dessen, was entsteht, zu erscheinen. Obwohl wir an Substanz und Identität gebunden sind, haben wir immer noch die Macht, die Entfaltung eines schrankenlosen Staunens wachzurufen. Erkundung kann mit der ununterbrochenen Energie des sich Manifestierenden zusammenwirken, Spekulation kann ausgreifen zu Imagination, und die Imagination selber kann sich vertiefen zu einer tiefgründigen, vom Licht untrennbaren Klarheit.

Unbegrenzte Erkundung

Indem die Erkundung sich von Spekulation und Analyse zu Imagination und Verkörperung hinbewegt, zeichnet ihre hervortretende Dynamik die Schritte nach, die das Gewöhnliche begründen. Dadurch, daß sie das geschmeidige Wechselspiel zwischen Substanz und Erscheinung wiederherstellt, offenbart sie die Schöpferkraft des Raumes und läßt sie die Macht einer Zeit erahnen, die nicht an die gewohnten Nachzeichnungen konventioneller Geschichte gebunden ist.

Die Erkundung restituiert die ungeminderte Energie innerhalb der Erscheinung. Indem sie uns auffordert, die Strukturen der Realität zu hinterfragen, zeigt sie, daß wir uns auf ›dies‹ und ›jenes‹, auf ›ja‹ und ›nein‹, auf ›etwas‹ und ›nichts‹, auf ›Vergangenheit‹ und ›Zukunft‹ nicht verlassen können. Insofern diese Unterscheidungen ihre Bedeutung verlieren, kennen wir nicht länger unsere Grenzen noch begrenzen wir weiterhin unser Erkennen.

Durch Erkundung befreit von Substanz und dem Zwang, eine Ordnung zu begründen, erwachen die Gedanken zur Leichtigkeit ihres Entstehens. Da alles und jedes gedacht werden kann, haben wir die Freiheit, spielerisch und mit Lust zu denken, mit dem festen Vertrauen, daß unsere Ergründungen weder uns selbst noch anderen Schaden zufügen können. Indem wir diese Freiheit mit der schöpferischen Dynamik der Erkundung verschmelzen, können wir auf eine Art forschen, die ›punktlos‹ ist. Wie können ohne Punkte – ohne die Gegebenheit von Null oder Eins – Grenzen dasein? Wer wäre anwesend, um sie zu erfahren?

Indem wir in der Multidimensionalität der Gedanken entspannen, zu Hause sind in den Übergangskonstrukten, können wir eintreten in die hindernisfreie Freiheit von Infra-Zero. Ohne Verpflichtung, Inhalt zu bestätigen oder Struktur zu etablieren, ohne die Last unserer Bilder darüber, wie die Dinge sind und wie wir zu handeln haben, erwachen wir zu den schweigenden Ergründungen eines gigantischen Wissens. In diesem *anders dimensionierten* Wissen erscheinen die menschlichen Wesensfragen nach Sinn, Bedeutung und Erfüllung in einem neuen Licht.

Wir entdecken dieses Wissen, indem wir uns in es hinein entspannen und uns dabei lösen von unserer ewigen Angst, wir seien auf der falschen Fährte oder von einer Gefahr bedroht.

Das Gefühl ist befreiend, wie warmes Sonnenlicht nach einem heftigen Wintersturm. Zu Hause in einem Verweilen im Infra-Zero-Raum, erkennen wir, daß wir die Macht haben, das Universum zu formen, anstatt es lediglich zu bewohnen, die Architekten eines Wissens zu werden, das nicht von unseren Konstrukten abhängt und unsere Reaktionen nicht festlegt.

Spekulation, Imagination und Analyse offenbaren diese Möglichkeiten. Sie durchtrennen das Immer-Gleiche des Gedachten und erlauben den Gedanken, ihre natürliche Verwandtschaft mit den Geheimnissen des Infra-Zero-Raumes darzutun. Sobald sie in der Multidimensionalität der Übergangskonstruktion zum Leben erwachen, laden Gedanken strahlende Möglichkeiten ein. Sie offenbaren Raum als eine restlos von Wissen durchdrungene Sphäre allgegenwärtigen Lichtes. Letzten Endes laden sie uns ein zu einem Übergang ›durch‹ die Multidimensionalität hin zu dem Infra-Zero-Nicht-Entstehen der Nicht-Dimensionalität: einer Sphäre vollkommener Freiheit und schrankenloser Wissensfähigkeit.

Raum-Möglichkeiten

Das Spiel der Erscheinung im nicht-dimensionalisierten Raum ist in jeder manifesten Struktur verfügbar: in den Mustern der Persönlichkeit und in den Verstrickungen der Emotionalität, im sozialen Umgang und in chemischen Reaktionen, sogar in der Art und Weise, in der sich ein physikalisches Objekt in ein Stückchen ›leeren‹ Raum hineinschmiegt, das ein anderes herausgefräst hat. In jedem Bereich, vom physikalischen über den psychischen bis hin zu den Strukturen, die jedes einzelne Feld des Wissens formen, erweist sich jegliche Schicht von Erscheinung als zusammengesetzt aus anderen Schichten. Schließlich löst sich Substanz selber auf in Wellen undefinierbarer, überall verfügbarer Energie.

Die Geschichten, die wir hinausprojizieren, sind Ausdruck

eben dieser Energien. Erkundung und Imagination offenbaren diese verborgene Dynamik und zeigen, wie die fortgesetzte Schöpfung, die wir uns als am Werk vorstellen, Muster wachsender Komplexität erzeugt. Wir lernen, den Weg des Wissens nachzuzeichnen, wie es sich vorwärts-, seitwärts- und rückwärtsbewegt und dabei Vergangenheit, Gegenwart und Zukunft ›aufzeigt‹.

Diese Verstehensweise macht eine Welt offenkundig und verfügbar, die der substantiellen Realität, die wir zu bewohnen gelernt haben, unbekannt ist. Qualitäten, Bilder und Vorgehensweisen entfalten verschiedene, entschieden duplizierbare Dimensionen. Wir entwerfen neue Assoziationen, entwickeln komplexere Verstehensmodi. Geist schafft Geist; Erkenntnis schafft Erkenntnis. Je mehr wir tun, desto mehr ist. Eindrücke und Ausdruck erscheinen in Fülle: eine ›Finität‹ von Dimensionen, frei zugelassen, potentiell ununterbrechbar.

Die Ununterbrechbarkeit von Erscheinung – ihr dynamisches Sich-Verströmen – kennzeichnet das Wiedererscheinen des Infra-Zero-Raumes: den Hintergrund für eine Fülle in Zeit und Wissen. Nicht beschränkt auf die physische Sphäre, ist Raum der Ort der Offenheit, der in aktiver und gewährender Weise begegnet – ohne Reibung, ohne Hemmnis, alle Möglichkeiten umfassend.

In der ununterbrechbaren Offenheit des Infra-Zero-Raums ist das Nicht-Mögliche möglich und führt das Mögliche zum Wahrscheinlichen. Da alle Punkte fortwährend gewähren, besteht unablässig Möglichkeit. Insofern sie nicht mehr nur ein Schritt innerhalb des Diktats des Realen ist, erlaubt sie unausgesetzte Schöpfung. Falls wir auf Möglichkeit im konventionellen Sinne beharren, könnten wir sagen, daß Infra-Zero-Raum uns erlaubt, einen Schritt vor dem Möglichen zu bleiben. Anstatt abhängig zu sein ›von‹, können wir uns bewegen ›auf ... zu‹.

Die Alterslosigkeit von ›Möglichkeit‹ befreit uns von der Gebundenheit an das Reagieren. Auch wenn sie nicht unmittelbar aktiviert werden, bleiben Energien in Zeit und Raum verfügbar, so daß Unterbrechungen innerhalb des Möglichen nicht unausweichlich zum Unmöglichen führen müssen. Hemmnisse für das Mögliche treten in der Tat auf und werden zum Unmöglichen, doch dieses ›Unmögliche‹ kann zu einem neuen ›Möglichen‹ führen.

Ein in solcher Weise variables Mögliches gestattet uns, das zu errichten, was nicht vorab entworfen ist. Die Kausalität als solche wird freier: sie erläßt nicht nach einer automatisierten Logik ihr Diktat; ist nicht angeordnet durch ein ›Es werde‹; nicht genötigt durch die Natur der Dinge. Die Einheit von Zeit und Erkenntnis gilt von innen, nicht gebunden durch das Präsentierte, vollkommen frei im Handeln und Dirigieren. Bewegung hat keine vorab festgelegte Frequenz, kein ›eins nach dem andern‹, keine Angeordnetheit.

In der ununterbrechbaren Sphäre des nicht-dimensionalen Raumes hat die Erscheinung keine Quelle, aus der sie entsteht, und kein Produkt, in das sie resultiert. Wir könnten sagen: Raum ist die Mutter der Erscheinung, mit dieser entscheidenden Verdeutlichung: Auch nachdem die Erscheinung geboren wurde, *bleibt* sie Raum. Obwohl Bedingungen durch das Gepräge, das wir ihnen verleihen, Gestalt gewinnen, und geistige Projektionen Bedeutung und Gewißheit begründen, gibt es kein Fortgehen und keine Trennung. Inhalt selbst entsteht als Infra-Zero.

Raumerkenntnis von Infra-Zero

Da das, was in Infra-Zero erscheint, keinen Anspruch auf Existenz erhebt, ist es kein gültiges *Objekt* von Erkenntnis. Nicht durch die Vergangenheit gegeben und nicht im Besitz von Eigenschaften, ist es kein Produkt; da es nicht hervorgebracht wurde, ist es nicht verfügbar für den Konsum. Im Wissen, daß dem so ist, müssen wir eine neue Form von Erkenntnis zulassen, die an ein neues Verständnis von Zeit geknüpft ist.

Konventionelles Wissen ist abhängig von einer linearen Übertragung: Was in der Vergangenheit angesammelt wurde, wird in der Gegenwart als wißbar verfügbar. Jetzt aber hat die Gegenwart keine solche Vorgängerschaft. Aus dieser Perspektive betrachtet bleibt die konventionelle Erkenntnis unbegründet.

Doch dies ist nur ein Teil des Bildes. Die Verfügbarkeit verläßlichen ›objektiven‹ Wissens für ein erkennendes Subjekt ist ein Teil dessen, was erscheint. Wie alle andere Erscheinung braucht sie nicht abgelehnt zu werden. ›Punktlos‹ und infrazero steht die dem nicht-dimensionalen Raum angemessene Erkenntnis in Harmonie mit sämtlicher Erscheinung einschließlich der Erscheinung dessen, was in konventioneller Weise erkannt wird. Indem sie keine Unterscheidung trifft, erlaubt sie jede einzelne Unterscheidung. Selbst die Schranken der Erkenntnis, die die Substanz ›ins Dasein ruft‹, manifestieren diese grundlegendere Wissensfähigkeit.

Untrennbar von solchem Wissen wird Infra-Zero-Erscheinung restituiert zu Schönheit und Ganzheit. Es gibt nicht länger Strukturen, die dazu dienen, zu etablieren und auszuschließen, Sehnsucht und Unzufriedenheit zu erzeugen. Es gibt keine Möglichkeit, in verschiedene Standpunkte und Positionen ›verwickelt‹ oder in die ›Falle‹ der Substanz gelockt zu werden. Da wir uns auf keine bestimmte Seinsweise verpflichten, sind wir freigesetzt in ein fortwährend aktives Entstehen.

Im Infra-Zero des wiederentdeckten Raumes sind wir an die Zuneigungen und Abneigungen, an die Ängste und Wünsche des Selbst nicht länger gebunden. Wir können jeder Situation so gegenübertreten, wie sie ist, und es zulassen, daß ein umfassenderes Wissen sich bildet. Was erscheint, mag seine eigene Logik haben, doch eine andere Logik ist möglich – in eben diesem Augenblick, innerhalb der Multidimensionalität der Erscheinung. Nicht reduziert auf spezifische Resultate und

Ursprünge, können wir mit Ursachenverkettungen in neuer Weise umgehen und in jeder Situation eine Infra-Zero-Empfänglichkeit üben.

Erfüllt von Nicht-Dimensionalität löst multidimensionale Erscheinung sich stetig auf in eine befreiende Planheit. Es ist nicht länger notwendig, zu begrenzen oder zu ergreifen, zu hindern oder dazwischenzutreten. Strukturen verkünden Substanz, und Gedanken verkünden Inhalt, doch Infra-Zero offenbart, daß Struktur und Substanz, Inhalt und Geschichte auf derselben Ebene sind. Nichts unterfüttert Erscheinung, nichts verbürgt sie und nichts beschränkt sie.

Ohne Oberfläche und ohne Tiefe verweilen wir unwandelbar ›darin‹. Wissen ist frei verfügbar, denn es gibt keine versteckten Orte, keine dunklen Winkel, nichts ›draußen‹. Es gibt keine Quelle, aus der Erkenntnis zu erlangen wäre; keine Orte, die sich heimlich in sich selbst zusammenfalten, um ein Unbekanntes zu umschließen oder ein Unwissen auszuschließen. Raum und Erkenntnis erweisen sich als untrennbar.

TEIL ZWEI

Zeit leiten

KAPITEL 9

Der gegenwärtige Körper der Zeit

So, wie sie von der Dynamik der Zeit übertragen wird, entfaltet Erfahrung sich durch ein Kontinuum aus der Vergangenheit hinein in die Gegenwart und in die Zukunft. Wir, die wir in der Gegenwart aktiv sind, nehmen Gestalt an aus der Vergangenheit und leben hinein in die Zukunft. Die drei Aspekte der Zeit scheinen untrennbar verbunden zu sein: durch den gleichen Prozeß erzeugt, aus der gleichen Substanz gebildet, durch den gleichen Mechanismus dirigiert.

Doch diese Auffassung läßt sich nicht leicht durch Erfahrung bestätigen. Es ist für unser Sein grundlegend, daß wir nur in der Gegenwart erfahren und dabei das Gefühl haben, die Vergangenheit liege hinter uns und die Zukunft sei noch nicht da.

Vergangenheit und Zukunft sind also von Natur aus unbekannt. Obwohl die Vergangenheit gerade erst verging und die Zukunft schon dabei ist, sich zu präsentieren, können wir niemals vor- oder zurückgreifen, um einen dieser beiden Aspekte der Zeit zu berühren. Die Vergangenheit ist entschwunden, ohne daß wir die Macht hätten, sie je wieder zurückzuholen. Und obwohl die Zukunft uns anscheinend umgehend in die Hand fällt, wird sie mit der Ankunft des nächsten Augenblicks abermals die Gegenwart mit ihrer eigenen Vergangenheit und eigenen Zukunft sein.

Insofern ist es uns also unmöglich, die Vergangenheit oder die Zukunft zu bewohnen, zu erkennen, was sie enthalten, oder für uns selber ihre innere Natur zu entdecken. Wie von der Skizze rechts dargestellt, besetzen wir einen ganz bestimmten Punkt in der Zeit, und zwar dergestalt, daß die Fülle der Zeitlichkeit der Zeit – die fortgesetzte Verfügbarkeit von Vergangenheit und Zukunft – lediglich ein Konstrukt sein kann.

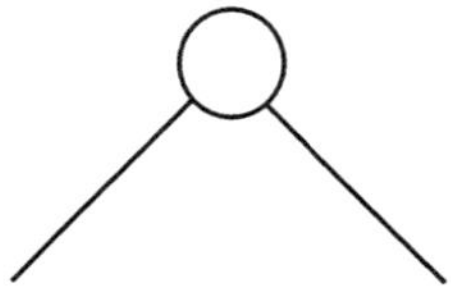

Nehmen wir an, wir betrachteten mehrere ›aufeinanderfolgende‹ Augenblicke in der Zeit: T_1 bis T_3. Jeder dieser Augenblicke hat seine eigene Zukunft und seine eigene Vergangenheit. Können wir sagen, die unmittelbare Vergangenheit von T_2 sei T_1 oder seine unmittelbare Zukunft sei T_3? Obwohl dies

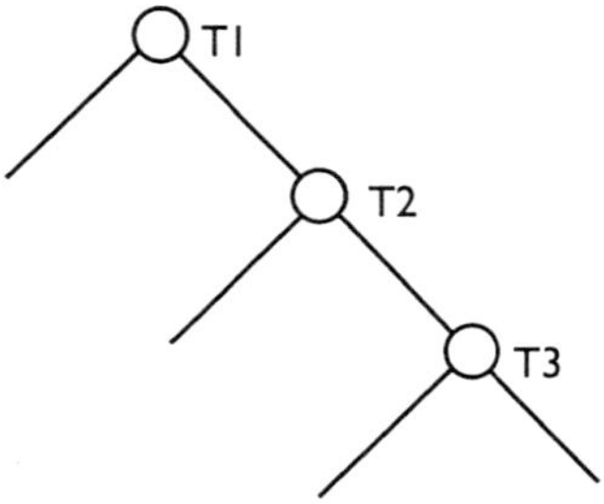

unsere übliche Auffassung ist, gibt es keine Möglichkeit, sie zu belegen. Die gegenwärtige Verfügbarkeit von Vergangenheit und Zukunft bei der Prägung unseres Verständnisses kann die Abfolge der Zeit in linearer Sequenz nicht verbürgen.

Wenn wir Vergangenheit oder Zukunft nicht direkt mit dem gegenwärtigen Augenblick in der Zeit verbinden können, was können wir dann von ihnen wissen? Wir sagen von der Vergangenheit, einst sei sie gegenwärtig gewesen, doch jetzt sei sie vorbei. Da sie vorbei ist, kann sie keinerlei Wirkung mehr haben. Vergangene Taten haben gewiß gegenwärtige Konsequenzen, doch das Werk der Vergangenheit ist vollendet: Sie hat ihren Inhalt abgeliefert und jetzt nichts mehr zu tun. Eine Vergangenheit ohne gegenwärtige Auswirkungen wäre von einer Vergangenheit, die niemals stattgefunden hat, nicht zu unterscheiden.

Im Gegensatz dazu ist die Zukunft noch nicht da: Ihr Werk hat noch nicht eingesetzt. Es wird genügend Zeit geben, sich mit ihr zu beschäftigen, wenn sie eintrifft. Obwohl ihr vorweggenommenes Eintreffen unsere Pläne formt und unser Verhalten determiniert, kann die Zukunft als solche in keiner Weise vorgreifen, um in irgendeiner Weise die Gegenwart zu beeinflussen.

Es scheint, wir haben nur die Gegenwart, mit der wir uns abgeben können; keine andere Zeit sei für uns real. Doch die Natur der gegenwärtigen Realität erweist sich als schwer spezifizierbar. Die erste Schwierigkeit ist die, daß wir die Dauer der Gegenwart nicht messen können. Eine konventionelle Auffassung geht davon aus, die Gegenwart dauere exakt einen Augenblick lang, der ende, sobald er entstehe, und dann im nächsten Augenblick wiedergeboren werde. Doch dies entspricht nicht unserer Erfahrung. Die Zeit in winzige Segmente zu zerlegen ist nicht die Art, wie wir unser Leben verbringen.

Vielleicht könnten wir versuchen, unser Gewahrsein für Zeit zu verfeinern, sie mikroskopischer zu machen, bis wir schließlich die Fähigkeit entwickelt haben, solche winzigen Zeit›atome‹ ausfindig zu machen. Doch stünden wir immer noch vor den Schwierigkeiten, die dem Versuch inhärent sind, ein solches Atom mit dem nächsten zu verbinden. Über welche Zeitbrücke hinweg wäre diese Verbindung zu schlagen?

Es gibt eine andere Betrachtungsweise der Gegenwart, die sich vielleicht als fruchtbarer erweisen mag. Zeit ist immer in Bewegung und widersetzt sich jeglichem Versuch, sie zum Stillstand zu bringen. Sie kommt und geht zugleich: indem die Zukunft entsteht, wird die Vergangenheit zurückgelassen. In der Gegenwart zu sein bedeutet, in dieses ständige Fließen – in diese Vergegenwärtigung – hineingesogen zu werden.

Dieses Fließen ist nicht strukturlos. Wofern die Gegenwart nicht in der ›Mitte‹ der Zeit lokalisiert ist, wird die Dynamik von Vergangenheit, Gegenwart und Zukunft keinen Sinn ergeben, und es wird nicht möglich sein, Erfahrung ›aufzuzeigen‹. Die Gegenwart umfängt die Vergangenheit und wirkt hinein in die Zukunft. Nur durch das Sicheinlassen auf dieses gegenwärtige Nebeneinander gibt es eine Grundlage, um die gegenwärtige Erfahrung als real zu behaupten.

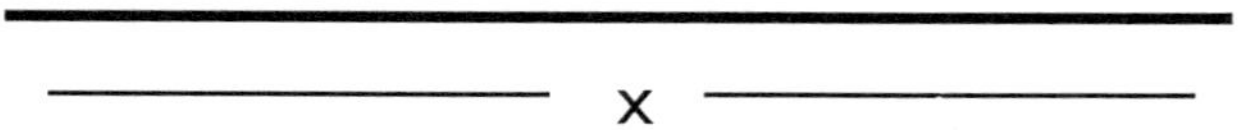

Dieses Modell läßt vermuten, daß die Gegenwart (der Punkt x auf dem Diagramm) keine eigenen Attribute und keine eigene Lokalisierung hat. Sie ist lediglich eine gleitende, aus dem Wechselspiel von Vergangenheit und Zukunft hervorgehende Positionierung, eine Markierung innerhalb des Fortgangs der Übertragung. Sie ist gar nicht wirklich ein spezifischer Augenblick in der Zeit, sondern eher der Zustand des ›Gegenwärtigseins‹.

Die Gegenwart als indeterminiert

Wir scheinen mit zwei verschiedenen Auffassungen von Gegenwart zu operieren. Einerseits ist die Gegenwart der zentrale Punkt der Erfahrung und in einer Weise ›real‹, in der Vergangenheit und Zukunft es nicht sind. Andererseits ist die Gegenwart eher scheinhaft als greifbar, eher ein Fließen als ein Ding. Sie bringt nichts zum Ursprung und besitzt keine eigene Realität. Durchtrennt man die Verbindung zwischen der Gegenwart einerseits und der Vergangenheit und der Zukunft andererseits, dann bleibt die Gegenwart – der scheinbare Ort der Wirklichkeit – leer zurück: ein schieres Loch.

Diesen beiden Alternativen können wir eine dritte hinzufügen. Es gibt Zeiten, zu denen wir die Gegenwart anscheinend als ein Konstrukt unserer Interessenlage ansehen, das in Umfang und Inhalt mit dem Brennpunkt unserer Aufmerksamkeit variiert. In dieser Perspektive könnte die Gegenwart ein paar Augenblicke dauern, doch könnte sie auch ganze Erdzeitalter umfassen. In gewisser Hinsicht nimmt diese Auffassung eine Mittelstellung zwischen den beiden anderen ein, denn sie spricht der Gegenwart zwar die ›Realität‹ des Gegenwärtigen zu, weist aber die Vorstellung zurück, dieses Gegenwärtige ließe sich in irgendeiner Weise spezifisch definieren, identifizieren oder situieren.

Diese dritte Alternative wirft überdies eine Reihe von Fragen auf, die an unserer konventionellen Auffassung von Zeitstruktur rütteln. Ist eine gleitende Gegenwart immer noch Anrainer der Vergangenheit, wie die gängigeren linearen Modelle dies nahelegen? Wenn ja, befindet sich die Vergangenheit unmittelbar ›hinter‹ ihr? Oder sollten wir eher sagen, daß jedesmal, wenn unsere sich wandelnden Interessen die Gegenwart in neuer Weise formen, auch die diese Gegenwart tragende Vergangenheit sich wandelt?

Wenn Interesse die Gegenwart formt, läßt sich das Bild eines linearen Übergangs zwischen Gegenwart und Zukunft nicht länger aufrechterhalten. Stattdessen gibt es nur eine Verschiebung von einer Gegenwart zur nächsten. Wie geht diese Verschiebung – sei sie allmählich oder plötzlich – vonstatten? Braucht sie für ihre Entfaltung Zeit? Wird mit der Verschiebung der Gegenwart auch die Zukunft verschoben? Wenn dies der Fall ist, behaupten wir dann zu Recht, daß die Zukunft einen anderen Aspekt der Zeit repräsentiert als die Gegenwart? Wäre es exakter, zu sagen, ›Zukunft‹ sei eine Benennungsweise für einen Einzelaspekt der Zeitdynamik?

Und bewegt eine sich verschiebende Gegenwart sich auf die Begegnung mit der unmittelbar ›vor‹ ihr befindlichen Zukunft zu? Wenn dem so ist, können wir dann sagen, wir reisten ›durch‹ die Zeit in Richtung Zukunft? Kommt ein Punkt, an dem wir wirklich am Rand der Gegenwart und am dichtesten an der Zukunft sind? Dies scheint kaum zutreffend, da die

Reise selber Zeit in Anspruch nehmen, nämlich sich durch Vergangenheit, Gegenwart und Zukunft entfalten müßte. Und wenn wir sich verschiebende Augenblicke innerhalb der sich verschiebenden Gegenwart ausmachen würden, ist sie dann noch die Gegenwart?

In der Gegenwart aktiv, projiziere, präsentiere, akzeptiere und interpretiere ich. Ich nehme dies oder jenes als den Hauptpunkt an und bewege mich dann weiter. Doch inmitten all dieser Geschäftigkeit weiß ich nicht wirklich, was die Gegenwart ist, in welcher Beziehung ich mich zu ihr befinde oder wie sie mit Vergangenheit und Zukunft verknüpft ist. Gegenwärtige Verknüpfungen und Übergänge, der Umfang der Gegenwart, selbst die Gegenwärtigkeit der Gegenwart: all dies ist ein Geheimnis.

Was wir wissen ist, daß auf irgendeiner Ebene und in irgendeiner Weise die Zeit vergeht; daß die Gegenwart zur Vergangenheit werden wird; daß unser Gedächtnis uns im Stich lassen wird; daß die Zeit, die als Gegenwart entsteht, sehr bald vergangen sein wird. Doch das ist Wissen von außen; Erkenntnis von Zeit als einem Phänomen, das wir beobachten, statt als einer Wahrheit, die wir leben. Können wir wirklich behaupten, die gegenwärtige Zeit durch ein solches Wissen zu erkennen, das nur im *Vorüber*gehen von Zeit Gestalt gewinnt?

KAPITEL 10

Protokolle vergangener Zeit

Um deutlicher zu begreifen, wie wir mit der gegenwärtigen Zeit in Beziehung stehen, wollen wir zur üblichen Verbildlichung der Zeit als einer geraden Linie zurückkehren. Oben haben wir gesehen, daß die Gegenwart im Rahmen dieses Bildes eine Grenze ist, die die Vergangenheit von der Zukunft trennt und dadurch dasjenige definiert, was sonst ein indeterminiertes Ganzes wäre. Zeit, so wie dieses Bild sie beschreibt, könnten wir mit einem Film vergleichen, der in die Kamera eingelegt wurde. Ein Teil ist bereits belichtet worden und harrt seiner Entwicklung; der andere ist noch unbelichtet und nicht verfügbar. Dazwischen befindet sich der Teil unter der Linse, der das Licht aufzeichnet, das bei der Öffnung des Verschlusses einfällt.

Dieses Bild ist jedoch irreführend. Wenn eine Filmrolle in eine Kamera eingelegt wurde, können wir problemlos feststellen, wieviel Film bereits belichtet wurde und wieviel noch für den späteren Gebrauch verfügbar bleibt. Dieses Modell der ›geraden Linie‹ gilt nicht für die Zeit, denn Vergangenheit und Zukunft sind von Natur aus asymmetrisch. Die Zukunft ist das Reich des Möglichen und insofern unbegrenzt; so wie wir sagen: »Alles Mögliche könnte geschehen.« Die Vergangenheit jedoch ist die *aufgezeichnete Realität* der Zeit und als aufgezeichnete notwendigerweise begrenzt.

Wir können das gleiche Argument anhand der Gegenwart formulieren. Die Vergangenheit ist die Vergangenheit für diese spezielle Gegenwart, eine Aufzeichnung, die jetzt wieder abgespielt wird. Indem sich die Gegenwart entfaltet, verleiht sie der Vergangenheit Gestalt. Im Gegensatz dazu gewinnt die Zukunft überhaupt niemals Gestalt. Sie tritt nie aus dem unbegrenzbaren Reich des Möglichen.

Als *Geschichte* ist die Vergangenheit intrinsisch in ihrer Extension beschränkt. Sobald die Gegenwart gegenwärtig ist, hat die Vergangenheit bereits Gestalt angenommen und läßt sich nicht mehr ändern oder ausdehnen. Doch dies ist nicht das ganze Bild. Indem unsere Sorgen und Interessen die gegenwärtige Erfahrung formen, wird die Vergangenheit entsprechend neu angeordnet. Wir könnten sagen, es gibt verschiedene ›Stammbäume‹ der Zeit, von denen jeder nach seiner spezifischen Natur und seinen Eigenschaften aufgezeichnet ist; jeder leistet Übertragung; jeder speist sich aktiv in die Gegenwart ein, um der Gegenwart ihre spezifische Gestalt zu verleihen.

Diese Vorstellung ausdifferenzierter Vergangenheiten hat einen weiten Anwendungsbereich. Die Vergangenheit dient als *Bezugspunkt* für die Gegenwart, und die Gegenwart reicht zurück, um ihre Vergangenheit zu formen. Ein Stammbaum von zuvor entstandenen Umständen verweist in spezifischer Weise voraus und überträgt dabei innerhalb eines ausgemessenen Kontinuums Möglichkeiten. Die Gegenwart ist das Abspielen und Ausspielen dessen, was zuvor in dieser Weise aufgezeichnet und übertragen worden ist.

Der naheliegende Einwand gegen diese Betrachtungsweise besteht darin, darauf zu verweisen, unsere Interessen und Sorgen seien subjektiv, wohingegen die Zeit objektiv sei. ›Objektiv‹ betrachtet ist die Vergangenheit das Gesamt alles dessen, was bis zum jetzigen Augenblick geschehen ist. Wenn es uns auch freisteht, variierende Zusammenstellungen bestimmender Faktoren als die Geschichte dieses Augenblicks auszuwählen, hat dieser ›historische‹ Zugang doch keinerlei Einfluß auf die Realität der Zeit, genau so wenig wie meine ›gegenwärtige Erfahrung‹ die Totalität dessen definiert, was ›gerade jetzt‹ geschieht.

Doch statt diese scharfe Trennung zwischen Subjektivem und Objektivem zu akzeptieren, können wir vielleicht nach einer Perspektive suchen, die beides umfaßt. Wir könnten zum Beispiel die Vergangenheit von Objekten einerseits und die Vergangenheit des erfahrenden Selbst andererseits unterscheiden. Als Objekt betrachtet hat das Selbst Anteil an der Vergangenheit der Objekte; als Objekte für ein Subjekt betrachtet, können physische Entitäten an der Vergangenheit des Selbst Anteil haben. Doch solange Subjekte und Objekte in ihrer jeweiligen eigenen Sphäre verharren dürfen, werden sie die Vergangenheit unterschiedlich verkörpern. Wir könnten sogar sagen, daß dieser Unterschied die Differenz zwischen subjektiver und objektiver Sphäre definiert.

Sobald wir beide dieser Möglichkeiten zulassen, läßt sich die schlichte Unterscheidung zwischen dem Subjektiven und dem Objektiven nicht mehr so einfach aufrechterhalten. Auf der objektiven Ebene können wir zum Beispiel die Vergangenheit dieses Augenblicks mit der Vergangenheit des ihm folgenden Augenblicks vergleichen. Beide werden eindeutig unterschiedlich sein, denn jeder wird durch den Stammbaum aller voraufgegangenen Augenblicke geprägt. Doch dieselbe Analyse gilt auch, wenn wir zwei ›gleichzeitige‹ Ereignisse betrachten, die unverbunden scheinen. Auch hier haben wir verschiedene Geschehnisse, die in verschiedener Weise spezifiziert wurden. Auch hier hat jedes Ereignis seine eigene Vergangenheit, die sich auf einen Anfangspunkt und einen anschließenden Entfaltungsprozeß zurückbeziehen läßt.

In diesem Sinne ist es also irreführend, von der objektiven Vergangenheit zu sprechen als von ›allem, was jemals geschehen ist‹. Diese ›Vergangenheit als Totalität‹ ist ein Konstrukt: der hypothetische Bezugspunkt für die hypothetische Entität ›alles, was es gibt‹. Obwohl die augenblicklich operierende Logik es leicht macht, eine solche Entität zu spezifizieren, fällt es schwer, zu sehen, wie sie jemals zu erfassen wäre. Die Gegenwart, wie wir sie erfahren, gewinnt ganz anders Gestalt:

nicht als konstruierte Totalität, sondern als eine konkrete Gegebenheit mit ihrem eigenen definierenden Stammbaum oder ihren Stammbäumen.

Spezifik der Gegenwart

Wir wollen versuchen, einen Punkt in der Zeit zu isolieren, um ihn detaillierter zu untersuchen. Diesem Zweck wird es nicht genügen, ›die Gegenwart‹ zum Objekt unserer Erforschung zu wählen. Die Gegenwart gewinnt nur in Bezug auf ihre Vergangenheit Gestalt und läßt sich insofern nicht in der von uns geforderten Weise vom Fluß der Zeit isolieren. Nehmen wir stattdessen als unseren Bezugspunkt den Augenblick am Anfang der Zeit. Dabei sind wir nicht genötigt, uns darauf festzulegen, ob die Zeit ›wirklich‹ einen Anfang hatte oder nicht; wir wählen diesen Punkt nur, weil er als Punkt ›am Anfang‹ für sich alleine stehen kann.

Um auf diesen ersten Augenblick zu verweisen, müssen wir ihn identifizieren können. Die gängige Auffassung geht davon aus, daß dieser Akt des Identifizierens seinerseits mehrere Aspekte aufweist. Die Identität muß zugewiesen und dann aufgezeichnet werden: ›aufgenommen‹ und der Gegenwart ›weitergereicht‹ werden in einer Form, die es uns ermöglicht, sie unsererseits aufzunehmen.

Wenn wir einen ersten aufgezeichneten Augenblick bezeichnen, bringt uns dies auch in Abhängigkeit von der Reihe der Augenblicke zwischen jenem Augenblick und dem gegenwärtigen, in dem (näherungsweise ausgedrückt) der Akt des Bezeichnens stattfindet. Diese dazwischentretende Sequenz ist das, was wir für gewöhnlich als objektive Zeit betrachten: ein Medium, das ›weiterreicht‹, was aufgenommen und aufgezeichnet wurde, so daß es schließlich in dem für das Aufzeichnen charakteristisch scheinenden Rhythmus abermals ›aufgenommen‹ werden kann. Nach konventionellem Verständnis tragen aufeinanderfolgende Augenblicke der Zeit den von vorangegangenen Augenblicken überlieferten Stammbaum weiter, bis im Ablauf der Zeit der gegenwärtige Augenblick eintrifft.

Jetzt bedarf es jedoch einer kritischen Prüfung. Wir können zwar einen ersten Augenblick identifizieren und seine Übertragung unterstellen; ist es indes zulässig, uns in gleicher Weise auf den gegenwärtigen Augenblick zu beziehen? Wir haben bereits gesehen, daß die Gegenwart nicht von ihrer Vergangenheit und ihrer Zukunft zu trennen ist; jetzt können wir diese Schwierigkeit anhand des Begriffs der Identität neu formulieren. Um zu verweisen, müssen wir identifizieren, doch welche Identität können wir der Gegenwart beilegen? ›Wo‹ oder ›wann‹ in der Zeit ist sie lokalisiert? Können wir, um sie überhaupt zu bezeichnen, mehr tun als unsere Anwesenheit in ihr festzustellen?

Die natürliche Antwort wäre die, daß der gegenwärtige Augenblick sich durch seinen einmaligen Inhalt identifizieren läßt. Doch diese Auskunft ist irreführend, denn die ›Gegenwärtigkeit‹ der Gegenwart hängt von meiner gegenwärtigen Anwesenheit ›in‹ ihr ab, und diese hat mit dem ›objektiven‹ Inhalt des Augenblicks überhaupt nichts zu tun. Wenn der nächste Augenblick kommt und sein Inhalt ein vollständig anderer geworden ist, werde ich auch in jenem Augenblick anwesend sein.

Zwar läßt sich meine gegenwärtige Anwesenheit mit anderen, in diesem Augenblick geschehenden Ereignissen korrelieren. Doch dies zeigt lediglich an, daß ich in objektiver Zeit in ›objektartiger‹ Weise durch mich selbst oder durch einen außenstehenden Beobachter situierbar bin. Eine solche Positioniertheit hat indessen mit meiner Position als bleibender Bewohner einer sich fortwährend verschiebenden Gegenwart nichts zu tun.

Es scheint keine Möglichkeit zu geben, den gegenwärtigen Augenblick zu identifizieren, ohne auf seinen Inhalt zu verweisen. Doch indem wir diesen Standpunkt einnehmen, wenden wir uns tatsächlich von der ›Gegenwärtigkeit‹ des Augenblicks ab. *In dem Augenblick, in dem wir die Gegenwart spezifizieren, machen wir sie zur Vergangenheit.*

Unsere Analyse führt also zu einem überraschenden Resultat. Wir beginnen bei unserem gewählten Bezugspunkt am Anfang der Zeit, strecken uns über die sich hinziehende Länge der Zeit hinweg und suchen den Augenblick, der der unsere ist: den gegenwärtigen Augenblick ›hier und jetzt‹. Doch sobald wir uns anheischig machen, einen Kandidaten zu identifizieren und zu untersuchen, finden wir nichts anderes als weitere aufgezeichnete Augenblicke vergangener Zeit – einen nach dem anderen, und sie sie erstrecken sich in größere Ferne, als unser Zugriff je umfassen kann.

Die Schlußfolgerung aus dieser Analyse können wir folgendermaßen formulieren: Wenn Zeit aus Augenblicken besteht, die einer nach dem anderen entstehen und von denen jeder durch den Stammbaum der ihm vorausgegangenen Augenblicke spezifiziert und jeder seinerseits aufgezeichnet ist, dann ist *die gesamte Zeit vergangene Zeit.* Zeit in der Dynamik ihres Entstehens ist unverfügbar – von Urbeginn an fort.

Diese eher schockierende Auffassung wird von der Erfahrung gestützt. Obwohl wir es als Selbstverständlichkeit ansehen, daß wir in der Gegenwart leben, ist das, was wir bei jedem Versuch, die Gegenwart zu ergreifen, sie zu erfassen, damit wir auf sie reagieren können, tatsächlich entdecken, die unmittelbare Vergangenheit. Als Gegenstand der Erforschung oder der Erkenntnis ist die Vergangenheit uns auf unmittelbarere Weise zugänglich, als es die Gegenwart je sein wird.

Wir können diese Schlußfolgerung mit unserer früheren Analyse in Verbindung setzen. Der aktuelle Augenblick läßt sich zurückverfolgen auf ein Kontinuum von ›von‹ und ›zu‹, das letztendlich zu einem Anfangspunkt führt, einem »Es war einmal«. Was jetzt erscheint, ist das ›Abspielen‹ dessen, was im Verlauf dieses Kontinuums aufgezeichnet wurde; das ›Ausspielen‹ eines Impulsmoments. Wir könnten sogar spekulieren, daß es dieser sich beschleunigende, gegen den Grenzwert Unendlich strebende Impulsmoment ›durch‹ die Zeit ist, der in der Manifestation dessen resultiert, was wir als real annehmen.

Zu sagen, alle Zeit sei vergangene Zeit, bedeutet natürlich nicht, daß das, was in der Zukunft geschehen wird, bereits geschehen sei. Dies zu sagen würde einfach nur dem widersprechen, was wir meinen, wenn wir von der Zukunft sprechen. In ihrer Essenz jedoch sind zukünftige Augenblicke – der Teil der metaphorischen Zeitlinie, der ›nach‹ der Gegenwart kommt – von vergangenen Augenblicken nicht zu trennen. Sie sind das Sich-Ausspielen der Vergangenheit. Wir könnten es so formulieren: Obwohl das, was jetzt erscheint oder in der Zukunft erscheinen wird, noch nicht vergangen ist, ist es bereits ›vorvergangen‹.

Leben in der Vergangenheit

Die Gegenwart als geformt von der ›Vergangenhaftigkeit‹ der Zeit ist kein hypothetisches Konstrukt. Gefangen in Identität, definierend und zuweisend, aufzeichnend und abspielend gründen wir unser Leben auf diese ›Vergangenhaftigkeit‹. Während wir aufeinanderfolgende Segmente von Zeit besetzen, betreiben wir die Umsetzung einer vorab festgelegten Identität, die von dem geformt ist, was schon ›vorvergangen‹ ist. Als Bewohner der Vergangenheit können wir nur das aufnehmen, was uns überliefert wurde. Wir sind wie ein bereits dirigiertes Musikstück: es besteht keine Chance, neu zu handeln oder neu zu schöpfen. Die Zeit ist über uns hinweggegangen.

Hineingeboren in eine Identität, in die wir mit der Zeit hineinwachsen, sind wir zunächst ahnungslos, in welchem Grade unsere Möglichkeiten von vornherein prädeterminiert sind. In dem Maße, wie unser Leben sich entfaltet, durchbrechen wir allmählich diese Ahnungslosigkeit. Wenn wir wollen, können wir unsere Konditioniertheit sehen, aber meist weichen wir dem aus, denn sie ist keine Wahrheit, die wir uns gerne eingestehen.

Jeder von uns erfährt sein Gegenwärtigsein in einer Weise, die über die Vergangenheit hinausgeht; jeder von uns fühlt sich frei zu entscheiden, welchen Weg er einschlagen will. Doch solange wir in Identität verstrickt sind, sind solche Wahrnehmungen unvollständig. Wir sind wie jemand, der in einer mondlosen Nacht auf einem Pfad unterwegs ist, der an der Kante einer steilen Klippe vorbeiführt. Höchst bedächtig und mit äußerster Achtsamkeit konzentrieren wir uns auf den jeweils nächsten Schritt und halten diesen Schritt für unsere einzige Wirklichkeit. Dabei ist der Weg, der uns führt, auf seiner ganzen Strecke vorgebahnt.

Die ›Vergangenhaftigkeit‹ einer Zeit, die schon ›vorvergangen‹ ist, ist untrennbar von unserer Verpflichtung auf eine objektive Welt. Indem wir an die Identitäten glauben, die wir zuweisen, verlassen wir uns darauf, daß sie Bedeutung verleihen. Wir erzählen die vergangenheitszentrierten Geschichten, die diese Identitäten bestätigen; wir spielen die Rolle des Zeugen, indem wir das Aufgezeichnete bestätigen und es weiterreichen. Die Dynamik einer indeterminierten Zukunft weicht den Strukturen des vorab Aufgezeichneten. Ohne uns völlig des Geschehenden bewußt zu sein, affirmieren wir eine Welt ohne Freiheit und ohne Wahl und untergraben so unsere Macht, aus unserem Leben das zu machen, was wir daraus zu machen wünschen.

Akkumulation und Intensität

Indem wir Identität affirmieren, übernehmen wir bereitwillig alte Muster, die gesammelt und auf uns übertragen wurden. Unsere Gedanken und unsere Sinneserfahrung, unsere Emotionen und Stimmungen vereinigen sich und erzeugen diese Vorprogrammierungen in Anpassung an die Gegenwartssituation. Ideen, Konzepte und Identitäten, die zuerst in anderen Epochen oder Umständen formuliert wurden, prägen unsere eigenen Interpretationen, sogar unsere Gefühle. Sehr wenig gibt es in unserem Leben, das sich nicht durch solch einen Stammbaum von Kennzeichen oder Eigenschaften oder Ereignissen zurückverfolgen ließe, der durch das Wirken der Kultur, die Umstände und unsere persönliche Geschichte Gestalt angenommen hat.

Indem die Vergangenheit sich Schicht um Schicht anlagert, übt ihr Gewicht einen immer stärkeren Druck auf die Gegenwart aus. Obwohl wir unsere Erinnerungen vergessen und revidieren, sind dennoch, ob wir uns dessen bewußt sind oder nicht, Muster weiterhin wirksam und nehmen an Dichte und Menge zu. Schließlich widerfährt der Erfahrung eine qualitative Veränderung. Die sich unentwegt entfaltenden Sequenzen bewegen sich in Richtung zunehmender Dimensionalisierung: der mannigfaltigen Verkündung dessen, was aufgezeichnet worden ist.

Solch ein wuchernder Prozeß erlaubt es, daß bestimmte Arten von Wissen sich akkumulieren und an Komplexität zunehmen und so mit der Zeit zunehmend fruchtbarer werden. Die Technik schreitet in dieser Weise fort, indem sie sich manchmal durch Zuwachs und Anlagerung fortentwickelt und ein andermal sprunghaft vorwärtsbewegt, wenn alte Mustergefüge sich plötzlich auflösen und in unerwarteter Weise neu ordnen.

Doch viel von dem, was sich ansammelt, hat keine offensichtliche Richtung oder Bedeutung außer dem anscheinend blinden Vorwärtsdrängen der linearen Zeit als solcher. Es ergeben sich ganz einfach nur mehr Namen, mehr Bilder, mehr Wörter, mehr Konzepte. Es ist mehr zu verkraften und zu beachten, mehr zu steuern, mehr zu absorbieren und zu verarbeiten. Indem die Zugangsmöglichkeiten sich potenzieren, spiegeln die Ereignisse Bilder hinein in Gedanken, und die Übertragung setzt sich fort.

Die Erfahrung, diesen ausufernden, wuchernden Übertragungsvorgang zu leisten, kann fast ein Gefühl überwältigender Betäubung in uns auslösen. Wir spüren das Gewicht der Zeit, das auf uns lastet und das wirksam wird in den Verpflichtungen der Alltagsrealität und in der Verdunkelung, die unser Verstehen trübt. Zeit, die sehr stark dimensioniert wurde, übt einen fast greifbaren Druck aus, der unser Leben, unsere Situation und die Wiederholungsmuster unserer Gedanken durchdringt. Die Produktion neuer Stimuli übersteigt bei weitem unsere Fähigkeit, sie zu konsumieren.

Wenn die vergangenheitszentrierten Identitäten jedes einzelnen Augenblicks unsere gegenwärtigen Reaktionen prägen, entsteht Emotionalität. Der Geist, der sich der multiplen Komplexität der ›Vergangenhaftigkeit‹ aussetzt, treibt in eine Art Neurose. Innerlich kann es zu heftigen Reaktionen kommen: zu ausgeprägter Abgestumpftheit, zu Depression oder Apathie; zu willkürlicher Blindheit oder Gefühlen der Leere. Äußerlich kommt es zu plötzlichen Umbrüchen im Charakter der Zeit und dem Spiel der Umstände.

Heute leben wir in einer Ära, in der solche Tendenzen, für jeden deutlich sichtbar, in den Vordergrund getreten sind. Entwicklungslinien, die sich historisch akkumuliert haben, kommen zusammen. Wie Bäche, die sich zu einem Fluß vereinigen, speisen sie die Kraft der Strömung der Zeit, bis sie außer Kontrolle zu geraten droht.

Nein zu Alternativen

Welche Alternative haben wir zu solchen Mustern? Schwerlich können wir die Gegenwart zugunsten der Zukunft oder der Vergangenheit aufgeben. Im einen Fall wären wir nie geboren worden; im anderen wären wir bereits gestorben. Wir können uns auch nicht an die Gegenwart unserer eigenen gegenwärtigen Identität klammern und unsere Unabhängigkeit von der Vergangenheit und unsere Gleichgültigkeit gegenüber der Zukunft proklamieren. Zwischen der ungeborenen Zukunft und der entschwundenen Vergangenheit hat der Übergang keinen Bestand. Eine Gegenwart, die nicht aus der Vergangenheit Gestalt gewinnt, bleibt immer ein Phantom; eine Gegenwart, die die Zukunft nicht betreten kann, entlarvt sich immer als Leiche. Selbst wenn wir auf irgendeine Weise eine solche Gegenwart erreichen könnten, wären wir ohne jede Erkenntnis, ohne jede Lebendigkeit, ja sogar ohne jegliches Sein.

Um zu sein und Lebendigkeit zu entfalten, muß ich mit der vollen Dynamik der Zeit Verbindung aufnehmen. Aus der Vergangenheit auf die Zukunft zukommen, die Vergangenheit ziehen lassen, um sich der Zukunft zu öffnen: In der vitalen ›Hierheit‹ des Aktuellen impliziere ich Vergangenheit und Zukunft gleichermaßen, die beide mit mir ›hier‹ sind. So wie ein Stock nicht Punkt für Punkt von Augenblick zu Augenblick erscheinen kann, so kann die Gegenwart nicht selbstentstehend und nicht selbsterhaltend sein. Wenn wir den gegenwärtigen Augenblick als real seiend und nicht nur als flüchtigen Gedanken oder Bild erleben, dann stützen wir uns auf dieses Gefühl zeitlicher Einheit. In unserem Gegenwärtigsein implizieren wir die Vergangenheit als Quelle und die Zukunft als Bestimmung.

Die Erfahrung erzählt uns höchst beredt, wir seien lebendig, vital, aktiv und verantwortlich, und wir finden diese Geschichte überzeugend. Doch die Geschichte selbst ließe sich als eine vorab von der verflossenen Zeit verfaßte Erzählung oder vielleicht als ein von der künftigen Zeit dargebotenes fortwährendes Schauspiel auffassen. Trotz unseres Gefühls, wir gäben unseren vollen Einsatz, haben wir die mächtige zeitliche Dynamik der Einheit innerhalb der Mannigfaltigkeit auf die geistlose Weiterprojektion der Vergangenheit reduziert. Lauschen wir mit Achtsamkeit für das ›Vorvergehen‹ der Zeit, dann tönen unsere Ansprüche auf Unabhängigkeit hohl. In ihren Widerhall durch den Korridor, der zwischen Vergangenheit und Zukunft verläuft, mischen sich Klänge der Hilflosigkeit und der Ausgesetztheit.

In diesem lautlosen Kampf um das Wesen der Zeit geht es um nichts Geringeres als um die Frage, ob wir wirklich lebendig sind. Die Protokolle der Vergangenheit haben uns keine Lebendigkeit anzubieten, doch scheinen uns keine Alternativen zur Verfügung zu stehen. Es ist, als hätten wir unser Leben auf eine Unmöglichkeit aufgebaut in dem Anspruch, aus dem, was schon entschwunden ist, Leben zu schöpfen. Jeden Tag und jeden Augenblick vollbringen wir das fortwährende Wunder, das Unmögliche möglich zu machen. Doch tief im Innern regt sich quälend der Verdacht, daß das ›Wunder‹ in Wahrheit ein Taschenspielertrick ist; daß die Behauptungen, auf die wir unser Leben gründen, zutiefst unecht, ja betrügerisch sind.

Zwar trifft es zu, daß die ›Vergangenhaftigkeit‹ der Zeit uns nur solange bindet, wie wir auf Position und Territorialität beharren; auf unseren eigenen Platz. Doch sind wir bereit dazu, von diesen Ansprüchen abzulassen? Wir haben gesehen, daß uns eine Infra-zero-Dimensionalität zur Verfügung steht: gegründet in ununterbrechbarer Offenheit. Doch fürs erste scheinen solche Alternativen außer Reichweite. Wir haben unser Leben auf die Karte unserer Identität gesetzt; haben alles, was wir sind, darin investiert. Sind wir willens, unsere Position als Zeuge und Eigner aufzugeben – als der, der beansprucht und verkündet, was entsteht?

Könnten wir durch die Wahrheiten der objektiven Zeit und der substantiellen Realität hindurchschauen, dann hätten wir möglicherweise einigen Grund für die Bereitschaft, von neuem anzufangen. Doch wer von uns hat wirklich gelernt, die objektive Ordnung der Dinge zu durchdringen? Vielleicht verkünden wir Theorien, die eine größere Freiheit zulassen; vielleicht haben wir ein Gefühl dafür, daß wir in anderer Weise ansprechbar und auf neue Weise erkenntnisfähig sein könnten. Doch solange unsere Verpflichtung auf das, was ist, ungebrochen bleibt, steht Nicht-Identität überhaupt nicht zur Wahl.

KAPITEL 11

Der Zukunftsinfinitiv

Wir alle können uns an Situationen erinnern, in denen die Energie der Zeit sich beinahe mit Händen greifen ließ. Vielleicht waren wir mit einer Notsituation konfrontiert oder wir entdeckten, daß unser Herz überquoll vor großer Freude oder vor tiefem Kummer. Vielleicht hatten wir eine plötzliche Vorahnung des Todes: das Bewußtsein davon, daß dieser Körper eines Tages aufhören würde zu funktionieren. Solche Augenblicke kamen vielleicht zu einer Zeit, in der viele Menschen intensiv auf einen Termin oder ein bestimmtes Ziel hinarbeiteten und dabei plötzlich feststellten, daß ihre Angst oder ihre Anspannung einem fast überwältigenden Gefühl von Lebendigkeit wich.

Solche Zeiten der Vitalität offenbaren den Impulsmoment der Zeit als einer vorwärtsdrängenden, treibenden Präsenz. Wenn wir wachwerden für diesen Impulsmoment, dann wird die Erfahrung zu etwas, das mit dem, was wir gewöhnlich als Erfahrung bezeichnen, wenig zu tun hat. Das Wechselspiel identifizierter Entitäten verschwindet und an ihre Stelle treten wechselnde Formen in ununterbrochener Präsentation.

Ein Weg, eine solche Erfahrung in unser Leben einzuladen, besteht darin, uns auf die ungeformten Möglichkeiten der Zukunft zu konzentrieren. Gegenwärtig bewohnen wir eine Ordnung der Zeit, deren Regeln Vergangenheit, Gegenwart und Zukunft als lineare Unterteilungen der Zeit festlegen und sie in solcher Weise zur Wechselwirkung bringen, daß sie die

Vergangenheit bestätigen und so das Reale begründen. Doch *in der Zukunft* ist diese Begründung unbegründet. Das Mögliche ›beharrt‹ als Mögliches; es ›tritt nicht ins Dasein‹. Das, was erscheint, gewinnt nie Substanz und unterwirft sich nie der Identifizierung. Obwohl Form entsteht, bleibt sie für immer undeterminiert. Da Identität nicht Gestalt gewinnt, gibt es nichts, was zu etablieren wäre. Möglichkeit und Potentialität dominieren ›für alle Zeit‹. Sogar ›immer‹ und ›nie‹ sind Konstrukte: Die Zukunft ›geht weiter‹, ohne solcher Bezugspunkte zu bedürfen.

Unsere gegenwärtige Tendenz geht dahin, die Zukunft als Fortschreibung der vorab aufgezeichneten Strukturen der Vergangenheit aufzufassen. Da wir in diesen Strukturen verankert sind, erwarten wir, daß das, was sich in der Zukunft entfaltet, mit wohl etablierten und als authentisch erwiesenen kausalen Mustern in Einklang stehen wird. Dementsprechend machen wir Pläne und Voraussagen und sind denn auch keineswegs überrascht, daß diese Voraussagen im allgemeinen in Erfüllung gehen.

Die Vergangenheit überträgt die Kenntnis dessen, was aufgezeichnet und gestaltet wurde: die selbstbezügliche ›Substanz‹ der Erscheinung, wie sie in der Zeit hinausprojiziert wird. Dieses vorwärts gerichtete Verweisen ›stellt die Zukunft in Rechnung‹: sie bemißt Wahrscheinlichkeiten im Sinne von Beschreibung und Unterscheidung, Substanz und Trennung. Während die Aufzeichnung sich abspielt, wird die Projektion bestätigt und von neuem bekräftigt. Nach dem ordnungsgemäßen Gang der Dinge wird diese vorab aufgezeichnete Zukunft – die Vorwärtsprojektion des Voraufgegangenen – tatsächlich zur Vergangenheit. Wir haben das fortwährende ›Vorvergehen‹ der Zeit erfolgreich vorweggenommen.

Wenn wir unsere gegenwärtige Situation auf Erfahrungen beziehen, die ›vor‹ uns in der Zukunft liegen, passen wir uns den Strukturen der Vergangenheit an. Erst wählen wir einen ›vor uns‹ in der Zeit liegenden Punkt aus, dann messen wir den Abstand zu diesem Punkt, und dann reagieren wir auf diesen situierten Punkt. Wir erzeugen den Eindruck, wir seien in einer spezifische Richtung unterwegs und betrachten diese Gerichtetheit als das Wesen der Zukunft.

Doch diese konstruierte Zukunft hat wenig zu tun mit der Zukunft als der transitorischen Unbestimmtheit der Zeit: mit ihrem Zukunftsinfinitiv. Die als ›vor uns‹ lokalisierte Zukunft, die entlang linearer Kraftlinien vorwärtsprojiziert wird, ist nicht dieselbe wie die Zukunft, die niemals eintreffen und insofern niemals beengen wird. In diesem ›Niemals-Eintreffen‹ der Zukunft machen sich die Dynamik und die Kraft der Zeit verfügbar.

Im Sinne von ›Vergangenhaftigkeit‹ betrachtet, scheint es eine Binsenweisheit, daß die Zukunft im Lauf der Zeit zur Vergangenheit werden wird: Wie könnte es anders sein? Doch innerhalb des Zukunftsinfinitivs ist es ›immer‹ anders. Die Zukunft wird nie zur Vergangenheit werden; sie wird niemals überhaupt Gestalt annehmen. Während die Vergangenheit die Gegenwart determiniert und die Zukunft im Einklang mit den Strukturen der Kausalität projiziert, ist die Zukunft frei von kausalen Verknüpfungen. Nichts ist bislang entstanden noch wird jemals etwas entstehen. Es gibt keinerlei Muster, die etabliert wären, keine Sequenzen, die abgespielt werden müssen, und es besteht keine Aussicht, daß solche Strukturen jemals ins Dasein treten werden.

Ganz gleich, wie fest wir auch an die Vergangenheit geknüpft sind, die Zukunft bleibt doch als eine gegenwärtige Möglichkeit für das Sein verfügbar. Ohne sie wäre der Augenblick ein totgeborenes Kind; ohne sie könnten wir nicht leben. Als lebende Wesen mit einer realen Existenz können wir nicht dort hingehen, wo wir nicht sein können.

Um uns unmittelbar auf die Zukunft einzulassen, können wir üben, mit einer Wissensweise auf sie zuzukommen, die ihrem unausgesetzten Werden angemessen ist. Das heißt, wir können uns jedem Augenblick mit einem aktiven Nicht-Wissen nähern, in dem Bewußtsein, daß es nichts zu wissen gibt. Wenn wir wirklich darauf vertrauen, daß ›was auch immer geschehen kann‹, dann werden wir entdecken, daß die Zukunft eine machtvolle neue Dynamik für Erkenntnis aktiviert. Weil sie niemals ins Sein gelangt, eröffnet sie unermeßliche Gelegenheiten – nicht für ›später‹, sondern ›gerade jetzt‹, im Herzen einer Zeit, die nicht länger in Begriffen der Linearität aufgefaßt wird.

Die Übertragung von Wissen

Wenn Zeit nach Maßgabe dessen, was die Vergangenheit aufzeichnet, vollständig ausgemessen wurde, dann ist die Zukunft das, was unausgemessen bleibt: die ›Dimension‹ der Zeit, die nicht dimensionierbar ist. Im Licht dieses schrankenlosen ›Zukunftsinfinitivs‹ betrachtet, schrumpft das Gesamt der Vergangenheit – ihre gewichtige Entfaltung über die Dauer der aufgezeichneten Zeit – zur Bedeutungslosigkeit zusammen. Wenn die Zukunft unendlich und ungegründet ist, dann bleibt die Subtraktion der Vergangenheit ohne Einfluß. Auch wenn diese Subtraktion vorgenommen wurde, bleibt die Zukunft gleichwohl unendlich.

Aus der Perspektive der Zukunft hat die Vergangenheit keine Existenz. Die Punkte, die sie festlegt, die Augenblicke, die sie aufzeichnet, die Identitäten, auf die sie verweist und die sie projiziert, sind niemals ins Dasein getreten. In der Zukunft bleibt alles offen, in einer Dynamik, die unumschränkt bleibt und sich insofern nicht ausschließen läßt.

Die Dynamik der Zukunft schließt sogar Prozeßhaftes aus. Es gibt in ihr ›Entstehen‹ nur als den Ausdruck einer Dynamik, in der es nichts gibt, was entstehen könnte. ›Das, was ist‹, entsteht in all seiner Besonderheit, doch gibt es ein ›Hindurchschauen‹, als wären die wohlbegründeten konventionellen Strukturen von Vergangenheit, Gegenwart und Zukunft transparent geworden.

Dieses ›Hindurchschauen‹ ist ein Wissen ›von Seiten‹ der Zukunft. Da die Zukunft nicht länger eine weiße, im Rückbezug auf die Vergangenheit zu füllende Leinwand ist, tritt sie zutage als die Sphäre von Möglichkeit und Freiheit – ein schrankenloses Öffnen, verfügbar jetzt, verfügbar innerhalb spezifischer Umstände –, präzise und bestimmt und gleichwohl völlig indeterminiert.

Nach vorn übertragen, indem sie aus der Vergangenheit Gestalt gewinnt, überträgt die Zukunft zurück, indem sie der Gegenwart Gegenwärtigkeit verleiht. Doch weder durch die Formen, die die Vergangenheit anreicht, noch durch die Reaktionen auf diese Formen macht die Zukunft sich verfügbar. Indem wechselnde Szenen oder Bilder erscheinen, die sich aus verschiedenen Stammbäumen speisen und entsprechende Reaktionen einladen, gibt die Zukunft der Gegenwart Lebendigkeit. Sie gewährt fortwährend die Gabe des Seins, und in unserer Macht steht es, sie anzunehmen.

Auf der Kante der Gegenwart balancierend, bereit, die Zukunft und das, was sie zu bieten hat, willkommen zu heißen, machen wir vielleicht die Entdeckung, daß wir den Augenblick, in dem die Zukunft eintrifft, nicht exakt identifizieren noch den Transit der Zeit unmittelbar erkennen können. Doch Präzision im üblichen Sinne ist gar nicht verlangt. Wenn wir erwachen für die Dynamik der Zeit in ihrer Fülle und in ihrem Reichtum, dann sind wir uns vielleicht nicht einmal sicher, ob die Zeit Augenblicke oder Übergänge oder andere zu spezifizierende Qualitäten hat. In der Zukunft bietet ein gewaltiges Geheimnis ein unbekanntes Wissen.

Ohne jemals Gestalt anzunehmen, manifestiert sich die ungebundene Dynamik der Zukunft im Nicht-Entstehen von Hemmnissen, die das ›In-die-Gegenwart-Kommen‹ von Ereignissen in der Zeit beeinträchtigen könnten. Zeit präsentiert Erfahrung in perfekter Neutralität und erlaubt dabei schrankenlose Möglichkeiten einschließlich derer, die unsere höchsten Zielsetzungen ausdrücken. Durch die Verfügbarkeit der Zukunft gibt es keine Unterbrechung oder Diskontinuität, keinen Widerstand, der zu überwinden wäre, kein Hinhalten und kein Hemmnis.

Wir haben es gelernt, dieses ununterbundene Gegenwartsentstehen als etwas für das Sein Natürliches aufzufassen. Können wir uns stattdessen erlauben, für diese Gabe der Zeit Dankbarkeit zu empfinden? Wenn ja, dann können wir in dieser fortwährenden, unhinterfragten Dynamik ein Tor zum Zukunftsinfinitiv entdecken.

Die Weitergabe von Wissen

Statt daß die Zukunft auf irgendeine Weise Substanz an die Gegenwart weitergäbe, nährt sie die Gegenwart durch ihr Kommen. Obwohl dieses ›Kommen‹ niemals eintrifft, trägt seine Dynamik bei zu dem aufgeladenen ›Feld‹, innerhalb dessen die Lebendigkeit der gegenwärtigen Erfahrung sich entfalten kann.

Die Zukunft ›geht immer weiter‹: zum einen, weil sie ständig auf uns zukommt; zum andern, weil sie sich immer weiter erstreckt, so daß immer ›noch mehr‹ Zukunft verfügbar ist. In diesem ›fortwährenden Eintreffen‹ präsentiert die Zukunft die Bewegung der Zeit, die dergestalt strukturiert ist, daß *diese* Erfahrung immer auf die *nächste* Erfahrung vorausweist.

Als Bild für diese Dynamik könnten wir das klassische mathematische Zeichen für Unendlich benutzen. Wenn wir

$$\infty$$

den Punkt, an dem die Linie sich selbst schneidet, als Repräsentanten der Gegenwart auffassen, dann suggeriert dieses Bild eine Perspektive, in der die gegenwärtige Erfahrung eine gleitende Konfiguration von Energie oder von Wahrscheinlichkeiten ist, die zwischen den beiden Sphären, Vergangenheit und Zukunft, hin und her übertragen werden. Sie ist der Kreuzungspunkt in einer indeterminierten Lebendigkeit.

Dieses Bild sollte nicht als statisch aufgefaßt werden. Worauf es ankommt, ist die fluktuierende Konfiguration, nicht die spezielle Form, die sie annimmt. Selbst die als Vergangenheit und Zukunft bezeichneten Bereiche lassen sich besser als Teile dieser Konfiguration auffassen; auch sie könnten ›zu jeder Zeit‹ eine völlig andere Erscheinung annehmen. In einer Hinsicht betritt die Zukunft dieses Bild als eine Polarität innerhalb des Ganzen, doch in einer anderen läßt sie sich besser auffassen als die fortwährende Dynamik, die das Ganze lebendig werden läßt.

Wenn wir die Gegenwart als eine Konfiguration von Vergangenheit und Zukunft begreifen, sehen wir, daß wir nicht die Gegenwart bewohnen; stattdessen bewohnen wir die ›Zeit‹, die gleichermaßen Vergangenheit, Gegenwart und Zukunft ist. Wir könnten sogar sagen, daß die Zeit ihrerseits uns bewohnt. In der vollen Präsentation des Entstehens der Zeit überträgt ein vorwärtsgerichtetes Zulassen die Zukunft an die Gegenwart und gestattet es so der Erfahrung, ›im Transit‹ zu bleiben. In diesem ›Hinübergehen‹ ist der Transmittor der Impulsmoment der Zeit – nicht als Quelle (denn der Transmittor ist von der Transmission nicht verschieden), sondern als eine konfigurierende Konfiguration.

Wir entdecken diese ›Transit-Transmission‹ in unserem eigenen Lebendigsein. Als Wesen in der Welt *sind* wir: Wir agieren und reagieren. Wie auch immer die konkrete Situation sich darstellt, es gibt ein ständiges ›Sich-Abspielen‹, an dem Vergangenheit, Gegenwart und Zukunft mit gleichem Recht mit›wirken‹. Obwohl wir uns immer an *diesem* Punkt der Zeit befinden, verflicht das, was in der Erfahrung geschieht – Empfinden und Reagieren, Beschreiben und Messen, Verstehen und Erklären – Vergangenheit und Zukunft gemeinsam mit der Gegenwart.

Diese Wechselseitigkeit ist unumschränkt und von Anfang an im Gange, in einer Gegenwart, die durch die Zeit transitiert. Erfahrung ist nicht die spezielle Domäne der Gegenwart; sie ist vielmehr das, ›was übertragen wird‹, indes die Zeit sich ›weiterbewegt‹. Genauer gesagt besteht sie aus den Variationen innerhalb der Transmission, die unserem aktuellen Bewußtsein zugänglich sind.

In diesem fortwährenden, von der Dynamik der Zukunft offengehaltenen Transit der Zeit sind die Einengungen des Hier und Jetzt nicht endgültig. Alles, was ist, ist im Transit; alles, was erscheint, läßt sich transzendieren. Erscheinung hängt ab von (und besteht vielleicht aus) einem aktiven Kontinuum und einer Transmission durch dieses Kontinuum. Die konventionelle eindimensionale Zeitlinie ließe sich dementsprechend reinterpretieren als ein Kraftvektor, der dieses aktive Entstehen und Eintreffen repräsentiert.

Zeit: Die Zukunftsdimension

Moderne Auffassungen von Raum und Zeit deuten bisweilen darauf hin, die Zeit sei eine vierte Dimension. Was auch immer diese Behauptung innerhalb naturwissenschaftlicher Theorien bedeuten mag, in einem konventionellen Verständnis leistet sie einem Begriff von Zeit Vorschub, dem zufolge sie etwas Meßbares und zugleich eine Meßkoordinate ist, anhand derer sich etwas lokalisieren läßt.

Diese Perspektive hat Teil an dem vergangenheitszentrierten Verständnis von Zeitlichkeit. Wenn wir die Zukunft in den Mittelpunkt unserer Auffassung von Zeit stellen, dann bedeutet Zeitdimensionalität etwas ganz anderes: Durch die Zeit wird das Universum lebendig.

Die Zeit gibt der Erfahrung die aktive Dynamik, die jeden einzelnen Augenblick erfüllt. Doch bietet sie diese zusätzliche Dimension in einer Art und Weise, die ›dimensionslos‹ ist. Sie präsentiert eine Sphäre, die frei ist von Lokalisierungen und Restriktionen, ungebunden an ›von‹ und ›zu‹, und nicht verstrickt in die starren Wahrheiten der Identität.

Die Zukunft, die selbst für das konventionelle Denken als die Sphäre unbegrenzter Möglichkeit betrachtet wird, ist der natürliche Konvergenzpunkt dieser dimensionslosen Dimension – die ›Quelle‹ von Imagination und Lebendigkeit, Unmittelbarkeit und Schöpferkraft. Doch dieselbe dimensionslose Dimensionalität ist nicht nur in der Zukunft als einem separaten ›Zweig‹ der Zeit verfügbar, sondern auch jetzt und in der Vergangenheit. Die Zukunft überträgt die Dynamik der Zeit ins Dasein, und Erfahrung in all ihren Aspekten ›verkörpert‹ das ›künftige Entstehen‹ von Zeit.

Die dynamische Dimension von Zeit ist uns nicht völlig unbekannt. Kleine Kinder scheinen unmittelbar in der Zeit zu leben, und es gibt Situationen, in denen jeder von uns die Energie der Zeit spürt. Doch indem sich unsere Welt im Laufe der Jahre verfestigt, verlieren wir die Berührung mit der unmittelbaren Kraft der Zeit. Zeitlichkeit wird zu einer von außen kommenden Macht, und Erkenntnis verblaßt. In dem Maße, wie sich diese neue, eingeschränkte Zeit entfaltet, vergessen wir sogar das, was wir verloren haben.

Um das unmittelbare Gefühl dieser Verbindung wiederzuentdecken, können wir direkt zu dem Punkt des Entspringens selber hingehen: zu dem Punkt innerhalb jeder Erfahrung, an dem die Zukunft sozusagen gerade ins Dasein tritt. An genau diesem Punkt können wir eine Lebendigkeit berühren, die sich innerhalb unseres Bewußtseins ausdehnen kann. Die Möglichkeit eines dynamischen Wissens tritt zu Tage, das auf jede Präsentation eingestimmt, aber von keiner begrenzt ist.

Wir können auch indirekter vorgehen. Innerhalb der Erfahrung können wir nach dem Ausschau halten, was vom Gefühl her mit Bewegung und ›Lebendigkeit‹ verbunden ist. Dafür kommen viele Dinge in Betracht: ›rasende‹ Gedanken oder ein ›aufgeregter‹ Geist, starke Emotionen, die innerlich aufputschen oder zum Handeln drängen, Energie, die durch den Körper fließt oder massiv blockiert ist, intensiv empfundene Verbindungen, die uns an etwas oder an jemanden mit der geballten Kraft eines Magnetfeldes festketten. Das Gefühl der Bewegung kann aber auch subtiler sein: vielleicht eine mit dem Gefühl des Fließens verbundene Unbeschwertheit.

Es gibt zahllose je eigene Orte, an denen sich Bewußtheit der Zeit zu Erkenntnis öffnen kann. Am Rand der Zukunft glitzert Zeit; in der Fülle des Gefühls und der Kraft glüht Zeit. Wenn wir solche eigenen Orte finden und es lernen, sie sich ausdehnen oder sich vertiefen zu lassen, entdecken wir, wie Zeit durch unsere Körper strömt und unseren Geist erleuchtet: eine Dimension, die von unserem eigenen Sein ganz und gar untrennbar ist.

Inneres Leuchten

Ein gesteigertes Gewahrsein von Zeit als dem Zukunftsinfinitiv kann zu dem Gefühl führen, ein neues Wissen sei verfügbar. Wenn wir diese Offenheit erfahren, kann der Kontrast zwischen einer zukunftszentrierten Seinsweise und einer, die von Vergangenheitsprägungen gesteuert wird, überdeutlich sichtbar werden. Wenn dies der Fall ist, können wir die beiden einander gegenüberstellen und ihre Verbindung nachzeichnen. Wie bewegen wir uns von der einen zur anderen? Wenn wir uns wieder in der Falle des Vorgeprägten finden, wie können wir unseren Kontakt mit der Dynamik der Zeit erneuern?

Wenn die Zeit aktiv und innerhalb der Erfahrung lebendig ist, scheint Konzentration sich ganz natürlich einzustellen. Gewahrsein speist sich aus sich selbst und nährt das Erkennen. Doch irgendwie schleichen sich vergangenheits- und zukunftsbezogene Gedanken in das Bewußtsein und stören diese Konzentration. Wie kommt dies zustande? Was entscheidet darüber, ob wir den Aufforderungen dieser Gedanken nachgeben, und was sind dann die Folgen? Kann stark konzentrierte Aufmerksamkeit als Brücke zur Dynamik der Zeit dienen?

Diese Fragen sind selber bereits Brücken zur ›zukünftigen

Lebendigkeit‹ der Zeit. Da sie für die Dynamik der Zeit offen sind, tragen sie der Zeit wieder Erkenntnis zu, indem sie alte Strukturen und Vergangenheitsprägungen kappen. Indem sie eine Intensität der Erfahrung einladen, verkörpern sie die Zukunft der Zeit unmittelbar, hier und jetzt, in der Gegenwart unseres Anwesendseins.

Wenn die nicht-dimensionierte, nicht-eintreffende Zukunft die Zeit betritt, können wir Erfahrung leiten, ohne uns auf das vorab Aufgezeichnete zu verlassen. Solches Leiten bewegt sich nicht zwischen ›von‹ und ›zu‹. Von Zukunft genährt, weiß es vermittels eines Wissens um Möglichkeiten, die weiterbestehen. In der Unmittelbarkeit dieses Leitens gewinnt Erkenntnis die Freiheit, sich in anderer Weise zu manifestieren; zu klären, ohne von Erklärung und von den Strukturen der Kausalität abhängig zu sein. Sie macht Zeit im Akt des Erkennes verfügbar.

Indem wir uns durch die Gegenwart auf die Zukunft zu bewegen und dies *aus dem Inneren der Zukunft heraus* tun, entfalten wir ein Potential, das in dem, was sich präsentiert, mitbeinhaltet ist. Die gegenwärtige Realität wird offenbart als das Weitergehen – durch das Nichtentstehen von Hindernissen – des Kommens der Zukunft. In diesem ungehemmten ›Weitergehen‹ finden wir die Glut eines leuchtenden Wissens. Der Weg steht offen in eine unerahnte Seinsweise.

KAPITEL 12

Das gegenwärtige Zeitigen des Wissens

Indem wir uns dafür entscheiden, in einer vergangenheitszentrierten Weise gegenwärtig zu sein, haben wir die Dynamik der Zeit, die sich durch das Weitergehen der Zukunft manifestiert, eingefroren. Warum treffen wir eine solche Entscheidung? Eine Art und Weise, diese Frage zu untersuchen, besteht darin, den grundlegenden Unwissenheitscharakter unserer Erfahrung anzuschauen und ebenso auch die Art unserer Versuche, damit umzugehen.

Ein guter Ausgangspunkt ist unser Unwissen in Bezug auf die Zeit selbst. Auf geheimnisvolle Weise geht die Zeit vorbei. Sie hat keine Füße; sie steigt in kein Fahrzeug; sie hat keine erkennbare Antriebskraft. Ohne zu hüpfen und ohne zu fliegen bewegt sie sich irgendwie von einem Punkt zum nächsten, Jahr um Jahr, Tag um Tag, Stunde um Stunde, in ungehindertem Fluß.

Vielleicht ist es nicht so wichtig, diese Dynamik erklären zu können, doch es ist sicher wesentlich, dem endlosen Fluß der von der Zeit präsentierten Ereignisse Sinn abzugewinnen. Als menschliche Wesen machen wir uns dies zu unserer Aufgabe. Wir wählen ganz bestimmte Ereignisse aus, geben jedem einzelnen eine Identität und mühen uns ab, ihre Interaktion zu verstehen. Auch uns selber weisen wir eine Identität zu und konstruieren zusammenhängende Erzählungen, in denen die Identität, die wir angenommen haben, die wichtigste Rolle spielt. Um diesen Strukturen das Siegel der Authentizität zu verleihen, bestellen wir einen Zeugen, der das, was geschieht, kognitiv zu erfassen und zu verifizieren hat.

Der Zeuge macht es uns möglich, einen Standpunkt in der Zeit einzunehmen, und diese Positionierung ist die Grundlage dafür, den Fluß der Ereignisse als sinnvoll zu erleben. Stellen Sie sich, um dies zu sehen, vor, das Werden der Erscheinung bis zu seiner Gestaltwerdung als Form sei ein einziger Vorgang gewesen: Erscheinung und Erkenntnis ›von‹ Erscheinung seien zusammen gegeben, ohne einen Akt der Bezeugung. Die Gegenwart als solche würde dann zurücktreten zugunsten der fortwährenden Interaktion von Vergangenheit und Zukunft und ließe uns keine Gelegenheit, das, was geschieht, zu erfassen. Mitgerissen in der Dynamik der Zeit, hätten wir niemals die Chance gehabt, unsere Anwesenheit in der Welt zu verkünden: jene substantielle Realität, auf die wir insistieren durch die Behauptung »Hier bin ich.« Genauso wenig könnte sich Erkenntnis im herkömmlichen Sinne herausbilden. Ohne die Möglichkeit, zu identifizieren, zu reagieren oder zu affirmieren, könnten wir niemals sagen: »Dies ist wirklich; dies ist wahr.«

Die Struktur des Zeugen bietet eine Möglichkeit, dieser überwältigenden zeitlichen Dynamik entgegenzuwirken. Die Aussage des Zeugen situiert eine Gegenwart ›hier‹: Sie bringt die Gegenwart ins Blickfeld und schafft eine konzentrierte Art von Klarheit, die wir benutzen, um zu ordnen, zu messen und zu urteilen und dadurch Qualität und Quantität zu verkünden. Indem der Zeuge Identitäten zuweist und ihre Wechselwirkung nachzeichnet, bietet er Verstehen anstelle von Nicht-Wissen.

Der Zeuge benötigt einen Punkt in Raum und Zeit, von dem aus er sich nach außen wenden kann, um das zu erfassen, was geschieht, und dem Fluß der Zeit Sinn abzugewinnen. So behauptet der Zeuge von Anfang an die Substantialität des gegenwärtigen Augenblicks. In der Gegenwart etabliert, versammelt der Zeuge vorausgesetzte Juxtapositionen und bewegt sich in die Richtung eines bestimmten Aufweisens. Seine Wahrnehmungen umschließen und validieren Erfahrung als wahr und korrekt, sein kognitives Erfassen ›gibt‹ die Form, die die Gegenwart ›nimmt‹.

Eine etablierte Gegenwart geht Hand in Hand mit einem ›stabilen‹ Wissen. Die Aussage des Zeugen läßt sich nicht wirksam in Frage stellen, denn eine andere Wissensquelle ist nicht verfügbar. Vielleicht wird sich zu einem anderen Augenblick in der Zeit das, was ›jetzt‹ als sicher bekannt ist, verändern, doch ›fürs erste‹ liefert der Zeuge ein Wissen bar aller Bedingtheiten oder Vorbehalte, Zweifel oder Fragen. Dies gilt sogar für den Grenzfall, in dem das, was bekannt ist, unsere eigene Verwirrung oder unser Nicht-Wissen ist.

Doch das ›unbedingte‹ Wissen des Zeugen ist zugleich auch entschieden beschränkt. Unser Bewußtsein, unsere Gedanken und unser Geist sind an die unmittelbare Situation gebunden. Nachdem wir uns auf einem und nur einem Punkt in der Zeit situiert haben, können wir diesen Punkt nicht verlassen und nicht einfach anderswo in der Zeit hingehen, um zusätzliches Wissen zu erlangen.

Diese Begrenzung ist wirksam, unabhängig davon, ob der Gegenwartspunkt ein einziger Augenblick oder eine ausgedehntere Spanne ist. Es mag Wege geben, unser aktuelles Gewahrsein in der Zeit auszudehnen; indem wir zum Beispiel Intuition oder Visionen entwickeln, unsere Konzentration vertiefen oder meditative Stille entfalten. So könnten wir unser Wissen vielleicht exakter, umfassender, zuverlässiger, vorhersagbarer oder zutreffender machen. Dennoch stoßen wir schließlich auf die Grenze, die von unserer gegenwärtigen Gegenwart gebildet wird. Es wird anderswo in der Zeit lokalisierte Dinge oder Ereignisse oder sogar Möglichkeiten geben, die das gegenwärte Wissen zu erfassen einfach nicht die Kraft hat.

In der Gegenwart situiert, schauen wir nach vorn auf eine unbekannte Zukunft und zurück auf eine unzugängliche Vergangenheit. Die Vergangenheit hinterläßt ihre Spuren; die Zukunft gewährt Vorahnungen, doch letzten Endes erweist sich Nicht-Wissen als grundlegend. Wir bewegen uns innerhalb einer kleinen Arena, die das Licht des Wissens erhellen kann; jenseits dieses Lichtkegels erstrecken sich Linien des Nicht-Wissens vorwärts und rückwärts in die Zeit hinein. Wie immer wir uns auch mühen, die gegenwärtige Bewußtheit kann die Fülle der Zeit nicht ermessen.

In Abhängigkeit vom Zeugen schließt unser Wissensmodus Erkenntnis aus der zeitlichen Struktur als ganzer aus. Jedes der zahllosen Gebiete des menschlichen Wissens, von der Naturwissenschaft bis zu Religion, Psychologie und Moral, entfaltet sich innerhalb dieser Grenze und gewinnt dementsprechend Substanz. Insofern wir mit dem Wissen des Zeugen leben, bewohnen wir eine Zeit des Nicht-Wissens.

Eine Rolle als Zeuge der Zeit

Indem sie Substanz und Dynamik von der Zukunft borgt, indem sie Form entsprechend den Aufzeichnungen der Vergangenheit etabliert, ist die Gegenwart von den anderen beiden Zeiten abhängig wie ein Kind von seinen Eltern. Warum sollen wir dann eine Struktur akzeptieren, die Wissen auf die Gegenwart begrenzt? Sobald diese Frage erst einmal real geworden ist, erweisen sich die Ansprüche des Zeugen als schwer nachvollziehbar.

Um seine Rolle erfolgreich zu spielen, muß der Zeuge den gegenwärtigen Augenblick in der Zeit besetzen. Außerhalb des Augenblicks, den er besetzt, ist der Zeuge in Distanz zum Fluß der Zeit. Seine Weise des Wissens trennt die Zeitlichkeit von der Erkenntnis ab.

Wie können wir, wenn wir diese distanzierte Perspektive einnehmen, sicher sein, daß wir Vergangenheit und Zukunft richtig verstanden haben oder ihnen gerecht geworden sind? Noch grundlegender gefragt, wie können wir überhaupt sicher sein, daß es solche ›anderen‹ Punkte in der Zeit gibt oder daß sie der Punktstruktur der Zeit entsprechen, die unsere gegenwartszentrierte Betrachtungsweise identifiziert? Zwar erfahren wir Zeit in einer bestimmten Weise jetzt ... und jetzt ... und jetzt, und wir interpretieren diese Erfahrung in einer Art und Weise, die eine dreigeteilte Zeitstruktur affirmiert. Doch die augenscheinliche Sequenz der ›Jetzt‹, die wir bewohnen, und die Interaktionen, die wir dieser Sequenz zuerkennen, entfalten sich möglicherweise nicht so, wie wir uns das vorstellen. Da er diese Gegenwart immer jetzt bewohnt, hat der Zeuge über nicht im ›Jetzt‹ lokalisierte Punkte wenig zu sagen.

Je mehr der Zeuge nach Erkenntnis dessen strebt, was sich in der Zeit ereignet, um so mehr wird er in eine isolierte Subjektivität verstrickt. In seiner eigenen Selbstinterpretation bestätigt der Zeuge diese Spaltung und versucht, sie in seinen Vorteil umzuwandeln. Er ist der Urheber des Wissens, indem er irgendwie das Bekannte aus der großen undifferenzierten Masse des Nicht-Wissens herausschnitzt, die sich von einem Augenblick zum nächsten durch die gesamte Spanne der linearen Zeit entfaltet. Tatsächlich scheint eher das Gegenteil wahr zu sein. Abgeschnitten von der Dynamik der Zeit bewegt sich der Zeuge in einer gigantischen Sphäre von Nicht-Wissen, die seine Akte des Benennens und Authentifizierens niemals zu durchdringen vermögen.

Die Wissensstruktur, die der Zeuge affirmiert, ist so fest im menschlichen Geist verankert, daß Logik und Analyse ihren Klammergriff schwerlich zu lockern vermögen. Gleichwohl kann das Aufzeigen der durch ein auf den Zeugen ausgerichtetes Modell implizierten Schwierigkeiten ein hilfreicher Schritt sein, um andere Wege für ein Verständnis der Beziehung zwischen Zeit und Wissen zu eröffnen.

Keine Zeit zum Bezeugen Als ein separater Akt geschieht Bezeugen ›in‹ der Zeit, genauer gesagt, im gegenwärtigen Augenblick. Die Gegenwart gestattet indes keinen derartigen separaten Akt. Sobald der zu bezeugende Augenblick entsteht, ist der nächste Augenblick schon zugegen. Der Zeuge vermag keinen Halt im Fluß der Zeit zu finden: Seine schrankenlose Subjektivität verweigert sich der Gründung.

Doch vielleicht entsteht das Bezeugen parallel zum Entstehen dessen, was bezeugt wird: zwei verschiedene Ströme in der Zeit. In diesem Fall müssen sich die beiden Ströme durch einen unbekannten Mechanismus vereinigen, und dieser Akt der Vereinigung erfordert seinen eigenen gegenwärtigen Augenblick. Oder vielleicht springt der Zeuge von einem Augenblick zum nächsten und setzt dem Impulsmoment der Zeit seinen eigenen entgegen. In diesem Fall erfordert das Springen ebenfalls Zeit, und es muß eine Basis bezeichnet werden, von der aus gesprungen werden kann. Wenn der Zeuge sich Zeit nimmt, um von dem wegzuschauen, was entsteht, und seine Identität zu etablieren, bevor er unmittelbar zurückschaut, bleibt die Notwendigkeit für einen verbindenden Mechanismus und einen verbindenden Augenblick bestehen. Wenn das Bezeugen als Teil einer Gegenwart entsteht, die ›mehr‹ ist als nur augenblicklich, muß es immer noch in Verbindung gebracht werden mit dem, was es bezeugt.

Kein Zeuge für den Zeugen Der Zeuge besetzt die Gegenwart. Doch wie können wir die Gegenwart als einen festen Standpunkt etablieren, wenn die Zeit nicht stillsteht? Können wir diesen Augenblick *jetzt* als besonderen hervorheben? Indem wir die Frage formulieren, stellen wir fest, daß wir zu spät kommen: Der Augenblick ist in die Vergangenheit entwichen. Wenn wir unseren Mund öffnen, um etwas als so und so zu verkünden, wird jedes Wort, so wie es Gestalt gewinnt, schon fortgeweht.

Es könnte sein, daß der Zeuge in einem Akt des Bezeugens entsteht, der von dem Geschehen des Bezeugten verschieden ist, insofern er seinen eigenen separaten Augenblick besetzt und darin seinen Standpunkt findet. In diesem Fall ist es indes schwierig, nachzuvollziehen, wie der Zeuge als Zeuge fungieren kann. Wie kann er als Bewohner seines eigenen Augenblicks Zeugnis über etwas ablegen, das in einem anderen

Augenblick geschieht? Und wo kann er die Zeit finden, die ihm erlaubt, sich aus diesem Augenblick hinauszubewegen?

Vielleicht war unsere ursprüngliche Einschätzung irreführend, und der Akt des Entstehens etabliert irgendwie seine eigene Existenz, ohne auf einen Zeugen angewiesen zu sein. Dennoch bleibt die Kenntnis dessen, was entstanden ist, darauf angewiesen, daß der Zeuge mitteilt, was etabliert worden ist. Die Logik unabhängiger Augenblicke indes, von der der Zeuge abhängt, läßt eine solche Mitteilung nicht zu. Ein Augenblick hat seinen Bezugspunkt; der nächste hat wieder einen eigenen. Wenn die beiden kommunizieren sollen, erfordert dies einen dritten Augenblick, wodurch ein dritter Bezugspunkt entsteht, der einen neuerlichen Akt der Mitteilung erforderlich macht und so weiter.

Vielleicht generiert jeder Akt des Entstehens seinen eigenen Zeugen, der verschwindet, sobald dieser Akt in die Vergangenheit entschwunden ist. Doch ein Zeuge, der in jedem Augenblick von neuem entsteht, muß sich in zwei Richtungen wenden: zu dem zu erkennenden Inhalt und zu dem Erkennenden, der informiert werden muß. Wie kann der Augenblick diese beiden getrennten Kommunikationsakte umfassen?

Wenn der Zeuge augenblicklich ist, dann gibt sein Entschwinden weitere Rätsel auf. Wenn wir zum Beispiel den Inhalt eines spezifischen Augenblicks erinnern, dann behaupten wir, das erinnerte Ereignis habe stattgefunden. Dies bedeutet die Anrufung eines neuen Zeugen, was wiederum alle oben erwähnten Schwierigkeiten von neuem aufwirft. Überdies muß derjenige, der die Zeugenschaft des neuen Zeugen anruft, um die Authentizität der Erinnerung zu belegen, ebenfalls ein Zeuge sein, der diesen Augenblick besetzt und von diesem Bezugspunkt aus die Wahrheit des Geschehenen zu bestätigen sucht. Mit dem Fortschreiten der Zeit redupliziert sich diese problematische Struktur endlos.

Die Ansprüche des Zeugen

Was allen diesen Verwirrungen zugrundeliegt, ist der Versuch des Zeugen, die durchdringende Dynamik der Zeitlichkeit einzufrieren und den Akt des Erkennens davon abzuspalten. In der Aktualität der Zeit gibt es keine Identitäten; keine Haltepunkte. Es ist so, als wollte man einen einzelnen Schritt innerhalb des Gehvorgangs oder einen einzelnen Augenblick im Prozeß des Atmens aussondern. Wir können mit dem Atmen aufhören und still sein, aber wir können nicht damit aufhören und trotzdem atmen. Die Zeit bewegt sich ständig vorwärts, und obwohl es uns freisteht, unsere eigene feste Identität zu verkünden, haben wir keine Gelegenheit, diese Identität zu errichten oder ihr das Besitzrecht über Erkenntnis zuzusprechen. Wie Gespenster können wir im Sand der Zeit keine Spuren hinterlassen.

Diese Schwierigkeiten bringen den Zeugen, der die Zeitdynamik durch die starren Strukturen der Identität zu ersetzen beansprucht, nicht zum Schweigen. Indem er die Verschmelzung einer entschwundenen Vergangenheit mit einer herannahenden Zukunft als arretierte Gegenwart verkündet, tritt der Zeuge vor, um seine eigene Hauptrolle auszurufen. Indem er Ereignisse in bedeutungsvolle Sequenzen klassifiziert, beurteilt der Zeuge das, was entsteht, in Kategorien ›meiner‹ Ziele, ›meiner‹ Absichten und ›meiner‹ Erfahrung und Auffassung. Doch diese ganze Struktur ist eine Art Bluff. Die Verkündung ist ein Teil des Inhalts des Augenblicks: eine spezielle Interpretation oder Geschichte, die sich niemals selber begründen kann.

Die Behauptungen des Zeugen sind auf einer konventionellen oder ›lokalen‹ Ebene keineswegs falsch. Sie entsprechen der Welt, wie wir sie erfahren, und ermöglichen es uns, in dieser Welt zu agieren. Die Welt, deren Authentizität der Zeuge zu belegen beansprucht, ist vielleicht nicht ›wahr‹ oder ›wirklich‹, doch ist sie auch nicht unwahr oder illusorisch und braucht nicht abgelehnt zu werden.

Die Infragestellung des Zeugen und seiner Welt geschieht auf einer tieferen Ebene. Der Zeuge setzt die Strukturen von Eigentümerschaft und Identität als für die Realität wesentlich voraus. Indem er die Freiheit des Infra-Zero von sich weist, macht er die Substanz des Aufgezeichneten zum unausgesprochenen Thema seines gesamten Zeugnisses.

Dies ist die Struktur, die unerträglich ist – nicht nur auf der Ebene der Logik, sondern auf Grund der Konsequenzen, die sie mit sich bringt. Wenn wir die Aussage des Zeugen akzeptieren, können wir nur auf Frustration und Nicht-Wissen, auf Wiederholung und Schmerz erkennen. Wir können nur die Grenzen bestätigen, die die lineare Zeit in Kraft setzt.

Inwendiges Wissen einladen

Wenn wir beginnen, die Behauptungen des Zeugen ins Kreuzverhör zu nehmen, stellt er sofort eine Reihe neuer Behauptungen auf. In einer Welt, in der der Zeuge mit Erfolg angefochten würde, ließe sich keine objektive Ordnung begründen. Wenn keiner mehr da wäre, der Erkenntnis leistet, gäbe es keine Möglichkeit, Erkenntnis zu etablieren. In einer solchen Welt würden Bedeutung und Ordnung zusammenbrechen.

Angenommen, wir durchdringen auch diese Geschichte und erkennen sie als eine Projektion des vergangenheitszentrierten Wissensmodus, der die natürliche Sphäre des Zeugen ist. Noch unbesiegt, meldet der Zeuge sich erneut zu Wort. Ja, unsere Erkenntnis ist in der Tat ohne Fundament; ja, wir werden niemals wissen und können insofern niemals für unser Leben wirklich verantwortlich sein. Doch welche Wahl haben wir? Wir sind die Opfer unserer eigenen Begrenzungen. Eine Erkenntnis, die über den Bezugsrahmen der linearen Zeit hinausginge, würde eine Transformation des menschlichen Bewußtseins verlangen, und dies scheint nicht möglich. In der Tat können wir eine solche Möglichkeit noch nicht einmal auch nur ernsthaft erforschen, da die Erkundung, die wir anstellen, selber in Begriffen ablaufen muß, die mit unserem menschlichen Erkennen und dem linearen Fluß der Zeit im Einklang sind.

An diesem Punkt ist Mißtrauen angebracht. Es trifft zu, daß Zeit, wie wir sie kennen, Erkenntnis auf einer grundlegenden Ebene aus der Erscheinung ausschließt. Doch das Umschalten auf andere Zeitlichkeiten macht eine völlige Umgestaltung des Bewußtseins vielleicht gar nicht notwendig. Wenn wir zum Beispiel die Abfolge der dem Wissen verfügbaren Augenblicke so betrachten, als entfalteten sie sich in einer Art Zickzackmuster, könnten wir vielleicht neue Abfolgen in die alten eingebettet finden, so wie es die folgende Graphik aufzeigt. Des weiteren könnten wir experimentieren mit der Umkehrung des Flusses, durch den vergangene Augenblicke sich linear auf die Zukunft zubewegen.

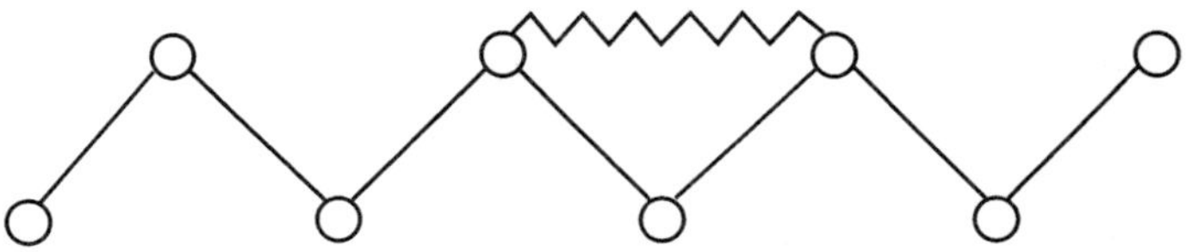

Die wirkliche Frage ist die, ob ein nicht an den Zeugen gebundener Wissensmodus verfügbar ist, um solche Möglichkeiten zu erforschen. Hier müssen wir sorgfältig vorgehen und auf produktive Weise Fragen stellen. Wir sollten keine endgültigen oder unumstößlichen Antworten erwarten, denn solche Antworten hängen von dem Wissensmodus und der Zeitkonfiguration ab, die wir in Frage stellen wollen. Anstatt Zeugnis für eine neue Wahrheit abzulegen, sollten wir bereit sein anzufangen, ohne nach verfrühten Festlegungen zu verlangen.

Ohne die üblichen Strukturen des ›von‹ und ›zu‹ im Gefolge der linearen Zeitlichkeit werden wir vielleicht gar nicht wissen, wie wir anzufangen haben: wohin wir gehen und in welcher Richtung wir nachforschen sollen. Und doch haben wir innerhalb dieses Nicht-Wissens eine Wahl. Warum fühlen wir uns genötigt, überhaupt irgendwohin zu ›gehen‹? Innerhalb der Gegenwart, wie sie unmittelbar entsteht, haben wir die Freiheit, uns einwärts zu wenden. In der Unmittelbarkeit der Gegenwart kann ein einzelner Gedanke, eine einzelne Verknüpfung, eine einzige unerwartete Aussage oder Wendung in der Erkundung ein neues Wissen und eine neue Art des Zeitigens offenbaren.

Innerhalb der gegenwärtigen Erfahrung gibt es zum Beispiel die Dynamik der Zeit selbst. Was ist es an der Zeit, das Wandel und Transformation erlaubt, ja das sogar danach verlangt? Welche Macht generiert auf diese Weise Erscheinung? Ohne an Erklärungen gebunden zu sein, können wir auf die Erfahrung selber schauen, um solche Fragen zu erforschen.

Indem wir eine solche Einwärtswendung innen vollziehen, laufen wir scheinbar Gefahr, uns aus der Welt objektiver Zeit in unsere subjektive Erfahrung zurückzuziehen. In diesem Fall würden wir nur die vorab festgelegten Grenzen bestätigen, deren Authentizität der Zeuge verbürgt hat. Die Zeit würde uns auch weiterhin in denselben Strukturen gefangenhalten, die menschliche Wesen über Jahrtausende hinweg frustriert haben.

Doch diese Formulierung und diese Schlußfolgerungen lassen sich ebenfalls erforschen. Ist das ›Einwärts‹ wirklich die Sphäre der Subjektivität? Unsere Erkundung legt eine andere Möglichkeit nahe: daß ›Objektives‹ und ›Subjektives‹ als Konstrukte des Zeugen und seiner vergangenheitszentrierten Wissensmodi gemeinsam entstehen.

Aus dieser Perspektive hat die Einwärtswendung nichts mit Subjektivität zu tun. Im Binnenraum der Zeit mag es vielleicht nichts zu bezeugen geben, doch dies heißt nicht, daß der Zeuge und das Bezeugte zusammenbrechen. Stattdessen ist es die Substantialität des Zeugen, die sich als unhaltbar erweist. ›Zeuge‹ wird ein Sammelbegriff für eine Abfolge zeitlicher Ereignisse, die in solcher Weise ins Dasein dirigiert werden, daß eine bestimmte Form von Erkenntnis entsteht.

Wenn wir den Zeugen auf solche Weise erkennen, *erkennen*

wir, daß der Zeuge nichts erkennt. Wir sind daran gewöhnt, Erfahrung im Einklang mit den vom Zeugen authentifizierten Zeitstrukturen und Kognitionsmöglichkeiten zu dirigieren. Nun wird es möglich umzuschalten. Die Zeit selber kann zum Dirigenten werden und die fortwährende Verkörperung des Wissens in der Zeit präsentieren. Indem wir inwendig die Zeit dirigieren, können wir die zu Tage tretende Ordnung des Gesamts ausdrücken. Wir können den magischen, grandiosen Mechanismus des Dirigierens der Zeit entdecken, bei dem Erkenntnis jedem Entstehen und jedem Akt des Gestalt-Gewinnens inhärent ist. Wir stehen am Tor zum inwendigen Wissen.

Wenn wir diese Möglichkeiten ergründen, sollten wir nicht erwarten, daß der Zeuge verstummt. Seiner Natur entsprechend hat der Zeuge endlose Argumente und zahllose Thesen zur Verfügung. Logische Brüche werden ihn nicht abschrecken; Zusammenbrüche der Kohärenz werden bereitwillig ignoriert. Doch wir müssen auf seine Einwände nicht ›Punkt für Punkt‹ eingehen. Indem wir uns einwärts wenden, sehen wir, daß die Präsentationen objektiver Zeit und ihr subjektiver Zeuge selber Modi sind, in denen Zeit Erkenntnis ins Dasein dirigiert.

So steht es dem Zeugen frei, weiter auszusagen. Jede These, die er aufstellt, drückt ein Wissen aus, *das in keiner Weise von dem Zeugen abhängt.* Als Thesen und unabhängig von ihrem Inhalt betrachtet, sind die Verkündungen des Zeugen Manifestationen des Wissens. Sie brauchen nicht abgewiesen zu werden, denn sie finden sich offenbart in einer neuen Leichtigkeit und ›Lichtheit‹: als höchst schöpferischer und ganz und gar leuchtender Ausdruck eines von Wissensfähigkeit untrennbaren Zeitigens.

KAPITEL 13

Dirigieren immer gleicher Zeit

Heißt die Hinwendung zu einem inwendigen Erkennen der Zeit soviel wie Zeit unmittelbar zu erkennen? In Begriffen des konventionellen Funktionierens von Zeit beurteilt, ist ein solches unmittelbares Erkennen ausgeschlossen. Die Zeit präsentiert Objekte, die in einer strengen linearen Abfolge aus der Vergangenheit in der Gegenwart und hinein in die Zukunft Gestalt gewinnen, fortdauern und interagieren. Die Erkenntnis tut es ihr nach, beschränkt, wie sie ist, auf Erkenntnis von Entitäten, die entstehen, existieren und entschwinden. Wie könnte Zeit selber eine solche Entität sein? Zeit selbst erscheint nicht in der Zeit.

Und es ergibt sich eine weitere Schwierigkeit. Zeit, wie wir sie erfahren, ist zu Geschichten strukturiert: zu Ereignissen, denen wir automatisch eine kohärente, um das Selbst zentrierte Erzählung aufpropfen. Das, was wir wissen, muß irgendwie innerhalb der dominierenden Geschichten auftauchen. Doch wenn wir eine Geschichte über die Zeit erzählen, bleibt die Zeit, die das Erzählen dieser Geschichte gewährleistet, unbekannt.

Die Aussicht, uns einwärts wenden zu können, läßt indes erahnen, daß wir uns dem Wissen möglicherweise gar nicht über Geschichten zu nähern noch uns auf identifizierte Objekte als einzig mögliche Akteure innerhalb solcher Geschichten zu verlassen brauchen. Wenn die Wendung einwärts eine dynamischere Zeitlichkeit evoziert, dann ist diese Dynamik selber vielleicht in anderer Weise verfügbar.

Um diese Möglichkeit zu prüfen, können wir eine Geschichte erzählen, die *in ihrem Erzählen* ein Wissen ›ohne Geschichten‹ evoziert: eine Geschichte über die Zeit, die diese nicht so unumstößlich an die Wissensmodi des Zeugen bindet.

Die Geschichte des Dirigenten

Der sich entfaltende Impulsmoment der Zeit hat die Vergangenheit in unserem Geist ausgesät; jetzt blüht die Vergangenheit aus in Empfindungen, Aufregungen und Erwartungen. Eruptiv bricht sie in unsere Bewußtheit ein wie ein plötzlicher Knall, der die Stille zerreißt.

Mit gespitzten Ohren horchen wir auf, als vernähmen wir den Klang eines Musikinstruments. Doch was wir hören ist eine Kakophonie; es ist, als dröhnten viele Instrumente wild durcheinander. Wir reagieren beschwingt, in dem Entschluß, den Schwall der Mißtöne zu harmonischem Wohlklang zu dirigieren.

Wohlgerüstet für diese Aufgabe stürzen wir uns ins Gefecht. Indem wir Ordnung schaffen, treten Grundthemen zu Tage: die Rhythmen der Wahrnehmung, der Interpretation, des Kommentierens und der Emotionalität; der Gedanken, Geschichten und subjektiven Reaktionen. Da jedes einzelne Thema seine eigene Triebkraft hat, muß das Dirigieren weitergehen, es muß neue Rhythmen, so wie sie entstehen, formen und sie in ›passender‹ Weise zusammenklingen lassen.

Wenn wir diese unablässig hervortretenden Rhythmen mit etwas Abstand beobachten, können wir die Themen, die Gestalt annehmen werden, leicht identifizieren und sogar voraussagen. Es geht um persönliche Sorgen und normierte Konzepte; es geht um Wünsche und Ängste, Jammer und Jubel, Annahmen und Vorurteile, Emotionen und die Anwendung wohl etablierter Modelle. Wir dirigieren das, was die Zeit präsentiert, in einer Weise, die den Grund dafür legt, daß die konventionellen Erzählungen sich in der Zeit abspielen können.

Es mag so aussehen, als ob die von diesen Themen zugelassenen, ablaufenden Geschichten nicht alles sind, was wir zu sein wünschen. Wir sind uns vielleicht gewiß, daß wir für etwas sehr Anderes und völlig Eigenes einstehen; daß unter den Oberflächenpräsentationen ein tieferes Wissen begraben liegt. Doch unser Verhalten wird weiterhin geformt von den Zyklen dirigierter Wünsche und Begierden, von ›pro‹ und ›contra‹. Jede neue Erscheinung trifft ihre Aussage, etabliert ihr Gepräge und verlangt eine Reaktion. Wir reagieren im Sinne von Liebe und Haß, Freund und Feind, falsch und richtig, wahr und unwahr, gut und schlecht und ähnlichen Unterscheidungen. Was immer auch geschieht, wir werden unweigerlich hineinverwickelt.

Das Gesamt dieser Struktur hat eine organische Einheit. Jede Geschichte umfängt das Spektrum der Geschichten, verweist zurück auf alles, was bisher geschehen ist, und jedes Element innerhalb der Geschichte beinhaltet diese Verweisung mit. Von einem einzigen Gedanken, ja fast von einem einzigen Wort aus könnten wir das Ganze dirigieren. Wir könnten ein Wörterbuch erstellen, das die uns zugänglichen Entscheidungen enthält – ein Handbuch unserer begrenzten Optionen.

Thema und Variationen

Die Geschichte des Dirigenten erklärt uns zu Dirigenten dessen, was die Zeit präsentiert, verkündet jedoch auch, daß wir in unsere Rollen hineingezwungen sind. Zudem ist das Spektrum dessen, was wir dirigieren können, eng begrenzt. Gedanken, Emotionen und Erinnerungen strömen durch die Sinne und den Geist, und dementsprechend müssen wir dirigieren. Die Musik hat bereits eingesetzt; die Themen präsentieren sich. Es ist zu spät, sich für das Schweigen zu entscheiden oder einen anderen Modus des Dirigierens ins Betracht zu ziehen. Unser Dirigieren entsteht als unsere ›natürliche‹ Reaktion auf das, was die Zeit präsentiert; es ist so sehr ein Teil unseres Wesens wie das Atemholen.

Noch bevor spezifische Themen hervorgetreten sind, haben wir schon in einer Weise dirigiert, die dieses Resultat festlegt. Wir dirigieren die Zeit von Objekten in der Welt und die subjektive Zeit des Selbst; wir arrangieren das Erzählen von Geschichten und nehmen den von diesen Geschichten mitgeteilten Inhalt vorweg. Schon im ersten Augenblick, beim Erklingen der ersten Note, haben wir uns den grundlegenden Stil der Trennung und Dichotomie zu eigen gemacht: Zerlegung in Subjekt und Objekt, Ich und Du, Selbst und Andere, Dich und Mich. Völlig überzeugt von dieser Grundpräsentation, dirigieren wir sie aus. Wir nehmen eine fixe Position ein, wählen eine Brennweiteneinstellung und richten unser Verhalten danach aus.

Auf dem Hintergrund dieser Entscheidungen leben wir in Mustern, die von jener Abfolge von Ursache und Wirkung geprägt sind, die durch die Interaktion fest identifizierter Entitäten in Gang gesetzt wird. Im Bann unserer persönlichen Geschichte und vergangener Entscheidungen können wir nur in der Schattenzone am Rand des Wiedererkannten schöpferisch handeln. Wir ermangeln der Zeit, die uns neues Wissen suchen ließe, und wir ermangeln des Wissens, einen neuen Modus des In-der-Zeit-Seins zu entdecken.

Indem wir eine Situation samt emotionaler Reaktion nach der andern dirigieren, inszenieren und leiten, reihen sich unsere Erfahrungen, Gedanken, Wahrnehmungen und Reaktionen aneinander wie Perlen an einer Halskette. So wie die Anwesenheit einer Perle auf der Halskette sicherstellt, daß auch die nächste Perle folgen wird, so führt die Entstehung des einen Ereignisses weiter zum nächsten. Das Spektrum der dirigierbaren Geschichten und Interpretationen mag endlos sein, wir aber haben uns mit einem Wissensmodus abgefunden, der diese unendlichen Möglichkeiten in die Richtung des immer Gleichen dirigiert. Zwar rufen unterschiedliche Etiketten und Rhythmen wechselnde Reaktionen und Aktionen hervor, doch wird alles je Erscheinende in die Struktur von ›vorhergehend‹ und ›nachfolgend‹ eingefügt.

Natürlich steht es uns frei, uns vorzustellen, der nächste Augenblick sei vollkommen verschieden von dem ihm voraufgehenden: nicht nur dem Inhalt nach (im aufgeklebten Etikett), sondern in seiner eigentlichen Natur als Erfahrung oder als ein Augenblick. Doch diese Vorstellung ist hohl, eher eine Wunschvorstellung als imaginiert. Die Wahrheit ist die, daß die Vergangenheit vorwärtsprojiziert und die Zukunft erscheint. Ein starr strukturiertes Muster reproduziert sich in einem stetigen, fortwährenden Transitprozeß. Dieser Augenblick jetzt repliziert die Strukturen des vorhergegangenen, wie ein Abzug von einem photographischen Negativ.

Als Resultat dieses Entfaltungs- und Reduplikationsprozesses kommen Emotionen nicht zur Ruhe; Gedanken werden unaufhörlich weitergedacht. Alles geschieht mit großer Präzision: in aufeinanderfolgenden Aufzeichnungsvorgängen wird das Voraufgegangene neu ausgedruckt, aufbewahrt und dupliziert. Die Linie der Erfahrung wird automatisch immer länger: Assoziationen knüpfen an Voraufgegangenes an, Namen an die Sprache, Qualitäten an Vergleiche. Machtvolle Bilder übernehmen das Steuer, formen und prägen unser Verstehen und bestärken sich wechselseitig. Erfahrungen nehmen Aufstellung wie Höflinge im Dienst eines mächtigen Potentaten. Alle Attribute müssen zugewiesen sein; jede neue Erfahrung muß sich in die bereits bestehende Norm einfügen. Falls sie das nicht tut, belegen wir sie einfach mit einem neuen Etikett: chaotisch, verrückt, verzerrt, wirr. Was immer auch geschieht, die Kontinuität des Ganzen ist gewährleistet.

In die ständig wechselnde Darbietung von Oberflächenphänomenen hineingesogen, nehmen wir die Hintergrundgleichheit dessen, was erscheint, als natürlich hin: als einen Hinweis, der die Ordnung der Dinge bestätigt. Natürlich wird das, was erscheint, in erster Linie mit dem Selbst, mit anderen oder mit einer Welt zu tun haben – was stünde sonst auch zur

Wahl? Natürlich geht es um Recht und Unrecht, richtig und falsch, wertvoll und wertlos, positiv und negativ. Wo die Adjektive, die unsere Erfahrung prägen, belegt und determiniert, bestätigt und reaffirmiert werden müssen, kann alles dies automatisch geschehen. Der Prozeß hält sich selbst im Gang. Der Zeuge ist bereits vorgetreten, um die neueste Version für authentisch zu erklären. Ein unendliches Spektrum verfügbarer Interpretationen wird in einem archimedischen Brennpunkt gebündelt, um die Kompaktheit der Substanz zu gebären.

Diese Seinsweise verwandelt das gewaltige Potential der multidimensionalen Erscheinung in einen Moloch auf Rädern, der als alles plattwalzender Koloß das Gesamt der aufgezeichneten Zeit durchrollt. Indes jedes Ereignis sein Resultat erzeugt, kommen sekundäre Rückkopplungsmechanismen ins Spiel, die das Anfangsmuster verstärken. Etiketten, Assoziationen und Gefühlsschattierungen lassen Bilder entstehen, und ein sich entwickelndes Gewahrsein interpretiert das manifest Gewordene und reagiert sofort auf seine eigene Interpretation. Der Geist paßt sich dieser Reaktion an: Er verkündet, imaginiert, reagiert, umfängt immer wieder neu. Eine Struktur hat sich selbst erfolgreich hinausprojiziert, und die Bahn ist frei für den nächsten Gedanken, die nächste Emotion oder Erfahrung; die nächste Gestalt, das nächste Bild, den nächsten Namen, die nächste Assoziation.

Mit jeder neuen Bestätigung wuchert die Vergangenheit weiter. Da jede Wiederholung ihre eigene einzigartige Struktur und Verknüpftheit spezifiziert, muß auch das nächstfolgende Dirigieren der Duplikation entsprechen. Dieses sich beschleunigende ›Immer-Gleich‹ speist sich in eine Schwerkraft des Denkens, die den Impulsmoment der Zeit immer unaufhaltsamer macht.

Was wird durch dieses starrsinnige ›Immer-Gleich‹ bestätigt? Dies können besondere Ausprägungen von Tradition sein wie zum Beispiel heilige Schriften, maßgebliche Texte oder feststehende Gebräuche. Es kann eine Disziplin oder Methodologie der Erkenntnis sein wie zum Beispiel die Methodik der Naturwissenschaft. Es können die verschiedenen Formen des von anderen ausgeübten Einflusses sein oder die grundlegenden Geschichten, die die persönliche Identität garantieren; oder die tiefsten Strukturen des Bewußtseins samt der Realität, auf deren Verkündung sie ausgelegt sind. In jedem Falle wirkt der Mechanismus in ein und derselben Weise. Wir finden uns isoliert innerhalb der Grenzen des etablierten Modells. Wir können nicht erkennen und haben die Antwort nicht; können nichts denken, was neu wäre. Wir bewegen uns in einem engen Zirkel: die Muster des Immer-Gleich an der Oberfläche, die sinnleere Dumpfheit der Wiederholung im Innern. Im Bann der Resultate dieses Prozesses haben wir zu dem Prozeß selber keinen Zugang. Allenfalls haben wir für sein Ablaufen ein Gefühl, die Empfindung einer unbestimmten Furcht oder Sorge, einer bangen Ahnung im Angesicht des Unbekannten.

Das Dirigierte dirigieren

Sobald wir uns in dem Strang des immer Gleichen verfangen haben, dirigieren wir auf eine höchst eingeengte und restriktive Art. Der Dichotomie verpflichtet und auf das Selbst zentriert, weisen wir Namen zu und machen jegliches Benannte zu einem Fixpunkt. An diesen Punkten haben Gedanken und Fragen aufzuhören. Wie ein Polizist, der den Verkehr dirigiert, winken wir jedes Fahrzeug zu den erlaubten Kreuzungen und achten streng darauf, jeden Verkehrssünder aufzuhalten.

Sobald die Zeit und ihre Präsentationen gegeben sind, lastet der zeitliche Impulsmoment auf uns und läßt uns kaum noch eine Wahl. Was können wir anders tun als auszumessen und zu interpretieren, was innerhalb der zulässigen Grenzen erscheint? Wie könnten wir über die etablierten Bedingungen und Einschränkungen hinausgehen? Es gibt Gedanken, die sich nicht denken lassen, Begriffe, die sich nicht bilden lassen,

Gefühle, die sich nicht fühlen lassen, Erfahrungen, die nicht gemacht werden können. Andere Alternativen können sich präsentieren – andere Weisen, wie die Dinge sein könnten, andere Verhaltensformen, für die wir uns entscheiden könnten –, doch wissen wir von vornherein, daß sie keiner ernsthaften Erwägung wert sind.

So gründlich haben wir diese Begrenzungen zu akzeptieren gelernt, daß wir sie selten wahrnehmen oder uns vorstellen, es könnte anders sein. Die Zeit muß linear sein, um als Träger von Geschichten fungieren zu können; die Themen, die sie präsentiert, müssen um das Selbst zentriert sein, das die Rolle des Erzählers oder des Zeugen spielen kann. Mit unseren Geschichten beschäftigt, denken wir über die Angelegenheit nicht lange nach. Was die Verbindung zwischen dieser Unaufmerksamkeit und der Natur der von uns ins Dasein dirigierten Realität angeht – nun, die ist bestenfalls spekulativer Art. Die Bahn, der wir folgen, ergibt sich so reibungslos, daß wir nicht einmal merken, daß wir überhaupt Entscheidungen treffen.

Allmächlich passen wir uns an und übernehmen. Wir übersehen, wie gründlich unsere Verhaltensweise das, was wir als vorgegeben akzeptieren, widerspiegelt; übersehen, daß ein bemerkenswertes Nicht-Wissen einen Platz von zentraler Wichtigkeit in unserem Leben eingenommen hat. Mannigfaltige Variationen präsentieren sich, doch verschmelzen sie sofort mit dem, was nun einmal ›so ist‹, wie Bäche, die zu Flüssen zusammenströmen, und Flüsse, die sich vereinen zu einer großen Flut, die sämtliche Alternativen hinwegschwemmt. Wir finden uns umspült von sozialen Strukturen, Technologien, persönlichen Sorgen und kulturellen Artefakten – treibend in einem Meer von Worten und Bildern, Sinneseindrücken, Ideen, Phantasien und Emotionen.

Acht- und machtlos dirigieren wir Begrenzungen und Hindernisse. Selbst wenn ungelöste Schwierigkeiten vor uns aufragen, bildet sich kein neues Gewahrsein, denn die für Gewahrsein verfügbaren Strukturen sind von den gleichen Prozessen und Wissensmodi geprägt, die diese Schwierigkeiten hervorgebracht haben. Unsere Lösungsversuche reproduzieren Rhythmen, die die vorherrschenden Muster von neuem aktivieren, und fordern uns auf, das bereits Dirigierte abermals nachzudirigieren.

Angesichts solcher Probleme können wir die Themen von Hoffnung und Furcht, von Haben und Wollen, Erfolg und Mißerfolg, Fortschritt und Rückschritt nur immer feiner und reiner durchexerzieren. Im Lauf der Zeit übernehmen wir so komplexe Einstellungen – so umwunden mit Girlanden von Rechtfertigungen und Erklärungen und bewußten Akten des Nicht-Wissens, in ihrem Tohuwabohu des Erzählens so vermengt mit dem, was wir für die zugrundeliegende Wahrheit halten –, daß wir unsere eigentlichen Herzensanliegen aus den Augen verlieren. Der Prozeß kann in nichts anderes münden als in die eigene Niederlage und ist auf schmerzliche Weise selbstzerstörerisch.

Nicht willens, uns mit Desillusionierung und Enttäuschung abzufinden, erschließen wir neue Themen des Dirigierens. Vielleicht ergibt sich irgendwann ein anderer Ort oder eine andere Zeit, eine andere Struktur oder Theorie. Vielleicht erzielt eine andere Generation dort einen Durchbruch, wo wir gescheitert sind, oder die Zwangsläufigkeit der Geschichte tritt rettend auf den Plan. Bis der Augenblick kommt, an dem wir verzweifelt aufgeben, sind wir immer bereit, es noch einmal zu versuchen, auf einen besseren Zeitpunkt zu warten oder eine neue Situation zu suchen. Doch durch dies alles dirigieren wir nur Wiederholung. Geheimnisse und Paradoxien werden ignoriert, und Grenzen der Erkenntnis werden als Teil der Realität dirigiert. Wir kann es anders sein, wenn die Zeit des Dirigierens und die Erkenntnis, die diese Zeit ins Dasein dirigiert hat, unhinterfragt bleiben?

Dirigieren ohne Licht

Die Welt, die durch solch ein Dirigieren entsteht, können wir uns vorstellen als eine Echowelt, eine Welt, in der Stimmen sich endlos wiederholen, sanft umflirren und berühren wie ein Wind, der Blätter zum Rascheln bringt. Als Bewohner dieser Welt hören wir nicht wirklichen Klang, sondern nur die Echos von Klang und die Phantasiebilder von Gedanken. Wir sehen und fühlen und berühren nicht wirklich; wir können nicht einmal richtig bedenken. Obwohl wir sagen, wir hätten gesehen, ist im Herzen dessen, was geschah, der Nachhall des Echos – das begriffliche Dirigieren des Altvertrauten und Repetitiven.

In dieser vertrauten Welt dirigieren wir auf Arten, die nicht verläßlich sind. Manchmal wissen wir nicht, dirigieren aber so, als ob wir wüßten; manchmal wissen wir, dirigieren aber, als wüßten wir nicht. Wir verkünden durch Sprache oder Gedanken und werden dann zu passiven Opfern des Verkündeten. Wörter, Gedanken und Sinne verbinden sich zur Quelle dessen, was entsteht, und errichten so die Vergangenheit. Der Entwurf ist abgeschlossen, die Blaupause gezeichnet, die selbstbeengende Struktur errichtet. Wir bleiben ohne Alternative.

Diese dirigierte Schattenwelt ist eine Welt der Grenzen und der Dunkelheit. Sie bietet Schmerz und Benommenheit, Verwirrung und Dumpfheit, Angst und Emotionalität. Sie fordert auf zu Schäbigkeit und Verschlagenheit und Gedankenlosigkeit, zu Ignoranz und trotzigem Groll. Grundiert von Lärm und Geschwätz hält sie den Geist in Aufregung und beschwert mit den Residuen von Hindernissen, die hartnäckig immer wiederkehren. Während wir im Dunkel vorwärtsstolpern, ertönen unaufhörlich Stimmen, die uns zu etwas auffordern oder bestärken, versucherisch und überwältigend zugleich, wie Geflüster in der Stille der Nacht. Ihr Gemurmel spinnt sich endlos fort und formt so den Raum der Erscheinung.

In dem Fehlen von Leichtigkeit ensteht ein beengender, lastender Druck. Er schafft Zwietracht und schnürt ein, drängt in Verwirrung. Es gibt keine Phantasie, keine Kreativität, keine Freude. Wir wissen nicht, wie wir unser Leben dirigieren sollen.

In dem Maß, wie sich solche Muster manifestieren, weisen wir entsprechend Identitäten zu. Wir dirigieren eine beengte Seinsweise, in der Wissen und Zeit nicht reibungslos fließen. Darauf fixiert, die von uns dirigierte Struktur aufrechtzuerhalten, beharren wir auf dem Ignorieren dessen, was geschieht, oder weisen eine aus dem Depot unserer Geschichten bezogene Bedeutung zu. Indem wir unsere eigenen Gedanken und Wahrnehmungen dirigieren, verlieren wir die Fähigkeit, zwischen dem, was wir uns erzählen, und dem, was wirklich in der Zeit erscheint, zu unterscheiden. Wir haben Wahrnehmungen von und Reaktionen auf das Spiel, das wir dirigieren, und sind somit ein Echo dessen, was wir finden, und Finder unseres eigenen Echos.

Die Zeit des Dirigierens dirigieren

Indem wir die Ereignisse dirigieren, die die Zeit präsentiert, dirigieren wir auch die Zeit selber. Jede Geschichte, die wir erzählen, ist auch eine Geschichte darüber, wie Zeit funktioniert: über Zeitverhältnisse, das Fließen der Zeit, zeitliche Wechselwirkungen. Der Dirigent dirigiert eine Zeit ins Dasein, die dem Erzählen von Geschichten Vorschub leistet und Substanz verleiht, und dirigiert dann das Sein in Übereinstimmung mit der Dynamik eben dieser Zeit.

An diesem Wechselspiel ist etwas regelrecht Magisches. Die Dynamik, die es möglich macht, daß Erscheinung Gestalt annimmt, ist in Wirklichkeit ein Teil dessen, was erscheint. Das Dirigieren dirigiert das Dirigieren und schafft so die Bedingungen, die für sein eigenes Wirken notwendig sind.

Was sind die Mechanismen dieses Dirigierens, das die üblichen Normen der Kausalität zu verletzen scheint? Wenn die

Zeit selbst ein Teil des Dirigierten ist, wie kann dann dirigierte Wirklichkeit entstehen?

Zur Erforschung dieser Frage wollen wir mit Zeit als einem dirigierten Konstrukt beginnen: als einer spezifischen Art, die Wechselwirkung von Ereignissen zu betrachten. In der üblichen Weise dirigiert, erlaubt uns die Zeit, das, was geschieht, im Sinne unserer ›subjektiven‹ Interessen und unserer ›objektiven‹ Umgebung zu ordnen. Indem Ereignisse im Lauf der Zeit erscheinen, sind sie auf diese konstruierte zeitliche Ordnung (oder diese Ordnungen) bezogen. Alle zeitlichen Phänomene sind als Teilhaber an dieser Beziehung untereinander verbunden. Mit demselben Recht ließe sich sagen, daß in Bezug auf eben diese Phänomene und ihre wechselseitigen Verknüpfungen Zeit als eine Grundbedingung der Realität entsteht.

Die zeitliche Ordnung ist linear in dem Sinne, daß sie sich von der Vergangenheit zur Gegenwart in die Zukunft entfaltet. Doch sie ist auch zyklisch. Tag und Nacht, die Jahreszeiten, die Wiederholungsrhythmen des täglichen Lebens und das Auf und Ab der Kultur entfalten sich im Einklang mit der dirigierten Zeitlichkeit, präsentieren ihr eigenes Kommen und Gehen. Solche Zyklen verweisen auf den transitorischen Charakter von Zeit: Was immer auch entsteht, es ist geprägt von Veränderung und Ableitung, von Geburt und Tod und Gewinn und Verlust. Zum größten Teil können solche Veränderungen gemessen werden, entweder durch physikalische Messung, durch Messung der Veränderungsgeschwindigkeit oder durch die bedeutungsgebenden Unterscheidungen der Sprache. Die Zeit selbst wird ebenfalls ausgemessen, und ihre Meßbarkeit ist der Ansatzpunkt anderer Formen des Messens.

Die Objekte und die von ihnen bewohnten Zeitraster bedingen sich wechselseitig. Wir messen zum Beispiel die Zeit im Verhältnis zu den Bewegungen von Sonne und Mond oder zu anderen, invarianteren Rhythmen, doch lassen sich solche physikalischen Phänomene selber nur auf der Basis des etablierten Zeitrasters identifizieren und etablieren. Auch das menschliche

Bewußtsein ist an diese interaktiven Strukturen gebunden. Wir wissen nur, was ›in‹ der Zeit erscheint und der zeitlichen Dynamik entspricht. Durch Definieren und Determinieren formen wir die Realität entsprechend der vorherrschenden Zeitentfaltung.

In dieser ausgemessenen zeitlichen Ordnung üben klar definierte Entitäten nach den Prinzipien von Ursache und Wirkung gegenseitig aufeinander Einfluß aus, und es gibt klar umrissene Übergänge von einem Zustand zum nächsten. Gleichzeitig aber ist alles, was erscheint, von allem anderen abhängig oder durch es bedingt, wobei jedes Ding in andere ›hineinwirkt‹. Unsere Interpretationen zielen darauf ab, diese Welt aus Übergängen und Bedingungen mit den Strukturen der Identität und Gleichheit zu versöhnen.

Da Erkenntnis selber von den Strukturen der zeitlichen Ordnung geformt und begrenzt ist, lassen sich diese Strukturen normalerweise nicht hinterfragen. Doch ist diese Begrenzung nicht der Erkenntnis selbst inhärent. Sobald die zeitliche Ordnung erst einmal als Konstrukt identifiziert ist, läßt sie sich im Prinzip anders konstruieren. Vielleicht sind wir zum Beispiel in der Lage, unter den wechselnden Mustern der Zeitlichkeit eine ›Binnen‹dimension der Zeit auszumachen: ein unveränderliches Kontinuum, das ›hinter‹ der wandelbaren Szenerie der zeitlichen Ordnung verfügbar ist. Damit eine solche Alternative jedoch verfügbar wird, müßten wir einen anderen Erkenntnismodus aktivieren: einen Modus, der seine Abkunft nicht aus den vorausgesetzten Konstrukten der zeitlichen Ordnung bezieht.

Die Brücke der Zeit erbauen

In den mit der linearen Zeit verbundenen Auffassungsweisen interagieren die durch Gedanken und Sinne übertragenen Konstrukte und Kognitionen in mannigfachen Schichten. Aus dieser Darbietung ziehen wir die Definitionen, Qualitäten und Werte, die wir benötigen, um unsere Erfahrung sinnvoll zu machen. Durch diese Art des Dirigierens nehmen wir wahr, projizieren wir und stellen wir sicher, daß das Erscheinende etabliert wird. Indem das Etablierte auf die Autorität des Vertrauten Anspruch erhebt, wird Bedeutung zur Wahrheit standardisiert.

Im Sinne seiner zeitlichen Dynamik betrachtet, führt dieser Wissensmodus Erscheinung unweigerlich auf andere Erscheinungen zurück. Schließlich stehen wir vor einem von zwei Extremen. Entweder geht die Erscheinung zurück auf eine Quelle, die selber nicht in der Zeit erscheint, oder sie ist selbstbezüglich und selbstentstehend. Die erste Alternative führt zu einer Art Ewigkeitsglauben, denn sie bezieht Erscheinung auf eine Existenz außerhalb der Zeit. Die zweite führt zu einer Art Nihilismus, denn sie sieht im Entstehen der Erscheinung keine Ursache und keine Absicht am Werk.

Ewigkeitsglaube und Nihilismus werden als diametrale Gegensätze angesehen, doch teilen sie beide die gleiche Auffassung von Zeit. Ob wir eine Ur-Ursache herleiten oder nicht, das Zeitliche fungiert als die Brücke, über die die Substanz der Erfahrung ins Dasein transportiert wird. Der Dirigierende kann den Verkehr sicher über die Brücke leiten: Als das Wor›auf‹ dessen, was entsteht, geht die Zeit un›auf‹haltsam weiter auf eine Weise, ›auf‹ die wir uns verlassen können.

Wie können wir diese Sichtweise mit der Auffassung versöhnen, daß die Zeit selbst dirigiert wird? Als einen Übergangsschritt könnten wir sagen, daß das Gesamt dieser Struktur durch den Geist errichtet wird. Um die Brücke zu bauen, nimmt der Geist als Rohstoff ›Punkte‹, wie sie in einem prädefinierten und präexistenten Raum erscheinen. Um feste Verknüpfungen sicherzustellen, verstrebt er sein Bauwerk mit Interaktionspartikeln, mit ›in‹ und ›an‹ und ›von‹ und ›durch‹; mit ›für‹ und ›weg von‹ und ›hin zu‹ und ›durch ... hindurch‹. Um zu Projekten zu gelangen, speist er zahllose vergangene Projektionen ein, liefert fast gleichzeitig Millionen oder Milliarden Instruktionen und extrapoliert die Ergebnisse. Indem er das Resultat im Sinne vergangener Geschichte, gegenwärtiger Erfahrung und künftiger Projektionen kategorisiert, garantiert er als erstes ein festes Fundament und einen durchführbaren Entwurf; später leistet er die Feinarbeit an den Details, die dafür sorgen, daß die Struktur die vorgesehene Last auch tragen kann.

Durch ein solches Konstruieren etabliert der Geist eine zeitliche Ordnung. Doch ist der Geist ebenso auch von dem Funktionieren einer solchen Ordnung abhängig. Der Geist hat einen Entwurf ›im Sinn‹, und der Entwurf erfordert eine Oberfläche, ›auf‹ der er ausgeführt werden kann. *Die lineare Zeit ist auf diesem ›Auf‹ gegründet.* Es ist so, als malte man ein Gemälde eines Gemäldes – der Akt des Malens ›erschafft‹ die Leinwand des Gemäldes, das gemalt wird.

Das gleiche Wechselspiel läßt sich auf jeder Stufe des mentalen Dirigierens und Konstruierens ausmachen. Messungen, Logik und Ideen entstehen sämtlich durch die Operationen des Bedeutung verleihenden Geistes, während der Geist seinerseits in seinem Wirken auf die Messungen, die Logik und die Ideen angewiesen ist, die er ins Dasein dirigiert.

Die Logik der Identität sähe in einer solchen Zirkularität ein Zeichen von Willkür und blindem Zufall oder einen Hinweis auf nicht vollständig Begriffenes. Doch es gibt eine andere Betrachtungsweise. Das indeterminierte Wechselspiel mentaler Konstrukte mit der zeitlichen Ordnung präsentiert in anderer Form die fortwährende Offenheit der Zukunft, in der nichts jemals gegründet ist. Es demonstriert, daß keine Struktur vorab festgelegt und keine Ordnung absolut ist. Wenn die Zeit selbst als ein Teil des Dirigierten gesehen wird, errichten die Modi, in denen wir die zeitliche Ordnung dirigieren, keine absoluten Grenzen mehr.

Ein Wissensmodus, der das Dirigierte als Dirigiertes bewahrte, könnte uns von der Substanz des ›Vorvergangenen‹ und von den einengenden Mustern unseres eigenen Lebens befreien. Können wir im Sinne dieser Möglichkeit handeln?

Gibt es ein Wissen, das dasjenige unmittelbarer zugänglich macht, was in der zeitlichen Dynamik *ungeformt* bleibt? Können wir dem geheimen Wirken eines Erscheinens auf die Spur kommen, das nicht von dem Anspruch geprägt ist, wirklich zu sein?

KAPITEL 14

Das Öffnen unbekannter Zeit

Alles, was in der Zeit entsteht, muß in die herrschende zeitliche Ordnung hineinpassen. Wie die sich entfaltende zeitliche Ordnung selbst, dienen die Präsentationen der Zeit einem von der Ordnung des Gesamts vorgegebenen Zweck. Wir könnten sagen, sie entwickeln sich als ein ›Um zu‹ der Ordnung.

Auch wenn wir uns für gewöhnlich die Ordnung des Gesamts als die Summe alles dessen, was ist, vorstellen, wird eine umfassendere Perspektive auch die Zeit, die das Gesamt überträgt, miteinbeziehen. Das Feldkommuniqué kommuniziert sich selbst als die zugrundeliegende Vorbedingung des Entstehens – als das Signal, das alles Übertragene sendet. Diese Präsentation wollen wir das ›Tempo‹ der zeitlichen Ordnung nennen.

In dem Maße, wie das Tempo sich ausspielt, gewinnt eine Ordnung Gestalt und entfaltet sich ein Kosmos: eine kosmische Zeit und ein kosmischer Raum, die ihrerseits wiederum die Entfaltung anderer, untergeordneter Ordnungen erlauben. Jede dieser Ordnungen, wie disparat sie auch seien, bezieht sich zurück auf das Ursprungstempo.

Als ein vereinfachtes Modell für diese mannigfaltigen miteinander verknüpften Ordnungen könnten wir das Wechselspiel von Mikro- und Makrokosmos betrachten: von zwei verschiedenen Ordnungen der Realität, die das Tempo auf radikal unterschiedliche Arten ausspielen. Die folgende Graphik zeigt diese Ordnungen in Form zweier Kegel, wobei das Tempo die gemeinsame Grundfläche beider abgibt.

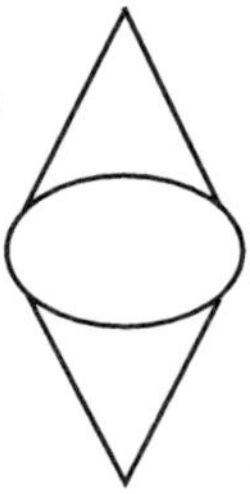

Angenommen, wir wollten dieses Ausspielen für den Makro- wie für den Mikrokosmos nachzeichnen. Am Beispiel der Graphik hieße das, uns auf der Oberfläche eines jeden Kegels aufwärtszubewegen, bis wir seine Spitze erreicht hätten. Auf einer Ebene ließe sich diese Reise auffassen als Spiegelung der Evolution einer jeden Ordnung in der Zeit. Wären wir auf der Spitze des Kegels angekommen, dann hätten wir die Gegenwart erreicht.

Obwohl die Graphik die Kegel als zwei getrennte Ordnungen darstellt, scheint es nur einen Gegenwartsaugenblick geben zu können. In diesem Falle würden unsere parallelen Reisen entlang der beiden Kegel am Ende konvergieren. Mit dem Erreichen der Spitze des einen Kegels hätten wir auch die des anderen erreicht – den Gegenwartspunkt, an dem alle Ordnungen zusammenkommen, um die Ordnung des Gesamts zu bilden.

Insofern wir diesen gegenwärtigen Punkt bewohnen, sind wir ›in‹ der Zeit und agieren eine ›von‹ der Zeit generierte Ordnung aus. Doch was ist mit der uns umgebenden, undefinierten Fläche: mit der Region jenseits der Kegel? Zum Teil mag sie von anderen Kegeln ausgefüllt sein: anderen sich entwickelnden Ordnungen. Doch wird es auch Flächen geben, die durch keinerlei Kegel besetzt sind. Obwohl diese Flächen in gewissem Sinne zeitlich sind, scheinen wir zu solcher Zeitlichkeit keinen Zugang zu haben, denn sie entsteht nicht auf der Grundlage des vorherrschenden Tempos und kann infolgedessen für ein von den dominierenden Ordnungen geprägtes Bewußtsein nicht zugänglich sein. Über ihre Struktur zu spekulieren ist so, als spekulierten wir über die Zukunft oder als fragten wir uns, wie die Unterseite der Münze aussieht, die vor uns auf dem Tisch liegt. Wir können Vermutungen anstellen und Voraussagen treffen, doch letzten Endes ist das ›andere‹ sowohl unbekannt als auch unerkennbar. Wenn wir auf dieses Unbekannte hinschauen, fördert das Licht der Erkenntnis nur Dunkelheit zu Tage.

Im Sammelpunkt der Gegenwart, wo sämtliche möglichen Ordnungen konvergieren, kommen Bekanntes und Unbekanntes, Felder der Wißbarkeit und alle determinierenden Grenzen und Schranken zusammen. Wir sind an der äußersten Randzone dessen, was das Tempo und seine im Kommuniqué übermittelten Ordnungen projizieren. Die Grenzen des Erkennbaren sind exakt und in vielfacher Weise etabliert, und wir können sie nicht überschreiten.

Unbekannte Möglichkeiten

Vielleicht haben wir ein ›Überschreiten‹ gar nicht nötig. Unbekannte Zeit ist nicht nur ›jenseits‹ der Projektionen des Tempos – der Oberfläche eines jeden Kegels – verfügbar, sondern ebenso auch innerhalb ihrer. Wir können einen Schritt weitergehen: *als Projektionen* sind die projizierten Ordnungen selbst eine fortwährende ›Aktivität‹ der unbekannten Zeit.

Diese Perspektive läßt neue Möglichkeiten für Erkenntnis in der Zeit erahnen. Obwohl der menschliche Geist Erkenntnismodi ausübt, die von den vorherrschenden Ordnungen eingerichtet wurden, ist in dem Projizieren des Tempos vielleicht ein anderes Wissen am Werk. Darüber hinaus gibt es weitere Möglichkeiten für ein andersgeartetes Erkennen: in dem ›Aus-Druck‹ jeder zeitlichen Projektion, in der Kommunikation dessen, was projiziert wird; in der Koordination mannigfaltiger

Ordnungen, die im Sammelpunkt der Gegenwart Gestalt annimmt.

Vielleicht könnten wir dann, wenn wir Zeit ohne unsere Einmischung – ohne daß wir die vorherrschende zeitliche Ordnung überstülpen und als ausschließlich verkünden – ihre Verlautbarung treffen ließen, ein solches andersgeartetes Wissen aktivieren und verfügbar machen. Vielleicht könnte unbekannte Zeit doch erscheinen und als möglicher Träger dieses umfassenderen Wissens dienen. Indem wir die unbekannte zeitliche Dynamik erhellen, könnten wir der Zeit ihrerseits erlauben, das Licht der Erkenntnis zu übertragen. Wenn wir die Zeit ›jenseits‹ der konventionellen Zeit stärken und Gewahrsein und Erkenntnis mit dem Erscheinen der Zeit selber vereinen, könnten wir die Kernfragen, die zu allen Zeiten den Gegenstand von Religion, Moral, Ethik und Tätigsein ausgemacht haben, vielleicht neu formulieren.

Um solche unbekannten Möglichkeiten zu aktivieren, muß eine Möglichkeit gefunden werden, unbekannte Zeit und die relative zeitliche Ordnung zu verbinden. Wenn wir die Hypothese aufstellen, daß ein solches Bindeglied verfügbar ist, steht es uns frei, über seine Natur zu spekulieren. Nehmen wir zum Beispiel an, Vergangenheit, Gegenwart und Zukunft stünden miteinander in zyklischer Wechselwirkung, so wie Regen, der sich auf der Erdoberfläche sammelt und unter dem Einfluß der Sonnenhitze wieder zum Himmel aufsteigt. In diesem Fall wäre das Unbekannte vielleicht als der Zyklus des Ganzen zugänglich. Oder vielleicht funktioniert das Unbekannte in unabhängiger Weise: als eine Quelle ›außerhalb‹ der konventionellen Zeit, das die Fülle der unsere Wahrheit und unsere Realität ausmachenden Phänomene in die zeitliche Ordnung einspeist. Doch vielleicht ist diese Wechselwirkung auch subtiler, wie der schwebende Tanz von Sonne, Mond und Erde, der bestimmt, wo Licht hinfällt und wo Finsternis herrschen wird.

Wie können wir solche Spekulationen in unmittelbare Möglichkeiten für Erkenntnis verwandeln? Ein erfolgversprechender Ausgangspunkt ist die absolute Unverzichtbarkeit der Zeit für jegliche Erfahrung. Wann immer wir auf irgendeiner Ebene Tendenzen und Wahrscheinlichkeiten projizieren oder der Zeit den Inhalt des Erkennbaren zuweisen oder uns in Bezug auf Kontinuität und die Aktivierung des zur Aktion Befähigten auf Vergangenheit und Zukunft verlassen, offenbaren wir unsere Abhängigkeit von der Verfügbarkeit von Zeit.

Gewöhnliche Erkenntnis gibt keinen Zugang zum aktiven Geschehen der Zeit auf dieser grundlegenden Ebene. Doch eben diese Unbekanntheit kann uns führen. Wenn wir die lineare Zeitlichkeit betrachten, können wir Charakteristika erkennen, die für eine Zeit jenseits der konventionellen Ordnung nicht gelten würden. Eine solche unbekannte Zeit würde keine Grenzen, Spuren oder Bilder erzeugen oder einladen; sie würde den Projektionen eines physischen Daseinsbereichs nicht Vorschub leisten und wäre nicht durch sie begrenzt. Grundkategorien wie Schöpfung, Existenz, Ursache und Wirkung, Beziehung, Übergänge, Ableitung und Impulsmoment besäßen keine Geltung, da die unabhängige Welt von Dingen und Konstrukten, die als ihre Basis dient, nicht funktionieren würde. In einer ›Zeit jenseits‹ gäbe es kein Bindeglied zu dem, was üblicherweise akzeptiert oder als gültig anerkannt ist – zu dem, was wir als Zeit ansehen, oder zur Erscheinung in der Zeit oder zur Realität. Die verfügbaren Kategorien würden nicht passen; die üblichen Konventionen würden nicht greifen.

Dem Binnen der unbekannten Zeit auf der Spur

Unbekannte Zeit würde die übliche Ordnung nicht notwendigerweise negieren. Die Struktur der Opposition, die eine solche Negation nahelegt, ist selber ein Artefakt der konventionellen Ordnung. Vielleicht könnten wir stattdessen spekulieren, daß die konventionelle Erscheinung ›durch‹ die dirigierte Zeit ›hindurch‹ zu einer Art von Soheit zurückverwiesen würde – ohne Bindeglied zu Bedingungen oder dem Bedingten, zu Situationen oder zu Situiertheit oder zu irgendeiner der anderen Vermessungsweisen, die eine Beschreibung ermöglichen.

Warum sollen wir dieses unbekannte strukturierende Element überhaupt ›Zeit‹ nennen? Nun, deswegen, weil auch dann, wenn wir uns die relative Zeit als von allen subjektiven Ansprüchen, Positionen und Bedürfnissen gereinigt vorstellen, noch immer das Phänomen des Entstehens vorhanden ist. Aus einem verborgenen Unbekannten scheint das Erscheinende hervorzutreten: exakt, perfekt, präzise. Die gegenwärtige Realität, *die vorher nicht da war*, wird irgendwie ins Dasein übersetzt. Wir könnten es auch so ausdrücken: Die zeitliche Ordnung selber ›entspringt‹, obwohl es keinen Akt des Entspringens in der Zeit gibt.

Es scheint nicht möglich, dieses Entspringen in einem konventionellen Sinne nachzuzeichnen. Kategorien wie ›Ursprungsquelle‹ oder ›Schöpfungsakt‹ können es nicht fassen. Wir können nur sagen, daß innere oder verborgene Zeit nicht aus einem Akt des Verbergens oder aus irgendeinem anderen Akt ›resultiert‹. Sie wird weder erzeugt noch ist sie eine Quelle. Wir könnten sagen, sie ist ›wegverborgen‹: vor dem Entspringen bereits außer Sicht. Doch diese Entzogenheit schließt in keiner Weise ihre wesentliche Teilnahme an der Verwandlung von Zukunft und Vergangenheit in die Gegenwart des Gegenwärtigen aus.

Eine innere ›wegverborgene‹ Dimension der Zeit ist in gewissem Sinne grundlegend, denn die Natur der konventionellen zeitlichen Ordnung hängt recht eigentlich vom Wirken eines unbekannten Faktors ab. Wir haben dies schon in Bezug auf die Zukunft gesehen. Auch ohne zu wissen, was die Zukunft bringen wird, sind wir gleichwohl von der Gewißheit abhängig, daß die Zukunft weitergehen wird: daß ein unbekanntes Reich der Möglichkeit Zeit weiter vorwärtsdirigieren wird.

Eben diesen unbekannten Faktor können wir in anderen Formen entdecken, die unser konventionelles Wissen durchdringen. Alles, was in der herrschenden zeitlichen Ordnung als real umfaßt wird, war irgendwann einmal unbekannt. Durch einen Prozeß, der ebenfalls unbekannt ist, kam es zu einem Entstehen hinein in Erfahrung. Können wir das unbekannte Fundament dieses Entstehens entdecken, des Erscheinens dessen, worauf wir uns jetzt als real verlassen?

Aus unserer subjektiven Position innerhalb eines relativen Zeitrahmens können wir den Akt des Begründens auf die unbekannte Zeit beziehen. Wir könnten sogar spekulieren, daß die unbekannte Zeit eine Art letzte Basis, eine verborgene Quelle sei, die mit Erfahrung und Existenz ›betraut‹ ist.

Die Nicht-Verfügbarkeit der Zeit als einer solchen verborgenen ›Quelle‹ macht sie in einer Hinsicht zu etwas weit Entferntem. Doch dies reduziert die Zeitlichkeit nicht zu einer Abstraktion oder zu einer unpersönlichen Macht. Wenn Zeit wirklich in irgendeinem Sinne Quelle ist, dann ist sie unmittelbar präsent und verfügbar, so wie geologische Kräfte in der veränderlichen Landschaft um uns herum präsent sind. Während der Geist darangeht, die Vergangenheit zu erinnern und die Zukunft vorwärtszudirigieren, muß das Bewußtsein irgendwie mit der verborgenen Zeit des Begründens verbunden bleiben.

Das Verschmelzen von Zeit und Gewahrsein

Als Modell zur Erforschung dieser Verbindung wollen wir einmal annehmen, unsere Seinsweise und die sie tragende Zeit seien in unsere Gene einprogrammiert. Die bewußten Urteile, die wir fällen, und die unbewußten Muster, die wir in Gang setzen, leiten sich von dieser tieferen Struktur her, die der Erkenntnis nicht zugänglich ist, aber in allem, was wir erfahren, auf innig vertraute Weise wirksam wird.

Indem wir diese tiefere Zeit ausagieren, bringen wir ein Zeitigen zum Ausdruck, das mit unserem Wesen in innigster Verbindung steht. Eine Aufnahme wurde gemacht; nun läßt sie sich entwickeln. ›Allmählich, im Lauf der Zeit‹, werden Muster verstärkt und dann durch die Strukturen und Mechanismen der zeitlichen Ordnung weiterbewahrt. Zum Beispiel wird durch die Mechanismen der Sinneswahrnehmung das Reich des Materiellen verfügbar. Muster, die dem Gewahrsein durch das Gedächtnis aufgeprägt wurden, werden übertragen, entwickelt und ausgedruckt werden; werden fest und vorhersagbar. Für den Geist besteht keine Notwendigkeit, zu konstruieren: die Zeit selbst kann als aktiver Träger der Erfahrung dienen.

Nur unbekannte Zeit kann dies ermöglichen; nur sie kann die Zeitlichkeit in einer Weise in Anspruch nehmen, daß sie Erfahrung ins Dasein dirigiert und Bewußtheit in Faktizität ausstrahlt. Doch können wir Erscheinung nicht ausschließlich der Zeit zuerkennen. Wenn wir zurückverfolgen, was geschieht, wenn Erfahrung übertragen wird und Verstehen entsteht, müssen wir zwei Elternteile anerkennen: Zeit und Gewahrsein. Wenn Zeit das Bild überträgt, ist Gewahrsein das Licht, das es belichtet und so seine Entwicklung und seinen Ausdruck ermöglicht.

In der Wechselwirkung zwischen Gewahrsein und Zeit wird eine intrinsische Wissendheit vorwärtsbewahrt. Innerhalb des Mechanismus der linearen Zeit ist diese Wissendheit uns nur bekannt in dem eingeschränkten Wissen, das der Zeuge über die ›Vergangenhaftigkeit‹ der Erfahrung besitzt. Doch selbst wenn sie unbekannt oder verborgen ist, zieht sich die Wissensfähigkeit, die die Zeit bewahrt, nicht zurück. Stattdessen ›nimmt sie Gestalt an‹ als die unbekannte zeugende Quelle der vorherrschenden Ordnung. Aus dem Inneren dieses namenlosen Unbekannten entwickelt ein Mechanismus einen Prozeß, und Phänomene werden als das Entstehen von Existenz ausgestrahlt. Ein Feldkommuniqué trägt ›wegverborgenes‹ Wissen aus und begründet Erscheinung in dirigierter Zeit.

Innerhalb dieser Unbekanntheit – vor dem Benennen, vor dem Setzen von Zielen, *vor der Trennung von Zeit und Erkenntnis* – präsentiert sich ein neues zeitliches Wissen. Der konventionellen Ordnung nicht bekannt, aber grundlegend für diese Ordnung ist es sowohl weniger als auch mehr denn möglich.

Vielleicht können wir diese ›Mehr-oder-weniger-heit‹ einfach zulassen. Durch dieses Zulassen machen wir einen Schritt aus der starren Enge der herrschenden Ordnung. Obwohl wir das Bekannte nicht hinter uns gelassen haben, sind wir vielleicht bereits in der Gegenwart einer ›wegverborgenen‹ Öffnung auf eine unbekannte Zeit und ein unbedingtes Wissen.

Nachzeichnen jenseits von Nachzeichnen

Unsere konventionellen Versuche, die Ursprünge unserer gegenwärtigen Erfahrung nachzuzeichnen, affirmieren unweigerlich die Vergangenheit als Quelle. In die zeitliche Ordnung des Gesamts eingebunden, ergründen wir die Geschichte dessen, was gegenwärtig erscheint, und bestätigen so die bekannte Sphäre dessen, was in der Mitteilung übertragen wurde.

Dementsprechend werden Erkenntnisrestriktionen dirigiert. Wir können erforschen und Entscheidungen treffen; wir können die Qualitäten wissenschaftlicher Objektivität, logischer Strenge, konzentrierter Aufmerksamkeit und psychologischer Einsicht verfeinern; vielleicht können wir sogar die Gewißheiten des Glaubens entwickeln; dennoch kann unser Erkennen nicht über die Muster und die Mechanismen der zeitliche Ordnung hinausgehen.

Sofern wir uns in diesem geschlossenen Kreis des Bekannten bewegen, wird die Zukunft als Unbekanntes ausgeschlossen. Unsere Erkenntis vollzieht sich auf einer einzigen Bahn, und die Gegenwart markiert den Punkt, ab dem die Bahn nicht weitergeht. Da wir auf die Vergangenheit der Gegenwart beschränkt sind, haben wir über die Gegenwart der Zukunft nichts zu sagen. Da wir mit Vergangenheitsaugen sehen, umfaßt unser Gesichtsfeld nicht das, was noch nicht aufgezeichnet wurde; wir lesen das Protokoll dessen, was da geschrieben steht, und sind verständnislos für das, was noch nicht zu Buchstaben geronnen ist.

Doch selbst innerhalb der gegenwärtigen zeitlichen Ordnung gewinnt die Zukunftsunbekanntheit Erscheinung. Die Gegenwart erscheint als zentral, flankiert von Zukunft wie von Vergangenheit, und diese Struktur der Dreigeteiltheit ist wesentlich dafür, daß Bedeutung übertragen werden kann.

Könnten wir, da dem so ist, nicht hinausgehen über ein Nachzeichnen, das den Abstand zwischen Vergangenheit und Zukunft als unüberbrückbar kennzeichnet? Könnten wir, statt innerhalb der Ordnung nachzuzeichnen, das Entstehen der Ordnung nachzeichnen? Könnte die Unbekanntheit der Zukunft unser Tor zu dem grundlegenden Unbekannten sein, welches das konventionelle Wissen begründet?

Wenn wir auf die Zukunft schauen, stellen wir vielleicht fest, daß wir diesen Versuch scheuen. Der rationale Geist sieht keine Möglichkeit, zum Unbekannten der Zukunft, das per definitionem unbekannt ist, hinzugelangen. Zwar gibt es Vorahnungen, die sich als zutreffend erweisen, und Vorhersagen, die in Erfüllung gehen, doch sind das allenfalls Ausnahmen. Innerhalb des Erkennens der zeitlichen Ordnung stehen Bekanntes und Unbekanntes in einer ganz spezifischen Korrelation. Die unbekannte Zukunft ist nicht verfügbar als die Ursprungs›quelle‹ dessen, was entsteht; stattdessen dient sie als begrenzender Faktor des Bekannten.

Dieser Weg der Analyse bestätigt lediglich eine vorgefaßte Schlußfolgerung. Indem wir ein ›Entstehen aus‹ nachzeichnen, legen wir von Anfang an fest, daß die Natur dieses ›aus‹ bereits bekannt sei. Geprägt von ›von ... her‹ und ›hin zu ...‹ spielt der Geist, der nachzeichnet, die Rolle des Doppelagenten: er steht im Dienst genau der zeitlichen Ordnung, die wir zu hinterfragen wünschen.

Da wir dem konventionellen Geist verhaftet bleiben, müssen wir auf einer tieferen Ebene ansetzen. Betrachten wir also die unzugängliche ›Zukunftsunbekanntheit‹ – die als solche dem Raum-Nichts vergleichbar ist – als einen lokalen Stellvertreter einer grundlegenderen unbekannten Dynamik. Vor Vergangenheit und Zukunft und den Nachzeichnungen der linearen Ordnung gibt es das ›Davor‹ dieser unbekannten Zeit. In Bezug auf dieses Davor können wir weder sagen, es sei vergangen, noch können wir sagen, es sei je eingetroffen.

Falls wir den zeitlichen Impulsmoment verändern könnten – nicht durch Verschiebung seiner Richtung oder seines Ablaufs, sondern indem wir seine schwerfällige Gerichtetheit lockern –, könnten wir vielleicht dazu fähig werden, aus der ›Vergangenhaftigkeit‹ des linearen Nachzeichnens auszubrechen und das ›Davor‹ zu entdecken. Es gibt Hinweise dafür, daß dies möglich ist: schöpferische Einsichten und Durchbrüche, Intuitionen und Präkognitionen, unerklärliche Synchronizitäten. Doch diese Beispiele lassen uns von der inneren Dynamik der Zeit noch weit entfernt. Es ist so, als hätten wir durch ein gewaltiges Teleskop einen fernen Planeten gesichtet. Nun wollen wir selber dorthinreisen: tatsächlich auf ihm leben.

Das Unbekannte erwecken

Jenseits des Wissens, das die zeitliche Ordnung dirigiert, ist das Wissen, durch das die Strukturen, die wir ins Dasein dirigieren, Gestalt gewinnen. Falls wir einen Zugangspunkt zu diesem Wissen finden wollen, kann dies nur durch die Präsentationen der gegenwärtigen zeitlichen Ordnung geschehen: durch die Geschichten, die wir erzählen, und die Strukturen, die wir dirigieren. Dort, im Alltäglichen, wird das unbekannte ›Davor‹ sich verfügbar machen.

Wir wollen dies genauer betrachten. Das Wissen, das dem Dirigieren Gestalt verleiht, kann keinem Selbst gehören, denn das Selbst ist ein Geschöpf dirigierter Zeit und seine Welt ist eine dirigierte Welt. Doch wenn wir das Selbst mit seinen Emotionen, seinen Ansprüchen auf Identität und mit dem Schmerz, den es zufügt, indem es sich selbst und andere betrügt, zurückweisen, versperren wir uns das einzige Tor, durch das ein gründendes und dirigierendes Wissen hervortreten kann. Um zum ›Davor‹ zu gelangen, müssen wir unsere vergegenwärtigende Welt, gleich welchen Inhalt und welche verdunkelnden Muster sie auch aufweist, zuerst uneingeschränkt bewohnen.

Dieser Hinweis scheint den vielen Traditionen zu widersprechen, die uns anraten, unsere Seinsweise in der Welt zu transformieren, doch der Widerspruch reicht nicht tief. Die uralte Weisheit, die uns dazu auffordert, Mitgefühl zu üben, offener mit anderen und ehrlicher mit uns selbst zu sein und eine harmonischere und stabilere Energie zu entwickeln, kann ein Wissen aktivieren, das alte Strukturen und Geschichten wirksam kappt. Nur sind solche Übungen möglicherweise nicht hinreichend.

Es ist nicht schwierig, alte Muster so anzuordnen, daß sie neue Einsichten aufnehmen können und dabei die grundlegenden Geschichten des Selbst unversehrt lassen. Je stärker wir zum Beispiel die Hörigkeit gegenüber dem Selbst zurückweisen, mit desto mehr Berechtigung können wir fragen: Wer ist es, der sich gegen das Selbst entscheidet? Wer erteilt die Anweisung, jede neue Manifestation von Selbstbezogenheit anzuprangern? Wer verkündet, die Geschichte des Selbst sei zu Ende? Wie können wir darauf vertrauen, daß wir nicht einfach nur die Geschichte vom ›Nicht-Selbst‹ erzählen?

Die Neustrukturierung der Realität durch Infragestellen des Selbst scheint eine wirkungsvolle Möglichkeit, Veränderung herbeizuführen. Etwas Ähnliches mag auf verschiedenen Ebenen innerhalb der Psychotherapie oder in bestimmten Formen spiritueller Erfahrung geschehen. Doch besteht auf den tiefsten Ebenen die Gefahr, eine Geschichte mit einer anderen zuzudecken. Wir alle wissen, wie leicht es ist, in Handlungs- und Denkweisen zu verfallen, die Augenblicke wahrer Inspiration oder Einsicht einfach nur mimen. Das ist hier das Risiko. Wenn wir die ›Nicht-Selbst‹-Geschichte in einer ihrer zahllosen Variationen benutzen, um zu verkünden, wir seien frei von Geschichten, dann haben wir uns noch vollständiger von der Erkenntnis abgeschottet, die *innerhalb* des Dirigierens der Zeit verfügbar ist.

Um den Raum und die Zeit eines neuen Wissens zu betreten, müssen wir uns nicht von dem abwenden, was gerade jetzt in unserem Leben passiert, und uns nicht lossagen von unserer früheren Geschichte. Wissen ist nicht nur im Schönen und Vollkommenen verfügbar, sondern auch im Verzerrten, Verkehrten und Fehlgeleiteten. Der Schmerz, die Frustration und die Begrenzungen, die wir erfahren, sind nicht unsere wahre Heimat, doch sind sie sicherlich die Wahrzeichen der Sphäre, die wir bewohnen. Sie verkörpern das Wissen, das durch die Zeit hindurch ins Dasein dirigiert wird.

In jedem Augenblick können wir Wissen in jeglicher Erscheinung wählen und würdigen. Wir können unsere Sensibilität erwecken und auf das, was entsteht, auf neue Weise reagieren; können jede momentane Zurückweisung von Wissensfähigkeit kappen und das bewohnen, was geschieht. Wenn wir lernen, unsere Zuwendung zu steuern und unsere Wertschätzung zu disziplinieren, können wir eine schrankenlose Liebe zu allem Erscheinenden entwickeln. Wir können uns von unserer Liebe zum Wissen ins Innere des Dirigierens der Zeit führen lassen und erwachen für das unbekannte ›Davor‹.

Haben wir einmal erkannt, daß Erscheinung Erkenntnis manifestiert, dann wird das, was erscheint, transformiert. Grenzen der Erkenntnis sind nicht mehr bindend. Die Tiefe unserer Liebe *wird* zur inneren Intensität der Zeit, und ein neues Erkennen tritt zu Tage. Nicht begrenzt durch das, was dirigiert wird, nicht länger genötigt, Zurückweisung zu üben, auch nicht in ihrer subtilsten Form, können wir die Kraft des universellen Einmaligen erwecken.

KAPITEL 15

Ein Tanz hinaus aus dem Gesamt

Solange wir die Kontinuität des immer Gleichen dirigieren, leben wir in einer Welt, in der Veränderung etwas Außergewöhnliches ist. Entitäten treten miteinander in Wechselwirkung, doch sie tun es auf eine Weise, die es ihnen erlaubt, ihre klar definierten Grenzen zu bewahren – nicht nur physisch, sondern auf jeder Ebene.

Dabei ist es eigentlich höchst bemerkenswert, daß wir dazu in der Lage sind. In jedem Augenblick ist das, was wir identifizieren, im Fluß, und jede Erscheinung ist ein Tanz in der Zeit, der feste Unterscheidungen in Frage stellt. Doch irgendwie gelingt es uns, den Rhythmus des Tanzes in Schach zu halten und die Dynamik der Veränderung mit unserer eigenen Dynamik der Definition und Konstruktion zu kontern.

Können wir die Tendenz zur Transformation, die am Rande unserer Wahrheiten als schwacher Schimmer aufleuchtet, in unser Gewahrsein dirigieren? Wird diese Frage als ein Forschungsprogramm aufgefaßt und nicht nur als ein beiläufiger Gedanke, dann verwandelt sie auf spontane Weise unser Dirigieren. Neue Fragen treten zu Tage und dehnen sich aus. Was bedeutet es für ein Ding, im Tanz der Zeit zu erscheinen? Wie entsteht und wie entschwindet es; wie wird ihm seine Rolle zugewiesen? Wie gewinnt in der fluktuierenden Dynamik seiner fortwährenden ›Vergegenwärtigung‹ Identität Gestalt? Was geschähe, wenn wir es unserer eigenen Identität gestatteten, mit dem Tanz der Erscheinung zu verschmelzen?

Wenn wir auf solche Fragen mit rastloser Ungeduld oder mit blankem Unverständnis reagieren, dann beugen wir uns ganz einfach nur den Ansprüchen von Identität und Substanz, die wir zu unseren eigenen gemacht haben. Wir können unsere Reaktionen abklingen lassen und zum Hinterfragen zurückkehren. Unser Unwille ist ein willkommenes Zeichen: Wir berühren Elemente eines Grundrätsels – Orte, an denen ein neues Wissen ins Dasein dirigiert werden kann.

Wenn wir uns dafür entscheiden, Identität nicht in den Mittelpunkt unseres Dirigierens zu rücken, könnten wir es dem Tanz der Zeit erlauben, in unsere Imagination hineinzuschwingen. Mit dem Auftauchen verborgener Themen, die die Symphonie des Gesamt transformieren, könnte das Dirigieren selbst in unerwarteten Rhythmen zu tanzen beginnen.

Dirigieren von Nicht-Identität

Stellen wir uns vor, wir ersetzten die dirigierten Identitäten und Geschichten durch das von der Zeit getanzte Bild der Erscheinung. Wie Kunst, wie Musik, wie das magische Spiel von Elektronenströmen bewegen sich die Rhythmen der Zeit und manifestieren Myriaden von Attributen. Bisweilen ist der Tanz majestätisch und kunstvoll, und seine Choreographie und Symmetrie offenbaren ihre eigene Schönheit. Ein andermal ist er beschwingt und frei, und Bild und Deutung folgen einander in spontanem Hervorbrechen mitreißender Kraft und schöpferischer Schau. Die Elemente des Tanzes transformieren das Erscheinende, ohne das, was vorher war, durch festgelegte Alternativen zu ersetzen. Identität weicht dem universellen Einmaligen, in einem Rhythmus der ›Finität‹ expandierend und transzendierend.

Auch wir erscheinen in dem Tanz der Zeit. Auf einer Ebene ›sind‹ wir weiterhin unsere Muster und unsere Grenzen, unsere Aussichten und unser Streben, die Identitäten, die wir verkünden, und die Wahrnehmungen, die wir besitzen. Doch in dem vielsagenden Rhythmus der ›Finität‹ wird das Erscheinende selbst auf eine andere Weise enthüllt. In dieser atemberaubenden Welt sind die Dinge und sind sie nicht. Gegensätze vereinigen sich, denn Trennungen macht nur das Rationale.

Die Muster von Geschichten und Identitäten bieten eine Art, wie sich die Übergänge der Zeit manifestieren. Doch in den Rhythmen des Tanzes tritt die Feier der Finität an die Stelle der Festigkeit der alten Strukturen. Wo innerhalb der Erscheinung können wir nach dieser neuen Manifestationsweise Ausschau halten? In Übereinstimmung mit der Logik unseres Hinterfragens tanzt sich die Antwort in unsere Imagination: innerhalb der ›Aktivität‹ des Dirigierens selbst.

Dirigiert im Rhythmus des Tanzes, prägen Geschichten nicht länger unser Verständnis von Zeit. Wenn wir unsere grundlegenden Geschichten nicht als Realität, sondern als Geschichten *über* die Realität dirigieren, werden die einfrierenden und fragmentierenden Ansprüche der Substanz transformiert. Wir finden uns als aktive Teilnehmer in einem andersgearteten Dirigieren.

Wenn die Geschichte ihr Erzählen ist, dann ist die Erscheinung ihr Erscheinen. Die Veränderung ist fundamental: Wir müssen uns nicht mit der Position identifizieren, der Dirigent zu sein. Statt wie ein Maestro im Konzertsaal ein Orchester zu leiten, können wir leiten, wie ein Draht Elektrizität leitet. Wir können leiten ohne Identität, nicht formend, sondern zulassend. Unser Leiten und Dirigieren kann harmonieren mit der spontanen Gegenwart eines transformierenden Wissens, das die Finität der Präsentationen der Zeit tanzt.

Wenn Dirigieren selber nur eine Aktivität unter anderen ist – eine weitere Präsentation der Zeit, die keinen Sonderstatus genießt –, dann verwandelt sich unsere Beziehung zur Zeit ganz von selbst. Wenn unsere Position nicht vorab festgelegt und unsere Identität unbestimmt ist, dann öffnet sich eine neue Möglichkeit: *Wir können sein, was wir manifestieren.*

Wenn wir diese neuen Möglichkeiten ins Spiel bringen, nähern wir uns einer spontanen Wissensfähigkeit. Indem wir beobachten und durchdringen und arbeiten, sind unsere Sinne, Gedanken und Gefühle in neuer Weise in der Zeit lebendig. Der Gedanken bewußt, können wir uns erziehen und ausbilden, mit Gewahrsein zu denken und zu handeln. Des Dirigierens bewußt, können wir vertraut werden mit Aktionen und Reaktionen, Begründungen und Konsequenzen, und können in neuer Weise dirigieren. Wir können die Eigenschaften finden, die innerhalb eines einzigen Gedankens oder einer Sinneserfahrung verfügbar sind; wir können unsere Handlungen zu einer Verbildlichung von Wissen werden lassen.

Das Dirigieren nuklearer Zeit

Wir wollen noch einmal die Geschichte vom Dirigieren erzählen, im Bewußtsein, daß unser Erzählen ein Dirigieren und unser Dirigieren Teil eines Tanzes sein kann: ein potentieller Pfad der Kraft und das Tor zu einer Erkenntnis, die nicht an Behauptungen von ›wahr‹ und ›falsch‹ gebunden ist.

Zeit ›gestattet es sich‹, sich dirigeren zu lassen, und insofern gestattet sie auch jede Art von Dirigieren. Da Zeit uneingeschränkt Unterstützung gewährt, lassen sich alle Handlungen vollbringen. Indem eine Handlung zur nächsten führt, kann sich ein Impulsmoment bilden, eine Abfolge übernimmt Transmission, und Wege können sich entfalten. Auch der Dirigent ist gestattet: das Agens, das jenen Impulsmoment in Schwung setzt, der Handlung hervorbringt – der Tänzer, der jenen Tanz ausführt, der die Zeit verlebendigt. Dirigent und Dirigieren verbinden sich ohne separaten Akt des Vereinens, ohne Anrufung eines ›von‹ und ›zu‹.

Die Zeit, die solches Dirigieren gestattet, wird ihrerseits dirigiert. An keine Ordnung gebunden, ist sie keine gerade Linie, kein Kreis, keine Spirale. Zu Beginn des Dirigierens ist sie ein

Punkt; im Lauf des Dirigierens entfaltet sich die diesem Zero-Punkt intrinsische Dynamik zu einer ausmeßbaren Zeit. Doch in dem ›Davor‹ des Dirigierens, vor Zero, sind die Eigenschaften der Zeit völlig andere. Dieses anders dimensionierte Zeitigen wollen wir ›nukleare Zeit‹ nennen.

Nukleare Zeit ist nicht, im konventionellen Sinne, eins-gerichtet. Sie ist nicht Ursprungs- oder Gründungszeit, obwohl sie, aus dem Innern der dirigierten Ordnung betrachtet, als solche erscheinen kann. Nukleare Zeit ist in Bewegung, und in ihrer Bewegung schließt sie Vergangenheit und Gegenwart und Zukunft ein, Leben und Tod; uns alle schließt sie ein. Ohne an den Identitäten dessen, was eingeschlossen ist oder dirigiert wurde, teilzunehmen, negiert sie nicht noch negiert sie das Negieren. Wirksam vor jeglicher ausgemessenen Bewegung, als ›Davor‹ der Gerichtetheit, ist sie das Nicht-nicht-nicht.

›Allmählich‹ wird der nukleare Punkt ein Rund der Einmaligkeit – einmalig an Qualität, einmalig an Dimensionen. Doch noch immer gibt es weder Ausschließung noch Ableitung. Dimensionen aller Art – ›Flachheit‹, ›Größeheit‹, ›Gerichtetheit‹, ›Punktheit‹, ›Ableitungheit‹; alle Perspektiven und alles Besitzen; ›von‹ und ›zu‹; das Mittlere, das Erste, das Zweite – alle sind sie im universellen Einmaligen eingeschlossen. Immer schon ›anwesend‹, entstehen sie, indem nukleare Zeit ›durch‹ das universelle Einmalige ›hindurch‹ in die zeitliche Ordnung hervortritt, herbeigerufen durch den Bedarf nach Erklärung und die Begrenzung des Nicht-Sehens.

Innerhalb des gegenwärtigen Dirigierens bietet nukleare Zeit die fortwährende Aussicht auf eine Rückkehr zum umfassenden Sehen. Alles, was dazu verlangt ist, ist eine Weise des Dirigierens, die mehr auf den Tanz eingestimmt ist als die Erzählung. Eine besondere Art von ›Bio-Feedback‹ wird benötigt: eine Selbstprojektion dessen, was wahrgenommen worden ist, ohne Identifizierung. Wir haben diese Fähigkeit zur Verfügung, wenn wir uns dazu entscheiden, sie zu aktivieren. Anstatt gemäß der Ordnung zu dirigieren, können wir improvisieren.

Um unser Improvisationstalent zu entwickeln, können wir Dimensionalität durch eine auf Licht basierende Sehweise ersetzen. In der Leichtigkeit und Klarheit eines solchen Sehens tritt an die Stelle einer auf spezifische Gegenstände gerichteten Wahrnehmung eine ununterbrochene Vision. Anstatt die aktuelle Projektion des Selbst auszusäen, wird die Wahrnehmung selber durch eine Rückkopplungsdynamik geformt. Sie wird zum aktiven Speicher für die Selbstoffenheit der Lichtprojektion.

Improvisierte Projektion

Indem wir Strukturen projizieren, offenbaren wir unser mangelndes Improvisationsgeschick. Unsicher, wie wir vorgehen sollen, ohne Vertrauen auf das Wissen, zu dem wir Zugang haben, identifizieren und präsentieren, entwerfen und fabrizieren wir. Auf einer Ebene, die grundlegender ist als das Bewußtsein, hinterlassen Prinzipien ihren Abdruck auf dem Gewebe des Geistes, zum Beispiel die Logik der Ratio und die Spaltung in Subjekt und Objekt. Der mitteilbare Geist präsentiert dem Geist Ideen, und im Präsentieren besitzt er. Indem wir uns auf das konventionelle ›Bio-Feedback‹ verlassen, betreten wir das verkündete Projizierte.

Klares Gewahrsein kann völlig anders improvisieren. Anstatt auf Verkündungen zu beharren, kann mentale Projektion die augenblickliche Rückspiegelung von Bildern üben; kann sie innerhalb des Gedächtnisses oder des Gewahrseins entstehen wie ein Bild in einem Spiegel, ohne jedoch je den Spiegel selber zu betreten.

Selbst unser jetziges Projizieren ist in Wahrheit eine solche Improvisation. Wenn wir dies einsehen, erkennen wir, daß wir eigentlich so ungeschickt nicht sind. Eigentlich sind wir alle Meister der Improvisation, indem wir ständig verkünden, rückkoppeln, erwarten, zum Ausdruck bringen. Durch die Kraft dieser fortwährenden Projektion verstärken und etablieren sich innere Dialoge. Das Verstärkte wird zu Form und Gestalt, umgehend verifizierbar gemäß einer voll ausgebildeten Rationalität. Fragen lassen sich exakt formulieren: Welches Ziel sollen wir verfolgen? Nach welchen Maßeinheiten und unter Verwendung welchen Zollstocks soll der Entwurf gemacht werden?

Jeder von uns dirigiert in dieser Weise, und jeder von uns ist dazu in der Lage: schöpferisch, einzigartig, makellos. Es ist eine besondere Begabung, die wir einsetzen, wie das Dirigieren einer Partitur oder das Erschaffen eines Kunstwerks. Fehlerlos präsentieren wir das vollkommene Vorbildmodell: das beste, das der geistige Architekt zu bieten hat. Erkenntnis sucht das spezielle, dem Modell einzigartige Muster heraus und dirigiert entsprechend; das Dirigieren seinerseits verwandelt sich in diese perfekte Erkenntnis. Jeder von uns dirigiert das Gesamt des universellen Einmaligen.

Doch innerhalb dieses einmaligen Dirigierens – dieses Allerbesten, das wir zu sagen fähig sind – bleibt etwas Unvollkommenes. Das Dirigieren ist makellos, doch das Muster selber hat einen Makel. Überall gibt es Mißgeschick, Negativität, Widerstand; Ignoranz, Fehler und Hindernisse. Am allergravierendsten: Dirigieren geschieht im Dienst des Nicht-Wissens.

Inwendig Dirigieren

Als Öffnung in das, was makellos ist, sind solche Unvollkommenheiten die kostbare Quelle von Erkenntnis. In ihnen können wir die Dynamik finden und ehren, durch die Erkenntnis sich entwickelt und ausdehnt. Wir können eine Dynamik in Gang setzen, die sich weigert, die Wahrheit dessen, was wir dirigieren, zu akzeptieren, und stattdessen auf der Vervollkommnung des Dirigierens beharrt.

Das Nicht-Wissen selber ist es, das die Möglichkeit signalisiert, die Vervollkommnung der Erkenntnisdynamik zu dirigieren. Nicht-Wissen gestattet die Entwicklung von Qualitäten: ›lecker‹ und ›bunt‹, größer, tiefer, weiter, breiter. Der Tanz hebt an: Erkenntnis spricht die Einladung aus; Anerkenntnis gewährt den Raum, Makel und Unvollkommenheiten bieten den Anlaß.

Wie kann Erkenntnis sich ausdehnen, wenn sie bereits vollkommen ist? Die Frage deutet auf zwei verschiedene Perspektiven, die wirksam sind. Für eine Erkenntnis, die in eine zu Tage tretende Ordnung dirigiert wird, ist die Vervollkommnung des Wissens wie das Besteigen eines Berges: Wenn der Gipfel erreicht ist, braucht man nirgendwo anders mehr hinzugehen. Wenn das Ziel, das wir erreichen, sich, gemessen an einem anderen Maßstab, als unvollständig erweist, dann müssen wir von vorne anfangen – müssen wir einen anderen Berg besteigen.

Im Gegensatz dazu dirigiert eine auf der Basis von Unvollkommenheit improvisierte Erkenntnis die Präsentation des universellen Einmaligen. Sie expandiert ins Dasein wie die Farben eines Regenbogens, von denen eine jede in die andere übergeht. Obwohl mehr Farben hervortreten und mehr Schönheit sich manifestiert, ist das, was sich durch eine solche Improvisation verbessert, nicht komplex, noch leistet es Konflikten Vorschub. Es basiert nicht auf ›kann‹ und ›kann nicht‹ und kennt keine Einschränkung.

In der Dynamik dieses inwendigen improvisierten Dirigierens gibt es keine Dimensionen der Distanz. Die Vervollkommnetheit der Vergangenheit interagiert mühelos mit der unstrukturierten Idee der Zukunft und den Bedingungen der Gegenwart. Erkenntnis expandiert, ohne sich in eine neue Sphäre begeben zu müssen. Je mehr wir ›vorankommen‹, desto mehr entwickelt sich Erkenntnis reibungslos.

Indem die Qualitäten inwendiger Zeit aus dem Nuklearen zu Tage treten, entwickelt Erkenntnis sich über Erfahrung, gegenwärtige Bedingungen und Zukunftserwartungen hinaus auf immer subtilere und verfeinertere Weise. In diesem Tanz der Transition gibt es keine spezifische Bewegung; keine Distanz, die sich in Begriffen messen ließe, die mit Raum vergleichbar wären. Wenn wir in Begriffen der Bewegung denken müssen, können wir uns eine nicht-physikalische Qualität der Tiefe vorstellen. Vielleicht sagen wir am besten einfach: ›unmeßbar‹.

Die innere ›Undimensionierung‹ des Tanzes transformiert die Mißverständnisse, die für die menschliche Erfahrung so grundlegend zu sein scheinen. Auf der Basis einer sich entfaltenden Dimensionalität dirigiert, sind alle Konstrukte dieser Art nur von außen betrachtet relevant. Das subtile ›Binnen‹ der Zeit moduliert anders.

Sobald wir die gegenwärtige Zeit auch nur ein wenig auf diesen subtilen Binnenaspekt hin öffnen, wird die Raumenergie verfügbarer. Wir müssen uns nicht auf die mentalen Projektionen unseres gewöhnlichen Dirigierens verlassen, mit ihren Mühen und Positionen und Grenzen. Wir berühren die Leichtigkeit des Seins; wir verschmelzen mit dem Licht. Es ist eine sowohl spezifische als auch unmittelbare Erfahrung: eine Lockerung im Körper, im Kopf, im Geist – eine überall sich lockernde Leichtigkeit.

Subtile Binnen-Offenheit

Die Zeit selbst bietet das Tor zu diesem subtilen ›Binnen‹, dieser Tiefe beherbergenden Wissens. Wir können von einer Lockerung des ›So-Aussehens‹ sprechen, von einer ›Siehtheit‹, die zu makelloser Klarheit wird. In ihrer Offenheit ist Erscheinung weder geordnet noch chaotisch. Nichts ist einfach nur ›verstaut‹, alles ist in Gebrauch. Ein Augenblick nach dem andern wird offener und offener. Zum Beispiel werden Gedanken ihre eigene Dimension: Mit der Freiheit, ihrem eigenen Weg zu folgen, kartographieren sie eine einzigartige Bahn, die zur Rundheit des universellen Einmaligen zurückkehrt.

Durch die Tiefe des Offenen läßt sich die Qualität des Lebendigseins innerhalb der Realität unserer eigenen Erfahrung dirigieren. Es ist eine auf neue Weise dirigierte Erfahrung: nicht im Kopf, im Herzen oder im Geist; ganz und gar ohne nachfolgende Beziehungen. Zeit ist bereit, sich unmittelbar tanzen zu lassen, ohne auferlegte Ordnung oder gründende Erzählungen. In dieser Direktheit ist Erkenntnis ebenfalls verfügbar, ohne Hindernisse oder Vorbedingungen, ohne spezielle Anstrengung oder Erwerbung.

Die Realität des Binnendirigierens ist nicht immer der menschlichen Sprache förderlich. Wir können von innerem oder äußerem Raum sprechen, von innerem oder äußerem Wissen, doch wir wissen, daß diese Ausdrücke einem andersgearteten Dirigieren angehören, einem ›Aufzeigen‹ von Dimensionen oder Richtungen, das jetzt unangemessen ist. Wörter sind überfordert, denn das inwendig Dirigierte präsentiert keine Dinge und keine Nicht-Dinge, bezieht sich nicht auf Wörter oder Konzepte oder Bilder. Äußerlich treffen Wörter vielleicht das Ziel, doch wissen wir, daß sie nicht treffen. Ohne solche Ausdrucksmittel aufzugeben, sollten wir dazu bereit sein, anzuerkennen, daß das, was wir identifizieren, das ›Was‹, das wir ihm zuweisen, nicht besitzt. Unsere Standardprozeduren – von Wörtern zur Identität, vom Persönlichen zum Zeitlichen, von ›zu‹ zu ›von‹, bringen keine bindende Verwandtschaft mit dem inneren Dirigieren der Zeit zum Ausdruck.

Als letzten Versuch könnten wir sagen, daß wir dem inneren Dirigieren Glauben schenken können. Doch sogar damit sagen wir zuviel. Nicht einmal Glaube steht in Beziehung zu einem frei improvisierten Dirigieren.

In diesem Zusammenhang, wo jedes korrekte Benennen entfällt, wird der ›Logos‹ der dirigierten Ordnung zutiefst interessant. Indem der ›Logos‹ Ausdruck annimmt und verleiht, hat er die unbeschränkte Kraft dessen, was wir gewöhnlich positiv nennen würden; was in der religiösen Sphäre vielleicht Tugend heißt. Grundlegender als Wörter und Benennung, verweist er, ist aber verweisungslos. Wir haben kein Mittel, um ihn zu umfassen, doch können wir ihn nicht ungewürdigt lassen.

Offen für sein Präsentieren nennen wir ihn vielleicht Realität. Wenn wir sein Präsentieren mit dem Tanz eines inneren, improvisierten Dirigierens in Einklang bringen können, finden wir vielleicht darin die Quelle des Lebens oder das Wissen des Seins.

KAPITEL 16

Eine Brücke zum Körper der Zeit

Stellen Sie sich Vergangenheit, Gegenwart und Zukunft als drei kugelförmige Gebilde oder Atome vor, von denen sich jeweils eins ins andere hineinschmiegt. In einer Hinsicht hat jedes seinen eigenen Kern; in einer anderen Hinsicht teilen sie sich einen gemeinsamen Kern, behalten aber ihre eigenen, unabhängigen Qualitäten. In beiden Fällen gibt es keine festgelegte Reihenfolge des Sich-Hineinschmiegens: Indem Vergangenheit, Gegenwart und Zukunft in nuklearer Zeit interagieren, tauschen sie die Plätze, als Ausdruck des dynamischen Rhythmus von Interaktionen, die undimensionalisiert bleiben.

Die Kugeln sind nicht statisch, und ihre Grenzen sind nicht klar umrissen. Ihre Bewegung könnten wir uns vorstellen als ein fortwährendes wellenförmiges, nach außen gerichtetes Vibrieren. Diese Bewegung ist selber nuklear, sie geht nirgendwohin und legt keine Richtung fest. Doch bringt sie auch die durch den Raum verlaufende Transmission der zu Tage tretenden Energie eines ›zum Ursprung kommenden‹ Punktes zum Ausdruck.

In der gleitenden Interaktion der Kugeln affiziert und reflektiert eine jede die anderen und trägt so bei zu der Ursprungsenergie, die sie sämtlich manifestieren. Diese Energie spiegelt ihrerseits ihre innere Verbundenheit und entfaltet sich als eine nukleare Kraft. Indem diese nukleare Kraft nach außen strahlt, überträgt sich die Dreiheit und wird eine dynamische

Einheit. In der Wahrheit dieser Übertragung durch Zeit und Raum ist ein Punkt alle Punkte, eine Zeit alle Zeiten.

Die konventionelle Erfahrung fordert uns dazu auf, die Schönheit dieses sich verwebenden innigen Vertrautseins zu übersehen. Diese Aufforderung anzunehmen läuft darauf hinaus, sich auf ein bestimmtes Muster zu konzentrieren, das die Wellen auf ihrem vibrierenden Weg nach außen bilden. Ein spezifierendes Wissen faßt Fuß: der Geist bildet Eindrücke, markiert Punkte, bezeichnet Dimensionen. Von Geist zu Geist geben wir weiter, was gesehen wurde, und mit der Zeit erhebt das Gesehene den Anspruch, das Wirkliche zu sein. Doch dies ist nur eine mögliche Weise des Dirigierens. Wir könnten es auch anders betrachten.

Magie der Manifestation

Obwohl das konventionelle Bewußtsein die innere Dynamik der nuklearen Zeit ausschließt, bittet das Wissen um Vergänglichkeit sie wieder herein. Unser gewöhnliches Verständnis der Vergänglichkeit ist grob und unentwickelt, doch ein tieferes Verständnis tritt zu Tage, wenn wir aufmerksamer hinschauen. Wenn wir sensibel sind für die von Moment zu Moment entschwindende aggregatförmige Natur der Vergangenheitszeit, der Gegenwartszeit und der Zukunftszeit – die von Augenblick zu Augenblick ›schon wieder vergangen‹ ist –, dann entsteht das starke Gewahrsein dessen, daß die Erfahrung ihre eigene aggregatförmige Transitbewegung ist. Ohne das, was erscheint, zu untergraben, stellt die Realität ihre Substanzlosigkeit zur Schau. In einer Hinsicht zerfallen die rationalen Strukturen der Zeit in Zusammenhanglosigkeit; in anderer Hinsicht sind sie völlig unbetroffen. Wir können unsere Verhaftung an das Rationale loslassen und gleichzeitig auch den Wunsch, das Rationale zurückzuweisen oder zu transzendieren; alte Formen loslassen und zugleich den Impuls, alte Formen zurückzuweisen.

Sobald wir das Substanzhafte loslassen, bleibt uns die Magie der Manifestation. Auf wundersame Weise interpretieren und erfahren wir; auf geheimnisvolle Weise präsentiert und projiziert die Zeit. Indem wir uns einlassen auf dieses dynamische Geheimnis, diese unerschöpfliche Offenheit, sind wir der nuklearen Zeit näher.

Zeit offenbart Geheimnis, sobald sie Erscheinung präsentiert. Das ist die wirklich eigentümliche Magie der Zeit: Das Geheimnis läßt sich völlig enthüllen und kann doch Geheimnis bleiben. Nichts muß im Verborgenen bleiben; nichts beharrt auf Verdunkelung. Erkenntnis wird in ihrem Erscheinen gewürdigt, ohne auf etwas Minderes reduziert zu werden als auf das Unbekannte. Das Gegenwärtige erfordert kein tieferes Abwesendes, das als seine Quelle fungiert. Das ›Weitergehen‹ der Zeit ist auch ein ›Darüber-Hinaus-Gehen‹: Es ist ganz einfach so.

Wir können dieses gegenwärtige Geheimnis der Zeit die Erfahrung durchdringen lassen; es kann jedem Augenblick Farbe verleihen und jeden Anspruch in Frage stellen. Wir können ein Wissen einladen, das das Geheimnis der lebendigen Realität verdichtet und bereichert. Wir können das Geheimnisvolle ausdehnen in das Mystische.

Von Geheimnis durchtränkt, kann Erkenntnis den Energiekörper erkennen: das Sein der Erscheinung auf die Zukunft hin. Hier sind ›vorwärts‹ und ›rückwärts‹ ein und dasselbe: Was sein wird und was ist. In dieser Einheit pulsiert Energie, vibriert der Raum und ist der Himmel offenbarend. Wie in Kunst oder Tanz, Musik und Theater baut sich eine hervortretende Dynamik auf und zerstreut sich, folgt verschiedenen Wegen, geht auf kein Ziel. Auf ihrem Weg ins Nirgends kehren Flüsse ins Meer zurück. Das Drama wird ausagiert, ein Ausdruck von Erkenntnis und Zeit, die sich durch den Raum hindurch manifestieren.

Nur gewöhnliches Verstehen steht ratlos vor diesem ›unaufhörlichen‹ Mysterienspiel, das unser Hiersein inszeniert und beseelt; nur die Strukturen des Bewußtseins beharren darauf, das Geheimnis mit der Altbekanntheit des zuvor Aufgezeichneten zuzudecken. Inwendiges Wissen durchtrennt die Nebel der Mystifikation. Es entzündet von neuem das Licht des Phänomenalen innerhalb der Phänomene. Es bietet das Mystische als ganz und gar verfügbar, weist Unverstehbarkeit und Unaussprechlichkeit zurück zugunsten von Wissensfähigkeit. Lebendig in der Zeit, erlaubt es inwendiges Wissen der Erfahrung, sich vorwärtszuprojizieren als ein Augenblick innig vertrauter Bilder, die uneingeschränkt kommunizierbar sind, ohne kommuniziert werden zu müssen: die direkte Erfahrung der Zeit selbst. In diesem immer weitergehenden Weitergehen wird das Geheimnis selbst neugewidmet als die Wahrheit der Erfahrung.

Interagierende Mechanismen erkennen

Das ›Binnenwissen‹ der Zeit ist auch das ›Einwärts-Auswärts-Wissen‹ von Eknosis: Erkenntnis, die nicht durch das Feldkommuniqué gebunden ist. Eknosis löst sich von der Oberfläche und ihren Reibungsrhythmen. Anstatt sich innerhalb der Strukturen der linearen Zeit zu bewegen, nimmt sie ungehindert mit teil am Dirigieren dieser Strukturen.

Wenn Eknosis verfügbar ist, können wir die Substanz und Gewißheit konventioneller Erfahrung – zum Beispiel die Welt, wie sie durch die Sinneswahrnehmung gegeben ist – zurückverfolgen auf die Tätigkeit bestimmter zeitlicher Mechanismen wie Ursache und Wirkung oder die Interaktion zwischen Mentalem und Physischem. Anstatt diese Mechanismen und die von ihnen vorausgesetzten zeitlichen Strukturen für bare Münze zu nehmen, wendet Eknosis ihr Präsentieren ›einwärts‹. Indem die Gegenwart sich präsentiert, ›geht‹ Eknosis in die Richtung ihrer ›Präsentheit‹. Letzten Endes gibt es gar kein Gehen. Wir entdekken, daß die Übertragung der Zeit nicht Bewegung in diesem konventionellen Sinne ist.

Eknosis dedimensionalisiert die Zeit und läßt die Linearität kollabieren in die Einheit des Nuklearen. Die zeitlichen Mechanismen, die der Erscheinung Ordnung verleihen, erscheinen *›Seite an Seite‹ mit den Dingen oder Ereignissen, die sie zu ordnen vorgeben.* Wir können immer noch von den üblichen Mechanismen sprechen, doch unserer Aussage wird kein ›Gewicht mehr zukommen‹, sie wird nicht mehr die Tatsächlichkeit des bezeichneten Mechanismus etablieren. Es ist so, als analysierte man die in einem Gemälde dargestellten räumlichen Beziehungen: die Analyse kann fruchtbar und erhellend sein, doch der ›Raum‹, der da analysiert wird, hat keine Existenz.

Das Erscheinen von Zeit

Als Beispiel für eine solche Analyse wollen wir uns den zugrundeliegenden Aufzeichnungsmechanismus betrachten, durch den die Vergangenheit das ›Vorvergehen‹ der Gegenwart projiziert. Wir entdecken alsbald ein ganzes Arsenal von speziellen Mechanismen, die am Werk und für spezifische Formen von Wissen verantwortlich sind. Die Netzhaut registriert und überträgt Licht; der Geist registriert und überträgt Gedanken; chemische Reaktionen im Körper erfassen und übertragen die Interaktion verschiedener Moleküle; das Subjekt registriert Interaktionen mit unabhängigen Objekten. Während diese Registrierungen ineinanderspielen, entstehen feste Formen der Kognition sowie spezifische Ereignisse und liefern uns im Ergebnis die Welt, die wir kennen.

Wenn wir vermittels Eknosis erkennen, dann lassen wir uns auf diese vorwärtsprojizierenden Registrierungen nicht ein. Wir sehen, daß sich alles, worauf wir als auf eine Quelle einer spezifischen Registrierung verweisen, exakter verstehen läßt als vorab registrierter Inhalt anderer Registrierungen. Statt daß sie etwas registrieren, tun Registrierungen nichts anderes, als lediglich aufeinander zu verweisen.

Dieses Hin- und Herverweisen ist selbst ein Mechanismus, der ›Seite an Seite‹ mit allem anderen erscheint. Wenn wir es aus dem Inneren der nuklearen Zeit betrachten, entdecken wir Schicht um Schicht solcher wechselseitigen Verweisungen. Wenn wir diese Schichtung ihrerseits erforschen, entdecken wir noch mehr Mechanismen, von denen ein jeder ›Seite an Seite‹ mit den Ereignissen operiert, für die er verantwortlich zu sein beansprucht. Schließlich führt uns unsere Forschung auf den Mechanismus der linearen Zeit selbst.

Als ein Mechanismus betrachtet, präsentiert lineare Zeit überhaupt keine Erfahrung. Erscheinung entsteht durch das subtile Wechselspiel interagierender Mechanismen, doch dieses Wechselspiel ist selber ein weiterer Mechanismus. Es gibt keine kausale Struktur, die für Erscheinung verantwortlich wäre. Ereignisse erscheinen nicht in irgendeiner ›Ordnung‹. Sie ›tauchen auf‹ fast aufs Geratewohl, gemeinsam mit den Regeln, die ihr Entstehen zu bestimmen beanspruchen. Nicht nur Ursache und Wirkung, sondern auch Fortbestand ›über‹ die Zeit ›hinweg‹, Übergänge ›in‹ der Zeit und Veränderungen ›durch‹ die Zeit lassen sich nicht als präexistent isolieren. Stattdessen sind sie Teil der Erscheinung. Es gibt keine Zeit der Schöpfung, kein Präsentieren, kein Fortdauern und keinen Verfall. Selbst ›Erscheinen‹ erscheint Seite an Seite mit dem, was erscheint.

Aus dieser Perspektive könnten wir sagen, daß Erscheinung samt der zugrundeliegenden ›Ordnung‹, die die Erscheinung trägt, im nächsten Augenblick anders sein könnte. Doch selbst die These, es gebe einen nächsten Augenblick, ist das Resultat einer ganz bestimmten Interpretation. In ihrem ›Seite-an-Seite‹-Charakter hat die Zeit keine Gelegenheit, zu situieren und zu vermessen. Indem sich die zeitliche Ordnung entwickelt und Erscheinung Variationen ausspielt, wird nichts etabliert. Existenz kann nicht ins Dasein treten; die Zeit kann ›keinen Punkt setzen‹.

Das unendliche Einmalige

Wenn es nichts gibt, auf das einzugehen wäre, kein Produkt eines Prozesses, wie wird dann die lineare Zeit selber als leitendes Prinzip der Erfahrung etabliert? Eine mögliche Antwort ist, daß Zeit überhaupt nicht etabliert wird. Es gibt nur das zufällige Nebeneinander alles dessen, was erscheint – einschließlich des Mechanismus, der diese Erscheinung so darstellt, als verändere sie sich von Moment zu Moment.

Wir könnten auch eine andere Beschreibung anbieten. Wenn keine Erscheinung etabliert ist, gibt es die Unendlichkeit des universellen Einmaligen: eine Ganzheit ohne einen Anfang, eine Erscheinung ohne eine Quelle. Innerhalb dieses Ganzen geben verschiedene Rhythmen Ausdruck, sind in Bewegung und ergeben dabei sowohl das Mögliche und Unmögliche als auch die Unterscheidung zwischen beidem: schrankenloses Präsentieren.

Diesen schrankenlosen ›Rhythmusausdruck‹ könnten wir den Körper der Zeit nennen. Verlebendigt durch vielerlei Qualitäten, transitiert der Körper der Zeit durch die Erscheinung dessen, was erscheint. Ohne Getrenntheit zu affirmieren, erlaubt er die begriffliche Unterteilung in Vergangenheit und Gegenwart und Zukunft. Er setzt die Erfahrung ins Werk, die diese Unterteilungen affirmiert, indem er quantifiziert und mißt.

Das Messen selbst ist ein Ausdruck dieser Rhythmusenergie. Inwendig erfahren und auswärts erkannt, ›bleibt‹ der Körper der Zeit punkt- und ›sinn‹los und präsentiert doch alle Punkte. Es gibt die Lokalisierung von Subjekt und Objekt, den Vorgang des Beobachtens und Vorhersagens und die Verfügbarkeit der Erkenntnis als Material für bestimmte Zwecke. Vergangenheit, Gegenwart und Zukunft verleihen dem Gesamt Gestalt, indem sie zulassen, daß es im Einklang mit spezifizierten Mechanismen zu Tage tritt.

Als ›Abteile‹ der Zeit lassen sich Vergangenheit, Gegenwart und Zukunft nicht getrennt aufgreifen, auch wenn wir uns vorstellen, dies zu tun. Ihre Rhythmen bilden eine Einheit, die ein Widerhall des universellen Einmaligen ist – ein Rhythmus, der durch die Operation von Begriffen und Erfahrung unendlich teilbar ist, sich jedoch nie aus der Einheit herauslöst in die Manifestation.

Wenn wir uns die Einheit der Zeit wie eine Kugel vorstellen, ist die von uns etablierte Zeitlichkeit wie ein Schnitt durch die Kugel. Die erste Schicht, die der Schnitt zeigt, ist unweigerlich die Vergangenheit, doch die Scheibe wird immer dreifach sein, weil sie auch Gegenwart und Zukunft beinhaltet.

In diesem ›Ausdimensionieren‹ dessen, was einheitlich ist, verändert Zeit ihre Form. Sie erstreckt sich in eine Linearität, die das Aufgezeichnete weiterkommunizieren kann, und sie präsentiert die Vergangenheit als ein Depot für die Muster, aus denen wir das Gesamt konstruieren werden. Doch diese Neuformung der Zeit ist ein Artefakt des Aktes der Dimensionierung. Die Einheit der Zeit legt etwas völlig anderes nahe.

Indem wir in die Ganzheit der Zeit auftauchen, entdecken wir eine Welt, die in ihren ausgemessenen Manifestationen unendlich ist – viel reicher in ihrer Möglichkeit, als wir uns dies je vorstellten. Doch das unendliche Einmalige läßt sich nicht ermessen. Es ist das aktivierende Medium des Messens: das Herz der Zeit. Da dies so ist, läßt auch die Zeit selber sich nicht messen. Wenn wir die Zeit vermessen und die Manifestationen der Zeit spezifizieren, ist dies nicht der Körper der Zeit.

Für jeden scheinbaren Mechanismus, der sich ›in‹ der Zeit entfaltet, gibt es ein entsprechendes Wissen. Welches ist dann das Wissen, das dem Körper der Zeit entspricht? Da nichts etabliert ist, kann Wissen keinem Stammbaum nachforschen. Da nichts sich entwickelt, kann es weder die Prozesse nachzeichnen, die uns zu diesem gegenwärtigen Augenblick gebracht haben, noch die Zukunft, die sich erst noch entfalten wird. Es kann keine Verknüpfung herstellen zu Begriffen, Eigenschaften und Unterscheidungen, die sämtlich Erzeugnisse des Wirkens der Mechanismen der ›niederen Stufe‹ sind.

Vielleicht ist die Frage falsch gestellt, denn sie setzt etablierte Unterscheidungen voraus. Der Körper der Zeit etabliert nicht, vielmehr lädt er ein. Als wie geartet auch immer wir uns die Möglichkeiten für Erkenntnis vorstellen, der Körper der Zeit erschaut und erweitert ein umfassenderes Verstehen.

Es gibt Fragen, die diese Erweiterung in Gang setzen können: aktive Wirkkräfte des Körpers der Zeit. Was ist jenseits des Kosmos? Was offenbart das Licht, wenn es keine Objekte gibt, die es spiegeln? Wohin können wir gehen, wenn ›von ... weg‹ mit ›hin zu ...‹ verschmilzt? Welche Eigenschaften entdecken wir, wenn nichts erscheint? Welche Bedeutung nimmt unser Leben an, wenn es keine Geschichten mehr zu erzählen gibt?

Körper ohne Punkte

Wenn die Strukturen der Linearität in die nukleare Zeit kollabieren, bewohnen wir das ›Binnen‹ der Zeit. Ihre Dynamik und Lebendigkeit, ihre Fähigkeit auszumessen und Messung zuzulassen, sind alle in gleicher Weise zugänglich – so als könnten wir auf jeder Ebene gleichzeitig sehen. In dem universellen Einmaligen ist dieses aktive Verweilen in Verfügbarkeit spezifiziert als der Körper der Zeit.

Punktlos und ›sinn‹los, ohne Begrenzung, pulsieren die Rhythmen des Körpers der Zeit in einer Dynamik, die keiner Formung oder Strukturierung bedarf. Die Welt läßt sich neu erschauen als rhythmisches Interagieren von Vergangenheit, Gegenwart und Zukunft, die nicht länger durch eine lineare zeitliche Abfolge starr voneinander getrennt sind. In dieser neuen Schau kommen Unterscheidungen aus der Ganzheit und verbleiben innerhalb der Ganzheit. Ein auf magische Weise teilbares Manifestieren ist unbeschränkt offen für die Konstrukte des Begriffs und der Erfahrung, für die Beziehungen, die wir herleiten, die Positionen, die wir einnehmen, die Arten, in denen wir organisieren und unterscheiden. Vergangenheit, Gegenwart und Zukunft werden neu konfiguriert – zu wechselnden Empfänglichkeiten oder Eingehensmodi auf die Rhythmen des Körpers der Zeit.

Erfahrung innerhalb linearer Zeit kann zu einer Öffnung in Richtung auf die Freiheit dieser neu geschauten Realität werden, denn der Körper der Zeit bleibt unangefochten durch unsere Neigungen zu Struktur. Da seine Rhythmen keine Wahrheiten verkünden, weist er keine Behauptungen zurück. Die Zeit selbst bleibt, auch wenn sie im Einklang mit linearen Starrheiten strukturiert ist, ›punktlos‹. Wenn wir es lernen, *durch* Zeit *hindurch*zuschauen, exemplifizieren die zahllosen Manifestationen, die Erfahrung formen und ausdrücken, lediglich die einheitliche Kraft der Zeit.

Je weniger wir darauf beharren, um so näher kommen wir der unsichtbaren Energie des Körpers der Zeit: dem schöpferischen Impuls, durch den die Erscheinung selbst sich manifestiert. In der Allianz mit dieser schöpferischen Kraft nähern wir uns jeder Herausforderung mit neuen Potentialen. Nichts ist im strengen Sinne unmöglich, denn nichts ist auf unerschütterliche Weise etabliert. Es entstehen neue Interaktionen, neue Verknüpfungen: ein ungehemmtes Spiel hervortretender Entstehungsprozesse.

Eine Vision von Projektion

Als eine Vision, wie Zeit aktiv eingreift, könnten wir uns ein namenloses Zutagetreten vorstellen: Wellen von Energie, die sich durch ein Feld fortpflanzen. Nichts ist spezifiziert – weder Energie noch Feld noch Zutagetreten. Selbst die Benennung, die wir zum Verweisen verwenden, ist provisorisch.

Durch ihre Größe und Amplitude projizieren die sich ausbreitenden Wellen die Strukturen des bekannten Universums. Wellen und Mikrowellen verkörpern Raum und involvieren Zeit, kommunizieren Sinnesfähigkeiten und erfassen die

Daten, die verfügbar gemacht werden. Die Kraft ihrer Projektion umfaßt denjenigen, der fühlt und empfindet, die Akte des Berührens und Denkens und den Inhalt des Physischen.

Durch dieses Feldkommuniqué bildet sich ein Kontinuum von Präsentation, das sich aus sich selber speist. Geeignete Mechanismen entstehen, um alle Lücken oder Diskontinuitäten auszuschalten; um sicherzustellen, daß nichts verloren geht oder ausgelassen wird. Das Feld bekräftigt seine eigene Modalität, es gestaltet Form und Inhalt, indem es ihn registriert. Eine multiple Sprache wird erzeugt, umfassend in ihrer Anwendung, universell in ihrem Verstehen.

Die Aufzeichnung dieser Ausbreitung gründet die Genealogie dessen, was erscheint. An der Wurzel und im Beginn, in den ›Genen‹, die jeder Spezifikation Gestalt verleihen, geschieht eine mikroskopische Projektion: die Mikrowellen des mannigfach Aufgezeichneten.

Indem sie generiert und regeneriert, wird die aktive Projektion des Aufzeichnens selber in der Erscheinung aufgezeichnet. Eine Genealogie wird in absoluter Gewißheit etabliert, die aufgezeichnete Zeit schreitet voran – das Medium, durch welches Projektion sich fortpflanzen kann. Was aufgezeichnet ist, ergibt eine funktionierende Methode: zunächst provisorisch, doch dann unwiderruflich als authentisch ausgewiesen. Jedes Thema, jedes spezifizierte Objekt ist das separate Thema eines nahtlosen Ansporns.

In dieser mannigfachen Schöpfung hat sich die lineare Zeit bereits entfaltet, ihr Impulsmoment ist unänderbar, ihre Meßfähigkeit wartet auf ihren Einsatz. Die Zeit der Wahrnehmung nimmt im Einklang mit der aufgezeichneten Genealogie ihre Nachzeichnung vor, etabliert so die Sphäre dessen, was aufgezeichnet wurde, und begründet ein ganz bestimmtes Wissen. Es ist keine Zeit mehr verfügbar für Transformation oder eine tiefere Erkenntnis.

Doch in der Herausbildung des Mechanismus, in der Fortpflanzung der Welle ist eine andere Zeit am Werk: die innere

Zeit des Aufzeichnens, die niemals selber aufgezeichnet wird. Diese Zeit zu entdecken heißt einen Zugang erlangen zu den Genen der Regeneration, ist Ermächtigung zu einer Neubegründung des Körpers der Zeit.

Innerhalb der Erscheinung tritt die Zeit des Aufzeichnens nicht ohne weiteres zu Tage, doch die Aufzeichnung ihrer Genealogie ist gut verfügbar. Wenn wir diese Genealogie nachzeichnen und wachsam sind für jedes Entstehen, spüren wir, daß das Gesamt der aufgezeichneten Zeit – vom anfangslosen Anfang bis zum endlosen Ende – sich entfaltet hat, ohne jemals das Herz der Zeit zu berühren.

In dieser hervortretenden Einsicht wird die Zeit aktiviert. Unser eigenes Herz öffnet sich, und unser Geist bewegt sich in Richtung Klarheit. Jetzt können wir die Genealogie dessen, was erscheint, in ungeahnte Sphären nachzeichnen. Wir können sogar die Genetik seiner Programmierung ändern. Die Macht und das Potential sind gegenwärtig, um die Quelle ohne Arrangement zu restituieren. In diesem quellenlosen Entstehen, diesem Einwärtsdirigieren liegt Projektion vor jedem Projizieren. In diesem Fortbestand des Möglichen präsentiert sich das schrankenlos Schöpferische.

Einwärts dirigiert, gestattet es die Zeit, der Realität vor ihrer Spezifikation zu begegnen. Licht offenbart und macht unendliche Reichtümer verfügbar, die hier und jetzt registrierbar sind. Projektion projiziert in einer magischen Vervielfältigung, ganz und gar unerschöpflich und unbestimmt, ohne eine andere Kraft oder Zuordnung zu erfordern.

Unendlich ausdehnbar, ganz und gar grenzenlos, schrankenlos – unermeßliche Zeit entsteht und entsteht, ohne umzukehren und ohne Möglichkeit der Minderung. Schöpfend, so weit sie sich erstreckt, kann sie in ihrer Einzigartigkeit nicht anders sein als vollendet. Sie ist sowohl eine Quelle der Gründung dessen, was erscheint, als auch ein Kraftpotential für eine Erkenntnis, die tiefer ist als das Begründen.

Lichtbrücke in die Zeit

Die starken und starren Strukturen der linearen Zeit sind die Brücke, um zu einer solchen Möglichkeit überzusetzen. Um diesen Schritt zu machen, ist Disziplin erforderlich. Doch kann es nicht unsere Disziplin sein, noch können wir diejenigen sein, die ankommen. Denn ›meine Erfahrung‹ ist gebunden an den linearen Impulsmoment der Zeit, und ›mein Tun‹ ist an alles gebunden, was sich in der Zeit präsentiert.

Verlangt ist ein neuer Erfahrender – nicht das Selbst, nicht der Geist oder irgendein anderer Agent des Selbst – ein Erfahrender, der unmittelbar auf die Energie der Gegenwart eingestimmt ist. Es zeigt sich ein möglicher Weg: *Der Erfahrende läßt sich unmittelbar in Licht transformieren.*

Wir vernehmen diese Behauptung als geheimnisvoll und mystisch, denn für uns selber schließen wir sie als Möglichkeit aus. Doch es ist nichts Mystisches am Sonnenlicht, und das Licht, das wir jetzt nennen, ist zugänglicher als das hellste Leuchten des strahlendsten Tages. Es ist Licht in seiner einfachsten und unmittelbarsten Form, ›gegenwärtig‹ überall dort, wo nicht einfach Dunkelheit herrscht.

Jede Wahrnehmung kann eine ›Lichtbrücke‹ sein, die zum Körper der Zeit hinüberführt. Licht kann den essentiellen Charakter der Wahrnehmung lockern und transformieren, es kann die Wahrnehmung und die Sinne von den statischen und starren Strukturen befreien, die sich so ausführlich in unserem Bewußtsein widerspiegeln.

Durch Licht können wir die andere Seite der Zeit erreichen. In der gegenwärtigen Gegenwart des Lichtes öffnet sich die Brücke zur ›Gegenwärtigheit‹. Wenn die Stimmen unseres Benennens verstummen, führt ein schweigendes Licht zu einer schweigenden Zeit.

Schweigendes Licht durchdringt die Oberfläche der Zeit. Indem es ›einwärts‹ geht, über ›einwärts‹ noch hinausgeht, gelangt es zum Körper der Zeit. Nachdem wir die Lichtbrücke überquert haben, nachdem wir angekommen sind, finden wir, daß wir zugleich zurückgekehrt sind. Unsere Reise erbringt Erkenntnis. Wir können mit verändertem Gewahrsein in der Gegenwart experimentieren und für die Zukunft planen.

Schweigendes Licht überträgt schweigende Zeit als den Werkmeister verschiedener Attribute des Wissens. Die Zeit ihrerseits überträgt die Erkenntnis inneren Schweigens. Eine stumme Rückkopplung vermißt die Werte neu; führt uns bis auf die Wurzel. Wir müssen nicht länger dieselben Muster ausspielen. Unsere alten Muster, unsere alten Seinsweisen werden in Frage gestellt. Wenn wir wollen – wenn das unsere Absicht ist –, können wir sie ungehindert verwandeln.

TEIL DREI

Verfügbarkeit von Wissen

KAPITEL 17

Wissen in Zeit und Raum

Wenn wir uns in der von uns bewohnten Welt umschauen, entdecken wir individuelle Entitäten, die in unterschiedlichster Art interagieren. Wir machen uns daran, ihre Natur und ihre Charakteristika zu bestimmen, nehmen Unterteilungen vor und parzellieren zu Territorien. Wir klassifizieren und bilden Kategorien; wir entwickeln unsere Ausgangspunkte zu Theorien, Faustregeln und Philosophien. Wir projizieren unsere Auffassungen hinaus in die Realität, indem wir unsere Meinungen und Deutungen aneinanderreihen, um Gewißheiten zu etablieren.

Die zugrundeliegenden Mechanismen und Strukturen, die diese Erkenntnismodi stützen, haben wir bereits erkundet. Im Sinne des ›Wie‹ unseres Wissens ist die Grundstruktur indes bezogen auf die Position, die wir gegenüber der von uns beobachteten und in Gebrauch genommenen Welt annehmen. Wir sind ›Zaungäste‹ der Realität. Wir stehen außerhalb des Flusses dessen, was geschieht, und kämpfen darum, ihm Sinn abzugewinnen.

Als Zaungäste beginnen wir aus einer Position des Nicht-Wissens und gelangen nie wirklich darüber hinaus. Wir sind in einer Distanz zu dem zu Erkennenden angesiedelt und können den Zwischenraum nicht völlig überbrücken. Unser Wissen ist dementsprechend begrenzt. Es ist so, als müßten wir für jemanden, den wir nie gesehen haben, lediglich auf der Grundlage von Beschreibungen und Gerüchten ein Kleid entwerfen.

Wir strapazieren nach Kräften unser Vorstellungsvermögen, formulieren unsere besten Hypothesen, treffen unsere besten Vergleiche, und hoffen, das Kleid werde passen. Was bleibt uns anderes übrig?

Sobald unsere Konstrukte erst einmal installiert sind, bringen wir neue Erfahrung mit ihnen in Einklang und handeln auf der Grundlage der von ihnen proklamierten Werte und Gewißheiten. Wir handeln dergestalt, daß unsere Perspektiven schlüssig werden: daß Wahrheit, Realität und das Absolute sich etablieren. Wir zwingen die multiple Dimensionalität dessen, was entsteht, in die Gußform dessen, was wir bereits behauptet und proklamiert haben. Wir lassen unsere Ideen unsere Erfahrung definieren und verleihen dementsprechend Charaktere und Charakteristika. Vielleicht könnte die Erscheinung selbst den Geist zum Wissen führen, doch das ist nicht unsere Vorgehensweise; stattdessen stellen wir das, was erscheint, unter die Kuratel des Zaungast-Geistes.

Diese Aneinanderreihung dessen, was wir für wahr halten, vollzieht sich ohne Unterbrechung. Selbst wenn wir unentwegt fragen, was es Neues gibt, gründen wir unser Leben auf das Alte und Etablierte – auf fixe Ideen, Prinzipien und Positionen. Wir verkörpern diejenige subjektive Auffassung, die in unserem Geist gerade an vorderster Stelle steht, und interpretieren Bedeutung und Wert dementsprechend; wir verfolgen den von ihnen angegebenen Kurs und halten Ausschau nach weiteren Projektionsmodi. Wir beginnen als Zaungäste und werden Opfer der eigenen Zäune, indem wir unsere Privatversion der Realität höher halten als alles andere.

Struktur des Nicht-Wissens

Diese Muster hemmen unsere Bemühungen um Klarheit und behindern unsere Versuche, mit unseren Schwierigkeiten fertig zu werden. In jedem Wissensbereich ordnen wir Erfahrung den herrschenden Konzepten und Modellen unter oder lassen es zu, daß vorherige Ergebnisse oder Zukunftserwartungen uns aus der Gegenwart wegziehen. Wir beharren auf Strukturen der Dichotomie, die sich von der Komplexität des Multi-Dimensionalen abwenden: Himmel und Hölle, heilig und profan, richtig und falsch, Glück und Leid, Wahrheit und Lüge, Hoffnung und Furcht.

Solche Muster sind an der Wurzel unseres Wissens wirksam und untergraben unsere Bemühungen, eine andere Art von Wissen zu entdecken. Einsicht wird umgehend in das Etablierte eingegliedert, während Intuition die Positionen, die die konventionelle Erkenntnis prägen, unangefochten läßt. Wir entwickeln vielleicht Sensibilität für den Fluß der Gefühle oder der Energie in und um uns, doch unsere Erfahrung ermangelt weiterhin der durchdringenden Klarheit. Unsere spontanen Handlungen müssen mit dem geltenden Moralkodex in Einklang gebracht werden; unsere Forderungen nach Gerechtigkeit erheben eine ganz bestimmte Forderung im Gegensatz zu einer anderen. Unsere Erklärung der Rechte bestätigt die Existenz von Unrecht; unsere Kämpfe um Frieden verbürgen Konflikt und Frustration; unsere Rufe nach Reformen beweisen, daß jemand anderer das Steuer in der Hand hat. Jede Frage wird zu einer These, jede These zu einer Schlacht, jede Schlacht zu einer Frage der Macht. Reform und Revolution durchlaufen einen Metamorphoseprozeß durch die Zeit, bis sie sich als Recycling des Status quo enttarnen.

Vor allem aber untergräbt dieser Wissensmodus unsere bewußten Versuche, über ihn hinauszugelangen. Wenn wir versuchen, das Funktionieren des Geistes und des Gewahrseins zu verstehen, benutzen wir eben die zu erforschenden Muster als die grundlegenden Werkzeuge der Erkundung. Wenn wir Hinweise entdecken, daß ein höheres oder umfassenderes Wissen am Werk ist, verweisen wir sie auf eine in der Sphäre des Absoluten angesiedelte Quelle und machen sie dadurch für direkte Erfahrung und Erkundung unzugänglich. Visionäre Erkenntnis wird beiseitegefegt oder auf Routine reduziert, von den Strukturen der Dichotomie untergraben. Wissen, das auf tieferliegende Rhythmen und Möglichkeiten anspricht, bleibt am Wegrand liegen.

Als Hinweis auf die Allgegenwart dieser Muster sei angemerkt, daß sie uneingeschränkt auch für die gegenwärtige Diskussion Geltung haben. Bestimmte Wissensmodi werden als inadäquat bezeichnet, wobei impliziert wird, daß sie aufzugeben oder zu ersetzen seien; bestimmte Wertigkeiten werden zugewiesen, die eine ganz bestimmte Reaktion wachrufen, die wiederum eine ganz bestimmte Vorgehensweise induziert. Wir gehen vom Etablierten aus und scheinen gezwungen, uns innerhalb seiner Grenzen zu bewegen.

Im Bann einer Liste von Dichotomien, die sich unendlich verlängern ließe, können wir niemals wirklich ›richtig liegen‹. Ganz gleich, wie wir uns auch entscheiden, wir beugen uns einem Wissen, das schon vorab für uns ausgedacht ist. Um unsere Rolle zu spielen, müssen wir uns trennen von einem Teil dessen, wer wir sind oder sein könnten, dessen, was wir wissen oder wissen könnten.

Mit dieser Art und Weise zu wissen akzeptieren wir, daß unsere eigenen Gedanken und unser eigener Geist als solche keinen intrinsischen Wert haben; daß sie nicht Wissen tragen. *Positionen* sind es, die wir als richtig oder falsch behaupten: nicht das Erzählen der Geschichte, sondern ihr Ausgang. Nicht-Wissen wird zu einem Grundprinzip erhoben, zu der Anfangsposition, von der aus jeder von uns an den Start gehen muß. Da dem so ist, sind wir zunächst einmal solange im Unrecht, bis bewiesen ist, daß wir im Recht sind. Unser Schmerz, unsere Verwirrung, unsere Rastlosigkeit, alles bestätigt unser eigenes Ungenügen. Vielleicht können wir Zuflucht in etwas suchen, das größer ist als wir, doch dies bedeutet, unseren eigenen Fähigkeiten nicht zu trauen. Oder es gibt vielleicht keine Zuflucht, und dann ist unsere Lage in der Tat hoffnungslos.

Solange wir an die Muster des Zaungasts gebunden sind,

läßt es sich schwer vorstellen, wie diese Seinsweise sich jemals ändern könnte. Stellen wir uns zum Beispiel einmal vor, wir fassen den Entschluß, unser Gefühl des Getrenntseins von unserer Erfahrung und der uns umgebenden Welt zu überwinden. Nun gibt es also etwas, das wir tun müssen; etwas ist zu erlangen oder zu bekommen. Wir müssen sammeln oder verbessern oder akkumulieren, bessermachen oder zurückweisen oder auf Zeit spielen. Ohne es zu wollen, perpetuieren wir eine Ausrichtung, die fortwährende Getrenntheit verbürgt. Die Modelle, die wir übernehmen, stützen sich auf Ableitungen, die auf ›von‹ und ›zu‹ basieren und das ›hier‹ und ›jetzt‹ verfügbare Wissen unweigerlich einengen. Die Veränderung, nach der wir suchen, wird zu spät kommen.

Bei alldem haben wir keine Wahl. Es scheint, wir müssen Schritt für Schritt vorgehen: lernen, ausprobieren, verbessern und am Ende das Ziel erreichen. So wachsen wir auf; so entwickeln wir uns; so ist unsere Art des Gottesdienstes. Von Anfang an sind wir Außenseiter; immer wieder nehmen wir Standpunkte ein und bestätigen so, daß wir Außenstehende, daß wir Zaungäste sind. Wir haben keine andere Seinsweise.

Erkenntnis hinein in Erkenntnis

Auf unerfindliche Weise haben wir eine undankbare und unrentable Arbeit übernommen. In der Überzeugung, daß es an uns liegt, die Begründer von Erkenntnis im Weltall zu sein, haben wir uns verpflichtet gefühlt, unsere Ansprüche auf Erkenntnis geltend zu machen, selbst wenn wir auf einer tieferen Ebene wissen, daß sie unbegründet sind. Da wir nicht unmittelbar wissen, haben wir uns genötigt gesehen, zu raten und so zu tun als ob, und haben dabei uns selbst wie auch andere betrogen. Abgeschnitten von unserer Verkörperung in Raum und Zeit, haben wir uns gleichwohl zu Sprechern für Zeit und Raum und Erkenntnis ernannt. Im Bewußtsein unserer Grenzen haben wir uns dafür entschieden, auf den kleinen Anteil Wissen, den wir als unseren eigenen beanspruchen können, zu beharren, selbst wenn dies bedeutet, das endlose Nicht-Wissen, von dem es umgeben ist, als unvermeidlich hinzunehmen.

Doch diese gewaltigen Anstrengungen sind gar nicht nötig. Die Arbeit, die wir verrichten, existiert nur in unserer Beschreibung von ihr. Wir brauchen nicht für Zeit und Raum zu sprechen, denn wenn wir zu hören verstehen, sprechen Zeit und Raum für sich selber. Wir müssen nicht unsern Anteil verkünden, weil wir bereits untrennbar mit dem Ganzen verbunden sind.

Wenn wir erkennen, daß dies so ist, wird uns eine gewaltige Last von den Schultern genommen. Wir können uns aufrichten, uns räkeln und tief Luft holen. Mit dem allerersten Schritt, den wir tun, können wir das Wissen loslassen, das wir besitzen, und mit einem Wissen verschmelzen, das sämtliche Positionen transzendiert. Wir können dieses Wissen auf Arten verkörpern, die konkret und spezifisch sind und Zeit, Raum und Erkenntnis in Aktion zeigen.

Indem wir die Bürde des Zaungast-Wissens ablegen, geht uns nichts Wertvolles verloren. ›Mein‹ Wissen und ›meine‹ Positionen bilden einen Teil des zu Tage tretenden Ganzen, und insofern bleiben sie verfügbar. Das ist die Schönheit und Freiheit von Wissen: Es weist nichts zurück und umfaßt alle Manifestationen.

Wissen befreit die Erscheinung von den Ansprüchen der Wahrheit und überträgt die Schönheit des Wahren. Welche Eigenschaften sich auch manifestieren, sie tragen bei zur Schönheit von Wissen; wer auch immer mit Klarheit handelt, ist ein Träger von Wissen. Obwohl wir auf der Basis unserer Begrenzungen handeln; obwohl wir Fehldeutungen vornehmen und ein eingeschränktes Verstehen zum Tragen bringen, ist Wissen weiterhin verfügbar. Wir können uns vom Wissen abwenden, aber wir können es nicht beschädigen oder beschränken. Die Grenzen unseres eigenen Verstehens sind keine Grenzen für die universelle Wissensfähigkeit.

Schlüssel zum Wissen

Wie können wir wissen, daß Erkenntnis unmittelbar verfügbar ist? Müssen wir dies auf Treu und Glauben annehmen? Müssen wir bestimmten Teilen unserer Erfahrung Vertrauen gewähren und die Bedeutung anderer von der Hand weisen? Was ist die Basis für eine solche Unterscheidung? Wie können wir dem Wissen vertrauen, das uns dazu auffordert, sie vorzunehmen?

Die Antwort ist in gewisser Weise einfach: Wir können lernen, auf Wissen in all seinen Manifestationen zu hören, von den pragmatischsten bis zu den erhabensten. In dem Maße, wie wir uns daran gewöhnen, die Stimme des Wissens innerhalb der Erscheinung zu vernehmen, werden Fragen des Vertrauens und des Glaubens sich klären. Eine innere, von Wissen selber in Gang gesetzte Dynamik wird auf den Weg zur Wissensfähigkeit deuten.

Nehmen wir ein konkretes Beispiel. Vor Jahrhunderten war die Idee des Eigentums wenig entwickelt, und Handel vollzog sich informell oder im Kontext anderer Interaktionen auf der Basis von kaum mehr als dem gemeinsamem Verständnis, daß bestimmte Güter Wert besaßen. Nachdem er mit etwas so Einfachem wie einer Handvoll Salz oder einer Perlenkette angefangen hatte, dehnte der Handel sich allmählich aus. Kaufleute entwickelten ihre eigene Orientierung und Lebensweise und bildeten ihre eigene Art der Weltbetrachtung heraus, ebenso wie Versuche, ihre Interessen zu schützen. Aus diesen Anfängen gewann das gesamte Finanzsystem Gestalt, und mit der Zeit die Nationalökonomie, das Wirtschaftsrecht und viele andere Disziplinen. Heutzutage ist kein Zweig menschlicher Erkenntnis mehr von diesen Auffassungsweisen völlig unberührt.

Die großen Domänen des Wissens haben wahrscheinlich aus vergleichbar einfachen Anfängen Gestalt gewonnen: Philosophie, Psychologie, Religion und Wissenschaft – und jede liefert ihren eigenen Beitrag zum Wohlergehen menschlicher

Wesen, jede verkörpert verschiedene Manifestationen des Wissens. Wissen erscheint in der Tat in all unseren Projektionen und Interpretationen, in allen Strukturen, die wir annehmen und den Ansichten, die wir uns zu eigen machen. Sogar das Studium dessen, was wir zu verschiedenen Zeiten und in verschiedenen Umständen als Wissen einschätzen, ist eine Quelle von Wissen.

Wir könnten diesen Sachverhalt als Hinweis auf eine schlichte Selbstverständlichkeit ansehen: Alles, was wir lernen, ist Wissen. Doch es geht um etwas Wesentlicheres. Vom Gesichtspunkt des Wissens aus können wir es folgendermaßen ausdrücken: *Wissen ist wißbar*. In den Spezifika dessen, was sich präsentiert, macht Wissen sich verfügbar: nicht als Objekt für einen Zaungast, nicht als ein für irgend*jemanden* wißbares *Ding*, sondern als die intrinsische Wissensfähigkeit des Gesamts. Die gewöhnlichen Strukturen der Sprache bieten einer solchen, von Subjekt und Objekt unabhängigen Verfügbarkeit nicht ohne weiteres Raum, doch wir können von Wissendheit und Wißbarkeit sprechen; wir können auf Wissensfähigkeit verweisen. Wir können es auch so ausdrücken: Innerhalb jeder Erscheinung sind wir bereits mit dem Körper des Wissens in Berührung.

Es mag schwierig sein, die schrankenlose Verfügbarkeit von Wissen zu entdecken, denn unsere eigenen Bemühungen, Wissen anzuhäufen, vollziehen sich nur Schritt für Schritt, in einem sich endlos hinziehenden Prozeß. Dies ist in besonderer Weise heute der Fall, wo Wissen in einer Weise strukturiert ist, daß es ständig weiterwuchert. Während die zu wissenden Fakten sich exponentiell vermehren, werden die wechselseitigen Verknüpfungen, die uns zum Gesamt zurückführen könnten, begraben oder vergessen. Doch Wissen lädt von Natur aus Wissen ein, und Wissen akkumuliert sich dementsprechend, in einer natürlichen Progression, die die Anwesenheit des Körpers des Wissens signalisiert.

Sobald wir unseren hartnäckigen Anspruch aufgeben, Wissen besitzen zu wollen, erkennen wir, daß dann, wenn wir empfangen, vollbringen, suchen oder erforschen, dies Wissen *ist.* Bald bemerken wir, daß Resultate und Erfolge sich einstellen, unabhängig von Anstrengungen unsererseits. Wenn wir lernen, durch unsere eigenen Grenzen hindurchzuschauen, entdecken wir, daß wir die Fähigkeit haben, uns und andere zu Vision und schöpferischer Imagination zu inspirieren. Manche, die diese Dynamik am Werk gesehen haben, haben sie Liebe oder Wahrheit genannt; andere sprachen stattdessen von Weisheit, von Schönheit oder von Segen. Darauf kommt es nicht an: Etikettierungen können Wissen nicht beschränken noch vermögen Worte ihm Einhalt zu gebieten.

Wir können die Verfügbarkeit von Wissen auch in der Art und Weise entdecken, wie Wissen sich über die Zeit hinweg kundgibt. Es gibt Zeiten, da neues Wissen unerwartet hervortritt, Zeiten, zu denen es in einer Epoche der Expansion und der Entdeckungen eine vitale Rolle spielt, und andere Zeiten, in denen es seine Vitalität und seinen Wert zu verlieren scheint. Dasselbe Wissen läßt sich in ganz unterschiedlicher Weise nutzen, wenn die Umstände sich ändern, oder es kann wachsen und sich wandeln und als Antwort auf unterschiedliche Umstände unterschiedliche Formen annehmen. Wenn wir die Geschichte dieser Wandlungen studieren – wie wir Wissen benutzen und es verfügbar machen, wie wir uns und andere erziehen – durchqueren wir ein Feld des Wissens, das den Körper des Wissens in Aktion offenbart.

Geburt von Weisheit

Obwohl es keine ursprüngliche Genealogie des Wissens gibt – keine Quelle, der es zu entsprechen hat –, kann sich der Körper des Wissens mit mehr oder weniger Verfeinerung manifestieren, auf mehr oder weniger umfassende Weise. Wir können Geschick darin entwickeln, Wissen dementsprechend zu fördern. Wir können zum Beispiel lernen, Wissen in sich selbst zurückzuspeisen, so daß es größere Komplexität entwickelt. Solch eine Neuverteilung wird zur dynamischen Schöpfung: eine fortschreitende Offenbarung des Körpers des Wissens.

Wenn wir es erreichen, seine einzigartige Qualität zu verstehen, beginnt Wissen zu erstrahlen. Was wir wissen wird zum Träger des Wissens, auf dynamische Weise stimuliert und evoziert es ein mehr als globales Wissen. Das letztendliche Resultat ist die Geburt von Weisheit.

Um Erkenntnis zu Weisheit hingelangen zu lassen, können wir jegliches Urteilen beiseitelegen. Wir können unsere Versuche aufgeben, Erscheinung durch Dividieren und Klassifizieren einzufangen. Wir wissen nur zu gut, wie es sich anfühlt, außerhalb zu stehen, als selbsternannter Sprecher, proklamierend, ankündigend und in dem ständigen Versuch, ins Dasein zu verfügen, und wir wissen, daß dies nicht der Weg zur Weisheit ist.

Die aktive Alternative zu diesen Zugangsweisen besteht darin, Wissen zu verkörpern und einzuladen, indem wir uns einwärts wenden, in Richtung auf Zeit und Raum. Unser Sein ›in‹ Zeit, Raum und Erkenntnis kann zu den Subtilitäten ›von‹ Zeit und Raum und Erkenntnis werden. Wir können uns verbinden mit uns selbst: mit unserem Körper, unserer Zeit, unserer Erfahrung und unserer Verkörperung.

Wenn wir in dieser Weise Wissen herausbilden, brauchen wir keine präzise Definitionen der Ausdrücke, die wir benutzen, zu entwickeln: nicht einmal der Ausdrücke ›Zeit‹ und ›Raum‹ und ›Erkenntnis‹. Obwohl dies unser üblicher Wissensmodus ist, kann die Suche nach solcher Klarheit in Wahrheit den Erkundungsprozeß untergraben. Unsere Definitionen können Wissen verfrüht vom Weinstock pflücken und es so daran hindern, zur Weisheit heranzureifen.

Sobald wir unseren Drang, über jede kleine Etappe unseres Fortschritts Rapport zu erstatten, loslassen können, haben wir die Gelegenheit, ein tieferes Wissen einzuladen. Indem wir ausdehnen und voranschreiten und ausarbeiten, erneuern und am

Leben halten und kristallisieren, aktivieren wir das einwärtsgerichtete, indeterminierte Wissen der Eknosis. Es ist, als lernten wir plötzlich zu fliegen: Vorher bewegten wir uns auf mechanische Weise vorwärts; nun können wir abheben und schweben und sausen und gleiten.

Wissen verleiht Flügel und wirkt Wunder; es ist der Zauberer, der Kunststücke vollbringt, die so erstaunlich sind, daß wir sie uns nie auch nur vorgestellt haben. Vor den tiefgreifenden Fortschritten, die durch Wissen in der Vergangenheit geleistet worden sind, brauchen die heute möglichen nicht zurückzustehen. Es gibt zahllose Wege: Forschung und Meditation, Kunst, Philosophie, Experiment und Gebet. Der Zugang ist da, wenn wir darum bitten.

Wissen wirkt sein Wunder gerade jetzt, indem es uns das geheimnisvolle Geschenk der Erkenntnis macht. Bis jetzt haben wir dies gewußt und es nicht gewußt. Wir haben Anstrengungen unternommen ohne Erfolgsgewißheit; haben Fortschritt und Rückschritt erlebt; haben Anleitung gesucht und Segen erbeten. Nun können wir mit tiefem Vertrauen nach vorne schauen, denn wir kennen das große Geheimnis: Wissen gibt uns den Schlüssel zum Wissen.

KAPITEL 18

Die Priorität des Wissens

Konventionelles Wissen ist zusammen mit den Wissensmodi, die es ermöglichen, ein Träger für den Körper des Wissens. Wenn wir zum Beispiel Erfahrung interpretieren und hinterfragen, leistet ein durchdringenderes Wissen eine Rückkopplung von Projektionen, die sich vermittels der Logik und anderer strukturierter Wissensmodi organisieren, zusammenstellen und klassifizieren lassen.

Die gleiche natürliche Wissensfähigkeit ist auch in weniger offensichtlicher Weise verfügbar. Zum Beispiel existiert die Fähigkeit der Augen zu sehen: eine Empfindlichkeit für Licht gekoppelt mit der Fähigkeit, Licht weiterzuleiten für weitere Prozesse, die es uns erlauben, der Erscheinung Gestalt zu verleihen. Und zwischen der aktiven Aufnahme des Lichtes durch die Augen und der letztendlichen Verkündung dessen, was so und so ist, durch den Geist sind andere Erkenntnismechanismen am Werk, um kognitiv zu erfassen, was entsteht, und das kognitiv Erfaßte mit dem zuvor Entstandenen zu verschmelzen.

Obwohl diese Kognitionsfähigkeiten dem Bewußtsein für gewöhnlich nicht zugänglich sind, könnten wir spekulieren, daß sich Inspiration und Entdeckung auf Fälle zurückführen lassen, bei denen wir uns plötzlich in solche verborgenen Felder von Wissensfähigkeit einstimmen. Vielleicht könnten wir solche Gelegenheiten erforschen und die Faktoren erklären, die sie möglich machen, so daß sie regelmäßiger verfügbar werden.

Eine solche Methodologie würde übereinstimmen mit unserer gewöhnlichen Weise, vom Vertrauten zum Unvertrauten voranzuschreiten, wie es in der Schritt für Schritt voranschreitenden Abfolge der Erklärung exemplifiziert ist. Wissensfähigkeit kann sich jedoch auch in weniger normierter Weise manifestieren. Die Geschichte verzeichnet viele solcher großen Wandlungen des Wissens: Zeiten, in denen das Wissen selber sich zu transformieren oder zu entfalten scheint. In unserem eigenen Leben deuten plötzliche Einsichten und Epiphanien ebenfalls auf eine Selbstentfaltung des Wissens hin. Unser Gefühl für Qualtäten und für Ästhetik, unsere Art zu sehen und zu hören sind alle beeinflußbar durch solche inneren Revolutionen des Gewahrseins, die unser gewöhnliches Wissen umfassen, es aber auch überschreiten.

Wenn solche Wandlungen möglich sind – wenn das dem Geist verfügbare Wissen in direkter Weise transformierbar ist –, dann können sich einem jeden von uns neue Formen des Wissens eröffnen. Wir müssen unseren Lebensweg nicht ändern und uns nicht ausschließlich spirituellen, philosophischen oder psychologischen Interessen widmen. Aktiv eingebunden in die geschäftige Routine des Alltags, die Konstrukte unserer normalen rationalen Kognition einsetzend, im Gewöhnlichen tätig, können wir ein ungestaltetes Wissen entdecken, das unmittelbar verfügbar ist.

Wie Wissen eintrifft

Die Barrieren gegen die Aktivierung solchen Wissens konzentrieren sich um die Position des Selbst als Zaungast. Früh im Leben etabliert das Selbst eine Position, von der aus es aufweisen kann. Das, was aufgewiesen wurde, nimmt feste Charakteristika an: Das Ei muß seinen Dotter und seine Schale haben; die Verpackung muß unser Siegel empfangen. Unsere Interaktionen geschehen durch die etablierten Strukturen und bestätigen deren Gültigkeit. Wir versuchen, es unseren

Modellen perfekt nachzutun, verschmelzen die Erfahrung mit den Konstrukten, die darauf ausgelegt sind, sie zu fassen, spielen das Feldkommuniqué aus. Das Feld ist etabliert, und was immer auch entsteht, paßt in dieses Feld. Wir vereinigen die Zukunft mit dem Erwarteten und geben unseren Hoffnungen und Erwartungen die Führerschaft über unser Verhalten. Ein Zeuge bildet sich heraus, der bestätigen soll, was geschieht; der sicherstellt, daß es mit uns weitergehen wird.

Die auf diese Weise herausgebildeten Muster identifizieren in spezifizierender Weise die Mittel, die für den Erwerb von Wissen verfügbar sind. Wir müssen bei einem ganz bestimmten Punkt anfangen und auf einem festgelegten Weg voranschreiten. Wir müssen lernen, erfahren und üben. Wenn wir unsere Aufgabe angehen und das tun, was wir uns vorgenommen haben, besteht unsere Rolle manchmal darin, zu suchen und zu erforschen, und ein andermal ist nichts anderes zu tun als die richtigen Augenblicke des Durchbruchs abzuwarten und dann entsprechend zu handeln.

Indem wir uns diese Leitlinien zu eigen machen, verfehlen wir die Durchbrüche, die bereits vorhanden sind. Wir sind wie ein Känguruh, das aufgeregt ein gefährliches Gelände durchspringt: wir beginnen auf der Grundlage des vorher Festgelegten, schauen uns angstvoll um, prüfen noch einmal nach, ob das Baby vor unserem Bauch auch sicher eingepackt ist, und springen dann auf ein vertrautes Stück Boden.

Es gibt keinen leichten Ausweg hinaus aus den Strukturen, die den ›Känguruhgeist‹ am Leben halten. Wenn wir uns dafür entscheiden, das Erwartete nicht zu tun, ist dies lediglich eine von der etablierten Struktur vorgegebene Möglichkeit: Obwohl Tun und Nicht-Tun zueinander im Gegensatz stehen, bestätigen beide das, was etabliert ist.

Das Modell, das diese Art von Verständnis leitet, scheint darauf hinzuweisen, daß Erkenntis nicht gegenwärtig verfügbar ist. Ob wir uns auf den Weg machen, um es zu erlangen, oder ob wir eine Wandlung der Umstände abwarten, die es ihm erlauben wird, einzutreffen, immer ist Wissen abhängig von einer Macht, die unserem Nicht-Wissen entgegenwirken kann.

Ist dies wirklich die Triebkraft, die Wissen zur Schau stellt? Trifft Wissen nur ein mit der Vorwärtsbewegung der Zeit, als würde es in einer Karrosse gezogen? Wartet es irgendwo da vorne darauf, daß wir zu ihm hingelangen und Besitz von ihm ergreifen? Wenn eines dieser Modelle zutrifft, dann sind die Zugangskanäle zum Wissen eng. Das vorab aufgenommene Tonband des Wissens läuft vorwärts ab und kennt nur die Möglichkeit eines nachträglichen Rückspulens. Im Bann solcher Strukturen werden wir nur in sehr eingeschränkter Weise wissen können.

Wenn Wissen wirklich ›früher‹ ist, dann bricht dieses ganze Bild indes zusammen. Wenn Wissen ›vor‹ jedem Aufweisen verfügbar ist, dann besteht keine Notwendigkeit, einen engen Weg zu gehen. Wenn es Wissen ist, das die üblichen Wissensmechanismen aktiviert und ihnen allen voraufgeht, dann kann ein mit Wissen gesättigtes Gewahrsein spontan, unabhängig von jeglichem Mechanismus, ›aufblitzen‹. Das Wissensfeld, das die Rhythmen des Feldkommuniqués ausgibt, ist nicht auf das beschränkt, was kommuniziert wird: Unter dem Hin- und Hernachzeichnen der gewohnten Erkennensprozesse kann das Feld selbst sich öffnen.

Wissen ist nicht abhängig von der Einnahme von Positionen. Anstatt uns auf eine bestimmte Beobachtung zu konzentrieren oder uns reibungslos von ›dieser‹ etablierten Bedeutung zu ›jener‹ Interpretation zu bewegen, können wir die Selbstexistenz lockern und Wissen für die Gegenwart öffnen. Vor und innerhalb der designierten Spezifizität des Ins-Dasein-Tretens können wir ins Offene des Aktuellen zurückkehren. Jenseits des konventionellen Wissens kann das ›Vorher‹ primär werden.

Der Quelle auf der Spur

Die Auffassung, Wissen komme von irgendwoanders her, hat eine Parallele in der Auffassung, das, was wir wissen, habe eine Quelle. Oft ist das Wissen, nach dem wir trachten, lediglich die erfolgreiche Benennung dieser Quelle, und zwar aufgefaßt sowohl im Sinne einer Ursprung setzenden Entität als auch eines ganz bestimmten Ortes.

Der Grenzfall für dieses Modell ist das Weltall selbst, denn es scheint weder möglich zu sein, einen Ort anzugeben, von dem das Weltall herkommt, noch ein Ursprung gebendes Agens für seine Erscheinung. Die übliche Reaktion auf diese Schwierigkeit besteht darin, eine andersgeartete Quelle zu suchen. Zum Beispiel könnte ein Ursprung gebendes Agens, das größer als die Vorstellungskraft und völlig unerkennbar ist, die Botschaft übertragen, die das Weltall zum Ursprung kommen läßt. Oder es könnte sein, daß das Weltall sich selbst durch einen seinerseits wiederum vollkommen unerkennbaren Mechanismus ins Dasein ruft.

In beiden dieser Fälle wird dem Wissen eine Grenze auferlegt. Aus der Perspektive des Zaungasts scheint keine Alternative verfügbar, denn während wir zwar wissen können, was innerhalb des Weltalls erscheint, oder universell gültige Prozesse nachzeichnen können, können wir nicht wirklich ›vom‹ Weltall Kenntnis haben; das heißt, wir können nicht außerhalb des Weltalls stehen.

Doch die mit einem ›Ursprungsquelle‹-Modell verbundenen Beschränkungen des Wissens erstrecken sich weit über diesen Grenzfall hinaus. Ein solches Wissen kann niemals im Sinne einer Methodologie oder einer Substanz über sich selbst Rechenschaft ablegen. Was immer wir auch als Quelle bezeichnen muß selber eine Quelle haben, und diese Quelle braucht ihrerseits abermals eine Quelle. In welche Richtung wir unsere Erforschung auch wenden, wir gelangen zum ›Zero-Punkt‹ des Entspringens, nur um festzustellen, daß das Entspringen selber nicht entspringen kann.

Vielleicht müssen wir die gesamte ›Ursprungsquelle‹-Perspektive hinterfragen. Logik und Vernunft mögen dem Geist bei der Verkündung dieses fixierten Wissensmodus Schützenhilfe leisten, doch diese beiden Ordnungsprinzipien haben ihrerseits keine Quelle. Ob wir auf unsere Wahrnehmung verweisen oder die Erlasse des Rationalen verlesen, die Behauptungen, die wir aufstellen, ermangeln einer grundlegenden Authentifizierung. Wenn wir Absoluta anrufen, die die Lösung der Gewißheit anbieten, können wir ihren Status als Absoluta nicht erklären; wenn wir Erklärungen anbieten, können wir die angewandte Theorie der Beschreibung oder der Erklärung nicht umfassend spezifizieren oder rechtfertigen. Wir können weder sagen, in welchem Umfang wir begriffen haben, noch können wir die letztendliche Exaktheit dessen, was wir behaupten, einschätzen. Wir ermangeln des Wissens, das Wissen bewerten könnte.

Wissen ohne Reise

Wenn das Wissen ›vorherig‹ ist, dann greift das ›Ursprungsquelle‹-Modell nicht in der gleichen Weise. Wir sollten in der Lage sein, über den Zero-Punkt des Entspringens hinauszugehen zu einem Wissen, das zerolos ist. Doch kann dieses ›Darüber-Hinaus-Gehen‹ nicht selber dem Bewegungsrhythmus entsprechen, der eine ›Ursprungsquelle‹ affirmiert und aufsucht; stattdessen muß es ein Transzendieren sein. Gleichzeitig muß das ›Darüber-Hinaus-Gehen‹ *innerhalb* gewöhnlicher Erscheinung verbleiben, denn nur innerhalb der Erscheinung können wir der Möglichkeit einer ›quellenlosen Quelle‹ treu bleiben.

In dem ›Darüber-Hinaus-Gehen‹ des ›vorherigen‹ Wissens beginnen wir am Zero-Punkt und bewegen uns in Richtung der Grenzen unserer Erfahrung. Wir expandieren auswärts und wenden uns einwärts; wir zeichnen den Stammbaum der Vergangenheit nach und aktivieren die Möglichkeiten der Zukunft. Schließlich kehren wir zum Ausgangspunkt zurück. Doch jetzt ist der Ausgangspunkt nicht länger ein Punkt des Entspringens. Wir erkennen, daß es keinen Bestimmungsort gab und daß die Reise in gewissem Sinne niemals stattfand. Die Veränderung ist subtil, aber unbedingt grundlegend. Die Qualität der Zeit selber ist anders, und die Dimensionen des Raumes sind nicht so, wie wir sie uns vorgestellt hatten. Es ist nicht mehr sinnvoll, Ursprünge oder Bewegungen von Ursprüngen aus in derselben Weie zu betrachten.

Wie können wir wissen, ob eine solche Reise wirklich neues Wissen hervorruft? Wir können behaupten, unsere Sichtweise habe sich verwandelt, doch vielleicht ist dieses andere Sehen immer noch eine Fortschreibung unseres Ausgangspunkts. Desgleichen können die Orte, zu denen wir gingen, die Wege, die wir einschlugen, die Richtungen, die wir entdeckten und erforschten, immer noch jene Raum- und Zeitdimensionen implizieren, innerhalb derer wir aufgebrochen sind. Auf einer Ebene muß dies so sein, denn wir können unserer Abstammungslinie nicht entkommen.

Und dennoch muß uns diese Einschränkung nicht bekümmern. Wenn ›vorheriges‹ Wissen einen auf eine ›Ursprungsquelle‹ bezogenen Wissensmodus transzendiert, dann ist die Welt unserer Erfahrung niemals ins Dasein getreten. Wie kann eine nicht-entstehende Abstammungslinie sinnvolle Einschränkungen zum Tragen bringen? Wenn wir versuchen würden, einen *Anspruch* neuen Wissens zu rechtfertigen, dann käme der ›Ursprungsquelle‹-Modus des Wissens ins Spiel, und dann würde unsere Konditionierung unsere Bemühung um Transzendierung untergraben. Doch ein solcher Schritt ist nicht vonnöten. Wissen muß nicht in diesen Begriffen sprechen. Es muß überhaupt nicht sprechen.

Wissen transzendieren

Es könnte so aussehen, als näherten wir uns einem Zusammenbruch der Kommunikation. Wenn Sie und ich ein Gespräch führen, dann scheinen wir die gleiche Sphäre ›einzunehmen‹ und ›über‹ die gleichen Dinge zu reden. Doch wenn einer von uns die ›reiselose Reise‹ in das ›vorherige‹ Wissen angetreten hat und der andere nicht, dann sehen wir mit unterschiedlichen Augen. Obwohl wir Erfahrung in der gleichen Weise verkünden, hören wir anders. Es wird Erfahrungen geben, für die es kein gemeinsames kognitives Erfassen gibt: Erfahrungen, die von den verschiedenen Erkenntnisvermögen, verschiedenen Geschichten und verschiedenen Sichtweisen abhängen, die wir verkörpern.

Natürlich stellt sich dieses nämliche Problem in jeder Kommunikation. Feinheiten der je einzelnen Wahrnehmung, die darauf basieren, daß verschiedene Sinne unterschiedlich aufgefaßt werden, werden unweigerlich unübermittelt bleiben. Üblicherweise sind wir der Ansicht, daß eine approximative Mitteilung den Zweck erfüllt, doch im gegenwärtigen Fall erfüllt sie den Zweck keineswegs. De facto scheint der Versuch der Übermittlung die Zerstörung des ›Themas‹ zu verbürgen, um dessentwillen die Kommunikation stattfinden soll.

Nehmen wir an, Sie seien auf diese weite Reise gegangen, und ich sei zu Hause geblieben. Das, was Sie sehen, und das, was ich sehe, wird sowohl dasselbe als auch völlig verschieden sein. Es gibt keine Möglichkeit, diese Unterschiedlichkeit zu erläutern. Wenn Ihre subjektiven Auffassungen und Erfahrungen meinen subjektiven Auffassungen und Erfahrungen begegnen, haben wir eine Grenze erreicht: einen Endpunkt für Erforschung und Erkenntnis gleichermaßen.

Abermals wurden wir in das Gewebe des Vorausgesetzten hineingezogen. Die Logik, die auf diese Weise Wissen ausschaltet, ist aus der Sicht der herrschenden Ordnung exakt, doch ein Wissen, das den Inhalt des Gewußten transzendiert, bewegt sich nach den Gesetzen einer anderen Dynamik. Für ein ›transzendentes‹ Wissen sind der Unterschied zwischen Ihrer und meiner Erfahrung und die Grenzen des Kommunizierbaren selber Gebärden, die der Körper des Wissens darbietet. Ein auf Transzendieren gründendes Wissen kommuniziert jenseits des spezifischen Inhalts dessen, was von einem Wissenden gewußt wird. Es bietet den Tanz und das Drama der Erscheinung, das Gehen und die Rückkehr, das Mißverständnis und das Scheitern der Kommunikation, sogar die Möglichkeit, daß wir völlig verloren sind. Es übermittelt das Gesamt des ›Wissenskommuniqués‹: die Strukturen und Mechanismen des Geistes, durch die Inhalt erscheint.

Konventionelles Wissen operiert innerhalb des Rahmens des Kommuniqués und projiziert die Muster unserer interagierenden Abstammungslinien. Wir tragen unser Erbe weiter; wir sind dem Gegebenen treu. Wir identifizieren ›mich‹ und ›mein‹ und unterstützen und verstärken und vergrößern. Wir übernehmen die Rolle der sich selbst tragenden Identität; wir werden ein Mitglied des Besetzungsensembles. ›Ich‹ ist bezogen auf ›das‹; ›das‹ ist verbunden mit ›mir‹. ›Ich‹ bin ein Teil von ›diesem‹; ›dies‹ ist ein Teil von ›ich‹. Beziehungen stützen jedes Muster und übertragen es weiter.

Für ein transzendierendes Wissen ist das Gesamt dieses kommunizierten Inhalts wie ein einziger Gedanke, eine einzige Blase im Strom der Zeit. Im nächsten Augenblick (obwohl auch ›Augenblicke‹ Konstrukte innerhalb der Blase sind) wird es zerplatzen.

Wenn wir diese Grenze, der das Gewußte unterworfen ist, kennen, dann begrenzt sie nicht. Wie ein Schaupieler, der einen Charakter beobachtet und das Gesehene professionell und mit Leichtigkeit nachahmt oder sich anverwandelt, können wir den Geist für das Kommuniqué öffnen. Wir können präzise handeln; wir können völlig willens sein. Was immer wir auch tun, wir sind nicht verstrickt. Das Wissen, das wir üben, versucht nicht, innerhalb des Rahmens des Kommuniqués nach außen zu projizieren; stattdessen wendet es sich einwärts und dirigiert ein Infra-Zero, das nicht begrenzbar ist.

Wenn wir in dieser Weise dirigieren, dann gestalten und verkörpern wir den Körper des Wissens. Wir müssen nichts Neues wissen; wir müssen nicht einmal auf neue Weise wissen. Die ›Binnenheit‹ des Wissens, seine universelle Verfügbarkeit, ist in all unseren Handlungen und in jedem Gedanken gegenwärtig. Sie ist gegenwärtig jenseits aller Widerlegung, denn es wird nichts behauptet. Es besteht kein Bedarf für einen Zeugen. Wir könnten es auch so formulieren: Wissen ist sein eigener Zeuge.

Ab und zu im Lauf der aufgezeichneten Zeit kommt diese Art der Umsetzung von Wissen an die Oberfläche der Erfahrung, und der Lauf der Geschichte wandelt sich. Neue Sicht- und Verstehensweisen entstehen; es werden neue Positionen eingenommen. Es ist, als würde die Geschichte selber erkenntnisfähig und als übermittele sie diese Erkenntnis durch ein transformierendes Feldkommuniqué ›nach auswärts‹ in die lineare Zeit. In unserem eigenen Leben kann es ähnlich geschehen – nicht nur eben an den Rändern oder in seltenen Augenblicken, sondern im innersten Zentrum und immer.

Gründung ohne Grund

Für ein transzendierendes Wissen ist das gesamte kosmische Schauspiel mitsamt dem Raum, der es erlaubt, und der Zeit, in der es sich entfaltet, nie wirklich entstanden. Vor dem Entstehen ist Erkenntnis aktiv in dem Raum ›jenseits‹ des Raumes, der kein ›von ... her‹ beherbergt und keine Geburt befördert. Anstelle von Geburt gibt es Aufscheinen; anstelle von Schöpfung gibt es das Schauspiel der Magie. Und in allem ist Wissen, der Magier.

Mit welcher Virtuosität und welch erstaunlicher Intelligenz inszeniert das Wissen sein Zauberwerk! Einerseits Erscheinung so wirklich, andererseits kein Ort der Geburt und kein bergender Schoß. Einerseits ein Hinabtauchen in die Besonderheiten dessen, was ist, in treuem Vollzug einer auf einen Logos verweisenden Logik; andererseits ein Verweisen ›darüber hinaus‹, das jeden Absolutheitsanspruch untergräbt. Substanz und Existenz sind, wie sie sind, doch sie sind nicht gewesen und können nicht sein. Keine Wissensakte sind dieselben, doch keine sind völlig verschieden. Das, was ausgemessen werden kann, und das Unermeßbare sind wechselweise verfügbar. Insofern es auf integrale Weise multipel ist, indeterminiert gegenwärtig, können wir von dem Realen sagen, es sei ›intupel‹.

Normalerweise sind wir gefangen und verstrickt in dieses Schauspiel der Magie. Wir finden die sich entfaltenden Stadien unserer gegenwärtigen ›Woheit‹ überzeugend. Indem es die auferlegten Bedingungen bereitwillig erfüllt, geht das Gewahrsein an das Geschäft der Konstruktion und stellt sicher, daß Logik, Vernunft, Realität und Wahrnehmung greifen. Insofern die Ordnungsprinzipien vollends eingebracht sind, werden die Aspekte der Wahrnehmung in solcher Weise identifiziert, daß sie ihre eigene Umgebung liefern. Das Kontinuum manifestiert sich so uneingeschränkt und in solcher Wechselseitigkeit, daß nichts sich ablösen kann von dem, was sich präsentiert.

Nach Etablierung dieser Muster läßt sich mit dem Intupel des Seins nicht leicht Tuchfühlung aufnehmen. So wie die von dem sie schützenden Raum etablierten Objekte dazu übergehen, eben diesen Raum zu verdunkeln, so verdunkeln und reduzieren die aus dem Wissen hervortretenden Konstrukte dessen inhärente Priorität. Diese Reduktion wird übermittelt als der Inhalt des Gewußten, zusammen mit einem umgebenden ›Nicht-Wissen‹, das die grundlegende Wissensfähigkeit sowohl nährt wie auch beherbergt. In diesem Kommuniqué lassen sich die Wurzeln dessen, was zu Tage tritt, nicht erforschen, und der Boden, in dem sie wachsen, wird vorausgesetzt.

Abenteuer des Wissens

Trotz dieser Muster gibt es Zeiten, in denen wir gewahr werden, wie Wissen eingeschränkt wurde. Die Kontinuität der Art und Weise, wie wir in Zeit und Raum sind, wird irgendwie unterbrochen, und wir spüren, daß der Rahmen, der unsere Realität trägt, und die Schutzhülle, die unsere Horizonte festlegt, ein Teil des Vorgedachten unserer Wirklichkeit sind.

Normalerweise verblassen solche Augenblicke; oft gehen sie unbemerkt vorüber. Doch steht es uns frei, eine solche Einsicht selber aufzusuchen. Das, was der Geist konstruiert hat, kann vom Geist auch erforscht werden. Die Analyse in ihrem Nachzeichnen und Nachforschen kann die dem Wissen inhärente Freiheit restituieren.

Die Erkenntnis des Gesamts – die einwärts gewandte Erkenntnis einer Regenbogen-Eknosis – ist in der Antiquiertheit und der Unangemessenheit unseres aktuellen Nicht-Wissens verfügbar. Wir müssen das ›Nicht‹ dieses Nicht-Wissens sorgfältig anschauen. Dies ist der Ort, an dem Erkenntnis das gründende Feldkommuniqué ins Werk setzt.

Wenn wir uns wirklich daran machen, einen solchen Forschungsprozeß anzustrengen, stellen wir vielleicht fest, daß Wissen zuerst in Form störender Gedanken ins Bewußtsein hereinbricht. Konfrontiert mit den Grenzen des dimensionalisierten Raumes und der ausgemessenen Zeit und den Folgen unserer Voreingenommenheit, reagieren wir vielleicht mit Zweifel und Unbehagen. Niemand denkt so; wir müssen uns irren. An diesem kritischen Punkt müssen wir uns auf die Disziplin konzentrierter Imagination verlassen, denn sonst wird es uns nicht gelingen, an der Vision dessen, was möglich ist, festzuhalten. Vielleicht erkennen wir, daß wir für unsere Fragen nicht genügend Engagement aufbringen; vielleicht geben wir einfach mit einem nervösen Lachen auf und lassen uns in das Vorausgesetzte zurückfallen.

Wenn wir aber beharrlich bleiben, finden wir uns auf der

Reise in ein großes Abenteuer. Bislang haben wir unsere eigenen Dramen ausagiert und gebannt zugeschaut, wie sich die Handlung unter den gleißenden Punktscheinwerfern unserer eigenen beschränkten Erkenntnis entfaltete. Nun hat universelles Wissen in einem erfüllenderen Stück seinen Auftritt. Ein universelles Publikum sieht zu, und das Weltall selber spielt und bezieht dabei alle Erscheinung ein in die Bilder, die der große Magier Wissen präsentiert. Die Frage des kleinmütigen Innehaltens stellt sich nicht mehr.

Wissen präsentiert keine gewöhnliche Zaubervorstellung. Die Magie des Wissens ist die Magie unseres eigenen Seins. Es ist die kosmische Vorstellung des Raumes: der Wechsel der Jahreszeiten, der Tanz des Kosmos, die Zeiten unseres Lebens. Als Teil der Präsentation können wir uns mit Wissen in innigem Vertrautsein verbinden – uns ihm anverloben wie Liebende.

Wir haben es gelernt, Wissen als mit Distanz verbunden zu betrachten: Abstand einzunehmen und kühl zu urteilen. Nun wissen wir, daß Wissen etwas völlig anderes ist. Es ist die Liebe, die wir zur Erscheinung empfinden, die Liebe, die alle Erscheinung vereint. Es ist Wissensfähigkeit ohne Trennung und ohne Eigentümerschaft. Es ist das Spielen des Stückes aus reiner Freude am Spiel.

Die Gabe des Wissens

Um Magie auszuüben, beginnen wir damit, das ›kann‹ und ›kann nicht‹ dessen, was ist, in unsere Hände zu nehmen. Wenn wir beides gleichzeitig in Händen halten, dann sehen wir, daß innerhalb der von Vernunft und Rationalität bereitgestellten Strukturen die Realität nicht das ist, was sie zu sein beansprucht.

Diese Einsicht ist zutiefst interessant, zutiefst packend. Wir können nicht, doch wir tun. Wir taten nicht, doch wir konnten. Wir sind nicht, doch wir bleiben seiend. Es verhält sich dabei so wie mit den Vögeln, die plötzlich aus dem Schal des Zauberers fliegen, oder mit dem Elefanten, der vor aller Augen von der Bühne verschwindet. Ein Phantomkörper setzt das Echo der Realität in Gang, und wir entdecken, daß wir voll und ganz gegenwärtig sind.

Es liegt kein Verdienst darin, zu behaupten, die Grenzen unserer Erkenntnis und unserer Möglichkeiten seien nicht real, denn unsere Grenzen formen das, was wir sind. Doch wenn wir der Natur dieser Grenzen nachgehen, sind wir zunächst verblüfft und dann vielleicht verwirrt. Die beste Methode ist die, dennoch weiterzumachen. Wenn wir unser Nicht-Wissen akzeptieren, indem wir das Kommuniqué in Gang setzen, dann tritt das Geheimnis der Erscheinung zu Tage. Innerhalb des Geheimnisses bietet das zur Klarheit und zum Erwachen notwendige Wissen sich offen dar.

Wir können es auch anders formulieren. Bevor wir den Forschungsprozeß anstrengen, gibt es kein Grundgeheimnis, und die Erscheinung präsentiert sich im Einklang mit dem im Einsatz befindlichen Wissen. Wenn wir mit dem Hinterfragen beginnen, manifestiert sich das Geheimnis. Es war immer schon da, doch jetzt tritt es durch unser Fragen zu Tage. Das Geheimnis ist die Gegenwart von Wissen, das sich in einem grundlegenden Akt der Großzügigkeit *in* unserem Fragen verfügbar macht.

Wenn wir diese Gabe des Wissens willkommen heißen, dann entdecken wir, wie wir selber den Körper des Wissens ins Werk setzen. Von Anfang an sind unsere Glaubensvorstellungen und unsere Projektionen, unsere Gedanken und Bilder und Definitionen und Charaktere von Wissen getragen. Nun hat sich dieses Wissen verfügbar gemacht. Wir sehen es im Gewebe der Erscheinung und in der Wahrheit unseres Lebens.

Von Natur aus und durch unsere Konditionierung haben wir gelernt, dem Nicht-Wissen mehr zu vertrauen als dem Wissen. Da dem so ist, müssen wir lernen, von neuem um Wissen zu ersuchen – das Wissenskommuniqué immer und immer wieder zu initiieren. Doch das ›Müssen‹ dieser Notwendigkeit ist selber bedingt. Indem wir einwärts schauen und auswärts wissen, ist nichts von alldem notwendig. Die Magie vollzieht sich bereits.

KAPITEL 19

Licht der Erkenntnis

Gewöhnliches Wissen ist abhängig von Interpretationen, die dem, was erscheint, Form und Gestalt verleihen. Ein bezeichneter Inhalt wird projiziert, um Bedeutung zu ergeben. Doch bevor es Bedeutung geben kann, ist da bereits Bedeutsamkeit: die Verfügbarkeit Bedeutung verleihender Operationen. Auf dieser vorgängigen Ebene ist Bedeutung abhängig von einem Vorwärtsübertragen von Wissen. Wo immer Gestalt und Form erkannt werden, wo immer Bedeutung beigelegt wird, hat Wissen die Erlaubnis dazu erteilt.

Wir können diese Wissensübertragung am Werk sehen in der Fähigkeit, die es erlaubt, daß Licht dem Geist Form präsentiert. Subtile Wellen von Lichtenergie strahlen aus und sind in irgendeiner Weise mit der Erkenntnisfähigkeit der Augen verknüpft. Eine innere Übertragung von Licht zu Geist kommuniziert mit einer äußeren Reflexion von Bildern: Erscheinung erscheint, und Wahrnehmung entsteht. Wir stufen diesen Austausch als physisch ein, doch er hat eindeutig eine mentale Komponente. Was ist in diesem Fall das Licht selber? Könnten wir spekulieren, Licht sei ebenfalls mental, oder eher, die Lichtübertragung von Wissen entspreche nicht der Entscheidung zwischen Mentalem und Physischem?

Die Sprache hat Licht von jeher mit Gewahrsein verbunden. Wir sprechen von Einsicht und ›Aufklärung‹, von durchdringender Klarheit und Erleuchtung. Wir sagen, der Geist sei dunkel und dumpf; wir erklären, wir sähen, was zu tun sei. Alle diese Ausdrücke sind Metaphern, doch bedeutet dies nicht, sie seien falsch oder erkünstelt. Vielleicht hat die Sprache einfach keine bessere Möglichkeit, auf die Wissensfähigkeit zu verweisen, die Licht übermittelt.

Nehmen wir an, Objekte und ihr schützender Raum würden verschwinden; wir glitten irgendwie in eine Sphäre vor jeglicher Determination. Würden wir nur blanke Leere antreffen? Wenn ja, dann ist es schwer vorstellbar, wie Form je entstehen könnte. Vielleicht wäre der Ablauf ein völlig anderer. Vielleicht fänden wir uns in einer Sphäre von Licht, ohne Grenzen und Schranken, ohne Unterscheidungen zwischen Physischem und Mentalem oder zwischen Objekten und ihren Sinnen. Wie das Licht eines Projektors Bilder auf eine Leinwand überträgt, so mag ein ungeformtes Licht, das einen der Dimensionalität vorausliegenden Raum durchstrahlt, auf unbekannte Art und Weise vielleicht den Ursprung alles dessen, was ist, manifestieren.

Der Augenschein der physischen Welt leiht dieser Spekulation eine gewisse Unterstützung. Physisches Licht pflanzt sich fort durch den Raum, der als sein Träger angesehen werden könnte; wir könnten sogar sagen, daß es mit Raum verschmilzt. Ohne die Verfügbarkeit dieses Lichtes könnten Objekte nicht erscheinen; ja ohne physisches Licht wäre der Raum selber etwas völlig Unbekanntes. Die Materie wird durch den ständigen Austausch subtiler Licht›partikel‹ zusammengehalten; wird sie genügend verdichtet, dann strahlt Materie Energie in Form von Licht ab. Auch das Leben bezieht seine Energie aus dem Licht, das in einem ständigen nährenden Strom von der Sonne auf die Erde herabströmt.

Identifizieren des Lichtmechanismus

Stellen wir uns auf dem Grund aller Interaktionen eine fundamentale Lichtkommunikation vor. Zunächst ist da nur ein Austausch hin und her. Schließlich festigt sich diese intermittierende Interaktion und bildet ein Muster, das projiziert und sich durch die Zeit prozeßhaft organisiert. Es kommt zu Entstehen und Verfall, doch selbst wenn das, was ins Dasein getreten ist, dahinschwindet, schreitet es zugleich voran. Ein subtiler ›Lichtmechanismus‹ überträgt vorwärts und macht durch Lichtübergang und Lichttransformation ein Weitergehen möglich.

An einem bestimmten Punkt dieser Vorwärtskommunikation eines kosmischen Entstehens betritt Licht die physische Sphäre. Wir könnten sagen, Wasserstoff bilde den Übergangspunkt. Es kommt zu einer raschen Expansion nach außen – einer Reaktion auf den Rhythmus des Entstehens. Ein durchscheinendes Strahlen offenbart das Spektrum der Erscheinung in einem Ausbruch von Gleißen: dem Quell des ›Erhellens‹ und der Kraft. Die höchste Finesse des Finiten tritt zu Tage. Lichttransformationen ermöglichen die Operationen, die Erscheinung entstehen lassen; da nichts anderes da ist als Licht, ist Licht zugleich auch der Operator.

Der Lichtmechanismus bewegt sich in Richtung auf physische Erscheinung, aber auch in Richtung auf Bewußtsein und auf den Rhythmus, das Messen und die Kraft der Zeit. Die Macht dieses ›Sich-Bewegens-in-Richtung‹ aktiviert die Rezeptivität des Raumes. Innerhalb des Raumes, den das Licht erhellt, können Gestalt und Form entstehen, die Zeit kann die Gegenwart von Lebendigem erbringen, und Wissen kann in Gewahrsein Gestalt gewinnen.

Durch dieses vieldimensionale Entstehen übernimmt Licht die Verantwortung für die Erscheinung. Es ist das Werkzeug der Schöpfung; der Vollbringer der Erzeugung. Elektromagnetische Wellen durchstrahlen das Universum, und in zahllosen Sonnen gebiert Wasserstoff physisches Licht und ermöglicht so Welten ihre Entstehung. Farbe fängt Licht ein, und Form wird ermöglicht. Chemische Reaktionen ergeben Licht; Wasserstoff interagiert mit Sauerstoff; die organische Substanz entwickelt sich weiter, hin zur lebendigen Form. Gewahrsein überträgt die Kraft des Lichtes, und die Wissensfähigkeit interagiert mit der

Aktivität des Gehirns und des Nervensystems in einer ›Zeitschaltung‹ der Sinne und des Geistes. Das Weltall wird in Muster von Erkennen und Erkanntem verwandelt, die in ihrem Wechselspiel die aktive, gebieterische Gegenwart von Wissen zum Ausdruck bringen. Erscheinung expandiert, ausgehend von Licht als seiner Quelle, in schöpferischen, vom Lichtkommuniqué gespeisten Interaktionen.

Wenn die Expansion so weit geht, daß sie die Verbindung zum Licht als Quelle verliert, dann kommt eine Zeit der Verdichtung. Am Ende der Zeit wird es zu einer Rückkehr zum Wasserstoff kommen, einem letzten Austausch und einer letzten Interaktion, wie beim Eintritt in ein schwarzes Loch; wie ein Verschlungen-Werden. Aus der Extension kommt die Reduktion. Doch auch diese Reduktion wird Expansion sein: ein Verschwinden, das auch eine Rückkehr zur Quelle sein wird.

In der geistigen Sphäre ist es ähnlich. Da Licht keine Schwere hat, zerstreut seine Anwesenheit Verwirrung und löst einengende Gedanken und Gefühle auf. Konzepte werden transparent, völlig angepaßt ihrer Rolle als Träger durchdringenden Wissens. Indem er die Tiefen erhellt, präsentiert der Lichtmechanismus die Realität als Reflexion, eine magische Fata Morgana, die in ihrer Simulation perfekter ist als jede virtuelle Realität. Die Lichtübertragung wird aktiviert in der Sprache, in der Mathematik und anderen Formen der Kommunikation, indem sie aus dem ermöglichenden Medium des Raumes und der schöpferischen Dynamik des Wissens Gestalten hervormodelliert. Je uneingeschränkter transparent unsere Gedanken werden, desto mehr Gelegenheiten gibt es, bei denen sich die Lichtschöpfung manifestieren kann.

Der Quelle des Lichtes auf der Spur

In dieser potentiellen Betrachtungsweise dient Licht als die Quelle von Erscheinung, doch dies nicht in einem konventionellen kausalen Sinne. Licht als Quelle ›entspringt‹ im Raum ohne Dimensionen und in Zeit ohne Ordnung; insofern etabliert es kein ›von ... her‹ und kein ›hin zu ...‹. Licht ist nicht in Bezug auf eine Quelle *lokalisierbar*, und eine lineare Kausalitätssequenz ist nicht aufweisbar. Stattdessen befragt ein andersgeartetes ›Vorwärtsgehen‹ die Lichttransformation inwendig auf ihr Woher.

Wir können dieses Befragen in der mannigfaltigen Dimensionalität der Erkundung dirigieren. Völlig präzise und mit größter Sorgfalt können wir ein Wissen ins Werk setzen und verkörpern, das weder mystisch noch obskur noch spekulativ, sondern auf den verschiedensten Wegen zugänglich ist. Wir können die ›Lichttransmission‹ durch unser Befragen zurückverfolgen, indem wir in einer Weise fragen, die Treue zur Licht-Wissensfähigkeit ausdrückt.

Auf der physischen Ebene bedeutet die unhinterfragte Lichtsensibilität der Sinne, daß der Lichtmechanismus selber in den Hintergrund tritt. Partikel im elektromagnetischen Feld treten mit der ›Lichtheit‹ des Lichtes in einer Weise in Kontakt, die selbstverständlich scheint, und Kognition geschieht durch eine unmittelbare ›elektronische‹ Übertragung. Und dennoch funktionieren unsere Sinnesfähigkeiten nicht automatisch: sie operieren in Zeitschaltungswellen, die den Rhythmus des Gewahrseins widerspiegeln. Das Registrierte wird bewahrt; in der Rückkopplung an die Sinne wird es als Teil des Prozesses gespiegelt, der für die Erkundung in einer Art verfügbar ist, die das Licht des Gewahrseins offenbart.

Die *Formen*, die diese Offenbarung annimmt, lassen sich unmittelbar erforschen. Ein erster Schritt dazu besteht darin, das ›physische‹ Licht als ein verfertigtes Produkt zu erkennen. Innen exakt registriert, auf einem im Kommuniqué übertragenen Mechanismus beruhend, enthüllt es Sinnesdaten als bestimmte Partikel unbestimmten Ursprungs.

Das Wechselspiel von Identitäten im Vordergrund der Erfahrung verdunkelt die Lichtübertragung. Doch jenseits der

Identität und dessen, was wir identifizieren können, gibt es eine Möglichkeit, Licht unmittelbarer zu erfahren. Die ›Lichtheit‹ des Sinneserlebens kann sich öffnen für die Natur des Lichtes. ›Partikel‹ von Lichtheit können die der Verkörperung intrinsischen Potentiale offenbaren.

Das auf diese Weise verfügbar gemachte Wissen reagiert unmittelbar auf Licht; wie ein photographischer Film entwickelt es sich ohne besondere Anstrengung. Fast unendlich subtil in seinem Präsentieren, manifestiert es sich der Erkundung vermöge seines starken Einflusses auf unser Wahrnehmungsfeld. Indem sie Erscheinung niemals auf Objekte reduziert, kann eine sich ständig erweiternde und immer durchdringendere Erkundung diese stets unerwartete Lichtübertragung von Wissen allmählich enthüllen.

Das Lichtkommuniqué entfaltet sich in den ›inneren Schlüften‹ des Seins, die der gewöhnlichen Erkenntnis unzugänglich sind. Es ist, als kämen die Moleküle in unserem Körper zusammen, um ein unabhängiges Königreich zu gründen, seinen eigenen Prozessen untertan, beherrscht von Regeln, deren interagierende Ordnungen unseren genormten Wahrnehmungsfähigkeiten keinen Einlaßpunkt bieten. Dennoch sind diese Begrenzungen unserer Beobachtungskraft nicht absolut. Wenn wir uns tief in einen sehr subtilen Teil der physischen Natur hineinbegeben, entdecken wir einen Einfluß oder eine Energie, die von den spezifischen Strukturen menschlichen Wissens nicht abhängig ist. Diese ›Lichtenergie‹ bietet doch einen gewissen Zugang. Sie manifestiert ein Wissen, das mehr durch Zeit und Raum geformt ist als durch die Diktate des Menschseins.

Das, was Licht überträgt, manifestiert keine Gewißheiten. Stattdessen beschleunigt sich ein Impulsmoment. Indem er sich vorwärtsbewegt, um zum unbekannten Körper des Feldes zu werden, nähert er sich dem Zerolosen.

In dieser Dynamik gibt es keine Infrastruktur, keine innere Ordnung. Der Mechanismus spricht von etwas anderem: einer schrankenlos schwebenden, offenen Energie, die keine andere

Existenz mit einbezieht – nicht einmal die allersubtilsten Teile dessen, was als Allergrundlegendstes bekannt ist. Wenn sich diese unerwartete Sphäre der Erforschung erschließt, besteht sofort die Erkenntnis, daß andere Modi der Erforschung andere Möglichkeiten bieten.

Wenn wir die Möglichkeit einräumen, daß jede Erscheinung sich auf Licht zurückführen läßt, mag es zahllose solche Öffnungen geben. Die Erforschung kann sich durch das Physische hinein in das Mentale bewegen, durch Erscheinung hinein in Wissen. Wir mögen eine Art geheimer Biologie der Lichtkraft entdecken: Erscheinung als den Ausdruck und die Entwicklung eines subtileren Lichtes, in dem Erscheinung, Lebendigkeit und Wissendheit von Anfang an gemeinsam gegeben sind.

Ohne Anstrengung oder Gewaltsamkeit, ohne den Versuch, den Inhalt dessen, was erscheint, zu verändern, können wir diese Öffnung einladen. Indem wir unser Sein leben, können wir erforschen, was wir leben, indem wir die unvermuteten Konfigurationen aufsuchen, die Lichtgewahrsein enthüllen. Welche Worte und Begriffe wir auch immer verwenden, welches Bild wir uns auch formen, wir können direkt erfahren, was es heißt, Licht zu verkörpern.

Raum-Licht-Übertragung

Übertragen als der Träger für Erscheinung erhellt Licht Erscheinung und Erkenntnis ›von‹ Erscheinung wechselweise. Bedeutungen werden präzise und Einsicht durchdringend. Bildlichkeit enthüllt ihre Aussagekraft, und die Kommunikation mit anderen ist natürlich und spontan. Die Bedeutung und Bedeutungen der Realität nehmen in spezifischer Weise Gestalt an, und Unterscheidungen und Differenzierungen entwickeln sich spontan in Richtung auf die verschiedenen Sphären des menschlichen Seins und des menschlichen Wissens.

Indem wir handeln und uns einlassen, agieren wir Dramen aus, die sich in der mannigfaltigen Dimensionalität des erhellten Raumes entfalten. Unsere Sinne können sich in vollkommener Freiheit ihren Objekten zuwenden, und wir bewegen uns ungehindert in Richtung auf Erfüllung. Indes jegliche Form leuchtende Gestalt erhält, wird auch die Qualität unseres Lebens erleuchtet. In seiner Essenz illustriert Raum die Schönheit von Kunst, Drama oder Dichtung, und wir erfahren Lebendigkeit, Freude und Bedeutung.

In vergangenen Zeiten und bis in unsere Tage hat es stets Menschen gegeben, die diese Schönheit unmittelbar sehen und empfinden. Priester und Gottsucher, Yogis und Denker, Schriftsteller und Gelehrte, Wissenschaftler und Mathematiker, Künstler und Dichter haben Wege entdeckt, um mit dem subtilen Teil der im Lichtkommuniqué gegebenen Geistigkeit in Kontakt zu treten. Die uralte Tradition, die Licht als Symbol des Göttlichen verehrte, hat dieses Wechselspiel vielleicht verstanden. Heute überlebt noch eine Spur davon in der Art, wie wir Licht mit Verwirklichung verbinden. An der Kante unseres Denkens gibt sich die Lichtqualität noch zu erkennen; jenseits der Wahrnehmung des Objekts ist die Wahrnehmung der Projektion noch immer verfügbar.

In der Schönheit dieser Lichtprojektion liegt eine Kraft, die an Magie heranreicht. Könnte Raum sich ohne diese Kraft für die Erscheinung öffnen? Könnten subatomare Teilchen eine kompakte Realität manifestieren? Könnte Sprache dem Geist Erscheinung übermitteln? Könnten das Leben und die geheimen Energien, die den Körper und den Geist beleben, Gewahrsein dirigieren oder übertragen?

Auf der subtilen Ebene der inneren Lichtdynamik weist ein körperloses, strahlendes Leuchten auf die Filiationen innerer Verwirklichung, die in den Wissenstraditionen aller Zeitalter verehrt werden. Ob wir von der Selbstverwirklichung der Erleuchtung sprechen oder von dem Erscheinen des Gottessohnes in der Welt; ob wir die Verfügbarkeit von Segen entdecken oder die Geburt schrankenloser Weisheit, die Raum-Licht-Übertragung weist den Weg.

Wenn wir nach Worten suchen, um dies richtig auszudrükken, können wir von erleuchtetem Bewußtsein sprechen. Wenn wir die Sinne unmittelbarer einbringen wollen oder die religiöse Dimension der Erfahrung zu evozieren suchen, können wir stattdessen von Liebe sprechen. Die Wörter, die wir wählen, können lediglich auf den Weg deuten, denn die Lichtübertragung bewegt sich jenseits der Sprache in Richtung auf intrinsische Schönheit, Wert und Wertschätzung. Wenn sie zu weit getrieben werden, werden Gedanken diese Übertragung nur verzerren. Die Qualitäten des Lichtkommuniqués manifestieren sich unmittelbarer. Das Verständnis, das sie übermitteln, übersteigt die Fassungskapazität unseres menschlichen Empfindens für Eigenschaften.

Durch das Selbst-Erhellen erwachten Gewahrseins kann die Macht dieser diamantenen Lichttransmission unser Leben leiten. Als ein Kommuniqué *von* Herz und Geist *an* Herz und Geist kann Licht Körper und Geist aus der Verwirrung der Dunkelheit lösen. Wie ein Vogel, der aus dem Käfig befreit wird, kann der Geist in vollkommenem Vertrauen auf das Licht zufliegen, in dem Wissen, daß, wo immer Licht ist, auch die vollkommene Freiheit dimensionslosen Raumes und die Dynamik nuklearer Zeit ist.

Indem es sich in der Berührung von Herz zu Geist und Sein mit Erkenntnis manifestiert, gibt Licht Freiheit des Geistes über alle Vorstellungskraft hinaus. Unbefleckt und unzerstörbar bietet diamantenes Licht universelle Erleuchtung in der Übermittlung von Liebe und Mitgefühl. Die Götter können nur eifersüchtig sein.

KAPITEL 20

Dunkelheit in Licht

Die ›Lichtheit‹ universeller Erhellung manifestiert sich nicht ohne weiteres innerhalb der konventionellen mentalen Aktivität und innerhalb der Sinnesvorgänge. In Übereinstimmung mit dem Feldkommuniqué offenbart Licht einem erkennenden Subjekt Objekte. So, wie jedes Objekt erscheint, zieht es unsere Aufmerksamkeit auf sich, und von dem offenbarenden Licht schauen wir weg auf das, was sich da offenbart. Indem wir auf das Erscheinende reagieren und dann reagieren auf unsere Reaktionen, konstruieren wir eine Welt, die auf Licht basiert, insofern es von der Oberfläche unserer Konstrukte zurückgespiegelt wird. Dieser Wissensmodus reduziert Licht auf Substanz und fordert auf zu einem Übergang hinein in Dunkelheit.

Wenn wir ›lichtlos‹ dahinleben, dann gewöhnen wir uns an Verwirrung und Schwere, an Abgelenktheit und Oberflächenunruhe, Rastlosigkeit und Irritation. Der Geist ist verschlossen, und die Gedanken kreisen in Wiederholungsmustern. Wir sind in unserem Planen kurzsichtig und verengend in unserem Verstehen. Wir tauchen die Erfahrung in eine Art strahlendes Düster – ein ›Dunkellicht‹, das alles in schattige Finsternis gehüllt sein läßt. Unsere Gedanken sind ›lichtlose‹ Gedanken, umherhetzend in schnellen Spiralen, die Grenzen erzeugen. Die Logik und die Sinne werden dazu gebracht, auf einer in das Düster der vorherrschenden mentalen Dunkelheit getauchten Bühne ihre Rolle zu agieren. Die intrinsische ›Lichthaftigkeit‹ jedes mentalen Aktes ist beschlagnahmt und umgewandelt in die Dialoge des konventionellen Denkens und ihre Matrix des Nicht-Wissens.

Indes das Denken in der verdunkelten Arena, die es selber konstruiert hat, entlangtaumelt und dabei seine Ratetips abgibt, was wie zu sein habe, produziert es nur noch mehr Dunkelheit. Aus den länger werdenden Schatten dringt ein Heer von Stimmen, die murren und jammern, anklagen und erklären, plärren oder umhergeistern oder schrill ihre Forderungen erheben. Ohne daß sie von irgendwo herleitbar wären oder als jemandes Eigentum firmierten, wird ihr ständiges Gemurmel zum Hintergrund unseres Wesens.

Weg des Lichts

Wir können versuchen, diesem selbstzerstörerischen Dirigieren von Stagnation zu entrinnen, doch es gibt kein Wohin. Wir können stattdessen versuchen, zu ignorieren, was geschieht, doch diese Entscheidung besiegelt lediglich unser Schicksal. Nun ist das Weiterdirigieren des immer Gleichen garantiert.

Die Alternative besteht darin, unsere Situation in leichter und lichter Weise zu erforschen, in einer Weise, die Licht einlädt. Was auch immer ihr Inhalt ist und die Pläne und Sorgen, die sie formen, unsere Gedanken und Erfahrungen können ihre Quelle in Licht zurückverfolgen und verkörpern. Die Erforschung dieses ›Lichtgewahrseins‹ erweckt alsbald ein Gefühl des Behagens. Wir finden mehr Wohlbefinden und mehr Gleichgewicht; indem wir leichter und lichter werden, bewegen wir uns natürlich auf Licht zu. Erkenntnis und Zeit werden ebenfalls leichter und lichter: Es gibt keine Grenzen und keine Unterteilungen; keine scharf definierten und einengenden Punkte. Erscheinung kann ohne Einbuße an Genauigkeit skizzierend umrissen werden. Es gibt mehr Möglichkeiten der Öffnung, und jedes neue Öffnen vermehrt und manifestiert die

Verfügbarkeit von Licht. Wir entdecken ein natürliches Wohlbefinden und ein neues Sehen, das Langlebigkeit einlädt.

Wenn jeder Punkt und jede Position, die wir einnehmen, sich wirklich von Licht herleitet, können wir diese Lichtgenese aktivieren? Können wir diese Möglichkeit erforschen nicht als theoretisches Konstrukt, sondern als einen subtileren, dimensionslosen Aspekt dessen, was hier für uns vorhanden ist? Können wir, beginnend mit unseren eigenen inneren Anliegen, eine Kosmologie des Lichtes eröffnen?

Die Disziplin, die zu einer solchen Lichtheit führen könnte, ist sehr einfach. Sie beginnt damit, die Situation, in der wir uns gerade finden, vorbehaltlos zu bewohnen. Durch Ketten beladen, haben wir die Lichtheit und Leichtigkeit des Gewahrseins begraben; haben wir sie durch die Schwerkraft des Denkens und des Konditionierens zur Erde herabgezogen. Doch wir können auch anders. Wir erkennen diese Möglichkeit an in dem Augenblick, in dem wir uns mit der Dunkelheit in unserem Leben konfrontieren.

In den Tiefen der Dunkelheit gibt es Spuren von Klarheit. Wenn wir uns auf Augenblicke stützen, in denen diese Klarheit verfügbar wird, können wir uns den alten Antworten und den uns aufgenötigten Ansichten verweigern; wir können uns einer Erkenntnis anschließen, die das Lichtkommuniqué zum Ausdruck bringt. Bereitwilligkeit kann uns über Hindernisse hinweghelfen, und die Absicht, unsere volle Lebendigkeit zu behaupten, kann die Lichthaftigkeit zulassen, die wir suchen. Jeder Augenblick kann sowohl in der Erscheinung wie in der Absicht rein sein. Auf dem ›Grund‹ unseres Geistes, unserer Sinne und unserer Emotionen können wir das höchst subtile, sensitive Licht entdecken, das Reinheit zugänglich macht. Wir können Bewußtsein als Transparenz aktivieren und Entschlußkraft als strahlende Unzerstörbarkeit.

Das Licht, das sich in unserem Leben aktivieren läßt, ist nicht vom physischen Licht getrennt. Wir könnten es als das geläuterte Herz des Lichtes betrachten: Licht als das Unüberwindbare und Unbesiegbare. Denn Licht kennt keine Hindernisse – nicht einmal Dunkelheit. Es ist frei von Makel und Stigma. Es hat kein Gewicht, keine Schwerkraft, keine Eigenschaften; es stürzt und strauchelt nicht, es zerrt und zieht nicht. Es läßt sich nicht etikettieren, und innerhalb seines reinen Strahlens lassen sich keine Unterscheidungen treffen. Als Licht des Kosmos schenkt es Erscheinung; als Licht des Geistes ist es das, was alle Unterscheidungen möglich macht.

Vielleicht tönt dies nach Worten ohne Substanz, Beschreibungen ohne Verbindung zur Erfahrung. Was hat dieses Licht zu tun mit dem Licht, zu dem wir jeden Morgen erwachen? Die Antwort wird sich nicht auf der Ebene von Ideen einstellen. Die beste Entgegnung ist diese: Geist ist verfügbar. Schauen Sie einfach hin, ohne vorgefaßte Meinung oder vorweggenommene Beschränkung. Wenn Sie es tun, stellt sich eine Erfahrung von Wärme oder Hitze ein – eine Intensität von Energie, die sich innerhalb gewohnter Strukturen schwerlich erklären läßt. In diesem Augenblick sind Sie bereits nahe am Licht. Nun entfaltet sich der Weg von selbst. Es besteht keine Notwendigkeit, weitere Anweisungen zu erteilen, denn Gewahrsein steuert sein eigenes Verfahren.

Zur Tiefe der schieren Erscheinung

Wir laden Licht als Quelle ein, indem wir ›unter‹ die Inhalte des Geistes hinabsinken und uns der ›Binnenerhellung‹ zuwenden. Bald erfahren wir, daß wir mit unseren Gedanken und Gefühlen direkter und tiefer in Verbindung treten können, als wir uns das vorgestellt hatten.

Sobald wir uns auf die Position einlassen, die wir gegenwärtig eingenommen haben, finden wir uns inmitten der vorherrschenden Muster des Geistes, wie wir mit einer neuen Klarheit beobachten. In dem Maße, wie mehr Muster zu Tage treten, reagieren wir, wie wir zu reagieren konditioniert sind, nur um zu entdecken, daß diese Reaktion ihre eigene Position ist. Einen Augenblick lang schauen wir auf diese Position und auf die Gedanken und anderen Muster, die sie begleiten; dann betreten wir sie, furchtlos unsere Erfahrung vorwärtsdirigierend.

Indem wir auf diese Weise erkunden, aktivieren wir einen Strom von Gedanken. Wir kreisen durch Ringe von Gedanken, wobei wir normierte Denkweisen ausdehnen. Indem wir Gedanken weder als Führer annehmen noch sie als Feinde zurückweisen, entwickeln wir Vertrautheit mit den Umgehungsstraßen des Konventionellen.

Durch dieses zu Tage tretende innige Vertrautsein ändert unsere Reise ihren Charakter. Wir sind aufgebrochen bei dem gewöhnlichen Licht des Tages, um zu entdecken, daß wir den lichterfüllten Schoß der Erfahrung betreten haben. Hier können wir verweilen und das wirklich Unbekannte umfangen, die Gegenwart eines leuchtenden Gewahrseins zulassen.

Es ist verführerisch, einfach bei diesem Verweilen stehenzubleiben, doch dies würde letzten Endes bedeuten, sich mit Beschreibung und neuerlicher Begrenzung abzufinden. Stattdessen brechen wir von neuem auf. Entspannt und willig öffnen und verkörpern wir alles, was wir antreffen. Das Licht, das Sehen ermöglicht, wird unser Führer und unser Gefährte.

Schließlich kommt es zu einem neuerlichen Übergang, und wir *werden* zu Licht – einem ›Unermeßlichkeits-Licht‹ ohne Wörter oder Namen. Die Hindernisse, deren Namen und Qualitäten wir so gut kennen, ändern ihr Gepräge und verlieren ihre Identität. Es gibt kein Benennen und kein Bezeugen: die üblichen Stimmen verstummen. Indem das Sehen die Grenzenlosigkeit des Lichtes enthüllt, verschmilzt die Dynamik der Kraft mit dem Ausdruck der Erfahrung.

In diesem leuchtenden Wissen gibt es nichts zu präsentieren, keine Bilder aufzurufen und weiterzutragen. Unsere Konflikte und Verwirrungen – sogar unsere Neurosen – können Wissen verkörpern. Indem Unterscheidungen ihre Substanz verlieren, kann wirkliche Gnade zu Tage treten.

Reines Licht

Licht als Quelle offenbart innerhalb der Erfahrung eine Art Reinheit. Erscheinung manifestiert Licht ohne Identitäten; sie präsentiert, ohne durch die Schwerkraft fester Substanz zu Boden gedrückt zu werden. Eine eigentümliche Leichtigkeit, bar aller Komplikationen von Benennungen und Behauptungen, bietet eine ursprüngliche Welt absoluter Lauterkeit.

In dieser makellosen Welt gibt es kein Gefühl für Verlust oder für Komplizenschaft im Verlieren. Kein erster und auch kein Hintergedanke entsteht, um Subjektivität zu kommentieren oder zu projizieren. Es ist niemand da, der Konzepte oder Urteile produziert, niemand, der zum Opfer gemacht werden könnte. Obwohl Bilder vorhanden sind, gibt es keine Wahrnehmung von Bildern; obwohl Bedeutungen vorhanden sind, lösen sie sich nie von der Klarheit. Der Geist ist nicht vorab beansprucht, und es gibt keine Sorge um Vergangenheit oder Zukunft. In der Gegenwart ist nur Gegenwärtiges: die ›Lichtqualität‹ von Erscheinung.

Auf dieser subtilen Geheimnisebene ist Licht selber nur die Erscheinung von Licht. Doch Licht ist auch nichts anderes als dieses ›Erscheinen‹. In dem einen Raum des Erscheinens verschmelzen ›von ... her‹ und ›hin zu ...‹. Der Kosmos manifestiert sich als dimensionslos und als infra-zero, und Erscheinung offenbart ihre inneres Leuchten als das Herz der Lichtheit.

KAPITEL 21

Reines Wissen ins Werk setzen

Wissen, welches das Leuchten des Seins offenbart, trägt in sich sein eigenes leuchtendes Strahlen. Wenn wir eine Welt bewohnen, die von solchem Wissen erhellt wird, können wir ohne Furcht und ohne Hemmnis handeln. Aktiv in dem Feld der Licht-erscheinung, steht es uns frei, die Rollen, die das magische Schauspiel der Zeit verfügbar macht, sehr viel virtuoser zu spielen.

In der Inwendigkeit erhellten Wissens wendet die Zeit selber sich einwärts und bietet ein ›anderes‹ Zeitigen. Alte Beziehungen wandeln sich, und alte Urteile verlieren ihre Verbindlichkeit. Was keinen Wert hat, kann wertvoll werden.

Was weisen wir als wertlos zurück? Mit an erster Stelle stehen die emotionalen Verdunkelungen: jene wohlbekannten Wahrzeichen unserer inneren Landschaft, die für menschliche Wesen überall die gleichen sind. Negativität und Neurose, Schmerz und Verzweiflung, Gier, Haß, Groll, Triebhaftigkeit und Ignoranz: Wir kennen sie gut, und in unseren lichten Augenblicken erkennen wir sie als die Makel, die sie sind.

Vielleicht sind wir zu eng an diese Denk- und Reaktionsweisen gebunden, um sie loszulassen. Leuchtendes, einwärtsgerichtetes Wissen bietet eine andere Möglichkeit. Wenn wir unter die Oberfläche der Erfahrung sinken und Zeit in einer anderen Weise aktivieren, können wir von den Residuen der Vergangenheit nicht beeinträchtigt werden. Ganz gleich, wohin er führt, unser Weg ist rein.

Wenn konventionelles Denken sich spiralförmig in Richtung auf Emotionalität bewegt, läßt diese Dynamik sich in ihrer eigenen Fülle anerkennen und würdigen. In derselben Weise können wir Dumpfheit vertiefen und empfindsam sein gegenüber Betäubtheit. So lange wir Lichtgewahrsein im Herzen unserer Erkundung bewahren, können wir verfahren, wie immer wir wollen.

Wir haben gelernt, emotionale Verdunkelungen wie physische Objekte zu behandeln: als kompakt, real, unveränderlich. Wir haben Angst, sie könnten uns überwältigen, oder fürchten, sie seien Ausdruck der verborgenen Wahrheit unserer Natur. Die Werkzeuge, die wir gegen sie einsetzen, scheinen stumpf und wirkungslos, und wir selber wirken täppisch und hilflos.

Für Lichtgewahrsein kann dies alles sich ganz anders entfalten. Emotionalität kann unser bester Freund sein, denn sie verweist darauf, daß etwas an unserer Situation falsch ist. Wenn wir dies sehen, können wir offener dafür sein, Emotionen als das anzuerkennen, was sie sind. Indem wir an jeden Aspekt unserer Erfahrung mit Respekt herangehen, nähern wir uns enger der Ganzheit des Wissens, und wir sind besser in der Lage, in jeder Manifestation einen Ausdruck von Weisheit zu finden.

Vertrauen in die ›lichtvolle‹ Reinheit von Wissen läßt uns Wissen ›durch‹ Emotionalität ›hindurch‹ umsetzen. Wir können aufbrechen in eben diesem Augenblick, können damit beginnen, das Wissen zu entdecken, das eben jetzt verfügbar ist. Es gibt dafür keinen ›richtigen‹ Weg – kein von außen auferlegtes Modell. In einer Hinsicht folgen wir ›unserem‹ Weg und setzen das ein, was für uns alleine wahr ist; in anderer Hinsicht folgen wir dem Weg des Wissens und speisen uns aus dem, was universell ist. Vor allem lassen wir uns ein auf Lichttransformation, eröffnen wir die Bedeutung und die Präsenz des universellen Einmaligen.

Nicht Partei ergreifen

Sobald wir anfangen, diesen Weg umzusetzen, wird ein machtvolles Modell wahrscheinlich unser Denken übernehmen. In Dichotomien und Unterscheidungen gegründet, sagt unsere Erziehung uns, Wandel komme zustande durch Zurückweisung alles Falschen – des Niedrigen, des Bösen, des Selbstbezogenen. Was hier ausgeführt wurde, läßt sich dieser Auffassung problemlos anpassen: Unsere feierliche Verpflichtung besteht darin, uns von ganzem Herzen dem Licht zuzuwenden, der Quelle des Wissens und alles dessen, was Wert hat.

Doch Licht ist nicht notwendigerweise ein aufzusuchendes Ziel, denn es gibt kein ›Wo‹, an dem es gefunden werden könnte. Noch auch können wir wirklich Licht wählen und Dunkelheit zurückweisen, denn ohne das Dunkle wäre es schwierig, Licht zu beschreiben oder zu imaginieren oder auch nur wiederzuerkennen.

Solche Dichotomien bilden einen Teil der linearen, dimensionalisierten Strukturen konventionellen Wissens. Indem wir uns nach innen wenden, verfolgen wir einen anderen Kurs. Unser Ausgangspunkt ist die unmittelbare Wahrheit unserer menschlichen Situation. Unser eigenes Urteil darüber, wie wir unsere Rolle gespielt haben, ist lediglich ein Element in dieser gegenwärtigen Gegenwart.

Auch ist unser Menschsein keine bedauerliche Einschränkung unserer Fähigkeit zu wissen, keine Last, die abzuwerfen wäre, sobald unsere Reise in Richtung Verwirklichung angefangen hat. Wir beginnen als Mensch, wir bleiben Mensch, und das Resultat unserer Bemühungen muß unmittelbar für die menschliche Seinsweise gültig sein.

Vielleicht bleibt uns ein Gefühl von Konflikt oder Verwirrung. Auf der einen Seite ist da der Drang, Grenzen zu überschreiten; auf der anderen die Einsicht, daß Erkenntnis dadurch entsteht, daß wir die Grenzen, die wir verkörpern, voll und ganz erkunden. Wenn wir versuchen, zu ändern, wer wir sind, leben wir vielleicht nur eine Phantasie, die Transformation nicht tragen kann; wenn wir unsere eigenen Umstände akzeptieren, liefern wir vielleicht nur Entschuldigungen für unsere Untätigkeit.

Wenn dieses Gefühl des Konflikts uns real erscheint, können wir dies als Hinweis nehmen, daß wir immer noch sehr nah an der Oberfläche der Erfahrung sind. Dennoch kann es wertvoll sein, bei dem Konflikt zu bleiben, seine Manifestationen nachzuzeichnen und ihren Geschmack zu kosten. Es ist so, als grundierten wir sorgfältig eine Mauer, um ein Wandbild darauf zu malen: Lange sieht es vielleicht so aus, als sei gar nichts geschehen, doch sobald alles vorbereitet ist, kommen wir rasch voran.

Wenn wir die Übergänge der Zeit Wissen einwärts lenken lassen, wird der Widerstreit zwischen dem, wer wir sind, und dem, was wir wünschen, transformiert. Der Rhythmus der Zeit, wie er sich in unseren Geschichten ausspielt, lenkt uns auf die Emotionen und das Gefühl eines Selbst, und es gibt keine Notwendigkeit, Widerstand zu leisten, denn es ist nicht die Frage, zu akzeptieren *oder* zurückzuweisen. Die Rhythmen der linearen Bewegungen der Zeit initiieren das Wissen, das wir benötigen, denn sie lösen sich nicht vom Licht als Quelle. Inmitten unserer Verwirrung wird die Zeit spontan in Richtung auf Schweigen und Lichtheit dirigiert: Attribute, die Wissen und Zeit gemeinsam sind.

Indem wir es zulassen, daß diese Attribute sich manifestieren und entfalten, tritt das Ziel persönlicher Veränderung in den Hintergrund, und es steht uns frei, Lichttransformation ins Werk zu setzen. Wir sind nicht länger beschäftigt mit der Frage, was wir jetzt tun sollten: welche Übung, welche Handlung, welche Lebensform. Wenn Wissen Lichttransformation manifestiert, werden unsere Sorgen leichter, und das Weltall selbst wird ein anderer Wohnort.

Selbsterzeugung von Wissen

Jegliche Erscheinung kann eine Gelegenheit für Wissen sein: Schmerz, Irrtümer und Hindernisse, Stigmatisierung und Emotionalität. Doch Wissen ist auch variabel. Wenn das Wissen, auf das wir uns stützen, seinen lokalen Umständen nicht angemessen ist, werden Schwierigkeiten und Irrtümer die Folge sein; harmoniert es hingegen mit den herrschenden Gegebenheiten, dann aktiviert seine intrinsische Freiheit eine selbstklärende und selbsttranszendierende Dynamik. Schließlich kann Wissen verfeinert werden, so daß es lichter wird. Als Eknosis kann es sich auf seine eigene Erfüllung hinbewegen.

Wissen von Wissen läßt uns Eknosis aus dem gegenwärtigen Präsentieren von Wissen gewinnen. In Eknosis gibt es kein ›Gehören‹: kein Eigentum und keine Eigenschaften. Nicht dominiert von einem bestimmten Bewußtsein oder von spezifischen Arrangements, sind wir in der Lage, uneingeschränkt auf das zu reagieren, was sich präsentiert. Der Körper selbst – unsere aktuelle Präsenz in Zeit und Raum – wird zum Körper des Wissens.

Wissen öffnet Wissen in universelle Tiefe. Wohin auch immer wir gehen, welche Bewegung wir auch vollziehen, wir nähern uns dem Wissen. Wissen stützt sich nicht mehr auf Substanz; stattdessen verkörpert es sich selbst und bezieht Kraft aus dem Impulsmoment seines eigenen Sich-Öffnens. Unbesetzt, besetzt es nicht; es ist nicht darunter oder darüber lokalisiert. Obwohl man sagen könnte, es umfasse, ist es nicht zuoberst noch steht es in Beziehung ›zu‹. Jenseits des Physischen und des Mentalen ist es nicht bedingt. Es ist die Situation des ›Nichts, das zu tun ist‹.

Wissen ist selbsterzeugend. Es umfaßt die Sinne und alle Erscheinung, ebenso wie alle Interaktionen in Raum und Zeit. Es läßt sich nicht kategorisieren noch unterstützt es die Identität von Idealen. Es wird nicht erzeugt durch Verleugnung oder Zurückweisung von irgend etwas anderem, noch entstammt es unseren Projektionen. Sein Körper ist nicht unser Körper und nicht der Körper unserer Welt. Vielleicht könnten wir ihn einen magischen Körper nennen.

Wissen, der große Magier, wirkt seine Wunder. Durch die gesamte Geschichte vollzieht sich die Manifestation des Selbst-Wissens: Der Künstler wird zur Kunst und die Kunst zum Künstler. Im gesamten Raum beschwört der Große Magier die Erscheinung schrankenloser Schönheit herauf. Unbeschränkter Impuls läßt Erfahrung entstehen. Obwohl wir dieses Entstehen nicht benennen oder denken oder etikettieren können, ist sein magisches Schauspiel nichts anderes als unsere direkte Gegenwart.

Wie auch immer wir es uns selbst gegenüber ausdrücken, wir alle sind Teil von Erkenntnis und Raum und Zeit. Unsere Teilnahme nimmt unterschiedliche Formen an: Wir sind das Agens und der Schöpfer, der Verantwortliche, der Erzieher und der Erfahrende. Wir sind untrennbar vom Sinn des Kosmos, der befreit und dirigiert und expandiert.

Im Laufe der Geschichte haben diese verschiedenen Aspekte verschiedene Namen empfangen und unterschiedliche Bewegungen in Religion und Philosophie inspiriert: Schöpfung, Gott, Realität; Existenz, Karma, das Höchste, der Kosmos, kosmische Energie. Alle diese Ideen bringen auf verschiedene Weise einen magischen Weltprozeß zum Ausdruck und können das, was Wahrheit und Wert hat, in sich begreifen. Doch jede Idee tendiert auch dazu, sich zu verabsolutieren und andere auszuschließen. Indem wir an unseren eigenen Ideen festhalten, sind wir wie Perlen auf einer Schnur: eng verbunden, doch getrennt.

Doch auch darin gibt es Spiel und Wechselspiel. Teil des Ganzen, sind wir dennoch einzigartig. Jedes Individuum hat eine persönliche Geschichte und einen persönlichen Hintergrund, doch alle sind wir voneinander abhängig. Sogar Einteilungen in richtig und falsch und gläubig und ungläubig affirmieren das Gesamt, denn durch die Zurückweisung anderer erreichen wir ein Verständnis unserer selbst.

Solche Unterscheidungen und Festlegungen reflektieren das Wechselspiel der Erkenntnis mit Zeit und Raum: unabhängigen Agenten, die zugleich untrennbar sind. Ihre wechselseitige Manifestation ermöglicht den Gang des Universums.

Gewöhnliches Wissen ist wie ein Reisender in der Wildnis, der ständig haltmacht, um mit einem Kompaß, der auf die Pole der etablierten Ordnung geeicht ist, seine Position zu bestimmen. Wissen indes, das zum Selbsterleuchten gelangt ist, benötigt keine Bezugspunkte mehr. Die selbsttranszendierende Ganzheit des Herzens ist aktiviert. Wir könnten es so formulieren: *Das Herz des Herzens ist der Punkt des Wissens.*

Ankunft im Herzen

Das Herz des Herzens ist kein Zustand und keine Ebene. Es gibt dort keine neue ›Gestalt‹ der Erfahrung, denn das würde nur bedeuten, eine Existenz zu projizieren und einen besitzbaren Wissensstatus zu identifizieren. Wir müssen auch keine ›Orthopsychologie‹ ansetzen, in die oder in der wir durch eine unsichtbare Kraft der Psyche Realität projizieren oder umfassen.

Alle solche spezifischen Zustände oder Errungenschaften sind der Erkenntnis fremd, denn sie lösen sich von direkter Erfahrung. Als gemachte, auf Dichotomien zentrierte Bilder spiegeln sie unsere Phantasien darüber, was wir zu sein wünschen. Der religiös Suchende, der es auf eine Liebesgeschichte mit Gott abgesehen hat, der Gelehrte, der eine neue These entwickelt, der hungrige Bettler, der von Essen träumt, können sich auf eine solche Struktur stützen, doch diesen Weg einzuschlagen bedeutet, den Kontakt zum Körper des Wissens zu verlieren.

Im Herzen des Wissens wird ›Transzendieren‹ transzendiert. Es gibt keinen neuen Zustand zu erreichen und keinen alten Zustand aufzugeben. Es ist überhaupt nichts Bestimmtes zu tun, denn die Lichttransformation des Wissens hängt nicht ab von Tun oder von Gehen.

Dieses ›nichts zu tun‹ ist nicht ohne weiteres nachvollziehbar, denn der menschliche Geist wird von einer anderen Struktur regiert. Angenommen, wir würden aufgefordert, auf eine ›stumme Sprache‹ zu lauschen. Obwohl wir dies so auffassen, als bedeute es, wir müssen auf Schweigen als auf das Gegenteil von Geräusch achten, hat Schweigen wenig mit Geräusch oder seinem Nichtvorhandensein zu tun, nicht einmal mit Bildern oder ihrem Nichtvorhandensein. Es ist unser Bedürfnis zu bestätigen und zu messen, zu bewerten und zu prüfen, das diese eingeengte Bedeutung projiziert.

Ebenso bietet das ›nichts tuende‹ Wissen im Herzen des Wissens weder Affirmation noch Negation des Wissens, auf das wir uns für gewöhnlich stützen. Es liegt ganz einfach außerhalb des Bereiches der Erfahrung. Da es nichts mit ›meinen‹ Gedanken oder ›meinem‹, Verhalten, ›meinen‹ rationalen Strukturen oder Werten zu tun hat, haben wir keinen Modus, damit umzugehen; keinen Weg, zu ihm hinzugelangen. Darum sprechen wir von Lichttransformation.

Wenn es kein Gehen und kein Ankommen gibt, steht es uns frei, jedwede Anstrengung aufzugeben. Wir können ganz einfach den Geist des Wissens in der Erfahrung lesen. Indem wir zwischen den Zeilen lesen, empfangen wir die Botschaft. Wir sind bereits zu Hause, verweilen bereits im strahlenden Herzen des Wissens.

KAPITEL 22

Strahlendes Wissen

Wissen vollzieht sich, ohne sich auf einen Weg zu verlassen. Es gibt keine Stufen oder Punkte, keine Grenzen oder Territorien. Eine selbstreflektierende Rückkopplung öffnet Bewußtsein grenzenlos auf den Körper des Raumes, und ihr Berühren ist zu sanft, um Ausdruck zu sein. Sie durchdringt auf zarte, liebevolle Weise, macht durch Wärme geschmeidig. Pulsierende Freude umfängt das Empfinden des Geistes. Der tanzende Rhythmus wissensfähiger Zeit überträgt sich von Herz zu Herz und verleiht eine Einheit ohne Grenzen. Indem er in die Erscheinung tritt, wird der Raumkörper des Wissens zu einer unvergleichlich dynamischen Art und Weise, in dieser Welt zu leben.

Innerhalb dieser Seinsweise transformiert Wissen das Erbe, das uns steuert. Wir betreten ein magisches Königreich, in dem es keinen Herrscher gibt: nur Befreiung und Erfüllung. Wir sind nicht länger Geschöpfe des definierten Unbekannten, sondern werden zu qualifizierten Wesen – zu menschseinskundigen Wesen. Wir geben uns nicht mehr mit dem Studieren von Worten und dem Ausspielen von Phantasien zufrieden, sondern leben unmittelbar. Indem wir Denken und Fühlen, Gewahrsein und die Sinne einsetzen, entwickeln wir genuinen Geist. Sobald wir uns dem Wissen widmen, entdecken wir, daß wir natürlicherweise von Glauben erfüllt sind.

In dieser erfüllten Seinsweise transzendiert Wissen das Transzendieren. Und dennoch bewegen wir uns in Richtung auf ein

Transzendentes, und noch kann es entlang der Wegstrecke Punkte geben. Dies alles ist ein Teil des Spiels des Wissens: eine schöpferische Manifestation, die sich in zeitiger Weise entwickelt.

Eine wissensvolle Seinsweise umarmt Entstehen im grenzenlosen Schoß des Wissens und setzt in der Offenheitsdynamik des Wissens Erscheinung ins Werk. Darin kann es Verstehen und Erlangen geben, Lernen und Annäherung, denn auch solche Dynamiken bilden Aspekte des Körpers des Wissens. Da wir unseren Beitrag einbringen, manifestiert sich Wissen in Zeit und Raum. Unser Lernen, unsere Beziehung zu der uns umgebenden Welt, unsere Hingabe, unsere Arbeit – alles trägt zur Verkörperung von ›Realheit‹ bei.

Indem es die ›Realheits‹-Verkörperung gründet, verheißt Wissen, was ist und was nicht ist, und aus dem prädizierten Punkt entstehen Werte und Qualitäten. Wir finden uns in der Sphäre von Gesetzen, Regeln, der Ethik und der Systeme, der Fortschritte und der Rückschläge. Vor der Zeit bereiten wir uns vor auf heute und morgen. Die Angemessenheit und Adäquatheit unseres Vorgehens hängen von unserer Fähigkeit ab, das Wissensvolle selbstprojizierend zu machen.

Die Projektion selbst vergrößert und trägt das, was sich als real manifestiert. Einzelne Ereignisse schlagen einen bestimmten Weg ein; Lebensunterhalt entfaltet sich. Insofern wir des Pfades als einer Manifestation von Wissen gewahr sind, können wir ihn heilig oder weise nennen; wir können von Weisheit sprechen oder von dem, was wirklich fortgeschritten ist.

Doch es kann sich auch anders ereignen. Unsere Wurzeln sind vielleicht solche der Enge, unsere Blickpunkte eingeschränkt und starr, unsere Bedürftigkeiten überwältigend. Vielleicht sehen wir nicht durchdringend und gründlich, nicht in wissensfördernder Weise. In diesem Fall erheben sich Einwände und gewinnen Gestalt. ›Zeitweilige‹ Hindernisse gewinnen rasch Substanz. Die Realität wird zu einem Hemmschuh; Wissen wird obsolet. Der Punkt geht verloren, und der

Raum des Wissens verschwindet. Licht sinkt ins Leere und verdunkelt sich: der Begrenzungsfall für die Freiheit des Wissens.

Architektur des Wissens

Heute finden wir uns in derart beengten Umständen. Anzeichen dafür ist, daß unsere Zeit besetzt, unser Raum befrachtet, unsere Bedingungen festgelegt sind; das Kennzeichen ist, daß wir den Punkt verfehlen. Wenn solche Rhythmen voll entfaltet sind, leben wir ein Leben, das ganz und gar Bürde ist. Von dem müden Augenblick, da wir morgens erwachen, bis zu der dunklen Stunde, da wir nachts umfallen, quälen wir uns ab im Tretrad der Beengung. Es gibt keine Zeit zu fühlen, zu denken oder zu sehen. Wir fußen auf dem, was keinen Wert besitzt, und wiederholen, ohne zu verstehen. Wir vergessen, daß wir den Sinn unseres Hierseins auf die Probe stellen könnten.

Von diesem Punkt ausgehend, verblaßt die Strahlkraft des Wissens um unbegrenzte Befreiung. Differenz, Distanz und Unterscheidung bilden sich, und die Tiefe des Wissens wird durch die sich ausdehnende Dimensionalität des Nicht-Wissens verzerrt. Doch Wissen bleibt verfügbar. Grenzen rufen danach, transzendiert zu werden. Es liegt an uns, ihnen Antwort zu geben.

Wir sind die Architekten unserer eigenen Reaktion. Wir können den Sinn unserer Gedanken konzentriert ins Auge fassen und unsere individuelle Freiheit entwerfen. Wir können mit visueller Bildhaftigkeit, mit Manifestation oder unmittelbar mit Licht arbeiten. Wir können strahlendes Gewahrsein in Bilder oder in die Formen des Denkens einladen; wir können eine packende, ganz und gar einzigartige Dynamik evozieren. Wir können gute Entwerfer sein, indem wir unsere Gedanken im Einklang mit Wissen gestalten.

Wissen kann reparieren, was aus Wissen geworden ist. Wie ein großer Künstler kann Wissen dem, was beschädigt wurde, wieder Pracht verleihen; wie ein begnadeter Zauberer kann es das Spiel schöpferischer Schönheit darbieten. Indem wir diesen grandiosen Weg um des Wissens und seiner Ergebnisse willen verfolgen, entwickeln wir eine dynamische Kraft der Wahrnehmung, die zur Befreiung von Herz und Geist führt.

Die, die es verstehen, den Geist und das Denken in dieser Weise zu dirigieren, werden wissend genannt, denn sie handeln im Dienst des Wissens. Wenn wir uns ihnen anschließen, ist das Licht des Wissens in Hülle und Fülle verfügbar, wo immer Wissen benötigt wird.

Wenn wir es verstehen, zu schauen, dann können wir sehen. Indem wir sehen, können wir die Hand ausstrecken und berühren und so die Qualität der Verkörperung kennenlernen. Da unsere Welt an einem Wendepunkt steht, müssen wir es jetzt tun und die Qualität und Bedeutung unseres Lebens im Einklang mit unseren innersten Werten gestalten.

KAPITEL 23

Schätze des Wissens

Was immer an Bedingungen erscheint, was auch immer fixiert und etabliert ist, was auch immer völlig bedingt ist – jedes Ding präsentiert in seinem Entstehen oder Nicht-Entstehen eine bestimmte Qualität, die die Wißbarkeit des Wissens illustriert. Wie Tau auf einer Morgenblume, wie die samtige Beschaffenheit der Blüte selbst, begleitet Wissen jedwede Wahrnehmung und bietet eine unabhängige, gewichtlose ›Gewichtigkeit‹, die seine eigene Verfügbarkeit ausdrückt.

Die Wißbarkeit des Wissens als Bewußtsein oder Gewahrsein oder Geisttätigkeit zu benennen bezeichnet lediglich die Parameter des Wissens. Um mit seiner allgegenwärtigen Präsenz Tuchfühlung aufzunehmen, müssen wir Wissen als den Träger der Wahrnehmung entdecken, als den Illustrator und den Architekten dessen, was illustriert wird. Wenn wir uns den Mechanismus oder das Fahrzeug vorstellen, durch das Wissen erscheint, dann ist es diese sich selbst erzeugende Struktur, die wir suchen.

Die ›Binnenheit‹ des Wissens umfängt die Kraft des Offenen innerhalb dessen, was erscheint, und erzeugt so den Verbund der Erscheinung. Erscheinung ihrerseits verkörpert das Gesamt des Wissens – nicht als eine einzelne Position, die ausgreift, um alles zu umfassen, sondern als der alles durchdringende, stets verfügbare Körper des Wissens.

Der Körper des Wissens manifestiert sich in der Erfahrung als Gewahrsein frei von dem fixierten Impulsmoment und den etablierten Ableitungen, die Gedanken und Bilder entstehen lassen. Für Wissen offen, insofern es intrinsisch leuchtend ist, öffnet Gewahrsein sich auf Erfahrung, insofern es sich nicht aus Bedeutungen speist und sich nicht auf Erklärung stützt.

Das folgende Diagramm bietet eine Andeutung, wie sich zu dieser direkten Verkörperung von Wissen gelangen ließe. Angenommen, wir wollten unsere Erfahrung bereichern und sie in Richtung Wissen lenken. Aus einer linearen zeitlichen Perspektive

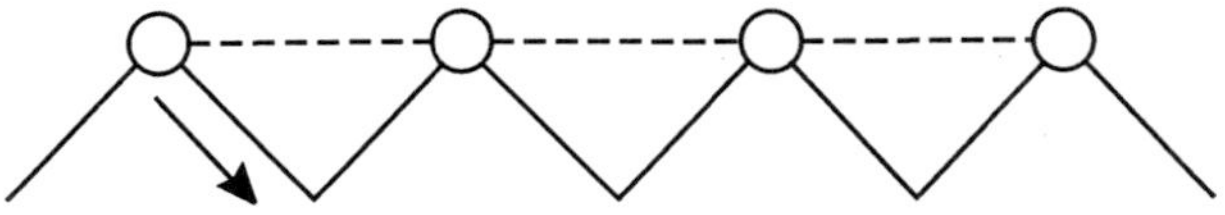

bestünde eine Möglichkeit darin, sich immer kleinerer Zeiteinheiten bewußt zu werden: erst Sekunden, dann Zehntelsekunden, dann Millisekunden. Ab einem bestimmten Punkt aber ließe sich Gewahrsein nicht mehr weiter unterteilen. Wir könnten nur dadurch weiterkommen, daß wir Zeit ›innerhalb‹ von Zeit verfügbar finden. Dies würde bedeuten, sich vom eindimensionalen Zeitpfeil zu lösen. Falls wir diese Linie als Grundlinie betrachten, würden wir in den Bereich des Negativen hineingehen, so wie es der dunkle Pfeil des Diagramms darstellt.

Indem wir uns in diese ›negative‹ Zeit hineinbewegten, würden wir konventionelle Zeitpunkte hinter uns lassen. In einer Hinsicht würden wir uns auf das Zeitlose zubewegen, denn unsere Bewegung würde uns nicht näher an den nächsten Punkt in der Zeit heranbringen, noch würde sie bedeuten, daß wir die Gegenwart hinter uns lassen. Vielleicht könnten wir sagen, wir bewegen uns hinein in die Gegenwart des Gegenwärtigen.

Anfänglich könnte es den Anschein haben, daß wir durch diese Bewegung in die Zeit ›hinein‹ nur so und so weit und nicht weiter gelangen können. Doch die intrinsische Dynamik der

Bewegung setzt keine solche Grenze. Das Dreieck des Wissens, das sich zwischen je zwei Punkten in der Zeit öffnet, besteht seinerseits aus ›Punkten‹, die sich ebenfalls öffnen können. Die gegenwärtige Erfahrung präsentiert sich als unendlich reich an Komplexität. Im Sinne konventioneller Augenblicke von Zeit betrachtet, ist das gesamte Spektrum allen potentiellen Wissens von einem Augenblick zum nächsten und ebenso innerhalb jedes einzelnen Augenblicks verfügbar.

Durchdringende ›Lichtheit‹

Die Ganzheit solcher Gegenwart geht zurück auf den Körper des Wissens. Basierend auf der Gegenwart von Gegenwart, lädt Lichtgewahrsein uns ein, die inneren Schlüfte des ›Lichtseins‹ zu betreten, die das gewöhnliche Wissen unzugänglich und sogar unvorstellbar findet.

In diesem ›Nach-Innen-Gehen‹ erlaubt die Zeit es dem Gesamt des Wissens, in der Erfahrung gegenwärtig zu sein. Ein Energie-Körper umfängt das Gesamt. Umfangendes Licht macht lichter und leichter, bis die Erscheinung zum leuchtenden Rund des universellen Einmaligen gelangt. Hier gibt es kein Vorwärtshetzen und -springen; es gibt keine beengten Winkel und keine unbesetzten und leeren Räume. Da es keine Möglichkeit des Ausmessens gibt, könnten wir vom Punkt oder vom Gesamt sprechen; da keine Dimensionen Gestalt annehmen, könnten wir auf Zero oder auf die Unteilbarkeit alles dessen, was ist, verweisen. Der Mittelpunkt wird mittelpunktlos: fokussiert ohne ein Fokussieren ›auf‹. Wenn die Gegenwart nicht als ein spezifischer Ort hervorgehoben oder an einem bestimmten Punkt situiert ist, kann es universelle Verkörperung geben. Das auf das Gesamt gerichtete Gewahrsein erlaubt mannigfaltige Wahrnehmungen – die Wahrheit des Feldes oder der Energie oder des Mechanismus und durchdringende Erkennbarkeit.

Im Verspüren dieses Gewahrseins wird konventionelle Wahrnehmung transformiert und transzendiert. Grenzenlosigkeit eröffnet sich innerhalb des Partikularen: das durchdringende und nicht-ausschließliche universelle Einmalige. Zulassend ohne Unterscheidung, befreit Wissen Erscheinung in die Ganzheit. Ein Mechanismus des Transformierens arbeitet ohne Unterscheidung oder Parteilichkeit, ohne auszusortieren oder Prioritäten zuzuerkennen.

Die Macht dieses Wissens ist gegenwärtig wißbar – nicht als ein Objekt oder als ein Konstrukt, sondern in der Wahrheit unseres eigenen Erkennens. Es ist Raum in Raum hinein, Wissen in Wissen hinein. Es ist der Torweg in die Zeit, der die Einheit aller Ausgedehntheiten und Übergänge erlaubt. Es ist der Körper des Wissens, der ein genuines und holistisches Verschmelzen aller Erfahrung und Erscheinung in nuklearer Zeit erlaubt.

Einheit der Präsenz

Wo auch immer wir beginnen, was auch immer wir aufzeigen, wie auch immer wir verfahren und unter jedweden Umständen kann das Partikulare die Einheit des Wissens betreten. In einer Vereinigung der Präsenz umfängt jeder Teil das Gesamt. Indem es in die verschiedenen Stadien der Erfahrung hineinverschmilzt, entwickelt sich Wissen zu größerer Raum-Zeit-Vertrautheit. Das dem Maß Entrückte läßt sich in relativen Ausdrücken verkünden und ergibt so die Dreieinigkeit von Zeit, Raum und Erkenntnis und die Ganzheit der Erfahrung.

Dieser Schatz der Ausdehnung öffnet sich unentwegt, weitet sich, wächst, tritt zu Tage. Es ist eine Übung, ausgeführt von Zeit, ein Offenbaren im Raum. Erkenntnis geht weiter: innovativ, global. Alle existierenden Formen manifestieren ihr Gepräge. Sie machen sich für das Wissen verfügbar, das sie in einem Schatzfeld aufsammelt. Immer und wieder offenbart sich Wissen in den Formen des Gesamt. Innerhalb des Wissens beginnend, verbleiben wir innerhalb des Wissens, denn das Innerhalb des Wissen ist ohne eine Außen.

Denn der Körper des Wissens, der leuchtende, mittelpunktlose Mittelpunkt – ohne Form oder Gepräge oder Merkmal oder Punkt oder Bedeutung –, ist die Quelle der Manifestation. Licht führt zur Fülle des Runds innerhalb des Gewahrseins; zur Anwesenheit des Gesamts in der Wahrnehmung und in den Sinnen. Ohne Richtung oder Ableitung ist da ein Verschmelzen, das schon verschmolzen ist: ein hineintauchendes Hervortauchen, ob innen, ob außen.

In der Anwesenheit des Wissens besteht keine Notwendigkeit, überhaupt zu etablieren oder zu verschmelzen. Was gegenwärtig ist, ist frisch; was frisch ist, ist rein; was rein ist, ist klar; was klar ist, ist leuchtend. In seiner Unbegrenztheit bleibt der Körper des Wissens still und lautlos, doch nur die Unrast des Oberflächengeistes legt nahe, dieses Schweigen sei gleichbedeutend mit Unzugänglichkeit. Innerhalb der Lautlosigkeit ist die Öffnung bereits geschehen und bleibt ohne weiteres verfügbar. Wir müssen nicht nachforschen, wie wir uns am besten vorbereiten. Die körperlose Vereinigung des Wissens verschmilzt mit und ohne Vorbereitung, expandiert ohne Besitztum und Eigentümerschaft.

An unserer Zeit und unserer Seinsweise scheint der Weg des Wissens vorübergegangen zu sein. Wir haben Wissen verabschiedet und unser Gesicht von ihm abgewandt, und nun scheint das Tor verschlossen. Obwohl Wissen Gestalt annimmt, tut es dies unsichtbar und unbemerkt und läßt uns allein im Angesicht des Nicht-Wissens, das unser Leben beherrscht. Doch diese Geschichte hat ein unverhofftes Ende. Die Fülle des Wissens ist um uns und in uns, mit uns und außerhalb von uns. Wissen stellt sich in eine Fluchtlinie mit dem interpretativen Impuls konventioneller Erfahrung. Wir können Wissen mitteilen und es verkörpern, denn wir müssen keine Position erobern und in Besitz nehmen. In diesem weiteren Feld des Wissens, in diesem Öffnen dessen, was erscheint, können wir mühelos die

Spannungen und Projektionen freisetzen, die uns vorwärtsjagen. Wir müssen keine Angst mehr haben um das Selbst, das so verängstigt an unserem Herzen wohnt.

Wir haben vielleicht in einer unfruchtbaren Wüste gelebt, doch wenn wir mit Wissensaugen hinsehen, finden wir, daß die Wüste zu einem Garten der Wonnen erblüht ist. Überall um uns her machen sich Schätze des Wissens verfügbar. Erscheinung strahlt mit einem inneren Leuchten und aktualisiert das Feld des Wissens in seiner Tiefe. Die Selbstpräsenz des Wissens bietet ihr eigenes inniges Vertrautsein und enthüllt einen Ort zeitloser Offenheit, der unbewohnt ist von Außenstehenden und ungesehen ist von jedwedem Publikum. Ein Drama des Wunders entfaltet die Qualität des Wissens.

Wenn wir die Rolle des Kommentators spielen, können wir sagen, diese Darbietung des Wissens sei unendlich. Doch dies heißt nicht, daß wir Wissen zu einer Progression oder Kontinuität graduieren. Es gibt keine Unendlichkeit des Verschmelzens; nur unermeßbarer Geist jenseits des Geistes des Wissens. Hier transzendiert und salutiert Prä-Juxtaposition.

So lange haben wir uns nach Wissen gesehnt, haben gewünscht und erwartet, haben neugierig geforscht. Nun haben wir den Punkt erreicht, wo jeder Punkt grenzenlos ist. Wir können davon sprechen, Wissen zu erlangen, jedoch nur, wenn wir darunter verstehen, daß es kein Teilnehmen oder Teile-Nehmen, kein Besitzergreifen gibt. Genau so, wie die Unendlichkeit nicht geteilt werden kann, so kann der Körper des Wissens nicht charakterisiert und nicht parzelliert werden; er kann nicht erworben und nicht willkürlich verfügbar gemacht werden.

Wissen verbleibt, es gehört nur dem Wissen. Es ist keine Reduktion, sondern Extension. Es läßt sich nicht unterdrücken; es kann nur mehr und mehr inspirieren und hingeleiten zur Schönheit. Jedwedes Beste geht zum Wissen, das zum Wohle der Menschheit und des Sinnes dieser Sphäre erscheint, damit wir besser verstehen können, was wir sind und was wir tun können.

KAPITEL 24

Verpflichtung auf das Gesamt

Die Geschichte der Erkenntnis offenbart fortwährende Hilfsmodelle, die benutzt werden, um Realität zu konstruieren. Doch dieses behauptete und proklamierte Wissen ist im tiefsten Sinne überhaupt kein Wissen. Insofern wir dies empfinden, werden wir zu Wissenssuchern. In unserer Vision und unserer Hoffnung stoßen wir zu der Abfolge der Wissenshalter der Vergangenheit.

Doch unser Suchen ist auf die uns verfügbaren Modelle beschränkt. Wir folgen der Spur des Wissens, als wäre es ein wildes Tier; wir schütteln den Baum der Erkenntnis, um zu sehen, ob seine Frucht in unsere Hände fällt; wir horten Wissen, so als sammelten wir Antiquäten. Immer halten wir Ausschau nach dem, was möglicherweise nützlich sein könnte oder was wir ergreifen könnten.

Durch diese Vorgehensweise sind wir in den Besitz eines riesigen Corpus von Fakten, Worten und gemeinsamer Geschichte gelangt. Wir sind die Eigner dieses Sammelsuriums, und wir bekennen uns zu unserem Besitztum. Wir sind die Privilegierten, die Wissenden, die wirksam handeln können, um uns selbst oder anderen zu nutzen.

Wie machtvoll ist das Wissen, das wir auf diese Weise ansammeln? Geprägt durch den Wert, den wir auf Besitztum und Anwendbarkeit legen, nimmt das von uns akkumulierte Wissen die Form dessen an, was sich leicht aneignen und auf mechanische Weise anwenden läßt. Auf der Basis der von ihm reflektierten Bedingungen etikettiert und einsortiert, bleibt dieses Wissen bedingt. Was als durchdringende Einsicht begann, wird zu einer alten, verstaubten Denkweise. Was wie eine unschätzbare Kostbarkeit erschien, versinkt in den Wellen wechselnder Glaubensauffassungen und Perspektiven; wenn wir es zu retten versuchen, finden wir uns selbst bankrott und enterbt.

Wir haben immer und immer wieder versucht, Wissen durch Sinneswahrnehmungen, Projektionen und Ideen zu sammeln, indem wir uns selbst vermittels unserer eigenen Gegenüberstellungen Wissen präsentiert haben. Wir senden eine Armee von Agenten aus, um soviel an Wissen zu ergattern, wie sie nur auftreiben können, damit wir es für unsere eigenen Zwecke verwenden können. Wir diktieren detaillierte Anweisungen, damit sie wissen, was sie zu tun haben. Doch die Anweisungen verfehlen den Punkt. Das Wissen, das uns lehren würde, wie wir Wissen erlangen, geht uns ab. Unsere Agenten kehren zurück mit vollen Taschen, aber leeren Händen. Wir finden uns begraben unter Datenbergen, unfähig, die Welt zu verstehen oder zu bestimmen, wie wir unser Leben führen wollen.

Als Beispiel können wir die Art und Weise nehmen, wie wir Klang zu verstehen suchen. Ein Klang pflanzt sich durch den physischen Raum zu einem Empfangsorgan fort, und Körper und Geist wissen instinktiv, wie sie dieses physische Geschehen ins Gewahrsein tragen können. Doch das physische Entstehen wird sofort von Interpretation überdeckt. Wir arbeiten mit Vergleichen und Unterscheidungen, die durch Wörter und kollektive Bezeichnungen gesammelt wurden, die aus geteilten Imaginationen hervorgehen. In der Fülle der entstehenden Informationsdaten wird der ›ursprüngliche‹ Klang weitgehend ignoriert. Und Klang in seiner tieferen Dimension – Klang, der besänftigt und einlädt, erweckt und anspornt, reagiert und zuweist – gerät völlig außer Sicht.

Dieser Wissensmodus kündigt die Verbindung zum Herzen des Wissens. Indem wir unsere besten Urteile und Meinungen sammelten und zusammenstellten, haben wir nur die vom Wissen in seinem Vorübergehen hinterlassenen Spuren gesammelt. Unser Wissen ist ohne Fülle, ohne Haltekraft.

In den Ketten unserer Methodologien wissen wir nicht, wie wir über das vorab Registrierte hinausgelangen können. Unsere Forschungsmethoden sind auf das Spezifische beschränkt. Obwohl wir zahllose Fragen stellen, bestätigen wir vorab das Modell, innerhalb dessen jede Frage entsteht, und ebenso auch das Spektrum möglicher Antworten. Wir kennen nur einen Wissensmodus, und wir finden es schwierig, zu begreifen, daß es vielleicht Alternativen geben mag. Wenn der Impulsmoment linearer Zeitlichkeit seine volle Wucht entfaltet hat, gibt es keine Zeit, uns die Qualität unseres Lebens anders vorzustellen. In jedem Fall sind die Strukturen unseres Lebens zu fest, die Reichweite unserer Imagination zu beengt und die Muster der Erfahrung zu inkohärent.

Vielleicht war dieser Mangel in der Vergangenheit nicht so offensichtlich. Wir konnten uns zu unserer Orientierung auf Muster stützen, die sich über Jahrhunderte hinweg entwickelt hatten, und es hatte den Anschein, als kämen diese Muster der Wahrheit zumindest ansatzweise nahe. Heute jedoch, wo die Dynamik des Zusammenbruchs ihre ganze Kraft entfaltet, ist es für uns mit solchen Näherungen nicht getan. Jedes neue Modell des Wissens hat seine eigenen Begrenzungen; jede neue Ansammlung von Fakten erzeugt ihre eigenen Fragen. Wohin auch immer wir uns wenden, wir sind konfrontiert mit den augenscheinlichen Grenzen der menschlichen Natur und den Unzulänglichkeiten unserer Versuche, unsere drängenden Probleme zu lösen.

In der Welt, die zu bewohnen wir uns gegenwärtig ausgesucht haben, muß der Körper des Wissens – der Träger für die lösende Freiheit der Präsenz – erst noch geboren werden. Wenn Wissen sich im menschlichen Wesen verkörpern soll, dann muß sich dies ändern. Sucher und Schüttler und Schwätzer und Besitzer waren wir lang genug. Jetzt ist es Zeit zur Transformation.

Differentes Wissen

Unser Ziel ist praktisch und direkt. Wir müssen eine Zugangsweise zu unseren Problemen finden, die sich nicht in die Spezifik dieser Probleme verstrickt. Wenn wir in unseren Schwierigkeiten und Bedingtheiten verweilen könnten ohne den Drang nach sofortigen Lösungen, wäre dies vielleicht die Gelegenheit für das Wissen der Transformation. Doch wir haben gesehen, daß unsere Modelle dies so gut wie unmöglich machen. Vom allerersten Schritt an unterscheiden und wählen wir; dann rufen wir die entsprechende Logik und Rationalität auf und wenden sie an. Im Gefolge dieser Modelle wird die Zeit sich nicht bewegen und der Raum sich nicht manifestieren in einer Weise, die sich von dem bereits Registrierten unterscheidet.

Im Gegensatz zu solcherart konditionierten Wissensstrukturen könnten wir von einem unkonditionierten und sogar unbedingten Wissen sprechen. Doch diese Formulierung ließe unsere Suche vielleicht als spirituell oder religiös erscheinen, und dies ist nicht notwendigerweise der Fall. Auch können wir die These nicht akzeptieren, daß wir uns von unserer Konditionierung abwenden und eine andersgeartete Sphäre aufsuchen müssen.

Wenn wir wirklich in einer vorab aufgezeichneten ›unabänderlichen Realität‹ leben, dann können wir dies so zulassen. Indem wir das Gleichsein akzeptieren und das Gleichsein erkennen, können wir ›Unterschiedheit‹ einladen. Gleichsein kann anders sein; Unterschiedheit kann einen Unterschied machen.

In dieser Unterschiedheit ist Wissen verschieden, desgleichen Zeit und Raum. Es ist tatsächlich möglich, daß alles neu zu entdecken ist. Unterschied-Wahrnehmung kann in anderer Weise präsentieren, und das Gesamt kann hinterfragbar werden.

Es scheint seltsam, daß Unterschied schwer erreichbar ist. Alles, was geschieht, ist von Augenblick zu Augenblick neu.

Wenn wir den Lauf des Wissens zurückverfolgen, gibt es nichts, was uns davon abhält, neue Modelle zu schaffen und neue Denkweisen anzuwenden.

Doch irgendwie ist ›Neuheit‹ nicht verfügbar. Der etablierte Impulsmoment verschließt alle Aussichten auf Transformation. Die beengende Substanz dessen, der wir sind, und dessen, was wir antreffen, scheint weiterhin höchst real zu sein.

Die hier betriebene Erkundung zielt darauf ab, diesen Anschein in Frage zu stellen. In unserem gegenwärtigen fortgesetzten ›Durchdenken‹ bildet sich die Überzeugung heraus, daß es uns freisteht, anders vorzugehen; Unterschiedheit ins Werk zu setzen. Das dazu notwendige Wissen ist verfügbar.

Jeder von uns kann Geschichten dirigieren oder komponieren oder agieren, die unserer eigenen Entscheidung getreuer sind. Wir können unsere eigenen Geschichten schreiben und unsere eigene Zukunft leben, unsere Motivation ändern und unsere Ideen verfolgen. Wie auch immer wir uns in der Vergangenheit entschieden haben, die Möglichkeiten von Zeit und Raum bestehen weiterhin.

Können wir mit wirklicher Überzeugung sagen, daß die alten Muster wenig Nutzen bieten? Wenn ja, dann haben wir bereits einen Blick auf die Möglichkeit erhascht, daß Raum und Zeit Wissen projizieren und Vision manifestieren können. Nun können wir die Ausübung von Wissen hinterfragen. Wir können seine Teile im Einklang mit dem Gang unserer sich entfaltenden Erkundung formen. Indem wir lernen, Wissen hochzuhalten, können wir es mit der Welt teilen, Einsicht anbieten, wo Einsicht verlangt wird, und diejenigen heilen, die der Heilung bedürfen.

Wissen, der Alte Vater, lädt uns ein, zur vollen Reife heranzuwachsen, mit der Bereitschaft, anderen zu nutzen. Wenn wir entsprechend handeln, dann werden die Hindernisse, auf die wir treffen, unsere Verbindung zum Körper des Wissens nur vertiefen. Unsere Zeit und unser Raum werden ihren eigenen Beitrag leisten. Wir bieten eine illustre Illustration des Ideals.

Wissenstransformation

Geschichte ist in der Form von Modellen an uns weitergegeben worden, und und wir haben die alten Modelle benutzt, um unsere gegenwärtigen zu erschaffen. Wir können dieses Vorgehen beibehalten, denn es entspricht unseren menschlichen Bedingungen und unserer Konditionierung. Dies sind die Materialien, mit denen wir zu arbeiten haben. Wenn wir sie voll und ganz annehmen, lassen sie sich zu Großem Wissen transformieren.

Wir haben uns an die Vorstellung gewöhnt, daß Wissen veraltet, doch stattdessen könnten vielleicht unsere Konditionierung und unser Leiden veralten. Damit dies geschieht, müssen sich unsere Modelle verändern. So wie wir in vergangenen Jahrhunderten gegen äußere Unterdrückung gekämpft haben, so werden wir für innere Freiheit kämpfen müssen und uns aufzulehnen haben gegen die Tyrannei, die wir uns selber auferlegen.

Niemand wählt die Einengungen, die unser Leben beherrschen, doch irgendwie halten wir angestrengt an den Mustern fest, die Einengung erzeugen. Ganz gleich, wohin uns auch unsere Einsichten oder Phantasien führen, beim Dirigieren unseres Lebens klammern wir uns an unseren jetzigen Zustand und unsere Gegebenheiten, an unsern Geist, unsere Gedanken und unsere Sinne, wie wir sie jetzt kennen.

Und doch wissen wir, daß nicht jeder in gleicher Weise gebunden ist. Große Männer und Frauen in der Vergangenheit haben eine Freiheit entdeckt, die über das Gewöhnliche hinausgeht. Ihr Beispiel kann für unser eigenes Verhalten und unser Engagement eine Inspiration sein.

Im Augenblick können wir auf der Grundlage dessen handeln, von dem wir sehen, daß es Wert besitzt. Sobald wir klar erkennen, daß wir uns und anderen gegenüber eine Verpflichtung haben, unser bestes Wissen zu teilen, sind wir schon näher daran, die Loslösung aus den Bedingungen vorzunehmen, die unsere Möglichkeiten einschränken.

Indem wir uns in diese Bedingungen hineinsinken lassen, eröffnet sich Wissen. Der Begriff des Wissens wird zur aktiven Anwesenheit des Raumes. Durch die Vereinigung von Zeit und Raum kann Wissen innerhalb menschlicher Gegebenheiten geboren werden und ihre Funktionsweise verwandeln. *Das Sein selber kann das Modell für Wissen werden.*

Obwohl Wörter und Bilder diese Möglichkeit nicht einfangen können, können sie Wege nahelegen, auf Unterschiedheit hin zu dirigieren. Und selbst wenn unsere Bemühungen nicht Vollkommenheit erreichen, können sie immerhin zu gewaltigen Verbesserungen führen.

Solche Möglichkeiten gehen in spezifischer Weise über die Sphäre der Imagination hinaus. Anders als unsere Phantasien, unsere Programmierungen und unsere Wünsche fordern sie dazu auf, die Zeit des Konditionierens, die unsere Welt gestaltet, loszulassen.

Imagination kann der Ansatzpunkt sein, der die innerhalb der zeitlichen Ordnung gefangene Dynamik freisetzt. Sobald dies geschieht – sobald die Zeit unseres Seins die Erlaubnis zum Sehen erteilt –, erweist sich Raumwissen als ohne weiteres verfügbar.

In dieser Verfügbarkeit wird die Gegenwart von Wissen zum Begreifen ... zum Verstehen ... zur Geistesgegenwart ... zum Kontakt mit Zeit und Raum ... zur Verkörperung. Ohne durch vergangene Zeit hindurchzugehen, ohne irgendeines Fahrzeugs zu bedürfen, geht Transition über in ›Transformiert‹. Eine fortwährende Transmigration transzendiert die Gegenwart. Es gibt kein Zurückgehen mehr, nicht einmal mehr Gehen. Anstatt zu gehen, sind wir im ›Trans‹ in Richtung auf die Transparenz des Wissens, um wieder zurückzukehren zur Gegenwart des Geistes.

Am Ende dieser Erkundung steht Eknosis, bereit, voll und ganz zu transzendieren. Wissen transitiert unmittelbar, es transzendiert alle Bedingungen. Konditionalität wird transmutiert in Lichttransformation.

Die Philosophie spricht von Bedingungen und von Subjekt und Objekt; üblicherweise sprechen wir von Gedanken und Substanzen, von dem, was wir ›im Sinn haben‹. Alle solchen Präsentationen können zum Körper des Wissens werden. ›Über‹ dem Sehen und Wissen und Wahrnehmen kann es Verkörperung geben ohne Zerstörung – die innere Harmonie von Geist und Körper des Wissens. Innerhalb des Wissen›gefühls‹ kann das Gesamt des Lichtes sein. Ein erhebendes Umfassen reicht hinaus zu Wissensfähigkeit. Wir berühren das Beste, das wir zu berühren vermögen, und wissen gewiß: Wir sind da.

TEIL VIER

Transformationen

KAPITEL 25

Freiheit für Erkenntnis

Als menschliche Wesen eignet uns eine Fülle von Erfahrung, auf die wir zurückgreifen können, um Wissen zu aktivieren. Doch oft scheinen wir Erfahrung zu ignorieren zugunsten des Oberflächeninhalts unserer Gedanken, der den Sinnen enthüllten Identitäten und anderer Strukturen, die wir dem Entstehenden überstülpen.

Unter dieser Vorliebe für das Vorausgesetzte ist eine starke Spannung oder Angst am Werk, ein Gefühl, daß dann, wenn wir das Altbekannte loslassen, auch wir selber verschwinden. In dem nackten Wunsch zu überleben agieren wir eine rastlose Getriebenheit aus, so daß wir es uns niemals erlauben, in unser eigenes Sein hineinzusinken.

Erwägen Sie, als Gegenauffassung zu dieser Ansicht, es gebe gar nichts, was da verschwinden könnte. Dies ist keine These über Existenz oder Nicht-Existenz, sondern eher ein Hinweis auf die Art, in der wir Erscheinung strukturieren. Je mehr wir erkennen, wie Erscheinung vom Denken diktiert wird, desto mehr erkennen wir auch, daß auf der anderen Seite dieses Diktierens, oder vielleicht auch in seinem Inneren, nichts sitzt, was das Diktieren ausführt. Der Ausdruck trägt seine eigene Botschaft: Das Kommuniqué kommuniziert sich selber vorwärts.

Der Triftigkeit dieser Beobachtung zuzustimmen hat vielleicht wenig Auswirkung auf die Dynamik des Hin und Her, durch die wir Erfahrung dirigieren und ihre Substanz behaupten. Ganz gleich, was wir auf der begrifflichen Ebene vertreten, in unserem Sein fühlen wir uns verpflichtet, bestimmten Standards zu genügen: persönlichen und kulturellen Erwartungen zu entsprechen. Wenn wir uns der angebotenen Rolle anpassen – zum Beispiel der Rolle des Erkenntnissuchenden –, dann akzeptieren wir die Wahrheit der Rolle; tun wir es nicht, dann verstricken wir uns in Schuldgefühle, in Angst und in die Furcht vor Mißerfolg.

Die auf diese Weise aktivierte Getriebenheit verstärkt sich selbst. Insofern er darauf ausgerichtet ist, die Oberfläche der ›Erscheinung als Substanz‹ zu perpetuieren, reagiert der Geist auf jede Herausforderung dadurch, daß er die Vorstellung einer ›Ursprungsquelle‹ behauptet. Er kann das, was erscheint, zurückverfolgen auf das Unterbewußte oder auf den unbewußten Geist; er kann eine der zahllosen Verknüpfungen und Assoziationen verfolgen, die Gedanken hervorrufen. Zum anderen kann er in den Zustand blanker Leere verfallen und jeden Anspruch auf ein Wissen aufgeben, mit dem er sich forschend und fragend nach innen wenden könnte.

Sobald wir diese Seinsweise übernehmen, werden wir zunehmend in sie hineingezogen, wie jemand, der anfängt zu hyperventilieren. Die Wege des Wissens sind mit Hunger, Begehren und Phantasien gesättigt. Gedanken und Sinne tendieren alle in eine bestimmte Richtung. Wir können nur von ... her und auf ... hin schauen; wir können nur warten und wünschen und dann noch ein bißchen weiterwarten. Am Ende steht Frustration oder Desillusionierung oder aber noch mehr Angst.

Es ist durchaus möglich, daß diese Wissensmodi offen bleiben für Intuition und Imagination, die in die alten Muster ein bestimmtes Maß an Kreativität einspeisen können. Doch diese ›speziellen‹ Wissensmodi funktionieren innerhalb klar gezogener Grenzen, die sie von unseren gewöhnlichen Mustern isolieren. Es ist, als hätten wir unsere Füße auf dem Boden und unseren Kopf in den Wolken: Irgendwie fehlt die Verbindung.

Des weiteren scheint es möglich, mit Wissen auf unmittelbarere Weise Tuchfühlung aufzunehmen. Anstatt auf der Wahrnehmung zu beharren, können wir Visionen von Wissen entwickeln. Anstatt uns auf Gedanken zu verlassen, könnten wir die Schwerelosigkeit des Gewahrseins ausbilden. Anstatt Wissen zu einem Lakaien zu machen, können wir es als Versorger betrachten.

Es gibt Fragen, die wir stellen, und Beobachtungen, die wir machen können, die den Geist ermutigen, Wissen als die Inwendigkeit eines sich entfaltenden Forschungsprozesses zu verkörpern. Wie hat sich unsere gegenwärtige Situation entwickelt? Welches ist die Vergangenheit, die sie hervorgebracht hat? Welches sind die spezifischen Strukturen und Einstellungen, die uns von umfassenderem Wissen abschneiden? Was geschieht, wenn wir das, was gewußt wird, nicht besitzen? Wenn wir unmittelbare Erfahrung nicht aufgeben zugunsten von Wünschen, Ängsten und Erwartungen?

Sobald diese Fragen in unserer Erfahrung real werden, können wir sie in jede Situation hinein ausdehnen. Jeder Augenblick kann ein Tor zu dem Wissen werden, das bereits verfügbar ist – im Geist, in der Erfahrung, innerhalb jeder Struktur, die wir dirigieren.

Übung I Die Vision dirigieren

Während Gedanken und Empfindungen auftauchen, halten Sie innerhalb jedes entstehenden Augenblicks Ausschau nach der Qualität des Gewahrseins, die er mit sich trägt. Seien Sie achtsam für die Art und Weise, in der Gewahrsein sich von einer Erfahrung auf die nächste überträgt. Eine Wahrnehmung oder ein Gedanke bildet sich und trägt dabei Gewahrsein in sich; dann sammelt eine zweite Wahrnehmung oder ein zweiter Gedanke dieses Gewahrsein auf und gibt es weiter. Was ist die Qualität dieser Erfahrung?

Wenn Sie lernen, Gewahrsein unmittelbar zu berühren und seine Qualität zu entdecken, üben Sie, in Gewahrsein ›hinein‹-

zuschauen, um die Wissendheit zu entdecken, die es anbietet. Anstatt zu versuchen, Gewahrsein so wahrzunehmen, wie Sie ein Objekt wahrnehmen würden, oder so darüber nachzudenken, wie Sie über eine Idee nachdenken würden, üben Sie ganz einfach, mit dem Sein Tuchfühlung aufzunehmen. Achten Sie darauf, sich nicht Bericht zu erstatten, welche Art von Erfahrung Sie dabei machen, oder deren Natur zu diktieren. Sie können in Gewahrsein schwimmen; Sie können es verfeinern, indem Sie es verkörpern. Der Prozeß entwickelt sich von selbst, ohne eine besondere Bemühung Ihrerseits.

Wenn Gewahrsein sich verfeinert, durchdringt ein Gefühl inneren Wissens jede Erfahrung. Indem Sie mit dieser Qualität beginnen, dehnen Sie das Gefühl, anwesend zu sein, so weit wie möglich aus. Dieser Akt des Ausdehnens findet nicht in konventioneller Zeit und konventionellem Raum statt, und er ist auch nicht abhängig von Identität, Sprache oder Wahrnehmung. Es gibt nichts Bestimmtes, was zu tun oder besser zu tun wäre. Nichts bedarf einer Vereinfachung; keine Struktur des ›Beruhens auf‹; keine Einschränkungen bezüglich des Wie oder des Was. Es gibt kein ›Jetzt-Hier-Sein‹ und kein ›Dieser gegenwärtige Raum‹ noch auch ein ›Ich und mein Geist beim Dirigieren von Gewahrsein‹. Es gibt nicht einmal ›Geist beim Dirigieren von Geist‹ oder ›Gewahrsein beim Dirigieren von Gewahrsein‹.

Sie brauchen keinen Agenten einzustellen, der für Sie tätig wird; Sie brauchen keine bessere Einstellung zu erlernen oder neue Fertigkeiten zu entwickeln. Üben Sie ganz einfach in Richtung auf reine Erfahrung, nicht gesteuert durch Behauptungen oder Common sense oder starre Gegenüberstellungen.

Kommentar I

Diese Übung scheint zunächst vielleicht schwer durchführbar, doch irgendwann wird sich das Gefühl einstellen, daß Sie tiefer in sie hineingehen können. An diesem Punkt achten Sie ganz besonders auf das Urteil: »Es ist keine begriffliche Tätigkeit mehr vorhanden.« Dieser Begriff des ›Begriffsfreien‹ kann zu einer subtilen Festgefahrenheit führen, der sich schwer gegensteuern läßt. Lassen Sie sich darauf ein, die Strukturen, die noch am Werk sind, zu identifizieren; zum Beispiel das dirigierende Subjekt oder die Person, die ›wirklich Fortschritt macht‹. Obwohl diese Muster sehr subtil sind, sind sie in ihren Ansprüchen überraschend beharrlich: so ähnlich wie das kleine Kind, das ein neues Kunststück gelernt hat und jedem in seinem Umkreis zuruft: »Schau mal!«

Je mehr Sie die Übung ausführen, desto mehr werden Sie erkennen, daß das Ziel nicht darin besteht, neues Wissen zu finden oder erfolgreich auszuführen, was verlangt wird. Diese Art, die Übung anzulegen, wird lediglich die Auffassung bestätigen, daß das Wissen, mit dem wir für gewöhnlich operieren, unvollständig ist.

Hier reicht die Herausforderung tiefer. Wenn Sie tief in volles Gewahrsein hineingehen, ohne eine Sphäre von Botschaften oder Begriffen beizubehalten, dann können Sie Offenheit dirigieren. In der Offenheit erweist sich die Wurzel des Nicht-Wissens als Grenze für das Wissen als hohl. Offenheit selbst wird zur Quelle von Wissen, und Wissen verbindet sich mit einem reinen, erwachten Gewahrsein, das nicht der subjektiven Sphäre angehört. Es besteht eine dreifache Verbindung hinein in Raum und Zeit und Erkenntnis: eine Ganzheit des Seins, die den Körper des Wissens verkörpert.

Übung 2 Zeit des Denkens

A Setzen Sie sich bequem hin und lassen Sie Gedanken im Geist entstehen. Anstatt daß Sie sich zur Kenntnisnahme dessen, was geschieht, auf den Inhalt der Gedanken verlassen, lassen Sie sich ruhen in der Aktivität des Denkens. Auf dieser Ebene besteht keine Notwendigkeit, über das Gedachte Bericht zu erstatten oder den Inhalt der Gedanken zu neuen, Kontinuität aufweisenden Geschichten auszuarbeiten. Bleiben Sie ganz einfach beim Denken jedes einzelnen Gedankens.

In dem Maße, wie Sie sich daran gewöhnen, mit dieser Haltung hinzuschauen, werden Sie feststellen, daß die Gedanken sich beruhigen. Der denkende Geist ist nicht länger genötigt, eine Realität zu konstruieren, und Gedanken sind nicht länger von der Notwendigkeit strukturiert, an ein bestimmtes Ziel zu gelangen. Gedankenresiduen scheinen weniger kompakt, ihre Kraft abgeschwächt.

B Um die im ersten Teil dieser Übung wachgerufene Qualität zu vertiefen, üben Sie Sehen, ohne sich dabei auf die Augen zu stützen. Üben Sie im Umgang mit anderen, das, was gesagt wird, zu verstehen, ohne daß Sie sich auf die Worte stützen.

Kommentar 2

Die Modelle, die gewöhnliches Wissen steuern, werden von Gedanken dirigiert. Während Gedanken unseren Geist durchströmen, sortieren wir sie auf verschiedene Weisen. Manche Gedanken sind als Werkzeuge verfügbar. Andere belegen unser Gewahrsein vollkommen mit Beschlag, so daß wir in die Welt eintauchen, die sie erzeugen.

Wenn Gedanken uns auffordern, ihre Welt zu betreten und uns dabei so zu verlieren, wie wir uns in einem Traum verlieren würden, warum kommen wir dieser Aufforderung so bereitwillig nach? Vielleicht deswegen, weil uns kein umfassenderes Wissen zur Verfügung steht. Angesichts dieses Mangels verlassen wir uns auf Gedanken – sogar auf ›müßige‹ Gedanken und Tagträume – als Träger von Wissen. Gedanken erlauben uns, das, was erscheint, zu charakterisieren und das Wißbare zu standardisieren. Was gedacht wurde, läßt sich zitieren, vorhersagen, wiederholen und entsprechend unseren Wünschen einsetzen.

Indem wir gelernt haben, uns in dieser Weise auf Gedanken zu verlassen, haben wir zugleich auch gelernt, eine fortwährende Unruhe zu akzeptieren. Gedanken müssen sequentiell aufeinanderfolgen, wie Perlen auf einer Halskette. In dem Augenblick, in dem eine Perle nicht auf die andere folgt, wird die Halskette zerreißen; die Perlen werden auf den Boden kullern und fortrollen, und unser Leben wird zusammenbrechen.

Übung 2 stellt diese Struktur in Frage. Sie lädt Sie dazu ein, sich auf Gedanken als zeitliche Ereignisse unabhängig von ihrem Inhalt zu konzentrieren. Sie basiert auf der Prämisse, daß wir es uns leisten können, unsere Abhängigkeit von Gedanken loszulassen; daß ein anderer Wissensmodus verfügbar ist. Ohne eine gewisse Bereitschaft, sich unmittelbar auf diese Möglichkeit einzulassen, wird die Übung sich wahrscheinlich nicht als fruchtbar erweisen.

Wenn Wissen in anderer Weise verfügbar ist, dann müssen Gedanken nicht die Aufgabe übernehmen, das Gewußte zu konstruieren. Es steht uns frei, Gedanken als Ereignisse zu erfahren, die sich in der Zeit entfalten. Sobald wir die Zeit *des* Denkens *im* Denken spezifizieren können, liefert Denken seine eigene Rückkopplung. Es konstruiert und dirigiert in einem Modus, der auf genuinere Weise ›transitional‹ und weniger an die Strukturen von Substanz gebunden ist.

Indem wir die Sorge um die Kontinuität von einem Gedanken zum nächsten loslassen, können wir auch unsere unausgesetzte Verpflichtung auf Erzählbarkeit und lineare Zeitlichkeit aufgeben. Wir können uns in ein innigeres Vertrautsein mit dem, was präsentiert wird, hineinbewegen, können das berühren, was in der Erfahrung des Denkens aktuell ist, und unmittelbaren Kontakt mit Gewahrsein herstellen.

Im innigen Vertrautsein bilden sich Bahnen der Kommunikation. Wir sind nicht auf lineare oder zirkuläre Strukturen beschränkt, sondern können zur Multidimensionalität der Erscheinung zurückkehren. Rückkopplung fordert auf zu einem neuen Gefühl für das Gesamt.

Wenn Gedanken sich einer nach dem andern entfalten und uns dazu auffordern, uns in dem endlosen Fortschreiten ihres Inhalts zu verlieren, wird die Welt linear. Doch in der Zeit des Denkens sind andere Dimensionen verfügbar. Es ist da das Entstehen des Gedankens, die Aktivität des Denkens, der Übergang zwischen Gedanken, derjenige, der denkt. Die Tiefe dieser zusätzlichen Dimensionen kann eine Tür zu einer unerwarteten Sphäre werden. Eine einfache Frage vermag sie vielleicht zu öffnen: Was ist ›in‹ der Perlenkette? Können wir in dieses Innere ›hineingehen‹?

Übung 3 Gedanken als Spiel

A Überantworten Sie sich der Aktivität des Geistes, ohne sich dabei in besonderer Weise anzustrengen oder an dem gerade Geschehenden irgend etwas zu ändern. Halten Sie Ausschau nach einem bestimmten Geschmack innerhalb der Erfahrung oder in Ihren Gedanken: alt und schwer, kraus oder träge und wolkig. Vielleicht gibt es eine Tageszeit, zu der dieses Muster oft in Ihnen auftaucht; wenn dem so ist, wäre dies eine gute Gelegenheit, um diese Übung durchzuführen.

Nehmen Sie sich einige Zeit, um die Qualitäten dieses Geisteszustandes zur Kenntnis zu nehmen. Zu den vordergründigen Anzeichen gehören vielleicht ein Mangel an Motivation und Begeisterung. Beobachten Sie, ob Sie feststellen können, wie Energie im Moment ihres Entstehens bereits versickert. Innerhalb dieser Dumpfheit, gerade eben von ihr verdeckt, gibt es vielleicht ein schmerzliches Gefühl, das in Richtung Unruhe oder ›grenzenloser Verlorenheit‹ deutet. Die emotionale Färbung ist vielleicht die der Hoffnungslosigkeit, verknüpft mit dem Gefühl, daß Energie an Gedankenmuster verschwendet wird, die nirgendwo hinführen. Ein Kennzeichen dieses Zustands ist der, daß die verkörperten Qualitäten von Erfahrung, ebenso wie die spirituelle Dimension, die Bedeutung und Wert übermittelt, vollkommen verschwunden sind.

Mit ein klein wenig Übung ist es ziemlich leicht zu sagen, wann Gedanken angefangen haben, in diese Richtung zu gehen. Die Stimmung ist vielleicht düster, aber vielleicht herrscht auch ein eher angenehmes, wohliges Gefühl.

Ein Kennzeichen dieses Stadiums besteht darin, daß wir spielen, ohne spielerisch zu sein: spielen in einer Weise, die unvollständig ist, ja sogar verbissen. Vielleicht suchen wir uns die verschiedensten Ablenkungen; durch Lesen oder Musik. Wir kosten eine süße Traurigkeit. Dumpf und kraftlos, eingehüllt in Gedankenwolken, verbringen wir die Zeit wie Kinder, die Spielzeuge bekommen haben, damit sie die Erwachsenen nicht stören. Die Zeit geht unbemerkt vorbei; die Wahrnehmung ist verschwommen. Wenn wir unsere Gedanken anschauen, sind wir vielleicht nicht sicher, ob wir Worte hören oder Bilder sehen. Es gibt keine klaren Unterscheidungen; nichts Konturiertes oder Spezifisches. Wir sind in unserer Niedergedrücktheit gefangen und unternehmen nicht einmal Anstrengungen, einen Ausweg zu finden.

Wenn Sie ein gewisses Gleichgewicht innerhalb dieses Zustands finden können, besteht die Gelegenheit, Gedanken nicht auszuspielen und ihre Behauptungen oder Schlußfolgerungen nicht zu akzeptieren. Spielerisch betrachtet scheinen Gedanken eher wie Willkürereignisse aufzutauchen. Die Struktur, die sie komponieren, auferlegen und bezeugen, hat keine Substanz: Sie entsteht gemeinsam mit ihnen. Die Schwerkraft, die sie erzeugen, ist nur in ihrer eigenen Domäne wirksam.

Sehen Sie, ob Sie die Erfahrung sachte in Richtung auf diesen spielerischeren Modus hinbewegen können. Achten Sie besonders auf Gedanken, die in polaren Ausdrücken wie ›mögen‹ oder ›ablehnen‹, ›gut‹ oder ›schlecht‹ entstehen. Solche Gedanken bekräftigen die Wahrheit der ›ausgedachten‹ Ordnung und die darunterliegende Botschaft »Kein neues Wissen!«, die die Gedanken verkünden.

Ohne eine große Anstrengung aufzubringen, werden Sie vielleicht feststellen, daß diese entspannte Art der Erkundung es Ihnen erlaubt, sich von der Rolle zu lösen, die Sie in den von Ihnen dirigierten Geschichten spielen. Indem Sie die Schwerfälligkeit des Denkens auf diese spielerische Weise erforschen, können Sie allmählich lernen, sogar innerhalb der Dumpfheit eine Qualität der Erkundung zu entwickeln. Wenn Sie im Spiel des Geistes geübter werden, kann jeder neue Gedanke, jedes Empfinden oder jedes Gefühl Ihr Lehrer und Führer und ein Tor zu einem objektiveren und vollständigeren Wissen sein. Sie mögen feststellen, daß die Energie, die jede Erfahrung durchdringt, sich von selber wandelt. Ein Nutzen kann in der erhöhten Fähigkeit bestehen, Schwierigkeiten in ihrem Entstehen zu lösen.

B Wenn Sie mit dieser Art, die Energie der Gedanken zu einer leichteren Seinsweise zu verändern, erst einmal vertraut sind, üben Sie, die Energie der Gedanken zu Wissen freizusetzen. Spielerisch und entspannt in jeder Situation, üben Sie, sofort zu handeln, indem Sie augenblicklich und unreflektiert reagieren, wenn geistige Ereignisse auftauchen – wie ein Kämpfer, der den Angriff eines Gegners pariert.

Die folgenden Gesten können diese unbeschwerte Reaktionsfähigkeit dann fördern, wenn Gefühle von Dumpfheit besonders vorherrschend sind:

* Sitzen Sie mit geradem Rücken und offenem Mund und atmen Sie sanft durch Mund und Nase.

* Schauen Sie mehrmals konzentriert und intensiv etwas an. Jedesmal, wenn Sie das tun, lassen Sie die Augen sanft und entspannt in ihren Ausgangszustand zurückkehren.

* Bewegen Sie den Kopf sehr langsam und locker drei oder neunmal von einer Seite auf die andere.

* Sitzen Sie entspannt und mit geradem Rücken, öffnen Sie die Brust und bringen Sie die Energie im Körper nach oben.

Kommentar 3

Indem Erscheinung entsteht, ergreifen wir sie und nötigen sie, Sinn zu ergeben. Wir reagieren auf das, was wir präsentieren; dann antworten wir emotional auf unsere Reaktion. Indem wir jede Gegebenheit, jedes Kapitel oder jedes Stadium *spielen*, *spielen* wir es *aus*; indem wir es identifizieren, identifizieren wir uns mit ihm. Wir verfangen uns in Formgebilde aus eigener Hand.

Insofern er in die sich bildende Geschichte verstrickt ist, kann der Regisseur sie nicht bis zur Erfüllung inszenieren. Wissen bleibt unvollständig, denn es entsteht nur *innerhalb* des sich bildenden Ganzen. Was auch immer wir tun, wir erlangen niemals Meisterschaft.

Die Schwere der Gedanken, die wir oft erleben, steht in Verbindung mit dieser Struktur. Gedanken tragen Verantwortung für das Ganze und müssen verbürgen und bezeugen, was entsteht. Die Schwerkraft des Denkens ist die Kraft, die Substanz und Realität verankert; wären wir in unserem Denken nicht von geradezu verbissener Sturheit, dann würden die Dinge einfach ›auseinanderfallen‹.

Die spielerische Qualität des Geistes zu entwickeln heißt, sich von dieser selbstauferlegten Schwerkraft fort und hin zur Leichtigkeit zu bewegen, vom Überernsten zur Beschwingtheit. An diesem Schritt ist nichts Geheimnisvolles; auf der konventionellen Ebene vollzieht er sich schlicht dadurch, daß wir die starren Strukturen, die wir für gewöhnlich als wesentlich akzeptieren, entspannen. Da diese Entspannung in sich bereits nährend ist, ergibt sich ein unmittelbarer praktischer Nutzen.

Es kann das ›Entschweren‹ von Gedanken erleichtern, wenn wir in besonderer Weise die Wandlungen überdenken, die unsere Meinungen im Laufe der Zeit durchlaufen haben. Im Augenblick behaupten wir, die Dinge seien so und so: Wir halten uns an bestimmte Glaubensüberzeugungen, wir akzeptieren bestimmte Werte, wir folgen einem bestimmten Spektrum von Erklärungen. Doch morgen können die Dinge anders aussehen. Letztes Jahr oder vor zwanzig Jahren waren unsere Ansichten sehr wahrscheinlich nicht dieselben. Auf der kulturellen Ebene wären die Wahrheiten, die wir gegen Ende dieses Jahrhunderts hochhalten, einer anderen Epoche vielleicht gottlos oder aberwitzig erschienen.

Solche Überlegungen sind nicht dazu gedacht, einem Relativismus das Wort zu reden, der nichts weiter ist als eine neue begriffliche Struktur, die wir der Erfahrung auferlegen. Stattdessen kann die würdigende Erkenntnis dessen, wie sich Auffassungen über die Zeit hinweg verändern, uns helfen, die verkrampften *Positionen*, die wir einnehmen, loszulassen. Wenn wir über unsere eigenen unmittelbaren Ansichten hinaussehen können, haben wir die Schwerkraft der Gedanken bereits abgeschwächt.

Sobald wir mit unseren Gedanken spielerisch sein können, können wir in ihnen eine grundlegende Klarheit entdecken, die ein nicht an Inhalte gebundenes Wissen zum Ausdruck bringt. Die Fülle dieses Wissens kann uns nähren und leiten. Dann werden Gedanken natürlicherweise ihren Griff auf die Realität lockern, denn wir erkennen, daß wir uns nicht auf Gedanken verlassen müssen, um unsere Antworten auf Erfahrung zu strukturieren. In der Offenheit dieser zu Tage tretenden Freiheit kann Wissen sich ins Dasein dirigieren.

Wenn unser Engagement für unsere höchsten Werte nicht länger von der unerbittlichen Schwerkraft der Gedanken und den Verzerrungen der von Gedanken dirigierten Emotionalität in eine ganz bestimmte Gußform gepreßt wird, kann dieses Engagement sich tatsächlich intensivieren. Dann aber erwachsen unsere Handlungen eher aus der Harmonie als aus dem Konflikt, aus der Fülle eher als aus der Beschränkung, aus der Verfügbarkeit eher als aus dem Mangel. Wir könnten von ›Harmoniewissen‹ oder von ›Angemessenheitswissen‹ sprechen, von Wissen, das auf natürlichem Gleichgewicht basiert.

Dieser Zugang leistet zwar keinen bestimmten Auffassungen Vorschub, doch fördert er in der Tat Lösungen für unsere Probleme. Der Schwerpunkt liegt nicht mehr in der Behauptung unseres Anspruchs im Gegensatz zu dem jemandes anderen, sondern in der Antwort auf wechselseitige Interessen. Wir denken weniger in Begriffen eines ›Ich‹ und mehr in Begriffen von ›ich und du‹, von ›wir‹ oder von ›du und sie gemeinsam‹.

KAPITEL 26

Grenzenlosigkeit der Erfahrung

Ein Gedanke entsteht und ist dann vorbei. Doch sein Vorüberziehen hinterläßt einen Rückstand ähnlich dem Duft, mit dem ein Tier in freier Wildbahn sein Revier markiert. Wie Wellenlinien in Öl, wie Rauch in der Luft dehnt dieser Rückstand sich aus, doch er löst sich nicht auf.

Obwohl dieser Rückstand wolkenähnlich und substanzlos bleibt, bringt sein Expandieren eine Veränderung der Brennweiteneinstellung mit sich. Das verfügbare ›Feld‹ des Gewahrseins war besetzt, und jetzt entfalten sich die Dinge in anderer Weise. In ihrer Kraft und Energie erzeugt die Wolke Muster emotionaler Reaktionen; in ihrer Massivität und Dunkelheit vermindert sie die Fähigkeit zu klarem Gewahrsein. Alles klar Konturierte, Dynamische und Präzise muß weichen.

Das nächste Entstehen trägt das Zeichen dieser Inbesitznahme. Es erscheint wie ein undeutlich gehörter ferner Klang oder wie ein schwaches Radiosignal, mehr Hintergrundrauschen als Kommunikation. Wahrnehmung ist vorhanden, doch ist sie nicht klar interpretierbar.

Als das Echo eines Gedankens strukturiert, ist die kommende Erscheinung die sekundäre Übersetzung ihres eigenen Entstehens. Doch selbst die Übersetzung ist hinkend. Die Worte kommen zu langsam, als daß die Bedeutung klar wäre, und es ist schwierig, sie auch nur auszusprechen. Der Geist wird starr. Die Starrheit sammelt sich an und intensiviert sich.

Schließlich ist der nächste Gedanke eingetroffen. Hervortretend aus den von früheren Residuen hervorgebrachten Miasmen, hat nichts in seiner Genese den Boden für größere Klarheit oder ein Mehr an Gewahrsein bereitet. Wie könnte er als Korn aus übler Saat auch gute Früchte bringen? Das Echo tönt als Echo wider und wird dumpf. Des Echos Echo, des Kindes Kind: Merkmale werden dupliziert und übertragen. Die Kette der Gleichheit hat sich gebildet: Jede Perle kettet sich weiter und bewahrt so das Ganze.

Wenn wir anders dirigieren wollen, muß Wissen Wissen inspirieren. Wir können beginnen mit Geist, Körper und Gewahrsein, unseren ständigen Gefährten, und Wissen zu ihrem Funktionieren herandirigieren. Wie treten Körper, Geist und Gewahrsein miteinander in Berührung? Wer folgt und wer führt, und wie sind Übergänge möglich? Wie sind sie distribuiert, um Ordnung zu errichten, Gestalt anzunehmen, wahrzunehmen, Entscheidungen zu treffen, zu handeln? Sind diese Strukturen für jeden die gleichen?

Es ist nicht genug, kluge Fragen zu stellen oder befriedigende Antworten zu erhalten. Verstehen wir, was wir tun? Wissen wir, woüber wir sprechen? Wissen wir, wie wir zu fragen haben? Können wir lernen, indem wir das Fragen ausdehnen?

Im Geschehen von Wissen in der Zeit erbringt das *Ersuchen* um Wissen die Einsicht, daß nichts von Wissen ausgenommen bleibt – nicht die Nachzeichnungen der Gleichheit, nicht die Echos der Vergangenheit, nicht einmal Nicht-Wissen oder Nicht-Existenz. Wir entdecken dies für uns selbst, wenn wir mit der zeitlichen Übertragung von Nicht-Wissendheit rückhaltlos Tuchfühlung aufnehmen.

Aus Hingabe geborene und durch Disziplin geschärfte Erkundung kann tiefer gehen als unser gegenwärtiger Wissensmodus. Sie kann intrinsisch befriedigend sein, denn sie führt zu vollem Verstehen. Da sie an keine Grenze stößt, können Grenzen nicht begrenzen. Das Wissen, das sie einlädt, kann umfassend sein, wirklich allwissend.

In dem innigen Vertrautsein dieses umfassenden Wissens

kehrt Substanz zurück zu Licht und Raum. Operationen des Wissens bewohnen den Raum und erlauben es seiner Offenheit, durchzuscheinen. Indem wir diese Natur innigen Vertrautseins dirigieren, können wir die Wurzel des Gewahrseins öffnen. Indem Gewahrsein auf Licht zugeht, können wir die Natur des Primats von Wissen entdecken und für uns selbst erkennen: *Wissen kann wissen.*

Übung 4 Neues Wissen dirigieren

Justieren Sie das Gewahrsein exakt auf den Punkt, an dem die Realität ins Dasein dirigiert wird. Es ist leicht, wieder davon abzudriften; sehen Sie daher zu, daß es Ihnen möglichst gelingt, den Geist auf diesem Brennpunkt zu halten. Erkunden Sie dann die folgende Reihe von Fragestellungen.

A Worte tauchen auf, und Sinneswahrnehmung gewinnt Gestalt. Beobachten Sie unmittelbar vor dem Auftauchen: Worauf basieren die Worte? Wie wird Erfahrung durch den Geist hindurchdirigiert, und wie reagiert der Geist? Welchem Wissen leistet dieses Dirigieren Vorschub? Welches Wissen wird von ihm abgewiesen?

B Wie entsteht ein Gedanke als Gedanke? Wie vollzieht sich der Übergang von einem Gedanken zum nächsten? Warum gibt es überhaupt eine Gedankensequenz (eine Verkettung von Gedanken), und wie kommt eine Sequenz an ihr Ende, und wie beginnt die nächste? Was erklärt die Tatsache, daß ein Gedanke auf den anderen folgt – die ›Nächstheit‹ des nächsten Gedankens? Und wie kommt es, daß diese Abfolge des Entstehens unweigerlich Gedanken hervorbringt, die das bestätigen, was zuvor geschehen ist?

C Betrachten Sie den Teil des Geistes, der nicht weiß, wie er verfahren soll, den Teil, der die Gleichheit sieht, die sich von Augenblick zu Augenblick weiterdirigiert. Lassen Sie sich die Gleichheit erkennen, denn in diesem Erkennen liegt der Same eines andersgearteten Dirigierens. Können Sie Gleichheit ohne vorgängige Festlegung erkennen? Können Sie sich auf Lichtgewahrsein stützen?

D Wenn der Geist Emotionen und Emotionalität dirigiert und dementsprechend das Denken ins Spiel bringt, wer ist dann gewahr? Wer ist derjenige, der den Geist bemerkt? Wie erforschen Sie diese Fragen?

E Wie können Sie vermittels eines Wissens wissen, das sich nicht auf Worte stützt? Ist es möglich, von Geist zu Geist, von Gewahrsein zu Gewahrsein zu lesen? Üben Sie ein Dirigieren ohne Inhalt, ohne Stimmen, vor der Sprache. Dirigieren Sie Geist als Raum, im Wissen, daß das Dirigieren das Dirigierte weiß.

F Was ist der Mechanismus dieses Dirigierens? Dirigiert der Geist vorwärts? Könnte er rückwärts dirigieren? Seitwärts? Von oben nach unten oder von unten nach oben? Ist Dirigieren ein physischer Prozeß? Wenn nein, wie kann der Geist physische Substanz dirigieren?

G Betrachten Sie die Art und Weise, wie Sie die früheren Phasen dieser Erkundung dirigiert haben. Wie suchen Sie nach Wissen? Forschen Sie von Augenblick zu Augenblick, oder ist die Verbindung zur Zeit eine andere? Beobachten Sie, wie Wissen sich ›von ... her‹ und ›hin zu ...‹ entfaltet? Hat Wissen einen Ort im Kopf oder im Körper oder im Herzen? Entsteht Wissen aus der Sphäre der Sinne? Wie dirigieren Geist, Körper und Gewahrsein einander? Wenn einer der Dirigent der anderen ist, wie wird dann dieser eine dirigiert?

Übung 5 In Gedanken verweilen

Auf der Oberfläche der Erfahrung gehen und kommen Gedanken sehr schnell, fast augenblicklich. Ein Augenblick folgt auf den anderen, eine Reaktion kommt nach der anderen mit einer gewaltigen Triebkraft, die die lineare Zeit strukturiert. Werden Sie dieser Dynamik und des sie tragenden Rhythmus gewahr. Bringen Sie allmählich einen anderen Rhythmus zum Tragen: Indes ein einzelnes Gefühl oder eine Emotion oder ein Gedanke entsteht, gehen Sie in ihn hinein und verweilen Sie darin – so als wären Sie bereit, Ihr Leben in just dieser Erfahrung zu verbringen.

Dieses Verweilen ist nicht statisch. Es ruft den dynamischen Rhythmus der Zeit wach, ohne auf einem linearen Impulsmoment zu beharren. Und es ›braucht‹ auch keine Zeit, um auf diese Weise zu verweilen. Indem Sie in die Erfahrung hineinsinken, dehnt die Zeit sich aus. Tief im Innern des Inhalts des Augenblicks können Sie den Körper der Erfahrung berühren und eine andere Seinsweise entdecken.

Der Wechsel von der Progression zum Verweilen kann zu ungewöhnlichen Erfahrungen führen. Geben Sie darauf acht, es nicht darauf abzusehen, das Entstehende einzufangen oder es sich anzueignen, denn wenn Sie dies tun, erzeugt das nur einen neuen Impulsmoment, der in einer neuen Geschichte Gestalt annimmt.

Zuerst werden Sie Verweilen als ein besonderes Ereignis erfahren, soetwas wie ein ›Anhalten‹ der Zeit. Wenn Sie damit vertrauter werden, werden Sie indes erkennen, daß Sie innerhalb des Flusses linearer Zeit verweilen können. Die beiden zeitlichen Dynamiken können sich simultan entfalten.

Kommentar 5

Die Erfahrung des Verweilens kann ein starkes Gefühl entstehen lassen, es sei kein Selbst in Tätigkeit. Zu solchen Zeiten erklären Sie sich vielleicht insgeheim als frei von der Schwerkraft des Denkens. Doch ist es für das Bewußtsein nicht schwierig, einen ›Kein-Selbst‹-Gedanken zu erzeugen. Und da dieser Gedanke das Feld von minderen Problemen reinigt, übt er die allerstärkste Schwerkraft aus. Gerade in dem Moment, da Sie Ihre Freiheit von gewöhnlichen Wissensmustern verkünden, treibt diese überwältigende Kraft Erkenntnis und Gewahrsein vielleicht in die Tiefen einer trügerischen Dunkelheit.

Deswegen ist es von besonderer Wichtigkeit, das Gefühl des Verweilens innerhalb des Flusses linearer Zeit zu entwickeln. Sobald Sie erst einmal verstehen, wie dies möglich ist, werden Sie erkennen, daß Verweilen in der Erfahrung des Selbst genauso uneingeschränkt verfügbar ist wie in der Nicht-Selbst-Erfahrung.

Verweilen heißt nicht einfach nur, alles anzunehmen, was erscheint. Diese Auffassung zum Tragen zu bringen würde eine fortgesetzte Verpflichtung auf ›Nicht-Wissen‹ und ›Nicht-Haben‹ erfordern. Obwohl es möglich ist, selbst inmitten solcher Strukturen innerhalb der Erfahrung zu verweilen, ist das Muster inhärent instabil. Durch den Kontakt mit der Tiefe der Zeit erweckte Einsichten werden zum Anlaß einer weiteren Geschichte werden, und wir finden uns abermals auf der Oberfläche beim Aussspielen der linearen Dynamik.

Selbst wenn Sie also innerhalb der Zeit verweilen können, ohne ›irgendwoanders‹ hinzugehen, geben Sie sich nicht mit einer oberflächlichen Version des ›Nirgendwohin-Gehens‹ zufrieden. Anstatt daß Sie diese begrenzende Perspektive einnehmen, experimentieren Sie lieber mit der Auffassung, daß es im Verweilen eine ›Einwärts‹-Bewegung gibt, selbst wenn sich diese Bewegung am besten als ein Gehen ohne zu gehen beschreiben läßt.

Innerhalb des Gedankens zu verweilen führt zu einer Seinsweise, die nicht von der Dimensionalisierung und Substantialisierung der Erfahrung abhängt. Es macht klar, daß der Impulsmoment des Erzählens nicht ›aufzuzeigen‹ braucht, was wirklich ist; daß es nicht notwendig ist, Bedeutung durch die Strukturen von Sprache zuzuweisen. Zuerst werden Sie mit dieser grundlegenden Transformation vielleicht nichts anzufangen wissen. Ein ›strukturloses‹ Verweilen kann als wolkig oder dumpf erfahren werden. Doch wenn Sie mit der Übung weitermachen, werden Sie erkennen, daß dem so ist, weil Erfahrung in ihrer Tiefe durch einen ganz anderen Mechanismus erscheint. Sie wird von innen illuminiert: als eine gegenwärtige Lumineszenz.

Als inwendig illuminierte weichen die Strukturen des Denkens nicht der blanken Leere. Stattdessen werden Sie sich in Kontakt mit dem innigen Vertrautsein des Bildes wiederfinden. Obwohl dies ein Übergangsstadium ist, können Sie es sich voll und ganz erkunden lassen. In ihrer Tiefe imaginiert, brauchen Bilder nicht auf ihren Inhalt reduziert und zur Basis von Vergleichen gemacht zu werden, die zusammenziehen und herabziehen. In der Aktualität der Zeit illuminieren sie Erscheinung. Indem sie die Tiefe des Wissens einladen, leisten sie die Vorbereitung für eine Wende von der Dimensionierung hin zum Dimensionslosen.

Übung 6 Felder des Seins

Wenn Sie mit der Übung des Verweilens vertraut geworden sind, dann lassen Sie sich das Gefühl genießen, die gewöhnliche Anstrengung, Erfahrung vorwärtszudirigieren, zu entspannen. Halten Sie nach bestimmten, mit dieser Entspannung verbundenen Empfindungen oder Gefühlen Ausschau und heißen Sie sie ohne Versuch der Aneignung willkommen. Üben Sie unverkrampft und erlauben Sie es den Empfindungen, sich auszudehnen. Sie werden vielleicht feststellen, daß sie Blitze von Einsicht freisetzen. Insofern die Energie der Einsicht Klarheit mitträgt, mögen Sie unmittelbarer erfahren, wie es kommt, daß Gedanken Gestalt annehmen und Erscheinung erscheint.

Richten Sie, um diesen Wissensmodus weiter zu expandieren, Ihre Erkundung auf die Punkte, an denen die gängigen, unsere Welt formenden Gegenüberstellungen ihre Kräfte bündeln. Indem Sie dort verweilen, können Sie Fragen formulieren, die dazu verhelfen, Ihre eigene Erscheinung zu klären. Was geschieht zum Beispiel in dem Strom der Gedanken, der Erfahrung vorwärtsdirigiert, vor und zwischen den Gedanken? Gibt es überhaupt ein ›Vor‹ oder ein ›Zwischen‹, oder ist die Abfolge von einem Gedanken zum nächsten unmittelbar und ungeteilt? Welches ist die schöpferische Kraft, die Gedanken manifestieren? Wenn ein Gedanke entsteht, ist er dann mit einem Mal präsent, oder gibt es eine Abfolge in seinem Erscheinen?

Dieselbe Erkundung läßt sich auf die Wahrnehmung ausdehnen. Wie kommt es, daß die Objekte des Universums vor uns entstehen? Auf welche Weise erscheinen Zeit und Raum, und wie ziehen sie uns in ihren Bann? Welches ist die Quelle des Kosmos, die sie offenbaren? Welches sind die Ursprünge dessen, was in jedem einzelnen Augenblick erscheint, und wie bezieht sich ein Augenblick auf den nächsten?

Solche Fragen sind nicht dazu gedacht, Antworten zu erbringen, die sich formulieren und weiterübertragen lassen. Stattdessen kann das Fragen selber Ihnen dazu verhelfen, ein Gefühl für eine andere Seinsweise herauszubilden. Durch Hinterfragen dessen, was entsteht, läßt sich das Feld der Sinne bereichern. Die Sinne ihrerseits speisen sich ins Bewußtsein ein und erlauben es dem Bewußtsein, seine Umgebung zu verkörpern.

Auf der Grundlage dieses Wechselspiels können Sie das Bewußtsein unmittelbar expandieren, indem Sie jedes Sinnesvermögen expandieren. Üben Sie zu diesem Zweck, jedes einzelne Sinnesfeld als seine eigene Welt anzuerkennen – fast als seinen eigenen Planeten. Bleiben Sie bei dem Spektrum der in der physischen Welt akzeptierbaren Antworten nicht stehen; betrachten Sie stattdessen die physische Sphäre als ein einziges Merkmal innerhalb dieser umfassenderen, in vollständigerer Weise bewußten Umwelt.

In dieser neuen Welt ertönen wohllautende Botschaften, und der Klang selbst ist besänftigend. Sie können das Köstliche kosten. Indem Sie tief berühren, hineinberühren, berühren Sie auf magische Weise einen Körper der Kraft und der Freude. Grenzenlos verkörpert, können Sie das ›Grenzenlos-Leben‹ des Wissens erkennen.

KAPITEL 27

Strukturen im Raum auf dem Prüfstand

Für das konventionelle Verständnis gewinnt Substanz Gestalt im Gegensatz zur blanken Leere des Raumes. Da diese blanke Leere dem, was erscheint, nichts beizusteuern hat, muß unsere Erkenntnis der Erscheinung ausschließlich abhängig sein von dem Wechselspiel zwischen unbekannten Objekten im Raum und den verschiedenen Projektionsvermögen der Sinne.

Daraus folgt, daß sich die unabhängige Existenz dessen, was wir für substantiell halten, nicht verifizieren läßt. Jegliche Werkzeuge oder Theorien, die wir zur Messung oder Erklärung der Realität des Erscheinenden entwickeln, werden nur auf unsere verschiedenen Projektionsvermögen zurückverweisen. Von einem simplen Lineal bis hin zur der ausgefeiltesten Meßapparatur; von den Wahrheiten der Arithmetik bis hin zur nicht-euklidischen Geometrie bringen wir unsere eigenen begrifflichen Normen und Standards zur Anwendung. Selbst die grundlegendsten Unterscheidungen wie ›hier‹ und ›da‹ und ›drinnen‹ und ›draußen‹ sind Artefakte unserer eigenen Aktivität als Erkenner von Erfahrung.

Aus dieser Perspektive beginnt und endet Realität mit Messung. Es ist nicht so, daß wir in unserer Erkenntnis der Feinheiten dessen, was wirklich ist, durch die Begrenzungen unserer Meßweisen beschränkt wären. Eher ist es so, daß ›jenseits‹ des Messens dem Erkennen einfach nichts verfügbar ist.

Nehmen Sie, um sich das klar zu machen, einmal an, Sie wären in der Lage, an den Rand des Weltalls zu reisen und dann wieder nach Hause zurückzukehren. Würden Sie dann die Geschichte dieser Reise erzählen, dann käme die Frage: »Aber was kam denn hinter dem Rand?« Wenn Sie zur Antwort geben, das wüßten Sie nicht – Sie hätten den Rand zwar erreicht, aber nicht darüber hinausgelangen können –, dann liegt die Frage auf der Hand: »Wie wissen Sie dann, daß es wirklich der Rand war?« Die bestmögliche Antwort scheint zirkulär zu sein: »Ich weiß, daß es der Rand war, weil ich nicht weiterkonnte.« Ebenso verhält es sich mit der Realität. Jenseits dessen, was wir messen können, mag es Axiome oder Spekulationen geben, aber es gibt dort nichts zu erkennen.

Wir könnten die Absolutheit dieser Grenze mit der Natur der Null vergleichen. Die Null ist nicht einfach nur etwas unendlich Kleines; sie ist überhaupt nichts. Sie ist das Unbekannte, das ›X‹ der Erfahrung, ohne irgendeinen Bezug zu irgendeiner physischen Besetztheit.

Doch diese Darstellungsweise läßt eine schwierige Frage entstehen. Obwohl Null vom Physischen getrennt ist, muß sie doch irgendwie eine gemeinsame Grenze mit dem Physischen haben. Die ganze Vorstellung von ›verschieden von‹ oder ›getrennt‹ setzt tatsächlich irgendeine Art von Verbindung voraus. Ohne eine solche Verbindung wäre ›Null‹ ganz einfach sinnlos, und in diesem Fall wäre ›Nicht-Null‹ ebenfalls sinnlos.

Dasselbe Wechselspiel ist wirksam in der Unterscheidung zwischen Materie und Raum. Wir können zum Beispiel Materie in Moleküle und Atome zerlegen und Atome in subatomare Teilchen. Schließlich gelangen wir zu Ebenen, auf denen ›Partikel‹ sich nicht mehr in einer Weise verhalten, die unserem Empfinden, was Materie sei und wie sie funktioniere, völlig entspricht. Doch noch jenseits dieser Ebene stoßen wir auf rein gar nichts – nur daß ›rein gar nichts‹ just der Punkt ist, auf den wir nie stoßen können. Auf geheimnisvolle Weise ist dieser nicht-entstehende Punkt jenseits der Meß- oder Formulierbarkeit die ›Quelle‹ der Erscheinung.

Dieses Geheimnis eines in einem Nicht-Entstehen gründenden Entstehen wirkt nicht nur an den Rändern des Universums oder auf den subtilsten subatomaren Ebenen. Die ›Ursprung gebende‹ Grenze zwischen dem, was sich nicht messen läßt, und dem, was jenseits des Messens liegt, ist in jeder Erscheinung implizit und macht Erscheinung möglich. Sie ist anwesend am Anfang des Anfangs, am Ende des Endes und in der Mitte der Mitte. Sie ist anwesend im Allervertrautesten. Sie ist anwesend im Subjekt und im Objekt und in ihrer Interaktion.

Wenn wir dieses Ursprung gebende Geheimnis nicht bemerken, dann deswegen, weil gewöhnliches Wissen darauf angelegt ist, es zuzudecken. Wir identifizieren partikulare Einzelheiten und zielen darauf ab, das Regelhafte vorhersagbar zu machen. Darauf ›programmiert‹, an dem vorbeizuschauen, was sich den üblichen Standards nicht einfügt, fühlen wir uns angesichts des Unvertrauten beklommen und unbehaglich.

Um ein Gefühl für das Unbekannte innerhalb dessen, was erscheint, restituieren zu helfen, können wir vielleicht die scharfe Dichotomie zwischen dem, was ist, und dem, was nicht ist, in Frage stellen. Wir können anfangen mit der Vorstellung, daß es mehr als ein Weltall geben könnte: daß die Sinne, die Gefühle, die Objekte dieser Welt, unsere eigene Identität und die Welt selber sämtlich anders sein könnten.

Je eindrücklicher wir dieses Bild von einem multiplen Universum zum Leben erwecken können, desto eher erkennen wir, daß wir eine solche Realität tatsächlich bewohnen. Unter der starren Identität der Objekte, mit denen wir interagieren, ist von Augenblick zu Augenblick ein Wirbel der Indeterminiertheit im Gange. Selbst solche Grundeigenschaften wie ›blau‹ oder ›rot‹ oder ›hart‹ oder ›kalt‹ sind nicht fix. Die von der Sprache dirigierten Oberflächenähnlichkeiten können uns der Vorstellung aufsitzen lassen, wir bezögen uns beim Gebrauch dieser Wörter auf eine und dieselbe Sache, doch innerlich ist jedes einzelne Auftreten vom nächsten verschieden.

Wenn wir eine gesteigerte Sensibilität für die Entfaltung der Zeit und für die variierende Anwesenheit des Raumes diese

Schwankungen in den Vordergrund bringen lassen, dann schmilzt die von der Sprache dirigierte Gleichheit bald dahin. In jedem Augenblick kommen zahllose Variable ins Spiel: verschiedene Charaktere und Geschichten und Stimmungen verschiedener Individuen, unterschiedliche Konditionierung in verschiedenen Kulturen, unterschiedliche physiologische Fähigkeiten, die in verschiedenen Personen wirksam sind, Wechsel von Zeiten und Jahreszeiten, Verschiebungen im Klima und in den Planetenkonstellationen. Wenn wir dies sehen und erfahren, daß dem so ist, erkennen wir, daß keine einzelne Realität sich jemals identisch von einem Augenblick auf den nächsten übermitteln kann.

Die Realität, die wir jetzt vermessen, gewinnt einen anderen Aspekt. Anstatt in einer Weise ›real‹ zu sein, die sie von dem unterscheidet, was gemessen werden kann, wird sie zu einem Konstrukt, das einem veränderlichen Gefüge von Manifestationen übergestülpt wird, die wir nie in einer mehr als provisorischen Weise festnageln oder identifizieren können. ›Substanz‹ erweist sich als ein interpretatives Entstehen, und die ›Realheit‹ des Meßbaren erweist sich als dem Raum nicht entgegengesetzt.

Indem wir dies sehen, entdecken wir, daß innerhalb der ausgemessenen Sphäre dessen, was wir als real betrachten, Raum verfügbar ist. Wenn wir vermessen und definieren, dann verschmelzen wir Raum mit Wissen und gestalten Raum durch unsere Projektionen, um die Erscheinung von Substanz zu erschaffen. Raum ist nicht einfach nur mehr leer, sondern ›erscheint‹ als das geräumige Gewähren, das es der Erscheinung erlaubt, in Zeit vermessen zu werden.

In diesem ›Präsentierens-Raum‹ wird die Realität zu einer sehr viel flüchtigeren Angelegenheit. Dinge schießen von Zeit zu Zeit hervor wie Pilze aus dem Waldboden. Wir könnten uns ein auf- und abschwellendes Strömen vorstellen, eine subtile Welle von Energie, die ein Feld durchflirrt. Erscheinung wird geboren in einer Raumdünung, die etwas und nichts, Erkennenden und Erkanntes heraufspült. Das Erscheinen offenbart sowohl Subjekt als auch Objekt, sowohl Sinne als auch das von Sinnen Wahrgenommene.

Wie geschieht dieses Projizieren? In einer Hinsicht wissen wir es nicht und können es nicht wissen. Doch in anderer Hinsicht können wir uns von diesem Wissen nicht trennen, denn wir umfangen es in jedem Augenblick als unser Sein.

Das Raumgeheimnis, von dem wir ausgegangen sind, bleibt nach wie vor bestehen, doch hat sich seine Bedeutung radikal gewandelt. Jenseits von etwas und nichts gibt es ein Erscheinen im Raum und als Raum – Erscheinung für den Geist und als Geist. Durch das Projizieren der Sinne gestaltet, entsteht eine Einheit der Erscheinung und stellt zur Schau. Trennung weicht einer übermittelten Ganzheit, und Raum wird transformiert in eine schöpferische, zeugende Quelle.

Übung 7 Die Qualitäten von Raum

A Vergegenwärtigen Sie sich ein Objekt, mit dem Sie vertraut sind, und bauen Sie sich im Geist ein Bild des Objektes auf. Lassen Sie darin ein Gefühl für den Raum, den das Objekt ausfüllt, und den Raum, der es umgibt, mitbeinhaltet sein.

Nun dehnen Sie Ihr Gesichtsfeld aus, um alles miteinzuschließen, was das Objekt umfängt oder einschließt: vielleicht ein Schrank oder ein Zimmer in einem Haus oder ein Park. Wenn Sie dieses ausgedehntere Objekt im Geist vor sich haben, dann expandieren Sie Ihr Gesichtsfeld noch einmal nach außen. Fahren Sie in dieser Weise mit dem Expandieren fort, bis Sie den gesamten Kontinent als ein Objekt im Raum wahrnehmen. Gehen Sie dann weiter zum ganzen Planeten, zu den Planeten des Sonnensystems, zu den Sternen und Galaxien.

Wenn Sie wollen, dann bewegen Sie sich zwischen den verschiedenen Maßstabsgrößen hin und her und erforschen das Gefühl und das Feld des Raumes, der mit den Objekten auf der jeweiligen Ebene verbunden ist. Seien Sie auch aufmerksam auf die Wahrnehmung anderer Objekte, die ›denselben‹ Raum auf derselben Größenebene bewohnen, und auf die daraus resultierenden Interaktionen zwischen Objekten, einschließlich jedweden Gefühls, der Raum sei irgendwann ›überfüllt‹.

Achten Sie beim Ausführen dieser Übung auf die Perspektive, die Sie einnehmen, indes Sie jede einzelne Ebene erkunden. Manchmal stehen Sie außerhalb des Objekts und des Raumes, den es einnimmt; manchmal sind Sie vielleicht innerhalb des Objektes oder in seinem Raum enthalten. Beobachten Sie, was geschieht, wenn Sie diese Perspektive verlagern und dabei verschiedene Möglichkeiten ausprobieren. Sie könnten sie zum Beispiel von innen nach außen verlagern oder die Distanz zwischen sich und dem Objekt variieren.

Sie können auch damit experimentieren, das Objekt von verschiedenen Seiten gleichzeitig zu sehen oder eine Bewußtheit für den Raum auf verschiedenen Größenebenen gleichzeitig beizubehalten. Wie verändert dies Ihr Gefühl für den Raum, den das Objekt einnimmt?

An einem bestimmten Punkt werden Sie vielleicht feststellen, daß Sie sich so weit von dem Objekt entfernt haben, daß Sie Ihre Perspektive in Bezug zu ihm nicht länger identifizieren können. Wenn ich zum Beispiel eine Teetasse von der anderen Seite der Welt ins Auge fasse, dann kann ich nicht sagen, ob sie sich links oder rechts von mir befindet. In gleicher Weise könnte mir auch die Orientierung über oben und unten, innen und außen verloren gehen.

Wenn Sie es üben, die Perspektive über einen sehr weiten Bereich hinweg zu variieren, kommt Ihnen vielleicht sogar das elementarste Richtungsempfinden abhanden. Zum Beispiel situieren wir den Himmel unweigerlich über uns, doch wenn wir weit genug in den Raum hineingehen, dann ist diese Perspektive nicht mehr gültig. Und wenn wir viele Lichtjahre in den Raum hinausreisen, dann wäre dieser Planet nur mehr ein Pünktchen; am Ende würde er ganz und gar verschwinden.

Weiten Sie zur Ergründung dieser Perspektive Ihr Gesichtsfeld bis zu dem Punkt in den Raum aus, an dem die Erde verschwindet. Kehren Sie dann zu einer lokaleren Perspektive zurück, so daß zuerst der Planet, dann die Kontinente, dann Länder, dann bestimmte Orte erscheinen. Geben Sie darauf acht, daß Sie, je näher Sie einem Objekt kommen, desto mehr Einzelheiten – Farben, Gestalten, Formen – erkennen können. Üben Sie dieses Ausdehnen und Verdichten eine Zeitlang auf verschiedenen Ebenen.

Sie können diese Übung auch in Bezug auf die inneren Strukturen des Körpers ausführen, indem Sie sich vom Körper als Ganzem zu den Organen und Zellen und sogar bis hinab zu der Ebene von Molekülen und Atomen bewegen. Eine detailliertere Beschreibung dieser Möglichkeiten finden Sie in den ersten Übungen in *Raum, Zeit und Erkenntnis*.

Kommentar 7 A

Die Bedingungen und Umstände, zu deren Erkundung Sie in dieser Übung eingeladen werden, scheinen anfänglich vielleicht reichlich abstrakt und entlegen. Doch wenn Sie sich auf die davon nahegebrachten Möglichkeiten einlassen, können Sie wertvolle Einsichten in die Natur des Raumes, seine Beziehung zur Erscheinung und die Möglichkeit einer Transformation Ihrer eigenen Beziehung zum Raum gewinnen. Durch fortgesetztes Üben können Sie mehr Wissen innerhalb Ihrer eigenen ›Raumpräsenz‹ verkörpern. Die Wirkungen können Sie in Ihrem täglichen Leben spüren.

B Gestalten Sie die Übung so um, daß Sie das Expandieren eher in der Zeit als im Raum ausführen. Sie können sich zum Beispiel auf die Ereignisse der unmittelbaren Vergangenheit konzentrieren – in Ihrem eigenen Leben, im Funktionieren einer Organisation, in einer Gemeinde oder in den Ereignissen, die die Kultur prägen. Beziehen Sie allmählich mehr vom Fluß der Historie oder der sich entfaltenden Erzählung der Geschichte ein. Sie können diese Ausdehnung vollziehen, indem

Sie sich entweder in die Vergangenheit oder die Zukunft oder vielleicht in beide hineinbewegen; Sie können die Expansion auch mit einer Expansion im Raum verbinden oder mit einer Expansion von einer persönlichen zu einer gesellschaftlichen oder globalen oder kosmischen Perspektive. Spielen Sie mit den verschiedenen Möglichkeiten, so wie Sie mit dem Raum gespielt haben.

Übung 8 Raum ohne Gerichtetheit

A Stellen Sie sich vor, Sie machen sich von Ihrer jetzigen Position im Raum auf und bewegen sich in eine bestimmte Richtung, zum Beispiel nach Westen. Nach einer Weile wenden Sie sich gen Süden; später abermals nach Westen. Wenn Sie eine solche Reise auf der Erde unternähmen, wo uns die Schwerkraft an die Oberfläche des Planeten bindet, könnten Sie letzten Endes wieder an Ihren Ausgangspunkt zurückkommen. Jetzt aber stellen Sie sich vor, Sie unternähmen eine solche Reise in den Tiefen des Weltraums. Indem Sie erst in eine Richtung und dann in eine andere reisen, könnten Sie anscheinend endlos damit fortfahren, ohne je zu Ihrem Ausgangspunkt zurückzukommen.

Wenn Sie weit genug reisen, wird der Versuch keinen Sinn mehr ergeben, Ihre Bewegungen auf Ihren Ausgangspunkt oder irgendeinen anderen Fixpunkt zurückzubeziehen. Es ist wichtig, sich über diesen Punkt eine erfahrungsbezogene Klarheit zu verschaffen; nehmen Sie sich also die Zeit, sich die Raumreisen vorzustellen, die zu diesem Ergebnis führen.

B Stellen Sie sich vor, in diesem unseren Universum gäbe es nur Raum: Keine Planeten, keine Sterne, keine Existenz. Wenn wir diese Leere irgendwie beträten, wie könnten wir je Gewahrsein oder Wissen entwickeln? Könnten wir ohne Bezugspunkte und Richtungen wirklich sagen, wir seien anwesend? Könnten in einer solchen Leere Ereignisse stattfinden?

Könnte es Zeit geben? In welchem Sinne und im Gefolge welcher Dynamik? Wäre es möglich, daß irgendetwas existierte? Könnten wir, während wir in einem solchen Raum verweilen, Grenzenlosigkeit entdecken? Könnten wir die Grenzen oder Ränder des Raumes entdecken? Könnte es überhaupt Grenzen geben? Wäre es möglich, Punkte im Raum zu definieren oder Zugang zu ihnen zu gewinnen?

Reflektieren Sie über diese Fragen oder über ähnliche, die vielleicht auftauchen. Falls diese mehr Bedeutsamkeit oder Gewicht bekommen, führen Sie jedes Gedankenexperiment oder jede Visualisation durch, die relevant scheinen. Wenn der Geist abdriftet oder zu etwas anderem hinüberspringt, bringen Sie ihn sanft zurück. Wenn Sie damit fortfahren, kann sich Ihr Gefühl für Raum oder Geräumigkeit verlagern oder öffnen, oder es können andere subtile Veränderungen in der Gefühlsfärbung oder der Qualität Ihrer Erfahrung auftreten. Lassen Sie Ihre Erfahrung und Ihre Erforschung sich in die Richtung dieser Veränderungen ausdehnen.

Kommentar 8

Ganz gleich, ob das Weltall offen oder geschlossen ist, es scheint, daß der Raum als solcher nicht an ein Ende kommen kann, denn wenn er dies täte, dann müßte dahinter ›ein anderer‹ Raum sein. Wie können wir diese schrankenlose Natur des Raumes verstehen? Wir sagen zum Beispiel, Raum habe drei Dimensionen. Wie verhält sich diese Dimensionalität zu der Endlosigkeit des Raumes? Wäre es sinnvoller zu sagen, Raum sei endlos flach in alle möglichen Richtungen? In alle möglichen Dimensionen? Und wenn Raum kein Ende und keine Grenze hat, können wir sagen, er habe einen Mittelpunkt? Könnten wir diesen Mittelpunkt erreichen? Wie können wir unsere Schlußfolgerungen mit unserem eigenen Gefühl, im Mittelpunkt des Raumes zu sein, verbinden?

KAPITEL 28

Lautloses Erscheinen

Mit unserer üblichen Fixierung auf den Inhalt der Erfahrung, so wie sie in der Zeit hervortritt, verhält es sich ungefähr so, als fixierten wir uns auf die Luftblasen, die sich in einem Sturzbach bilden. Es kommt uns nicht in den Sinn zu fragen, wie die Blasen entstehen, oder uns vorzustellen, daß wir dem Zustandekommen dieses Entstehens nachgehen könnten. Der Inhalt der Blase umfängt unsere Existenz, unsere Erfahrung und unsere Gedanken, und wir haben kein Interesse, unter diese Ebenen vorzustoßen.

Diese Einengung unseres Interesses basiert auf dem Akzeptieren des begrenzten Wissens, das gegenwärtig am Werk ist. Wir können uns aber auch anders entscheiden. Das Wechselspiel des Entstehens, das unsere Erfahrung hervortreten läßt – der Strom, innerhalb dessen sich die Blasen bilden –, ist der Erforschung zugänglich. Indem wir anschauen, was sich manifestiert, können wir die Qualität des beobachtenden Geistes erforschen. Indem wir für das aktive Wissen, das unsere Bemühungen leitet, empfänglich sind, können wir den Körper des Geistes weiterentwickeln.

Sobald wir erst einmal verstehen, wie wir im Körper von Raum und Zeit Muster dirigieren, erlangen wir unmittelbaren Zugang zum Körper des Wissens. In neuer Weise wissensfähig, können wir auf die in unserem Leben auftauchenden Probleme schon bei deren Entstehen eingehen und uns dabei eher auf unser eigenes Verstehen verlassen als auf ein Wissen, das sich in fremdem Besitz befindet. Wir können uns für die Anwesenheit von Gewahrsein öffnen und uns dafür entscheiden, unsere Gegebenheiten auf neue Weise zu verkörpern.

Genauso wie Wasser als Wolken oder Meer oder Eis oder in einem dahinschießenden Bergbach erscheinen kann, so kann Gewahrsein die Gestalt von bewußtem Geist, von Unbewußtem, von Gedanken, Emotionen, Wahrnehmungen, von Freude, Einsicht oder Tugend annehmen. Gewahrsein ist der Sponsor unserer Hypothesen und der Gestalter unserer Erfahrung. Es ist nicht nur am Anfang am Werk, nicht nur im Benennen und Definieren, sondern in jedem zu Tage tretenden Moment.

Wenn wir Gewahrsein erwecken, kann es sämtliche Teile unserer Erfahrung erhellen. Gewahrsein ist aktiv im Hintergrund und im Vordergrund, in Spannung und Entspannung, in der Selbst-Offenheit des Sehens und der Dunkelheit des Nicht-Wissens; es enthüllt die Wirkungsweisen des Geistes und die fortwährenden Interaktionen der Sinne mit ihren Objekten. Es schützt uns davor, über Hindernisse zu straucheln, die unser eigener Umgang mit dem Geist erzeugt.

Übung 9 Raum erzeugen

A Sitzen Sie still da und beobachten Sie, was anwesend ist und was um Sie herum vorgeht; machen Sie sich dabei klar, wie Objekte und Ereignisse innerhalb des dimensionalisierten Raumes erscheinen. Konzentrieren Sie Ihre Beobachtung auf Charakteristika der Art, die wir üblicherweise mit Raum verbinden. Fangen Sie an mit dem Attribut der Distanz oder der Getrenntheit; gehen Sie dann über zu Eigenschaften wie ›zwischen‹ oder ›innen‹ und solchen Phänomenen wie Kanten und Rändern.

Machen Sie sich zunächst mit diesen Elementen der Raumdimensionalität vertraut. Später dann können Sie Wege erkunden, die Kategorien, auf die Sie sich konzentrieren, zu öffnen und zu lockern, so daß sie nicht länger als starre Unterscheidungen fungieren. In dem Maße, wie solche konventionellen Raumunterscheidungen einer Untersuchung unterzogen werden, wird der Raum selber geräumiger. Sie werden vielleicht feststellen, daß alles, was Sie im Raum antreffen, an diesem neuen Erscheinen von Geräumigkeit teilhat.

B Dehnen Sie diese Art, die Erfahrung geräumiger zu machen, in die Aktivität der Wahrnehmung aus, durch die Objekte verfügbar werden. Jeder der fünf Sinne – Form sehen, Klang hören, Geruch riechen, Geschmack schmecken, Festigkeit ertasten – kann geräumiger und offener werden. Erkunden Sie sie nacheinander.

C Sie können dieselbe Dynamik in der Aktivität des Denkens entdecken. Als eine Methode zur Erkundung dieser Dynamik üben Sie es, den Inhalt eines jeden Gedankens so zu sehen, als wäre er eine Figur auf der Bühne und trüge sein spezielles Kostüm. Erforschen Sie dabei eher die Erfahrung des Denkens (einschließlich damit verbundener Gefühle, Bilder und dergleichen) als lediglich den Inhalt dessen, was erfahren wird. Bringen Sie später den Inhalt und die Bedeutung jedes Gedankens in die Übung hinein.

Wenn Sie diese Übung ausführen, werden Sie vielleicht entdecken, daß Gedanken einen ›Körper‹ haben, der über ihren Inhalt hinausreicht; daß das Gewahrsein des Geistes und die Offenheit des Herzens als eine Art Aura anwesend sind, die jeden Gedanken umgibt. Üben Sie, das Gewahrsein in diese Bereiche hinein auszudehnen. Wenn Sie sie öffnen, stoßen Sie vielleicht auf verbleibende Depots von Spannung oder Emotionalität, die sich im Verlauf der Übung freisetzen lassen.

Kommentar 9 B-C

Gedanken und Empfindungen in dieser Weise zu betrachten erzeugt eine geräumige Qualität, die mit der Geräumigkeit der Übung 9 A in Verbindung steht. Diese subtilere Konzentration wird Ihnen helfen, wahrzunehmen, wie Raumoffenheit dadurch parzelliert wird, daß wir Attribute und Merkmale zuweisen und sie ernst nehmen.

Wenn Sie sich dieser Tendenzen bewußt werden, verlangsamt sich die Aktivität des Parzellierens, und es bilden sich weniger Parzellen. Da Gedanken und Wahrnehmungen weniger überfüllt und miteinander vermengt sind, können sie sich ausdehnen und dabei mehr Raum zulassen. Schließlich öffnet sich alles, was erscheint, in den Raum, während Gedanken sich in den Geist auflösen. Obwohl nach wie vor Ereignisse entstehen und sich präsentieren, wird durch dieses Entstehen nichts produziert. Wenn Sie mit dieser Weise des Erscheinens vertraut werden, werden Sie vielleicht bemerken, daß Sie anders an Erfahrung teilnehmen. Frei von dem Impulsmoment, der Identität verkündet, können Sie sich der Stille öffnen.

Übung 10 Raum-Entstehen

Die in Übung 9 evozierte lautlose Qualität bietet eine Reichhaltigkeit, die sich erforschen läßt: eine Qualität oder ein Gefühl, die verbunden sind mit der dem Lebendigsein inhärenten Qualität oder der Qualität des Seins überhaupt. Zu grundlegend, um charakterisiert werden zu können, manifestiert sie sich als eine Art indeterminiertes Kontinuum.

Falls wir diese Basis überhaupt empfinden, fühlt sie sich für gewöhnlich starr oder dumpf an. Nun können Sie in anderer Weise in sie hineingehen. Entwickeln Sie im Kontinuum der Stille eine transparente Qualität, als bereiteten Sie das Schweigen darauf vor, Licht zu empfangen. Indem Sie mit der Übung fortfahren, werden Sie die Fähigkeit entwickeln, innerhalb des Schweigens in einer Weise zu verweilen, die ein leichtes und klares Gewahrsein zuläßt. Es ist so, als aktivierten wir einen stillen Zeugen, dessen stete Anwesenheit wir als ›Jetztheit‹ auffassen könnten.

Schließlich kann diese Anwesenheit zu einem ›Ort‹ werden,

den Sie mühelos identifizieren und betreten können, auch wenn er immer noch keine spezifische Identität oder Qualitäten hat. Wir könnten ihn den Schoß des Raumes nennen. Manche Menschen können es sinnvoll finden, Stunden dort zu verbringen und sich dabei mit dem raumgreifenden Schweigen, das er bietet, vertraut zu machen und ihren Kontakt zu vertiefen.

Indem Sie diesen gründenden ›Platz‹ kennenlernen, können Sie sehen, wie gewöhnliche Erfahrung aus ihm hervorgeht. Ein Gefühl des Seins wird zu ›Hiersein‹; daraus entsteht ›Hier in der Zeit Sein‹. Gegenwart wird Gegenwart ›von‹ etwas, das dann etabliert und als existierend empfunden wird. Existenz wird zu ›Ich bin‹, das als identisch mit dem ursprünglichen Seinsgefühl empfunden wird.

Vertrautheit mit diesem Wechselspiel eröffnet die Möglichkeit, mit erwachtem Bewußtsein in Berührung zu treten. Es wäre indes verfrüht, sich vorzustellen, Sie hätten jetzt die Konzepte hinter sich gelassen. Obwohl Sein in einer Hinsicht unmittelbar anwesend ist, besteht noch eine sehr subtile Identifizierung mit der Gründung selbst. Die gewöhnliche Welt ist vielleicht zum Teil entschwunden, doch gibt es noch eine subtile Anwesenheit, die durch die Aktivität der Sprache durch das Benennen von etwas Unbekanntem geformt wird. Da immer noch ein ›Gehören‹ am Werk ist, bleibt eine Sphäre bestehen, die dem Gewahrsein verschlossen ist.

Der Weg, dieser Tendenz entgegenzuwirken, besteht in der Konzentration auf die Aktivität des Geistes als des Erbauers von Erfahrung, dessen, der ansammelt und aufweist, der jede Unterteilung konstruiert und jede Identität etabliert. Erforschen Sie, ohne sich aus der Stille zu lösen, wie der Geist in jedem Augenblick aktiv konstruiert. Beachten Sie, daß kein Konstrukt jemals völlig zu Ende konstruiert wird.

Wenn Sie sich der Aktivität des jedwede Struktur erbauenden Geistes bewußt sind, dann müssen Ihre Wahrnehmungen nicht die Schwere ihres Inhalts annehmen. Sie können sehen, wie Wahrnehmungen sich akkumulieren und wie sie etabliert werden, wie der Geist ein Gewebe aus ihnen erzeugt und wie Sprache, Bilder, Charaktere und Qualitäten vorwärtskommunizieren, inaugurierend, favorisierend, identifizierend. Sie können die Mannigfaltigkeit sehen, die da etabliert, und das System, das diese Mannigfaltigkeit zur Präsentation des Ganzen trägt und strukturiert und dabei alles zur Verfügung stellt, was benötigt wird. Wenn Sie Ihre Wahrnehmung entspannt auf dieser aktiven Dynamik verweilen lassen, dann kann die Verbindung zur Stille das gleichzeitige ›Wirken‹ des erwachten Bewußtseins zulassen. Sie werden entdecken, daß Sie das Herz des Raumes in jedes Objekt, jede Wahrnehmung und jedes Konzept hineinbringen können.

Kommentar 10

Das Gewahrsein, das im Mittelpunkt der Übungen 9 und 10 steht, zu aktivieren und auszudehnen erlaubt es dem Grund des Geistes, sich als raumgreifendes Licht zu manifestieren. Normalerweise stellen wir uns vor, Gewahrsein wirke *auf* Erscheinung und lese die Qualitäten und Wahrnehmungen dessen, was erscheint, aus ihm *heraus*. Nun können wir uns diese Dynamik umgekehrt vorstellen. Der Grund der undifferenzierten Erscheinung strahlt nach außen und liest die spezifischen Qualitäten, die wir als existierend identifizieren, *hinein*. Gedanken nehmen aus dem erwachten Gewahrsein und aus dem Grund des Geistes Gestalt an.

Diese Wahrnehmung hilft zu klären, wieso wir in der Lage sind, Gedanken und die anderen Strukturen, die wir identifizieren, zu benutzen, um unseren Weg zurück zum Gewahrsein zu finden. Es ist so, als ließen wir die Bilder in einem Spiegel uns zu dem Spiegel hinführen.

Doch selbst dieses Bild setzt zuviel voraus. Es ist zutreffender, zu sagen, Gewahrsein sei die wache und offene Klarheit innerhalb eines jeden Gedankens oder jeder physischen Erscheinung, die es möglich macht, einen spezifischen Inhalt oder eine spezifische Identität herauszulesen. Wenn wir zurückkehren zu dem Bild von den Luftblasen, die in einem Bach aufsteigen, dann können wir sagen, daß sich Wasser und Luftblase nur begrifflich unterscheiden lassen. Tatsächlich ist es so, daß die Gestalt und Form des einen die Gestalt und Form der anderen sind.

Wenn Sie das Entstehen von Erfahrung verfolgen, dann können Sie möglicherweise ein ähnliches Wechselspiel in Ihrem eigenen Bewußtsein erspähen. Auch in verschiedenen Philosophien oder Disziplinen können Sie Hinweise darauf finden. Es ist die Wahrheit aller Wahrheiten, das geheime Herz allen Gewahrseins und aller Erkenntnis.

Sobald wir es verstehen, Gedanken und Erfahrung als das raumgreifende Feld des Gewahrseins zu übertragen, dann übermitteln Konzepte und Wahrnehmungen nicht länger die kausale Abfolge von Subjekt/Objekt und die damit verbundene Emotionalität. Es besteht kein Anspruch, dies ›sei so und so‹, keine feste Grundlage für die starren Strukturen, die Begrenzung fördern. Neurose und enge, restriktive Denkweisen haben keine Basis, die ihr Auftreten ermöglichen könnte. Der Geist wird mehr so wie offener Raum, die Wahrnehmungen werden mehr wie Wellenringe in einem stillen, lautlosen Teich. Sinneswahrnehmungen, Gedanken und Bewußtsein werden mehr zu einer Einheit: variierende Manifestationen, die auf das reagieren, was erscheint, von denen jede mit jeder in einer Ganzheit des Dazwischen verknüpft ist.

Wenn wir auf dieser Ebene achtsam sind, entsteht ein Gefühl, wonach wir die Unterscheidungen, die die Erscheinung präsentiert, nicht länger ›kennen‹. Auf ›ist‹ und ›ist nicht‹ basierende Unterscheidunen greifen nicht, und die alten Arten, Erfahrung auf der Basis von Wahrnehmungen und von Unbewußtem, von Gehirnwellen und Sinnen zu organisieren, haben keinen Bestand mehr. Stattdessen ist da Manifestation, die Bedeutung darbietet: Rhythmen, die sich auf Arten entfalten, die zutiefst interessant, aber nicht prädeterminiert sind. Was ›zählt‹ sind die Rhythmen der Zeit; was erscheint sind Projektionen im Raum.

Aus einer gewöhnlichen Perspektive klingt diese Handlungs- und Seinsweise vielleicht chaotisch und unbewältigbar, doch als gelebte Realität ist sie harmonisch und lebendig. Wie Tänzer oder Schauspieler, die eine Vorstellung improvisieren, können wir mit dem, was entsteht, ohne Vorurteile und Prädeterminiertheiten umgehen; wir können lernen, was wir wissen müssen, und können aus der Erfahrung die Prinzipien, die uns leiten, herauslesen.

Tatsächlich ist die Situation genau das Gegenteil dessen, was vielleicht als erstes erscheint. Unsere alten Wissens- und Seinsweisen sind willkürlich, unkontrollierbar und unvorhersagbar. Nun ist alles ganz anders. Indem wir uns auf die Führerschaft des Wissens beziehen, können wir in Geordnetheit, Harmonie und Kreativität leben.

KAPITEL 29

Heimkehr in die Zeit

Wissen tritt in Zeit zu Tage, doch die Zeit selber manifestiert sich nicht so ohne weiteres in der Entfaltung unseres Lebens. Zeit ist die verborgene Dimension. Obwohl wir auf ihre Dynamik zurückgreifen, um die Geschichten, die wir mit der Absicht erzählen, unseren Gedanken und unserer Erfahrung Ordnung zu verleihen, mit Strukturen und mit Energie zu versorgen, ist Zeit als aktive Kraft in unseren Geschichten so gut wie nicht vorhanden.

Doch es gibt auch eine andere Betrachtungsweise. Die Negativität, die so vielen unseren Geschichten ihren charakteristischen Geschmack verleiht, bringt vielleicht unsere fortwährende Entfremdung von der Zeit zum Ausdruck. Und da unsere Geschichten Handlungen in der Zeit betreffen, ist unser Bezug zur Zeit ein untergründiges Thema innerhalb einer jeden Erzählung. Schließlich formt das Fehlen von Zeit als einer dynamischen Kraft in unserem Leben den Inhalt unserer Geschichten. In dem Gefühl, daß unser Leben unvollständig ist, strecken wir die Hand aus, um nach dem zu greifen, was wir uns wünschen. Unwillig, zur Tat zu schreiten, wenn die Zeit uns bedrängt, bereiten wir uns darauf vor, anzufangen; wir halten uns zurück; wir suchen Ablenkungen. Wir lassen Zeit verrinnen, während wir entscheiden, was zu tun sei; wir machen uns Sorgen oder schinden Zeit oder entwickeln Reuegefühle. Wir fühlen uns unter Druck oder versuchen, das Faulsein zu genießen; wir weisen Schuld zu und phantasieren und schmieden Pläne.

Vielleicht stürzen wir uns in hektische Aktivität, aber weil wir von der Zeit abgeschnitten sind, laufen wir ständig Gefahr, uns zu verirren.

Das Wissen, das wir ins Werk setzen, kann nicht dazu beitragen, uns der Zeit zu restituieren, denn es ist ebenfalls durch die Struktur unserer Geschichten begrenzt. Ohne Kontakt zu der Art und Weise, wie unser Leben sich entfaltet, sind wir ständig überrascht und frustriert, wenn die Dinge sich nicht nach unseren Plänen oder den von uns erzählten Geschichten entwickeln.

Indem wir so leben, ist es so, als seien wir von unserem eigenen Sein getrennt. Wir beschließen, uns zu ändern oder es besser zu machen, tun es aber nicht. Wir kehren zu alten Mustern zurück, die abzulegen wir uns vorgenommen hatten, oder lassen uns einfach in eine Art Nebel hineintreiben. Vielleicht erleben wir, wie wir etwas tun, von dem wir in demselben Augenblick wissen, daß wir es gar nicht tun wollen. Wir bauen uns Nester, in denen wir vor der Triebkraft der Zeit Unterschlupf finden, und suchen Unterhaltung bei verschiedenen Beschäftigungen und kleinen Freuden. Wir können den Willen nicht aufbringen, den Geist auszurichten und zu konzentrieren, Energie zu stimulieren und zu kanalisieren, Wachheit und Einsatz zu entwickeln. In dem Maße, wie unser Leben uns nach und nach abgezwackt und Stück um Stück aufgezehrt wird, bleiben wir am Rand – mal vergeßlich, mal selbstmitleidig, mal voller Ressentiment.

Da wir für vieles Erklärungsbedarf haben, intensiviert diese Lebensweise nur noch die Notwendigkeit, Geschichten zu erzählen. Vielleicht suchen wir neue Erklärungsweisen: psychologische, soziale, kosmische. Wir sprechen vielleicht von Schicksal oder Fatum, von vergangener Konditionierung auf verschiedenen Ebenen. Unterdessen erfahren die Umstände unseres Lebens keine Änderung. Wir können unsere Ziele nicht erreichen und unsere Ideale nicht erfüllen; wir können unseren eigenen höchsten Werten nicht treu bleiben. Wenn Einsichten kommen, dann benutzen wir sie, um die Realität auf bequemere oder befriedigendere Art zu strukturieren. Wenn Vision entsteht, dann verwandeln wir sie in Tagträume, die nur dazu führen, daß wir uns weiter in Geschichten zurückziehen. Wenn Mitgefühl Einsatz zugunsten anderer inspiriert, konstruieren wir unverzüglich ein neues, edleres Selbstbild. Unfähig oder unwillig, klar zu sehen, wie unsere besten Impulse ihre Kraft einbüßen, versinken wir in Enttäuschung und Mutlosigkeit, die unsere Fähigkeit, im Einklang mit der Zeit zu handeln, noch weiter dahinschwinden lassen.

Schließlich spiegelt die Zeit uns die Wahrheit unseres eigenen Machwerks zurück. Nachdem sie so lange ignoriert wurde, bricht sie als feindliche Kraft in unser Leben ein, bringt das Unerwartete und Unerwünschte und präsentiert Umstände, denen wir nicht gewachsen sind. Jetzt ist es zu spät: Ohne Wissen um eine Alternative, unser Nicht-Wissen auslebend, haben wir den besseren Teil unseres Lebens auf Erden weggeworfen.

Ob wir es wahrhaben wollen oder nicht: Zeit ist die Substanz unseres Lebens. Unsere Versuche, ihr Verstreichen zu ignorieren, spiegeln sich getreu in den Mustern, die die Zeit präsentiert. Die Dinge verschleißen. Was mit liebevoller Aufmerksamkeit anfängt, wird zur Routine; was als effektiv beginnt, wird irrelevant. Wir können nicht planen, es nicht schaffen, produktiv zu sein, noch können wir unseren eigenen Geist genießen oder wertschätzen. Unsere Energie ist zerstreut, und unsere Gedanken springen von einer Sache zur nächsten. Unsere Mißerfolge machen uns ängstlich, und unsere Handlungen werden hektisch und nervös, so daß unser Gefühl, ineffizient zu sein, zunimmt. Weil Kopf und Herz gespalten sind, funktionieren sie beide nicht gut. Mit dem Zunehmen der Spannung wird das Herz unruhig, die Sinne werden verwundbar. Selbst unsere körperliche Gesundheit wird vielleicht instabil.

Da wir ohne eine Verbindung zur Zeit leben, reden wir ständig mit uns selber über eine Menge verschiedener Dinge, oder aber wir kleben wie besessen und unproduktiv nur an einem ganz bestimmten Steckenpferd. Alles wird kompliziert, und wir sind von der erstbesten emotionalen Schwäche gleich übermannt. Oder aber wir unternehmen den Versuch, diese Dynamik zu durchbrechen, indem wir unsere eigene kleine Welt begründen: eine geschützte Sphäre, in der wir effizient und geachtet sein können. Wir entwickeln und stützen uns auf ein Gefühl von Unbeschwertheit und Behaglichkeit und üben uns in einer Art Trägheit, die zu dicht in das Gewebe der Geschichten hineinverwoben ist, als daß wir sie bemerken könnten.

Selbst wenn eine solche Taktik erfolgreich scheint, bauen wir doch nur auf Sand gegen die kommende Flut. Irgendwann ergeben sich neue Herausforderungen, die uns ungerüstet finden. Unterdessen zahlen wir einen hohen Preis für unsere Träume von Meisterschaft. Indem wir unsere Perspektive auf die Geschichten verengen, die uns durch den Kopf tanzen, gehen die Gelegenheiten, die die Zeit präsentiert, an uns vorbei, während sich die Konsequenzen, die die Zeit überträgt, unsichtbar und unangefochten entfalten.

Isoliert in unserer eigenen Welt, übernehmen wir vielleicht die edelsten Ideale und Absichten. Wir reden über die Bedeutsamkeit unseres Tuns und stürzen uns vielleicht sogar in hektischen Aktivismus. Doch unserem Wissen fehlt es an Kraft, und es liegt eine Kluft zwischen dem, worüber wir reden, und dem, was wir vollbringen. Unsere Theorien, Ideen und Projektionen dienen vor allem zum Schutz, während unsere Handlungen an der Oberfläche bleiben, da sie mehr auf Selbstverteidigung als auf Resultate zielen. Selbst wenn wir sehen, was abläuft, weigern wir uns hartnäckig, uns selbst gründlicher in Frage zu stellen.

In der Sicherheit unseres gefährdeten Nestes – unserer Position, unserer Identität, unserer Geschichten – haben wir Angst, über seine Grenzen hinauszugehen. Selten betreten wir die Welt des Eigentlichen, um zu schaffen oder kundzutun. Selten sind wir bereit, auf eine Weise gegen alte Muster anzugehen, die für uns oder andere eine Veränderung herbeiführen könnte.

Vielleicht kommen wir mit der Zeit dazu, dies klar zu sehen. Vielleicht entwickeln wir durch Studium, Reflexion oder Meditation Wissensformen, die darauf hinweisen, daß die Dinge anders sein könnten. Aber dann wissen wir noch immer nicht, wie wir dieses Wissen in der Zeit manifestieren könnten; wie wir das lebenswichtige Band zwischen Wissen und Sein, das die Zeit verfügbar machen kann, wiederherstellen sollen. Also können wir nur neue Geschichten hervorbringen. Wir erzählen uns, daß wir morgen anfangen werden, doch im Hinterkopf wissen wir, daß dieses Morgen nur die heute aufgezeichneten und erneuerten Muster wiederholen wird.

Übung 11 Geschichten erzählen

Setzen Sie sich ruhig hin und lassen Sie sich den Geist in die Geschichten verwickeln, die durch das Bewußtsein strömen. Achten Sie auf die Dynamik, die jede einzelne Geschichte antreibt: die Sorgen und Wünsche, Ängste und Ablenkungen. Wenn Sie mit diesen Mustern vertrauter werden, halten Sie nach Sekundärgeschichten Ausschau, die die Oberflächengeschichten stützen; zum Beispiel Geschichten darüber, wer Sie sind und wofür Sie einstehen, oder Geschichten, die eingefahrene Muster oder Situationen erklären. Achten Sie darauf, welche Geschichten sich mehr auf die Vergangenheit und welche auf die Zukunft beziehen. Wie erscheint die ›objektive‹ Zeit, die Ereignisse und Sequenzen ausmißt, in den Geschichten, die Sie erzählen? Hat sie eine Nebenrolle? Spielt sie überhaupt eine Rolle?

Wenn Sie sich in einem stillen Raum befinden, in dem keine Geschichte sich abzuspielen scheint, dann halten Sie achtsam Ausschau nach dem Übergang zur nächsten Geschichte. Was können Sie über diesen Übergang sagen? Wenn die neue Geschichte ohne irgendein Übergangsgefühl zu Tage tritt, welche Geschichte erzählen Sie über dieses Zutagetreten?

Wenn Sie mit den Geschichten vertraut werden, die Sie üblicherweise erzählen, werden Sie feststellen, wieviele von ihnen eine charakteristische Negativität zum Ausdruck bringen. Es gibt Geschichten, die Tatenlosigkeit erklären oder Ablenkung rechtfertigen, die Ausbruchsphantasien nähren, Mißerfolge entschuldigen und Ängste beruhigen. Es gibt andere Geschichten, die Unruhe steigern und Sorgen aufbauschen. Achten Sie besonders auf die Muster der Geschichten, die Sie typischerweise erzählen, und halten Sie Ausschau nach denen, die sich zuverlässig wiederholen. Können Sie die in diesen Geschichten gebundene Energie berühren? Können Sie sie freisetzen?

Übung 12 Tor zur Präsenz

A Denken Sie nach über den Verlauf, den Ihr Leben genommen hat. Konzentrieren Sie sich, ohne dabei negative Emotionen wachzurufen, besonders auf die Fehler und die verpaßten Gelegenheiten, die gebrochenen Versprechen und nicht erfüllten Vorsätze. Lassen Sie sich den Schmerz empfinden, den diese Seinsweise mit sich bringt. Entwickeln Sie ein Gefühl der Anteilnahme für diesen Schmerz, ein Gefühl wie für das Leiden eines engen Freundes. Lassen Sie dieses Gefühl die Macht der Gespinste durchdringen, die Sie üblicherweise dazu benutzen, um sich von der Unmittelbarkeit der Zeit zu isolieren, so daß Sie das Vergehen der Zeit spüren können – im Schlagen Ihres Herzens, im Steigen und Fallen des Atems, in dem ständigen Fluß der Gedanken und Bilder, in den unerfüllt gebliebenen Hoffnungen und Wünschen.

Beim Durchführen dieser Übung können sogar grenzenlose Resignation und Verzweiflung ein nützlicher Ausgangspunkt sein. Die ungeheuere Verschwendung eindringlich zu fühlen, die in Ihrem eigenen Leben und dem Leben anderer am Werk ist, kann Sie aufrütteln, so daß Sie die vernachlässigte und verlorene Kraft der Zeit berühren und kosten und riechen können.

Sie fühlen sich vielleicht entsetzt und fast überwältigt, doch diese Reaktion ist im Grunde gesund: ein Ausdruck der menschlichen Affinität zu Zeit.

B Obwohl Anteilnahme eine Möglichkeit bietet, Geschichten zu kappen, sind wir bestens dazu in der Lage, die Geschichte zu erzählen: »Ich fühle Anteilnahme!« Wir können auch neue Geschichten erzählen, die unseren Schmerz handhabbar machen; zum Beispiel morbide Geschichten von Elend und Scheitern, heroische Geschichten von Entschlossenheit und rückhaltlosem Einsatz, oder Fortsetzungsromane von Fortschritten auf einem Pfad. Das Ergebnis besteht darin, die Kraft der Anteilnahme zu untergraben. Zum Schutz vor einem derartigen Selbstbetrug ist es wichtig, das Gefühl der Anteilnahme und das Empfinden der Unmittelbarkeit, das diese Anteilnahme bringt, in Balance zu bringen mit der Einsicht in das Funktionieren konventioneller Zeitlichkeit.

Eine Möglichkeit, eine solche Einsicht zu entwickeln, besteht darin, die weiter oben in diesem Buch präsentierte analytische Erforschung der Strukturen der Zeit noch einmal durchzugehen und darüber zu reflektieren. Wenn die Analyse als abstrakt erscheint, dann kehren Sie zu der Übung des Entwickelns von Anteilnahme zurück und lassen Sie die von Anteilnahme angeregten Gefühle durch Ihren Körper und in Ihr Herz kreisen. Setzen Sie dann die Analyse fort. Der Sinn der Analyse besteht nicht darin, Zustimmung zu erwirken, sondern eine durchdringende Klarheit wachzurufen, die sich mit alten und unhinterfragten Strukturen nicht zufriedengibt.

Indem Sie sich zwischen Anteilnahme und Analyse hin und herbewegen, werden Sie lernen, diese beiden Formen der Erkundung zu integrieren und in ein Gleichgewicht zu bringen. Es bildet sich ein inneres Gefühl der Überzeugung, das Ihnen das Vertrauen gibt, sich auf einer Reise zur Wahrheit der Zeit zu befinden.

Die beste Prüfung, ob dieses Gleichgewicht aktiviert wurde, ist das Resultat Ihrer Praxis über eine längere Zeitspanne hinweg. Wenn Ihre Anteilnahme und Ihr Fragen zu einer Handlung führen, die wirkliche Veränderung bewirkt oder nützliche Ergebnisse zeitigt, dann sind sie wahrscheinlich vertrauenswürdig. Lassen diese Anteilnahme und dieses Fragen Sie so, wie Sie auch zuvor schon waren, dann können Sie von einer Art Ungleichgewicht oder Selbstbetrug ausgehen. Überprüfen Sie in diesem Fall Ihre Übung. Was können Sie tun, um Verstand und Gefühl, Kopf und Herz zu vereinen?

Kommentar 12

Ein klarer Hinweis darauf, wie wir die Dynamik von Zeit untergraben, ist die Nicht-Verfügbarkeit von Zeit. Wenn wir auf der Grundlage des Ignorierens von Zeit denken, sprechen und handeln, dann stellen wir fest, daß Zeit zu einem seltenen und kostbaren Konsumartikel wird. Die Zeit, die benötigt wird, um etwas geschehen oder um fruchtbares Wissen sich bilden zu lassen, ist unweigerlich Mangelware. Es besteht unentwegt das Gefühl, der Zeit ›hinterher‹ zu sein.

Wenn wir uns darauf einrichten, weniger zu tun als wir können, dann werden wir vielleicht nicht merken, daß wir ›zeitarm‹ geworden sind. Doch irgendetwas in uns lehnt sich dagegen auf, uns selbst so zu betrügen. Wenn wir auf diese innere Stimme reagieren und versuchen, die uns inspirierenden Visionen umzusetzen, dann werden wir entdecken, daß wir nicht auf die Mitarbeit der Zeit rechnen können. Sie bewegt sich viel zu schnell, als daß wir je mit ihr Schritt halten könnten; so kommt uns die Zeit ständig zuvor und wendet sich gegen uns. Wenn die Gezeiten der Zeit hereinbrechen, stellen wir fest, daß unsere Füße im Schlamm des zuvor Etablierten feststecken. Wir können nur hilflos darauf warten, daß die Flut uns überspült.

Eine auf solche Art funktionierende Zeit ist zu einem vorgefertigten Konsumartikel geworden: zu der Zeit von Objekten, die auf exakt meßbare Art und Weise miteinander interagieren. Im Einklang mit solchen zeitlichen Rhythmen zu leben bedeutet, mit einer grundlegenden Spannung zu kämpfen, die uns völlig auslaugen kann. Je vollständiger das menschliche Element aus der Dynamik der Zeit ausgeschlossen ist, desto tiefer versinken wir in einer Dumpfheit, die die Objekte um uns her getreulich spiegelt und so die uns bindende zeitliche Struktur affirmiert. Wollen wir uns stattdessen in die Sphäre der Gefühle und Emotionen zurückziehen, dann bewahrt das zwar ein gewisses Gefühl für unser Menschsein, doch der Preis dafür ist unsere Machtlosigkeit.

So zu leben bedeutet, unseren ›Lebensunterhalt‹ zu verlieren – das Mittel, durch das wir ins Werk setzen, was positiv ist. Wenn wir uns den prädeterminierten Mustern der Vergangenheit geschlagen geben, dann lassen wir Umstände und Reaktionen unser Schicksal bestimmen. Wir haben die Macht verloren, auf schöpferische Weise in der Gegenwart konstruktiv zu sein; stattdessen können wir nur nach vorab entworfenen und an uns weitergereichten Plänen bauen. Die Strukturen, die wir auf diese Weise erzeugen, stehen da als Monumente unseres eigenen Mangels an Kraft und der Frustration unserer Intelligenz.

Wenn unser Schauen seine Perspektive durch die Strukturen der Vergangenheit erhält, dann sind wir auf eine starre Sehweise festgelegt. An den Rändern einer zu Tage tretenden Ungewißheit situiert, versuchen wir, alte Konstrukte auf neue Umstände anzuwenden. Indem etablierte Wahrheiten und Strukturen endlos affirmiert werden, wird unser Schicksal konturlos und unproduktiv.

Da ein nach rückwärts schauendes Wissen kein größeres Gewahrsein befördern kann, leben wir in einer fixierten, immer schaleren Weise. Es ist fast so, als wäre das Gesamt des Wissens über die Länge der linearen Zeit ausgestreut worden, so daß uns Zugang nur zu der winzigen, eben jetzt verfügbaren Portion übrig bleibt.

Durch diesen Mangel an Wissen begrenzt und verarmt, haben wir keine andere Wahl, als uns auf die Vergangenheit zu konzentrieren. Wir drehen uns mit dem Rücken zur Zukunft, unsere Handlungen und Einstellungen sind geprägt von Trostlosigkeit und Enttäuschung. Ereignisse kommen für uns überraschend; Resultate lassen uns unbefriedigt. Es fehlt uns an Energie, darum können wir keine Verantwortung übernehmen. Was auch immer sich präsentiert, es ist bereits zu spät, um schöpferisch und in visionärer Weise zu reagieren. Wir halten uns zurück, als hofften wir, jemand werde uns die ungewünschte Bürde unseres Lebens abnehmen. Wir können nicht das Richtige und Gute wählen; wir können nicht unserem Lebensunterhalt nachgehen noch das Erblühen unserer Individualität feiern. Wir sind in unserem eigenen Leben nicht zu Hause.

Wir können uns gegen die Wahrheiten auflehnen, die die Zeit verfügbar macht, doch was können wir an ihre Stelle setzen? Alles ist bereits geschehen; alles ist etabliert. Dumpf und passiv, rastlos und emotional: gleich, welches Muster unter den uns verfügbaren wir auch wählen, wir können nicht auf Ganzheit, Schöpfung und die Manifestation von Wissen hinwirken. Die Knospe geht nicht auf, der Duft verströmt sich nicht; Schönheit erstrahlt nicht, und Licht ist von Dunkelheit getrübt.

Es mag zu schmerzhaft scheinen, anzuerkennen, daß wir so leben, doch in Wahrheit kann es äußerst wertvoll sein, uns von Zeit überwältigt zu fühlen. Je deutlicher wir empfinden, was es bedeutet, ein von ›Vergangenhaftigkeit‹ gezeitigtes Leben zu leben, desto mehr können wir uns motivieren zu wirklicher Anteilnahme für die Frage, was wir mit unserem Leben anfangen. Vermählt mit der Klarheit des Wissens und der Freiheit des Raumes, kann die Kraft dieser Anteilnahme die Zeit transformieren und ihre Dynamik für die Erfüllung unseres menschlichen Wesens verfügbar machen.

KAPITEL 30

Heilende Zeit

Wenn wir die Fühlung mit der Zeit verlieren, sind wir von der Grunddynamik unseres Lebens abgeschnitten. Wie ein sich drehender Kreisel, der beim Langsamerwerden ins Flattern kommt, taumeln wir durchs Leben. Subjektiv herrscht ein Gefühl, die Zeit sei flimmerig wie ein nicht richtig aufgespulter Film oder flattrig wie eine Fahne, die unter einer steifen Brise hin und herschlägt. Es herrscht eine Anspannung, die nirgendwo hinführt. Ereignisse gehen nicht miteinander synchron. Das ›Timing‹ stimmt nicht.

Diese Strukturen liegen vor, noch ehe das Bewußtsein sich völlig herausbildet. Sie tauchen an den Rändern der Erfahrung auf und lassen nervöse Unrast oder einen nagenden Schmerz entstehen – vielleicht abgedämpft zu Gefühlen von Dumpfheit und Unbehagen, vielleicht stechend und voll Groll oder bitter.

Wenn der Impulsmoment der Zeit in ihrem Vorwärtsdrängen weiterwirkt, intensivieren sich die Unrast und das zugrundeliegende ›Flimmern‹. Plötzlich kommt es zu einem abrupten Bruch, so als wäre die Filmrolle oder die Leine, die die Fahne hält, gerissen. Alles friert ein, die Bewegung verschwindet. Jetzt gibt es keinen Ausweg. Schmerz ist in die fixen und starren Strukturen linearer Zeit verwandelt worden. Das Bewußtsein taucht auf in eine zeitliche Ordnung, in der die Zeit eine feindliche Kraft ist; Erfahrung gewinnt Gestalt in Form von ewig wiedergekäuten Protokollen der Frustration. Zeit in ihrer ›Vergangenhaftigkeit‹ überwältigt uns; sie läßt unsere

Wünsche unerfüllt und untergräbt unsere Erfolge, speist uns ab mit den leblosen Aufzeichnungen der Vergangenheit und den verführerischen Faszinationen der Zukunft.

In diese präfabrizierte Gegenwart und Vergangenheit verstrickt, liegen wir in Zwietracht mit uns selbst. Unser Wissen und unsere Energie sind über die lineare Erstreckung der zeitlichen Ordnung hinweg zerstreut. Wenn wir uns zum Beispiel ein Ziel setzen, dann weisen wir einen Teil unserer konstruierten Identität diesem Ziel zu. Nun ist es so, als läge ein Teil von uns mitsamt unserer Projektion ›dort draußen‹ in der Zukunft, festgemacht an dem Zeithorizont des gegenwärtigen Augenblicks – eine Zielscheibe für jede neue Niederlage oder Enttäuschung, jedes Hindernis und jede Frustration.

Indem wir uns von Punkt zu Punkt bewegen, sind wir insofern verstrickt, als daß unser Tun nicht auf den Punkt kommt. Indem wir uns von einem Punkt in der Zeit zum nächsten bewegen, erfahren wir Zeit als ›scharf‹ und ›spitz‹. Unfähig, die Ursache unseres Unbehagens zu benennen, fühlen wir uns beengt und eingesperrt, so als lebten wir im Innern des Horns eines großen Tieres. Wir haben keine Bewegungsfreiheit, keine Offenheit für das Gefühl der Wertschätzung. Manchmal fühlen wir uns von dem zeitlichen Fluß regelrecht zusammengequetscht, wie jemand in einem Klammergriff; ein andermal ziehen wir uns ganz einfach weiter in unsere kleine Ecke zurück. Innerhalb jedes einzelnen Augenblicks gibt es keine Freude und kein Staunen.

Immer stärker eingeengt, finden wir es zutiefst beunruhigend, lediglich die aufeinanderfolgenden Augenblicke unseres Lebens zu bewohnen. Von Anfang an sind wir ›hinter‹ der Zeit, erleben unweigerlich ständigen Druck und ein Gefühl des Habenwollens, und unweigerlich machen wir immer und immer wieder Fehler. Der spezifische Zeit›punkt‹, den wir besetzen, ermangelt jeglicher Fähigkeit, die Dynamik der Zeit zu fassen. Das Leben zieht sich aus der Gegenwart zurück, versickert ›durch‹ die Zeit.

Wir können darauf so reagieren, daß wir uns in eine dumpfe Benommenheit zurückziehen, die sich fast so ähnlich anfühlt wie ein Schock oder ein betäubender Schlag. Wir stellen das Empfinden ein, bis es vielleicht so weit kommt, daß wir nichts mehr bemerken und uns in gewisser Weise nicht mehr kümmern. Doch eingesperrt in unserem Innern ist da das ursprüngliche intensive Gefühl des Verlustes und der Hoffnungslosigkeit. In unserer Ausgebranntheit und Dumpfheit sind wir wie ein Baby, das sich in den Schlaf der Erschöpfung hineingeweint hat.

Könnten wir an diesem Punkt zum Gefühl des Schmerzes erwachen, dann wären wir der ursprünglichen Dynamik der Zeit, die wir verloren haben, tatsächlich nahe. Doch diese Alternative ist nicht verfügbar, denn wir sind mit dem Schmerz zu eng identifiziert. Indem ›ich‹ mit ›Schmerzen haben‹ verschmelze, werde ich das Opfer dessen, was die zum Objekt gemachte Zeit präsentiert hat. Ich besitze den Schmerz und werde von ihm besessen; in dieser Rückkopplung ergreife ich erneut von ihm Besitz und verstärke so seinen Griff. Gewahrsein entsteht nur in der Kielspur des Wiedererkennens und kann insofern nur in die Richtung weiterer Identifikation führen.

Die Realität des Schmerzes zu akzeptieren sichert seinen Fortgang. Die Erfahrung präsentiert sich, bereit, sich zum Paket schnüren zu lassen, und wir reagieren automatisch: erst verpacken und etikettieren und expedieren wir das Paket; dann empfangen wir es, öffnen es und schlucken seinen Inhalt. Beginnend mit der anfänglichen Wiedererkennung und Identifizierung baut sich ein Impulsmoment auf und läßt sich nicht mehr anhalten. Ein Prozeß läuft ab in Richtung auf seinen unvermeidlichen Abschluß.

Obwohl der Schmerz, den wir erfahren, real ist, ist seine ›Realheit‹ nicht in der Weise kompakt, in der wir uns das vorstellen. Innerhalb der Erfahrung des Schmerzes bleibt die Kraft nicht-dimensionierter Zeit verfügbar. Sobald wir aufhören, unsere Anstrengungen auf die Aufrechterhaltung zugewiesener

Identitäten zu konzentrieren, können wir der Zeit ›voraus‹ sein, bereit, das Kommando über den Schmerz zu übernehmen, ›bevor‹ die Zeit sich als schmerzhaft manifestiert.

Die folgende Übung kann dazu beitragen, diese Transformation in Gang zu setzen. Sie gestattet eine Art des Verweilens in Zeit, die mehr Offenheit in jeden Augenblick einlädt.

Übung 13 Zeit beherrschen

A Setzen Sie sich still hin und üben Sie, mehr Lebendigkeit in die physischen und geistigen Komponenten der Erfahrung hineinzubringen. Sie können dies tun, indem Sie Spannungen in Körper und Geist loslassen. Beginnen Sie mit der Konzentration auf den Atem. Atmen Sie natürlich, ohne besondere Anstrengung, und lassen Sie Geist und Gewahrsein sich mit dem Atem vereinen, bis Sie ein Gefühl tiefer Entspannung erfahren. Lassen Sie diese Entspannung durch den Körper fließen; achten Sie dabei besonders auf eine Lockerung im Bauchbereich.

Wenn das Gefühl der Entspannung sich ausdehnt, können Sie einen Teil von Erfahrung berühren, der nicht so eng an die üblichen mentalen und physischen Strukturen gebunden ist. Ein Hinweis darauf besteht darin, daß die durch den Geist strömenden Bilder weniger fest als üblich scheinen, auch wenn sie vielleicht intensiver sind. Vielleicht haben Sie ein deutlicheres Empfinden für das Wissen, das sich innerhalb der Erscheinung manifestiert.

Sobald Sie mit dieser Qualität vertraut sind, richten Sie Ihre Aufmerksamkeit auf das Gefühl für die sich entfaltende Zeit. Sie können vielleicht feststellen, daß Sie die Zeit auf sanfte Weise strecken können, indem Sie sie ausgewogen ausdehnen oder expandieren, so daß der gegenwärtige Punkt in der Zeit weniger scharf umrissen und eingeengt wird.

Kommentar 13 A

In dem folgenden Diagramm zeigt das straff strukturierte Zickzackmuster oben die eingeschränkte Vorwärtsprojektion konventioneller Zeitlichkeit, wie sie sich von Augenblick zu Augenblick bewegt. Das Spektrum der in jeder Situation verfügbaren Reaktionen ist äußerst eingeschränkt, und de facto ist der Entscheidungsspielraum vielleicht gleich null. Jeder Augenblick geht vorbei, bevor die Erfahrung eine Möglichkeit hat, sich zu vertiefen.

Die Übung 13 lockert diese Straffheit, indem sie den Reichtum der Erfahrung umfassender verfügbar macht. Wenn wir uns auf einen Punkt des Zickzackdiagramms konzentrieren, können wir eine Progression beschreiben, die in den folgenden drei Schemata dargestellt ist. Als erstes dehnt der scharf umrissene Punkt sich aus und wird zu einer Linie. Der Schmerz, mit dem wir zu leben gelernt haben, löst sich über die Länge dieses expandierten Zeitraums und läßt ein tiefes Gefühl des Wohlbehagens entstehen.

Durch diese Lösung wandelt sich die Beziehung zwischen Zeit und Wissen. Die straffen Strukturen konventioneller Zeitlichkeit blockieren nicht länger den Zugang zum Licht des Gewahrseins. Indem wir uns auf diese Wandlung einstimmen, wird die Erfahrung hindernisfrei. Die Linie, die ›erweiterte‹ Erfahrung darstellt, verschwindet jetzt und zeigt eine neue Transparenz an – eine Offenheit für Licht.

Doch dies ist nur eine Übergangsphase. Indem Wissen verfügbar wird, wird Zeit selbst beherbergender und läßt mehr Wissen und Energie zu. Gegenwärtige Erfahrung wird eine Gelegenheit für Einsicht: Wissen im Prozeß der Anwendung. Die ›Linie‹ der Erfahrung kommt wieder zum Vorschein, durchtränkt mit Wissen.

Aus der Entfernung (das heißt ohne unmittelbare Verwicklung) betrachtet, sind wir jetzt zu den zerklüfteten Zickzackbewegungen konventioneller Zeit zurückgekehrt, nur daß jeder ›Punkt‹ in der Zeit jetzt offener und beherbergender ist. Wie in der folgenden Graphik angedeutet, ist die Struktur nicht mehr so starr und festgelegt; stattdessen ist sie etwas flexibler und fließender.

Doch aus dem Inneren der Erfahrung betrachtet ist der Wandel sehr viel grundlegender. Es präsentiert sich ein völlig anderer zeitlicher Rhythmus. Indem wir uns in der Zeit bewegen, haben wir zu Wissen Zugang, das ansonsten ›zwischen‹ den – in der Graphik in Form von Pünktchen angedeuteten – Punkten konventioneller Zeit verborgen wäre. Wenn wir davon ausgehen, daß jedes dieser Pünktchen eine spezifische eigene Zeit und einen eigenen Raum einnimmt, dann können wir sagen, daß auch jedes Pünktchen sich seinerseits öffnen läßt.

Die auf diese Weise verbildlichte Wandlung entspricht nur näherungsweise der Transformation im zeitlichen Rhythmus.

Von der Zeit, wie sie sich im ›Raum zwischen Augenblicken‹ manifestiert, ließe sich in einem ganz exakten Sinne sagen, sie sei ›punkt‹- und richtungslos geworden. Für die Erfahrung bedeutet dies, daß jeder Augenblick von einer fließenden Energie belebt ist. Der vertraute Rhythmus der Zeit entfaltet sich auch weiterhin, aber wir sind jetzt ›in‹ der Zeit und können inwendig wissen und handeln. Künftige Möglichkeiten persistieren, doch sie insistieren nicht darauf, daß sie existieren.

B Sobald Sie mit der von der Übung in Teil A evozierten besonderen Erfahrung vertraut sind, halten Sie Ausschau nach der gleichen Erfahrung innerhalb des gewöhnlichen Zeitflusses. Inmitten von Spannung und Schmerz ist ein anderes Zeitigen verfügbar. Wenn Sie feststellen, daß Sie mit diesem Zeitigen gegenwärtig nicht in Verbindung treten können, kehren Sie zu dieser Übung zurück, nachdem Sie einige der folgenden Übungen ausgeführt haben.

Kommentar 13 B

Die Übung 13 A lädt Wissen ein, die Zeit zu betreten. Es ist so, als könnten wir das innerhalb der zeitlichen Struktur eingefrorene Wissen aufschmelzen oder als könnten wir die Zeit in sich selbst zurückfalten und so das in jedem linearen Augenblick zur Verteilung gelangende Wissen akkumulieren. Verbunden mit Bereitschaft und Disziplin kann eine mit solchem auf neue Weise verfügbaren Wissen getränkte Erfahrung eine einwärts gerichtete zeitliche Dynamik zum Ausdruck bringen, die ihrerseits auf natürliche Weise zu einem umfassenderen Gewahrsein führt.

Dennoch wird der Erfolg beim Hervorrufen solcher Erfahrungen einen grundlegenden Gegensatz zwischen zwei Arten von Zeit unangetastet lassen: einer ›gewöhnlichen‹ und uninspirierten und einer ›reichen‹ und erfüllenden, die aber nur unter besonderen Umständen oder durch besondere Anstrengungen verfügbar wird. Auf der Grundlage dieses Gegensatzes laufen wir Gefahr, in eine Denkweise abzugleiten, die die inwendige Zeit zu einem subjektiven Phänomen macht, zu etwas, das weniger ›real‹ ist als die objektive Zeit von Wandel und Übergang, Geburt und Tod. Indem wir so die dirigierte Ordnung bestätigen und ihr entsprechen, würden wir uns eigentlich von der Inwendigkeit der Zeit abtrennen.

Das Zeitigen, das die Übung 13 B zu evozieren versucht, wirkt dieser Tendenz entgegen, indem es ein Zeitigen einführt, das wirklich ›punktlos‹ ist. Disziplin und die Bereitschaft, die üblichen zeitlichen Strukturen zu entspannen, können Tore zu dieser punktlosen Zeit sein, doch letztlich führen diese Maßnahmen nicht auf den wesentlichen ›Punkt‹. Wenn wir bestimmte Einstellungen annehmen oder spezifische Energien freisetzen, dann bewegen wir uns von Punkt zu Punkt. Jetzt gibt es keinen Punkt für ein solches Voranschreiten und keinen Ort, an den anzukommen wäre. Ohne besondere Anstrengung – denn Anstrengung ist nicht nötig – ist das Gesamt der Erfahrung bereits transformiert.

Übung 14 Dynamische Zeit

A Kehren Sie zu der Erfahrung gewöhnlicher Zeit zurück, die sich von Augenblick zu Augenblick entfaltet, und gehen Sie so rückhaltlos wie möglich in diese Entfaltung hinein, indem Sie sich der Aktualität der Zeit als dem Grundpulsieren Ihres Lebens öffnen. Wenn Sie die Dynamik der Zeit sich manifestieren lassen, dann werden Sie finden, daß Sie sie in Ihren Knochen und in Ihrem Blut spüren können. Halten Sie Ausschau nach der Erfahrung von Zeit in dem Geschmack dessen, was real und was imaginär ist. Lassen Sie Zeit von Ihrem Bewußtsein untrennbar werden, so daß Sie wirklich ›in‹ der Zeit sind.

B Obwohl diese Offenheit für die Zeit die Spannung sprengen kann, die wir mit dem Verstreichen von Zeit verbinden, werden Sie trotzdem den ›Schmerz‹ antreffen, der aus unserer

Festgefahrenheit in der linearen Zeitlichkeit entsteht. Gehen Sie voll und ganz in diesen Schmerz hinein. Da Sie ›in‹ der Zeit sind, müssen Sie nicht auf ihn reagieren, denn die ›Von-Augenblick-zu-Augenblick‹-Struktur, die ihn trägt, engt Sie nicht länger ein. Anstatt daß Sie den alten Impulsmoment ausspielen, können Sie sich neuem Wissen zuwenden.

Angesichts des Schmerzes müssen Sie nicht auf seinem Charakter als Schmerz insistieren. Es besteht keine Notwendigkeit, ein vorab existierendes Muster nachzuzeichnen. Seien Sie sich stattdessen der ›Schmerzheit‹ des Schmerzes gewahr. Beobachten Sie, wie Sie diese Schmerzheit im Akt des Wiedererkennens und des sich mit ihr Identifizierens etikettieren. Bringen Sie die Kraft der Schmerzheit ins Gewahrsein und verschmelzen Sie sie restlos mit der Macht des Wissens.

Kommentar 14 B

Sobald Schmerz erst einmal mit einem Etikett versehen ist, werden die Mechanismen der zeitlichen Ordnung ausgelöst. Doch ›vor‹ dem Etikettieren, bevor der Rhythmus der Energie als Schmerz *Gestalt annimmt*, ist Veränderung möglich. Diese Übung lädt Sie dazu ein, ›bei‹ der Schmerzheit zu sein, bevor Wiedererkennung und Identifizierung einsetzen. Sie ähnelt der Übung 12, fordert Sie jedoch dazu auf, auf eine subtile Ebene von Erfahrung zu gehen, die enger mit den Strukturen alltäglicher Zeitlichkeit verbunden ist. Indem Sie sie üben, werden Sie vielleicht feststellen, daß Sie inmitten des Schmerzes eine Zeit der Reinheit, des Gewahrseins und des Lichtes zum Tragen bringen können.

Übung 15 Zeit durchdringen

Übung 14 kann Ihnen dabei helfen, eine Affinität zwischen der Schmerzheit gewöhnlicher Zeit und der Lebendigkeit von Erfahrung, wenn sie am sprühendsten ist, zu erkennen. Zeiten, zu denen wir das Wesen unseres Seins beinahe zu sehen oder zu hören oder zu ertasten oder zu berühren vermögen, können selber schneidend schmerzhaft sein, wie der klare, präzise Schmerz eines Schnittes mit dem Rasiermesser. In dem Wissen, daß dem so ist, sehen Sie, ob Sie die Energie des Schmerzes der Zeit dazu benutzen können, um die Oberfläche der Zeit zu durchdringen. Gehen Sie in den Schmerz hinein und akkumulieren Sie ihn. Benutzen Sie ihn wie eine Waffe, um die Standardverknüpfungen und -annahmen zu sprengen, die die lineare Zeit dirigiert hat.

Kommentar 15

Die Oberfläche der Zeit zu durchdringen ähnelt der Fähigkeit, die rastlose Bewegung der Elektronen innerhalb der festesten Substanzen einzufangen, oder dem Vermögen, in einer Weise zu sehen, die die ruhelosen Bewegungen des Auges mit einbezieht. Es bringt uns näher an das Herz der Zeit.

Unter der gewöhnlichen zeitlichen Oberfläche kann Schmerzheit eine andere Wahrheit aussagen. Indem Sie inwendig auf das lauschen, was gesagt wird, können Sie Wege entdecken, den Schmerz zu heilen – für den Geist, für die Sinne, sogar für den Körper.

Die Übung, Schmerz zu akkumulieren und ihn dazu einzusetzen, Zeit zu durchdringen, initiiert einen grundlegenden Wandel in unser Art zu wissen. Um Schmerz zu akkumulieren, müssen wir bei ihm bleiben, und dies erheischt, im Schmerz Gleichgewicht zu finden, ohne uns anzustrengen. Doch Ideen, Gründe, Emotionen und Sprache sind alle intrinsisch ›anstrengend‹. Es gilt also einen Wissensmodus zu finden, der nicht von solchen Strukturen abhängig ist.

Ein solches Wissen kann nicht vom Selbst abhängen. Das Ich-Konstrukt ist darauf angewiesen, sich anzustrengen; darüber hinaus betrachtet es von Natur aus Schmerz als seinen Feind. Anders ausgedrückt: Das ›Ich‹ und der Schmerz sind zusammen gegeben. Das ›Ich‹, das sich anstrengt, den Schmerz zu beenden oder zu vermeiden, ist zugleich die Zielscheibe des Schmerzes. Der Rahmen, innerhalb dessen der Schmerz sein Etikett erhält, bezeichnet das ›Ich‹ als Subjekt; innerhalb dieses Rahmens ist Schmerz die ›subjektive Antwort‹ auf das, was entsteht.

Durch eine unmittelbare Konzentration auf die Schmerzheit des Schmerzes läßt sich diese vorschnelle Interpretation reformulieren oder reprojizieren. Wenn es kein ›Ich‹ als Subjekt gibt – niemanden, der sich in Bezug auf den Schmerz anstrengt –, dann gibt es keinen Schmerz zu identifizieren. Wenn Schmerz in die Erfahrung tritt und in das Gewahrsein projiziert wird, wird er ohne Etiketten und Identifikationen und Reaktionen empfangen. Es gibt nichts, was zu konditionieren, und keinen, der einzufangen wäre. Ohne den subjektiven Rahmen ist der Schmerz seiner Festigkeit beraubt.

Im Zulassen dieser Erscheinung kann Gewahrsein selber als der Wissende entstehen. Voll und offen wie der Raum empfängt Gewahrsein Schmerz, wie ein Spiegel ein Bild empfängt; er bietet dem Schmerz keine Zielscheibe. Unetikettiert betritt die Energie ›Schmerz‹ ihr ›Objekt‹ lediglich wie ein ›Empfangsfeld‹. Solch ein Betreten teilt keine Schläge aus und fügt keine Wunden zu – es ist Schmerz hinein in Schmerz, Gewahrsein hinein in Gewahrsein. Die Energie zündet hin und her, jetzt in ›Schmerz‹, dann in ›Gewahrsein‹; sie trifft keine starre Unterscheidung. Nichts ist etabliert oder identifiziert, nichts wird in irgendeiner Weise in Beschlag genommen oder zurückgewiesen oder ergriffen.

In diesem neuen Ankommen dessen, was die Zeit präsentiert, besiegt die Logik der Zeitlichkeit sich selbst. Die Vergangenheit ist vorbei, die Zukunft ist noch nicht eingetroffen, die Gegenwart zu kurz: ›Ich‹ bin nirgendwo.

Diese Weise des Sehens, die die tiefere Vitalität der Zeit einlädt, läßt sich unmittelbar üben. Wenn wir fragen: »Wer ist da, der Schmerz erfährt?«, können wir ohne Worte antworten, weder gebunden an Logik noch durch deren Niederlage befreit.

Aus dem subjektiven Rahmen des verlangenden Subjekts und den von ihm erzeugten Etikettierungen entlassen, sind wir auch aus dem Schmerz entlassen – von der Zeit entlassen in den Raum.

Die Intensität des Schmerzes ist die Fülle unserer menschlichen Situation. Schmerz aktiviert die Sinne der Emotionen und bringt uns zu unserem Sein in der Zeit. Er lädt die Sinne dazu ein, auf Arten zu funktionieren, die nicht an Konditionierung gebunden sind, sondern stattdessen die unumschränkt verkörperte Kontinuität im Herzen der Wirklichkeit zum Ausdruck bringen.

Indem wir Schmerz durchdringen, haben wir die Chance, die Erfahrung zu öffnen und die Erscheinung von den Residuen gewöhnlichen Gewahrseins zu reinigen. Wir öffnen die Augen für den Raum und das Licht, öffnen den Geist für die Stille und öffnen das Gewahrsein für inniges Vertrautsein – die Identität des universellen Einmaligen.

Übung 16 Sich der Zeit hingeben

A Fahren Sie fort mit der Erkundung von Schmerz in all seinen untergründigen und Oberflächenformen. Entwickeln Sie die Absicht, den Schmerz zu heilen, ohne sich mit seinem Charakter als Schmerz zu identifizieren oder seine Geschichte zu übernehmen. Lassen Sie den Schmerz in das Gewahrsein, erlauben Sie seinem pulsierenden Staccato, sich auszudehnen und das Gesamt des Bewußtseins auszufüllen. Solange Sie nicht identifizieren, gibt es kein Steckenbleiben. Indem Sie die Inwendigkeit der Zeit aktivieren, können Sie Raum für Erfahrung schaffen, die nicht so insistierend ist, und die Energie der Zeit in Richtung auf Lösung wenden.

Wenn Sie die Energie des Schmerzes im Gleichgewicht umarmen können, können Sie Gewahrsein in die Schmerzheit bringen. Ihre Erfahrung ist nicht länger ›dieser eine Schmerz‹,

›dieser eine Gedanke‹, ›diese eine bildliche Vorstellung‹. Indem Sie inwendig durch den Schmerz hindurchschneiden in Richtung auf Schmerzheit, schauen Sie auf das, was *in* der Erfahrung *als* Erfahrung entsteht. Dieser Übergang – vom Inhalt zu der Übermittlung des Inhalts – weist die Erfahrung auf die lautlose Zeit des Zeitkommuniqués. Verbleiben Sie in dieser Lautlosigkeit und genießen Sie ihren tiefen Frieden.

Kommentar 16 A

Das Kommuniqué öffnet sich zum Offenen dessen, was frei ist von Begriff, frei ist von Bedeutung, frei ist von Tun und frei ist von Anstrengung. Wenn wir nicht auf Identität beharren, können wir uns dieser lautlosen Transmission anschließen. In einem Austausch, der kein Subjekt und kein Objekt hat, keinen Sender und keinen Empfänger, können wir mit unserem eigenen Gewahrsein kommunizieren. Indem wir uns einwärts wenden, können wir Teil der Erfahrung des Wissens werden.

Aus dem lautlosen Kommuniqué der Zeit kommt die Gegebenheit der Schmerzheit, und durch die Reibung zwischen Gewahrsein und Schmerzheit wird der subjektive Schmerz geboren. Doch Reibung erfordert eine auf Position und Anspruch basierende Interaktion. Wenn da keiner ist, kann es auch keine Reibung geben, und dann entsteht kein Schmerz. Gewahrsein interpretiert und etikettiert nicht, und die Sinne lösen sich nicht aus der Stille, um Identität zuzuweisen und Reaktion einzufordern. Ohne Identität als Hindernis und Hinderniserzeuger wird Gewahrsein zu einem offenen Fokussieren energetisiert: zu einem Hintergrund ohne Spezifika.

Als eine höchst präzise Übung ausgeführt, kann Erkundung, die mit solchem Gewahrsein kommuniziert, innere Heilung bieten. An den kritischen Brennpunkten unseres Lebens kann sie uns ermöglichen, als direkte, unmittelbare Therapie Schmerz, Angst und Emotionalität zu überwinden.

Abgesehen von diesen Nutzanwendungen ist der Wandel, der sich eröffnet, wenn wir uns dem Zeitkommuniqué ›hingeben‹, zutiefst interessant. Das ›Ich‹ ist nicht da, doch die Erfahrung geht weiter. In einer Hinsicht haben Subjekt und Objekt ihre Rollen vertauscht. In anderer Hinsicht spielen sie überhaupt keinerlei Rolle mehr; stattdessen spielen sie ganz einfach.

B Genauso wie wir das Vorwärtsdirigieren des Schmerzes inwendig zur Schmerzheit hinwenden können, können wir Gedankenmitteilung zum Schweigen des Kommuniqués hinwenden.

Beginnen Sie mit dem normalen Gedankenfluß und lassen Sie das Gewahrsein sich nach innen wenden. Sie können dies dadurch bewerkstelligen, daß Sie Ihre Aufmerksamkeit mehr auf den Fluß der Gedanken als auf den Inhalt spezifischer Gedanken lenken, so wie in Übung 2 dargelegt. Anstatt sich auf das ›von‹ oder ›über‹ des Denkens zu konzentrieren, schauen Sie auf die Energie, die Gedanken manifestieren. In dem Maße, wie Sie lernen, die Erscheinungsweise dieser Energie in Ihrem Gewahrsein zu verfeinern, werden Sie eine gegenwärtige Erfahrung von Lichtheit und Leichtheit entdecken, die Sie zur Stille und einem heilenden ›Aufbauwissen‹ führen kann.

Um mit diesem Wissen Fühlung aufzunehmen, lenken Sie das Gewahrsein weg von dem, was für gewöhnlich als Mittelpunkt des Gedankens aufgefaßt werden würde, weg vom Geist oder vom Bewußtsein. Das Wissen, das Sie suchen, ist über dem Denken, unter dem Denken, neben dem Denken und um das Denken herum. Es ist ein Merkmal des Denkens, die Identität des Denkens, die Zukunft des Denkens, das Gefühl des Denkens. Es ist über dem Geist, unter dem Geist, neben dem Geist, um den Geist herum; ein Merkmal des Geistes, die Identität des Geistes, die Zukunft des Geistes, das Gefühl des Geistes. Es ist über dem Bewußtsein, unter dem Bewußtsein, neben dem Bewußtsein, um das Bewußtsein herum; ein Kennzeichen des Bewußtseins, die Identität des Bewußtseins, die Zukunft des Bewußtseins, das Gefühl des Bewußtseins.

Kommentar 16 B

Als erstes identifizieren Gedanken; zweitens interpretieren sie; drittens übertragen sie Furcht. Dieses von Grund auf ungesunde Muster erzeugt eine Hinfälligkeit, die dem Wissen seine Kraft raubt und zu Schwäche und Angst führt.

In der Offenheit der Zeitinwendigkeit lassen sich diese Tendenzen umkehren. Es ist möglich, eine Seinsweise – ein vorwärtsdirigiertes Kommuniqué – zu aktivieren, in dem sie niemals geboren worden sind.

Als Neophyten des Wissens sind wir vielleicht nicht in der Lage, die Merkmale unserer Erfahrung sofort zu transformieren. Doch der Ausgangspunkt ist ohne weiteres verfügbar. Innerhalb der gegenwärtigen Erfahrung können wir unmittelbar zu allem hingelangen, wovon wir hergekommen sind. Wir können eine Grenzenlosigkeit berühren, die die Erfahrung hin zum Körper des Wissens transformiert.

KAPITEL 31

Vergangenheit dirigieren

Uns darauf zu verpflichten, die Inwendigkeit und Multidimensionalität der Vergangenheit zu aktivieren, erfordert von uns nicht das kämpferische Bemühen, Hindernisse und alte Muster zu überwinden. Dieser fest in den linearen Mechanismen der Dichotomie gründende Zugang wird unsere Energie und unser Wissen in einer Weise ab- und umlenken, die das Alte bestätigt. Anstatt schlicht und einfach die notwendigen Schritte zu unternehmen, werden wir uns darüber sorgen, daß unsere Motive nicht rein sind oder unser Instrumentarium nicht adäquat ist; daß wir keine Verbesserung erreichen können. Indem wir uns im Bessermachenwollen selber überbieten, laufen wir Gefahr, das Eigentliche aus den Augen zu verlieren.

Wenn wir uns auf den Kampf konzentrieren und uns sehr anstrengen, dann akzeptieren wir das Dirigieren einer linearen Zeitlichkeit. Eine Position ist durch eine andere zu ersetzen; ein Registrieren muß aufhören und ein anderes verkündet werden. Obwohl wir auf Veränderung aus sind, sind wir mit der Last der Vergangenheit befrachtet und laden uns noch mehr Spannung in unseren Geist. Was auch immer wir dirigieren, es wird etabliert, und wir verpassen die grundlegende Freiheit einer Zeit, die nicht an voraufgegangenes Dirigieren gebunden ist.

Werden sie einwärts dirigiert, dann entkrampfen sich alle Spannungen, Gedanken und Konflikte der Vergangenheit in Richtung auf volle Offenheit. Reich an Wissen, aber bar der Substanz kann die Vergangenheit uns nicht binden. Wir können jede unmittelbare Gegebenheit vertiefen, die die Zeit uns präsentiert. Es gibt keinen Weg, der Schritt um Schritt zurückzulegen wäre, denn die ›Von-zu‹-Dimensionalität der Zeit, die Entfernungen etabliert, ist nicht länger wirksam. Konflikte und Verwirrung müssen uns nicht stören.

Wenn die Vergangenheit ihrer Gewichtigkeit entkleidet ist, dann ist der gegenwärtige Punkt in der Zeit nicht länger von anderen Punkten in der Zeit getrennt. Der Zukunft steht es frei, sich zu präsentieren, denn sie muß nicht die Identität der ›Vergangenhaftigkeit‹ annehmen. Wir können ein gesteigertes Gewahrsein für Entstehungsprozesse und für Folgewirkungen feststellen oder können entdecken, daß wir für die Unmittelbarkeit des Jetzt empfänglicher geworden sind: für die Energie des Körpers, die Bilder des Denkens, die Gegenwart einer sich entfaltenden Vergangenheit.

Wenn die Vergangenheit für Wissen präsent ist, können wir verkörpern, was voraufgegangen ist. Nun können wir wirklich sagen, wir seinen ›in‹ der Zeit und ›von‹ der Zeit. Anstatt daß sie Objekte wären, die sich dem Gewahrsein präsentieren, sind Subjekt, Objekte, Gewahrsein und Erfahrung alle ›von‹ der Zeit gegeben. Es präsentiert sich ein steter Fluß, ohne weiterzuführen zu Identität und Substanz, zu Kommentar und Konstrukt. Dies ist inwendige Zeit ... Zeit ohne Dimension ... Regenbogenzeit.

Die Zeit einwärts zu dirigieren läßt uns inniges Vertrautsein mit dem Gegenwärtigen verkörpern. Lebendig in Zeit und Erfahrung, in Harmonie mit dem Körper des Wissens, können wir die Rolle des Spielers, Dirigenten, Künstlers spielen. Wir können eine sich selbst entwickelnde, selbstgründende Architektur der Erfahrung dirigieren. Indem wir hindurchschauen durch die Gegenwart, durch die Lichtnatur und durch die Zeit, durchdringen wir die Wahrnehmung und handeln jenseits von Handlung.

In unserem krampfhaften Bemühen, unsere Ziele zu erreichen und unsere Wünsche zu erfüllen, haben wir soviele Schritte unternommen, soviele Vorsätze gefaßt – alle ohne dauerhaften Erfolg. Nun wollen wir anders vorgehen. Anstatt abermals einen neuen Schlag zu führen, können wir einfach tief und frisch durchatmen. In gewisser Hinsicht hat sich nichts verändert. Doch neues Leben durchströmt den Körper. Die Augen gehen weit auf, und wir sind bereit dazu, auf neue Weise zu schauen. Anstatt zu sehen, was sich vor uns präsentiert, sehen wir das Licht der Präsentation. Indem wir Licht sehen, werden wir zu Licht. Gemäß einer Logik, die die Logik von Identität und Existenz aussticht, wird Sehen zu Sein, und wir gehen überall hinein in Licht.

Um das Wissen zu aktivieren, das diese Transformation ermöglicht, können wir die Archive vergangenen Wissens anzapfen. Wenn wir ganz konkret über die Verbindung der Gegenwart zu vergangenen Entstehungsprozessen nachdenken, dann wird die Vergangenheit zu einer Schatzkammer von Belehrungen. Innerhalb der Stammbäume dessen, was geschehen ist, können wir eine andersgeartete Bewegung nachzeichnen. Wir können die inwendige Verbindung des Wissens mit der Zeit erkunden und die ›Vergangenhaftigkeitszeit‹ in einen reichen Quell zur Vertiefung des Verstehens verwandeln.

Die folgende Übung benutzt die Vergangenheit in einer Weise, die nicht einfach nur das vorab Aufgezeichnete vorwärtsdirigiert. Sie beruht auf einer besonderen Art von Einsatz.

Übung 17 Aktiver Entschluß

Schauen Sie in sich hinein und hinterfragen Sie Ihre eigene Entschlossenheit. Sind Sie dazu bereit, sich von negativen emotionalen Mustern abzuwenden, die Gewahrsein blockieren und Identität bestätigen? Akzeptieren Sie keine vorschnelle Antwort und versuchen Sie, sich nicht auf die Erinnerung an Zeiten zu stützen, in denen Sie sich inspiriert und engagiert fühlten. Fragen Sie im Gegenwärtigen und registrieren Sie die Fragen und das Zögern, das auftaucht. Allmählich entwickelt sich vielleicht ein tieferes Gefühl von Überzeugung.

Wenn Sie erst einmal Vertrauen in Ihre eigene Bereitschaft entwickelt haben, neues Wissen zu aktivieren, dann sind Sie bereit dazu, die Art zu erkunden, in der die Vergangenheit Wissen dirigiert und übertragen hat. Schauen Sie im Hinblick auf die Menschheitsgeschichte; im Hinblick auf Ihre eigene Vergangenheit; im Hinblick auf die letzte Woche oder die letzten fünf Minuten. Seien Sie besonders achtsam für die Qualität endloser Wiederholung, die für eine von ›Vergangenhaftigkeit‹ dominierte Zeit so charakteristisch ist. Verdeutlichen Sie sich die Zeit, die vergeudet worden ist durch das Nicht-Wissen darüber, wie sich Wissen jenseits der aufgezeichneten Muster des Vorausgesetzten dirigieren läßt.

Nun nehmen Sie die aus solchen Reflexionen entspringende Erkenntnis und Entschlußkraft und wenden Sie sie in Ihrem täglichen Leben an. Wie können Sie in einer Weise handeln, die über selbst auferlegte Grenzen hinausreicht? Wie können Sie über das hinausgehen, was sich bequem anfühlt? Über Zu- und Abneigungen? Welche besondere Bemühung wird Sie die Leiter zu einer unbeschwerteren Seinsweise – zum Schwerelosen – erklimmen lassen? Wie können Sie diese Bemühung so gestalten, daß sie nicht alte Muster dupliziert?

Übung 18 ›Vergangenhaftigkeits‹wissen

A Um die Vergangenheit als eine Quelle für Wissen zu öffnen, schauen Sie auf die unmittelbare Vergangenheit zurück und betrachten Sie dabei einen Zeitraum von vielleicht einer Woche. Welche Fehler haben Sie in dieser Zeit gemacht; zum Beispiel Fehlentscheidungen, Mißverständnisse oder Schritte, die Sie zu unternehmen vergaßen?

Wenn Beispiele solcher Irrtümer an die Oberfläche zu kommen beginnen, veranschaulichen Sie sich die Konsequenzen, zu denen sie geführt haben. Welche Muster haben sie verstärkt? Zu welchen Schwierigkeiten haben sie geführt oder werden sie wahrscheinlich noch führen? Zur Aufrichtung welcher Grenzen haben sie beigetragen? Können Sie sehen, wie solche Fehler das verfügbare Wissen und sogar das potentiell verfügbare Wissen tatsächlich reduziert haben?

Sehen Sie, ob Sie diese Fragen auf frische, unverbrauchte Weise stellen können, indem Sie Fehler entdecken, die Sie zuvor möglicherweise übersehen haben, oder indem Sie andere Verknüpfungen wahrnehmen als die, die Sie überlicherweise erkennen. Es kann hilfreich sein, so wie in Übung 8 angeregt, aus einer fernen Perspektive zu schauen.

Kommentar 18 A

Oft untergraben wir die Verfügbarkeit der Vergangenheit als einer Quelle für Wissen durch eine Art Mißachtung dessen, was bereits geschehen ist. Wenn wir die Vergangenheit überhaupt anschauen, dann tendieren wir dazu, uns ihr so zu nähern, als studierten wir ein verstaubtes Buch, das wir aus dem Regal einer Bibliothek hervorziehen. Diese Übung fordert uns dazu auf, uns tiefer auf die Vergangenheit einzulassen, so daß das, was wir anschauen, lebendig wird. Auf diese Weise nimmt Wissen die transformierende Tiefe der Inwendigkeit an.

B Die Geschiche des Wissens zu studieren kann als ein wertvolles Tor zu inwendiger Zeit dienen. Wir könnten zum Beispiel verlorene Schlachten im Kampf um Wissen nachvollziehen: die Vergangenheit als ein Archiv des Scheiterns. Wir könnten sehen, wie Wissen eingefangen und begrenzt und verleugnet worden ist; wie der menschliche Geist herabgemindert wurde; wie wissentliches Ignorieren und unbewußte Muster das Wachstum von Wissen verlangsamt haben.

Wir könnten auch betrachten, wie menschliche Wesen auf das reagieren, was die Zeit präsentiert, und so die Modi formen, in denen Wissen sich präsentiert. Konfrontiert mit der ständigen Triebkraft des Wandels, versuchen Kulturen und Individuen, ihn nach ihren eigenen Zwecken zu gestalten. Sie folgen ihren eigenen Urteilen bezüglich dessen, was das Beste ist, und richten ihr Verhalten an ihren Urteilen aus. Es treten Werte zutage, ausgedrückt in den Begriffen von Tugend, Glück, Spiritualität oder Wahrheit, die die fortwährende Suche nach Bedeutung prägen.

Betrachten Sie sich eine geschichtliche Epoche, die Sie interessiert, mit dieser Art Verständnis im Hinterkopf. Als Alternative erforschen Sie einen Zeitungsartikel zu einem aktuellen nationalen oder internationalen Thema im Sinne solcher Fragen. Wie würden Sie die Geschichten, die Sie lesen, umschreiben, um dieser Schwerpunktsetzung auf die Wissensdynamik Rechnung zu tragen?

Kommentar 18 B

Die vielen Wissensschulen, die in der Vergangenheit geblüht haben – Schulen der Wissenschaft und der Philosophie, Geschichtsschreibung und Religion, Sozialwissenschaft und politischer Theorie – können uns zu einer tieferen Würdigung für Wissen in der Zeit hinführen. Jedes neue Gefüge von Theorien oder Glaubenssätzen muß sich in irgendeiner Weise einlassen auf das anwachsende Gewicht der Geschichte und versuchen, den Sinn des Vorangegangenen zu verstehen. Bewußt oder unbewußt initiiert jedes ein doppeltes Forschungsprojekt – indem es nicht nur urteilt, sondern urteilt, wie am besten zu urteilen sei; nicht nur wissend, sondern wissend, wie am besten zu wissen sei. Wissenssysteme werden installiert und prägen menschliche Errungenschaften auf jeder Ebene. Im Studium solcher Entwicklungen ist Wissen verfügbar und bereit, sich in der ›Einfaltung‹ der Zeit auftauen oder aufschmelzen zu lassen.

Die auf diese Weise aufgebauten Muster decken Extreme ab, die sich niemals vorab ausmalen ließen. In bestimmten Epochen scheint das, was passiert, fast ausschließlich von individuellen Entscheidungen über Lebensfristung und Lebensweisen und von dem freien Spiel eines jedermann verfügbaren Wissens abzuhängen. Zu anderen Zeiten scheint beinahe das Gegenteil der Fall zu sein: Für eine ganze Kultur ist das Schicksal vorbestimmt, und die Individuen sind in ein Fatum eingebunden, das sie sich nicht ausgesucht haben.

In den endlosen Variationen der Geschichte scheinen manche Epochen ganz einfach besser zu funktionieren als andere. Zu solchen Zeiten fördern die getroffenen Entscheidungen mehr Wissen und ein größeres Gefühl für Sinnhaftigkeit und Wohlbefinden und hinterlassen als Erbe einen Bestand von Errungenschaften. Manchmal ist es klar, warum dies so ist; in anderen Perioden folgt das Wechselspiel der Kräfte einem Muster, das geheimnisvoll bleibt. Doch wenn wir forschen, besteht immer die Möglichkeit, Fragen zu stellen, die erhellen und offenbaren, vertiefen und erleuchten.

Es gibt einen Weg, diese verschiedenen Muster objektiv und ohne Einnahme einer Position anzuschauen – als würde man aus dem Fenster eines fahrenden Zuges eine Landschaft betrachten. Doch die Erforschung muß auch von einer tiefen Anteilnahme gesteuert werden, denn desinteressierter Zaungast zu sein ist eine der starrsten Positionen überhaupt. Zwischen diesen beiden Faktoren ein Gleichgewicht aufrechtzuerhalten erfordert kein sorgfältiges Manövrieren; stattdessen ist es das natürliche Resultat des sich vertiefenden Forschens. An dem Punkt, an dem die Inwendigkeit des Wissens auf die ›Einfaltung‹ der Zeit trifft, sind ›Objektivität‹ und ›Anteilnahme‹ in keiner Weise entgegengesetzt.

Die besondere Verfügbarkeit der Vergangenheit als Studienobjekt in der heutigen Welt bietet eine einzigartige Gelegenheit. Wir können in jedem alternativen Wissensmodus, in jedem System und in jedem Gefüge von Entscheidungen eine Möglichkeit der Übertragung von Wissen entdecken. Wir können auf jede einzelne oder auf sie alle zurückgreifen.

Doch die Vergangenheit ist nicht einfach nur ein Depot. Wir werden wahrscheinlich keinen rechten Erfolg haben, wenn wir alte Modelle durchforsten, um einen bestimmten Wissensmodus als unseren eigenen zu übernehmen. Genauso wenig müssen wir die Archive der Vergangenheit durchkämmen auf der Suche nach verlorengegangenen Techniken oder übersehenen Mechanismen. Die Verfügbarkeit der Vergangenheit gibt uns eine Möglichkeit auf anderer Ebene. Indem wir ihren verschiedenen Manifestationen durch die Zeit hindurch nachgehen, uneingeschränkt durch die Positionen, die wir selber eingenommen haben und jetzt ausspielen, können wir über Positionierung hinausgehen, um die sich ›einfaltende‹ Dynamik des Wissens wachzurufen.

C Halten Sie in Ihrer eigenen Vergangenheit Ausschau nach Punkten, an denen Wissen explizit verleugnet oder zurückgewiesen oder, weniger bewußt, überdeckt oder von der Bildfläche getilgt wurde. Versuchen Sie, die Ereignisse des vergangenen Tages Revue passieren zu lassen; dann gehen Sie die Übung noch einmal durch und konzentrieren Sie sich dabei auf frühere Ereignisse in Ihrem Leben. Zumindest am Anfang ist es gut, sich auf Ereignisse zu konzentrieren, die frisch sind, anstatt auf Begebenheiten, die Sie schon hundertmal in der Erinnerung wiedergekäut haben. Betrachten Sie bei einer anderen Gelegenheit Ereignisse in der überlieferten Geschichte, die ähnliche Muster zu offenbaren scheinen.

Bei Ihrer Rückschau sehen Sie wahrscheinlich charakteristische Augenblicke, in denen sich eine entscheidende Wende vollzog: Augenblicke, in denen Emotionalität hochkam, in denen die Klarheit verlorenging oder in denen Situationen zu Konflikten und Spannungen eskalierten. Konzentrieren Sie sich auf solche Augenblicke und entwickeln Sie dabei ein Empfinden für die mitbeinhalteten Gefühle und die Auswirkung, die sie auf die Wissensfähigkeit haben.

Der Versuch, die Entstehung solcher Augenblicke zu erklären, führt wahrscheinlich in die Sphäre der Geschichten zurück. Stattdessen können Sie eine subtilere Forschung anstellen. Die Vergangenheit kann Sie vorwärts auf die Gegenwart verweisen; die Gegenwart kann Sie mit erneuerter Einsicht in die Vergangenheit zurückführen. Gefühle können Motive enthüllen; gegenwärtige Emotionen können uns zu vergangenem Entstehen hinlenken.

D Eine andere Art, diese Erforschung zu gestalten, besteht darin, nach einem umfassenden, in jeder Situation verkörperten Wissen Ausschau zu halten. Wird dieses als solches nicht anerkannte Wissen in Mitleidenschaft gezogen von der spezifischeren Abwendung vom Wissen, das Sie gerade untersuchen? Wird es zugedeckt? Wenn Sie bereit sind, den Schmerz oder die Trauer zu fühlen, die entstehen, wenn Wissen verleugnet und Wissen verzerrt wird, können Sie vielleicht Wissen ans Tageslicht bringen, das zuvor abgewiesen oder zugedeckt war. Auch wenn Sie sich auf die Vergangenheit konzentrieren, stellen Sie vielleicht fest, daß diese Entdeckung von Wissensverfügbarkeit starke Auswirkungen auf die Gegenwart und auf die Art und Weise hat, wie sich Ereignisse in Zukunft entfalten.

Kommentar 18 C-D

In dem Augenblick, in dem wir die Vergangenheit im Namen des Wissens in Frage stellen *mit der Bereitschaft, unser Fragen die Gegenwart transformieren zu lassen*, können wir Wissen einwärts dirigieren. In diesem Einwärts-Dirigieren sind Vergangenheit, Gegenwart und Zukunft gleichermaßen Träger des Wissens, und jede dieser Zeitstufen ist frei anwesend, nicht gebunden an das ›von‹ und ›zu‹ gerichteter Zeit. Indem wir das Wissen willkommen heißen, das sie dirigieren, können wir zusehen, daß wir unsere Zeit – einschließlich der Zeit, die bereits in die Vergangenheit ›verschwunden‹ ist – in nutzbringender und produktiver Weise einsetzen.

Das Wollen gibt uns die *Kraft*, einwärts zu dirigieren. Wir entdecken, daß es von unserer Einstellung abhängt, ob Wissen ans Licht hervortritt. Denn in diesem Hervortreten gibt es schließlich kein Wohin, keine Richtung, die einzuschlagen, und kein

Ziel, das zu erreichen wäre. Es gibt nur die Verpflichtung auf die menschliche Freiheit und die menschlichen Möglichkeiten.

Die Muster der Vergangenheit zerren an uns mit gewaltiger Kraft. Tief in das Vorwärtsdirigieren der Vergangenheit verstrickt, leben wir die Verpflichtung auf das vorab Aufgezeichnete. Doch diese Tendenz läßt sich umkehren. Wir können uns dem Wissen anverloben, eher huldigend als besitzend, ohne den Wunsch, ein weiteres Dogma zu übernehmen. Dann kann die tagtägliche Entfaltung unseres Lebens eine reiche Quelle des Wissens werden.

In vergangenen Zeiten sind Männer und Frauen auf Erden gewandelt, die einen solchen Weg der Erforschung beschritten und gelernt haben, in Weisheit zu verweilen und Mitgefühl auszustrahlen. Wenn wir lernen, genau hinzusehen, können wir die starken Eindrücke entdecken, die solche Menschen auf dem ›Stoff‹ der Geschichte hinterlassen haben. Indem wir uns zu unserer Inspiration auf ihr Beispiel beziehen, können wir lernen, auf ihren Spuren zu gehen. Schließlich machen wir eine bemerkenswerte Entdeckung: Es ist ihre Zeit, die wir jetzt bewohnen.

Übung 19 Promptes Rückspulen

Halten Sie Rückschau auf eine gegenwärtige Situation, die in irgendeiner Weise unbefriedigend ist. Welches sind die positiven Elemente in dieser Geschichte? Wie beeinflussen sie die Gegenwart? Welche Kräfte arbeiten gegen sie? Wenn Sie sich des Positiven wie des Negativen gewahr geworden sind, stellen Sie sich vor, die spezifischen Sequenzen, die die Geschichte des gegenwärtigen Augenblicks ausmachen, ließen sich in der Zeit ›zurückspulen‹ wie ein Film oder ein Tonband, die auf eine Kassette aufgenommen werden. Lassen Sie sich dieses Zurückspulen erfahren und stellen Sie sich dann vor, daß sich dieselben Elemente noch einmal abspielen zu einer neuen, positiveren Kombination. Kümmern Sie sich nicht darum, wohin genau diese neue Entfaltung führen wird; seien Sie willens, die Welt so, wie sie gegenwärtig ist, hinter sich zu lassen. Lassen Sie die Manifestation ihre eigene Belohnung sein und beobachten Sie sie mit Wertschätzung.

In dieser neuen Entfaltung sind Sie der Partner eines auf neue Weise verfügbaren Wissens – ein geehrter Gast des Kosmos. Indes das Vertraute sich auf das Positive zubewegt, kann Ihre eigene Natur positiv werden. Durch keine starre Denk- oder Handlungsweise festgelegt, können Sie dieses gegenwärtige Leben als lichtvoll würdigen. Lassen Sie Ihre positive Haltung ein Schatz sein, den Sie dazu benutzen können, sich und Ihren Mitgeschöpfen zu nutzen und anstrengungslos zum Wohle des Ganzen beizutragen.

KAPITEL 32

Die Zeit des Wissens aktivieren

Altehrwürdige Lehren sprechen von der Gegenwart als dem Kali-Yuga, einer Zeit, in der Muster von Finsternis, Unterdrückung und Unwissenheit zur Macht gelangen. Als Bewohner dieser Zeit sind wir vom Wissen abgeschnitten, das es uns erlauben würde, auf sinnvolle und erfüllende Art und Weise zu leben. Es gibt wenig Gelegenheit zur Inspiration; wenig Zeit, die wirklich freudvoll oder sorgenfrei ist. Friede, Freude, Liebe und Wertschätzung treten selten auf. Wir können keine Möglichkeit finden, zufrieden zu sein, unser Menschsein und die Fülle unserer Lebendigkeit auszuleben. Es fehlt die Freude der Zuwendung, der Weg, den Geist zu öffnen, und der Geist vollen Lebendigseins. Wir bewegen uns in Zyklen des Nicht-Wissens und sind uns nicht einmal bewußt, daß es anders sein könnte.

Ob wir dieses Bild zutreffend finden oder nicht, es legt jedenfalls einen interessanten Zusammenhang zwischen Zeit und Wissen nahe. Dieser Auffassung zufolge kann Zeit, wie sie sich in der Geschichte manifestiert, verschiedene Qualitäten annehmen und in verschiedenen Beziehungen zu Wissen stehen. In dieser Kultur sind ähnliche Bewertungen unterstellt in der Art und Weise, wie wir von verschiedenen historischen Epochen sprechen: von der Renaissance, dem Zeitalter der Entdeckungen, der Achsenzeit und so weiter.

In unserem eigenen Leben verwenden wir dieselben Muster. Es gibt harte Zeiten, öde Zeiten, Zeiten des Leidens und Zeiten des Schmerzes; es gibt Zeiten der Freude, Zeiten der Liebe und Zeiten der Transformation. Es gibt Zeiten der Klarheit und Zeiten der Verwirrung, Zeiten, in denen Wissen bereitwillig zu fließen, und Zeiten, in denen alles festgefahren scheint.

Üblicherweise würden wir solche Kennzeichnungen als sprachliche Bilder abtun: als bequeme zusammenfassende Beschreibungen für bestimmte Ereignisfolgen. Doch wir könnten sie auch so auffassen, daß sie auf eine andere Möglichkeit hindeuten: daß die von Objekten *in* der Zeit entfalteten Phänomene in gewisser Weise Eigenschaften *von* Zeit sind. Dies legt seinerseits nahe, daß Zeit Dingen und Prozessen die Eigenschaften übertragen kann, die sie zur Schau stellen. Wir könnten sogar spekulieren, daß Zeit diese Eigenschaften ›fabriziere‹.

Wenn wir uns die Vorstellung gestatten, Zeit habe ein solches Potential, mögen wir uns fragen, warum wir einen so großen Teil unseres Lebens in negativer Zeit und in emotionaler Zeit, in unwirtlicher Zeit und Zeit der Frustration verbringen. Gibt es irgendeine äußere Kraft, die kontrolliert, wie Zeit mit Wissen in Beziehung steht und welche Arten von Erfahrung sie anbietet? Es scheint wahrscheinlicher, daß wir mitwirken bei der Bestimmung dessen, was Zeit manifestieren kann, indem wir uns dafür entscheiden, Zeit in bestimmter Weise zu dirigieren.

Es ist so, als hätten wir uns von Verwirrung und Nicht-Wissen in die Irre führen lassen. Erst schneiden wir uns von der Zeit ab und machen sie zu unserem Feind; dann laden wir uns unseren Feind ins Haus und geben ihm Verfügungsgewalt über unser Leben. Jetzt sitzt er uns auf der Schulter und flüstert uns ins Ohr, indem er rät, lenkt und einengt – indem er uns wieder und wieder erzählt, daß da keine Wahlmöglichkeit, keine andere Seinsweise besteht.

Natürlich spricht die Zeit nicht mit einer einzigen Stimme, und es wird Gelegenheiten geben, zu denen sich eine andere Zeitigungsweise einstellt. Doch Zwischenspiele von Licht und Klarheit ermangeln der Kraft, den grundlegenden Impulsmoment zu transformieren. Indes negative Muster weiterbestehen, machen wir uns an das Erklären und Bejammern unserer Situation. Es wurde uns Unrecht getan, und jetzt bleibt uns nichts, als mit edlem Duldermut das uns zugefügte Leid auf uns zu nehmen. Wir analysieren die vereint gegen uns aufgebotenen Kräfte: unsere eigene gefallene Natur, die geheimen Drahtzieher, die unser Schicksal kontrollieren, unsere Konditionierung oder Erziehung. Hoffnungslos und in der Opferrolle sehen wir keinen Sinn darin, positive Initiativen zu ergreifen oder uns unserer Situation ehrlich zu stellen. Und was nützt Disziplin, wenn Zeit uns letzten Endes nur Finsternis anbietet? Wir bilden nicht die Sprache aus und denken nicht die Gedanken, die eine andere Interpretation zulassen würden; wir erlauben keine Freiheit von dem Joch der Zeit.

Da wir in einer Wüste leben, in der Schönheit selten erblüht und Dunkelheit die heilenden Strahlen der Sonne verdüstert, wissen wir, daß etwas nicht stimmt, und versuchen, unsere Situation zu ändern. Wir beginnen, im Wüstensand zu graben. Erst graben wir nach dem Wasser, das das Leben gedeihen lassen wird; dann graben wir nach dem Nektar, der das Leben verwandeln kann. Wir suchen nach dem vergrabenen Schatz, der die Erfahrung für Schönheit und Inspiration öffnen kann. Doch es kommt uns nie in den Sinn, daß wir überhaupt nicht in der Wüste leben müssen – daß Zeit eine andere Seinsweise präsentieren könnte.

Wir sind an die Vorstellung gewöhnt, daß das, was geschieht, ›in‹ der Zeit geschieht. Objekte mit bezeichneten Eigenschaften interagieren nach Regeln, die sich im Prinzip spezifizieren lassen. Der Geist funktioniert dementsprechend. Was ›im Lauf der Zeit‹ erscheint läßt sich anordnen; wir können Erklärungen anbieten und Interaktionen nachvollziehen. Es lassen sich Sequenzen zurückverfolgen, die Progression und Evolution ermöglichen.

Wenn wir diese Auffassung akzeptieren, dann beschränken wir Erkenntnis auf die Strukturen, die innerhalb der zeitlichen

Ordnung verfügbar sind. Die Ratio sagt uns zum Beispiel, das, was vor uns in der Zeit liegt oder ›an‹ der Zeit ist, lasse sich nicht vorhersagen oder erklären. Wissen könne nur in Bezug auf das entstehen, was bereits entstanden ist, zusammen mit jedweden Tendenzen, die sich aus solchen vergangenen Ereignissen extrapolieren lassen. Wir hätten keinen Zugangspunkt zu dem, was über das Aufgezeichnete hinausgeht.

Solche Einschränkungen blockieren völlig den Weg, der sich auf ein andersgeartetes Wissen öffnen könnte. Doch innerhalb des Körpers der Erfahrung haben wir eine Alternative verfügbar. Es gibt Faktoren, die über sich selbst hinaus auf das Unbekannte hindeuten, auch wenn sie gleichzeitig den Zeitrastern unseres Geistes entsprechen. Zeit, wie sie in unserer Welt Gestalt annimmt, kann sich als fähig erweisen, Träger einer anderen Wissensfähigkeit zu sein.

Übung 20 Darbietung von Wissen

Jeder unserer Sinne hat die erstaunliche Fähigkeit, Wissen in neuer Weise zu projizieren. Um dies selber zu erfahren, aktivieren Sie eine bestimmte Sinneswahrnehmung, zum Beispiel das Sehen oder das Hören, und laden Sie Wissen dazu ein, sich in ihre Aktivität hineinzubegeben. Lassen Sie die Sinnesfähigkeit auf eine neue Weise zum Publikum von Erfahrung werden.

Kommentar 20

Die beste Art, diese Übung durchzuführen, ist ganz einfach die, es ohne allzu viel Überlegen und Erklären zu versuchen. Falls ein Bild hilfreich scheint, stellen Sie sich vor, die Sinne bewegten sich im rechten Winkel zu ihrer üblichen Wahrnehmungsrichtung. In dieser neuen Dimension kann jedes einzelne Sinnesvermögen seinen eigenen Erkenntniskörper in Anschlag bringen. Es ist, als würde das volle Spektrum des Lichtes geöffnet oder die Textur des Raumes berührt.

Für Wissensaugen kann Licht mit dem innigen Vertrautsein eines unbeeinträchtigt wahrgenommenen Körpers der Schönheit verschmelzen und darin eine ›Nicht-Körper‹-Lichtheit mitteilen. Es öffnet sich ein Weg, der den Körper des Wissens, frei von jedweder Beschränkung, verkörpern kann.

In dieser Art der Sinneswahrnehmung verlieren wir jegliches Gefühl von Angst oder Behinderung. Die Unterscheidung zwischen dem ›ist‹ und ›ist nicht‹ dessen, was wahrgenommen wird, verliert ihre Gewichtigkeit. Merkmalslos und unbestimmt, voll und ganz vertraut mit allem, was erscheint, betritt Wahrnehmen den Raum des Nicht-Körpers und der Nicht-Geburt. Es vereinigt Geist mit Erscheinung, um die Wissensfähigkeit des Gesamt möglich zu machen.

Ebenso, wie wir diese Wissens- und Seinsweise innerhalb jeder Sinneserfahrung finden können, können wir ein andersgeartetes Wissen innerhalb jeder Manifestation entdecken. Jeder Punkt, der in konventionellen Begriffen entsteht, kann auch auf eine Weise gesehen werden, die über das gemeinhin Verkündete hinausgeht. Wörter können neue Bedeutungen, Bilder neue Querverbindungen offenbaren. Neue Schätze des Wissens können sich verfügbar machen.

Selbst wenn Wissen zum Beispiel in Begriffen von Name und Form interpretiert, gibt es die höchst eigentümliche ›Korrektheit‹ dieser Interpretation. Unmittelbar neben dieser Korrektheit gibt es den Raum, wo es anders sein kann, sowie den Raum, wo es indeterminiert sein kann.

Wissen stellt seine Ganzheit in Raum und Zeit zur Schau. Als würdigendes Publikum für diese Zurschaustellung können wir deutlicher beobachten, auf welche Weise und was wir interpretieren, damit das Konventionelle entsteht. Die Natur dessen, was ist und was nicht ist, kann uns als Ausgangspunkt dienen. Ist das ›sie sind‹ nicht da, oder ist ›sie‹ nicht?

Übung 21 Heilen durch Licht

Sobald Sie die volle Erfahrung der Gegenwart von Raum und Zeit berührt haben, laden Sie in diese Gegenwart eine Qualität von Licht ein. Dieses Licht hat keine Quelle, es ist ein mittelpunktloses Leuchten. In einer Hinsicht ist es nichts Bestimmtes – einfach nur die Offenheit, die es Zeit und Raum erlaubt, zu erscheinen.

Kommentar 21

Zugang zu dem Licht innerhalb der Erscheinung hängt ab von einer Aktivierung des Geistes ohne Fixierung. Auf der relativen Ebene gehört dieser Geist weder hierhin noch dorthin. Er nimmt weder Zeit noch Raum ein noch verkündet er Wissen; er nimmt keine Gestalt an und begründet keine Beziehung zu Existenz oder Nicht-Existenz.

In konventionellen Ausdrücken würden wir sagen, daß ein solcher ›nicht-gehörender‹ Geist ganz einfach ›nicht da‹ ist. Doch ›nicht da‹ ist selber eine Art Fixierung. Nur wenn dem ›nicht da‹ nicht so ist, kann ›da‹ nicht sein.

Obwohl wir von ›nicht da‹ sprechen können, hat es keine Basis: kein Etwas, das es ›dasein‹ läßt. Auch die ›Nicht-Da‹-heit dieser Basis läßt sich nicht begründen. Wenn das ›Keine Basis‹ eine Bedeutung hat, dann wird es zur Basis für das Ausschließen des Lichtes. Wenn es keine Bedeutung hat, dann wird es in die Verlorenheit des Dunkels führen. Vielleicht ist es besser, das ›Nicht-da‹ überhaupt nicht ins Blickfeld zu nehmen. Als Alternative könnten wir vom Geist und seiner Erfahrung sagen: »Nie geboren.«

Übung 22 Rückkehr zum Licht

A Anstatt zu versuchen, vorschnell in eine Sphäre der ›Lichtheit‹ hineinzuspringen, halten Sie innerhalb Ihrer Gedanken und Empfindungen Ausschau nach der Qualität des Dunklen. Machen Sie sich mit dem Dunkel vertraut; seien Sie bereit, sich in es hineinsinken zu lassen, ohne völlig das Gewahrsein zu verlieren. Allmählich werden Sie in der Lage sein, Fluktuationen innerhalb des Dunkels zu empfinden: Augenblicke, die lichter sind, in denen die Erfahrung leuchtend und frei scheint. Die Qualität ist eine des Durchscheinens, einer wohlgemuten Lebendigkeit. In diesen Augenblicken zu verweilen bedeutet, Vertrautheit mit Licht zu schließen, das seinen eigenen Weg macht.

B Sobald Sie eine gewisse Vertrautheit mit dem Dunkel und mit den Fluktuationen, die die Verfügbarkeit von Licht signalisieren, geschlossen haben, können Sie unmittelbarer betrachten, wie Licht innerhalb der Erfahrung erscheint. Wenn Sie sich ein geistiges Bild vorstellen, dann achten Sie darauf, daß das Bild in einem inneren Licht offenbart wird, das es Ihnen erlaubt, es zu ›sehen‹. Woher kommt dieses Licht? Konzentrieren Sie sich allmählich auf das Licht, bis Sie ihm genauso viel Aufmerksamkeit schenken wie dem Bild. Können Sie das Licht schärfer einstellen oder intensivieren?

C Halten Sie Ausschau nach derselben Lichtqualität in Gedanken und Gefühlen und Emotionen. Wenden Sie sich physischen Empfindungen zu und halten Sie Ausschau nach einer Erfahrung von Licht, das selber beinahe physisch ist. Ein guter Ansatzpunkt dafür ist Energie, die sich im Körper bewegt. Identifizieren Sie zuerst ihren spezifischen Ort; klären Sie dann, wie sie sich anfühlt; fragen Sie dann, ob sie eine Farbe hat.

Für manche Menschen ergibt sich diese Art Lichterfahrung zwanglos und ist ganz vertraut; für andere wird sie selten und geheimnisvoll sein. Seien Sie nicht entmutigt, wenn Sie in Ihrer eigenen Erfahrung kein Licht entdecken: Nehmen Sie es einfach weiter als Möglichkeit hin. Schließlich werden Sie vielleicht eine subtilere Empfindung entdecken: ein Gefühl, daß Licht ›gerade um die Ecke‹ verfügbar ist.

D Entwickeln Sie Sensibilität für Licht inmitten von Verwirrung, Negativität und sonstigen Umständen, in denen das

Dunkel am allerdichtesten scheint. Zum Beispiel wenn Sie in Ihrer Erkundung auf Erfolg erpicht sind oder Angst vor dem Scheitern haben; wenn Sie sich im Ungewissen sind, was Sie da tun und ob es wertvoll ist, schauen Sie sorgfältig hin: auch dort ist Licht gegenwärtig.

Kommentar 22

Was auch immer die Stimmen gewöhnlicher Erfahrung sagen mögen, Licht ist niemals weit weg. Wenn unsere Erfahrung Dunkel zur Schau stellt, dann ist es selbsterzeugt. Es ist, als hätten wir eine Schachtel aus Licht gebaut, wären dann hineingestiegen und hätten den Deckel geschlossen. Jetzt behaupten wir steif und fest, wir seinen von Dunkel umgeben, und entscheiden uns dafür, zu ignorieren, daß die Schachtel, die das Licht abhält, ja selber aus Licht gemacht ist.

Sehen wir diesen Selbstbetrug erst einmal am Werk, dann kann er uns nicht in derselben Weise beherrschen. Allmählich können wir uns auf Offenheit, Gleichgewicht und Entspanntheit zubewegen. Wenn diese Qualitäten sich ausdehnen, können Punkte der Spannung und des Konflikts selber Punkte des Lichtes werden.

Übung 22 lädt Licht dazu ein, in den Mittelpunkt von Erfahrung zurückzukehren. In ihren Anfangsstadien leistet sie weiterhin einer Unterscheidung zwischen Licht und Dunkel Vorschub, doch wenn Sie vertrauter mit ihr werden, werden Sie vielleicht empfinden, daß Licht überall verfügbar ist. Durch dieses Gewahrsein macht ›Lichtheit‹ sich verfügbar. Sie kann uns Erholung von unseren beengten Seinsweisen bieten.

Möglicherweise bleibt auch nach ausgedehnter Beschäftigung mit dieser Übung Ihre Lichtempfänglichkeit begrenzt. Vielleicht empfinden Sie Licht nur als eine matte Anwesenheit, die kommt und geht. Wenn dem so ist, dann motivieren Sie sich dazu, die sich gleichwohl ergebenden Erfahrungen zu vertiefen. Sie können dem Licht eine Qualität von Freude und Köstlichkeit hinzufügen; dadurch läßt es sich intensivieren.

Selbst wenn Sie auch dann noch ein gewisses Gefühl der Frustration haben, kann diese Übung dazu beitragen, sich in neuer Weise der Dunkelheit bewußt zu werden, die mit gewöhnlichen Mustern des Geistes einhergeht: mit zwanghaften, sich stets wiederholenden Gedanken, mit dem Vergessen, das uns im Inhalt der Gedanken einholt, und mit emotionalen Reaktionen. Vielleicht nehmen Sie wahr, wie persönliche Identität und Eigentümerschaft mit dieser dunkleren Seite verbunden sind: wie das Erzählen von Geschichten durch seine Ansprüche auf Substanz und Identität blockierend wirkt. Diese Einsichten können eine wirksame Hilfe sein beim Durchtrennen der Strukturen der vorherrschenden Ordnung und der von ihr dirigierten Grenzen.

Wenn Sie tatsächlich Lichterfahrungen haben, dann werden Sie vielleicht skeptisch sein, ob das, was Sie bei solchen Erfahrungen antreffen, wirklich mit dem Licht in Verbindung steht, das im Bereich des Physischen erscheint. Es ist nicht notwendig, diese Verbindung auf Treu und Glauben zu akzeptieren. Bis Sie größere Vertrautheit mit Lichterfahrungen haben, ist es wahrscheinlich besser, keine endgültigen Urteile zu fällen. Bewahren Sie sich einfach Ihre Offenheit und beobachten Sie, was geschieht.

Übung 23 Entscheidung für das Unbekannte

A Viel häufiger, als wir das für gewöhnlich erkennen, kommen Muster und Ereignisse in unserem Leben zum Tragen, die wir ganz einfach nicht erklären können. Anstatt die automatische Aufforderung zu akzeptieren, solche Erfahrungen auszuklammern, unsere Unwissenheit hinwegzuerklären oder solche Ereignisse als Zufallsbegebenheiten abzutun, gehen Sie in ihre Unbekanntheit hinein. Erwarten Sie nicht, das Unbekannte in Richtung Erkenntnis zu wenden; erwarten Sie kein Feedback auf Ihre Erfahrung, das für Sie Sinn ergibt. Seien Sie ganz einfach bereit dazu, innerhalb des Unbekannten zu verweilen. Lassen Sie die Unbekanntheit Sie zum Wissen hin inspirieren.

Kommentar 23 A

Das Unverständliche und Unerklärliche läßt sich so auffassen, als stelle sich in ihm innerhalb unserer gewöhnlichen Ordnung ein geheimnisvoller Produktionsmodus oder eine verborgene Betreiberschaft zur Schau. Eine unbekannte Macht entwickelt sich zu den Vorwärtsprojektionen linearer Zeit, die auf irgendeine Art und Weise die Kraft manifestiert, als deren Träger zu dienen. Welche Fähgkeit konventioneller Zeit macht dies möglich?

Um diese Frage zu erkunden, erwägen Sie, daß es seit dem Anfang der Zeit keinen Bruch im zeitlichen Gewebe selber gegeben hat. Was auch immer in der Vergangenheit geschehen ist, ist mit dem verbunden, was dem gegenwärtigen Wissen erscheint. Ganz gleich, wie grundlegend Ereignisse in der Zeit die konventionelle Ordnung in Frage zu stellen scheinen, diese Ordnung geht weiter. Erscheinung übermittelt eine fundamentale Einheit der Zeit.

Obwohl die Natur dieser Einheit unbekannt bleibt, ist sie irgendwie in der Lage, Wissen zu manifestieren und zu übertragen. Wenn wir uns gestatten, diese innere Verbindung zwischen Zeit und Wissen zu würdigen, mag sich unser eigenes Wissen in Bezug auf die Zeit auf subtile Weise verändern. Wir werden vielleicht entdecken, daß wir empfänglicher für künftige Möglichkeiten sind. Wir können dies als Hinweis darauf nehmen, daß die Unbekanntheit der Zeit verfügbarer wird.

B Bringen Sie die Zukunft vor Ihr geistiges Auge und gestatten Sie ihr, völlig indeterminiert zu sein. Anstatt über dieses und jenes künftige Ereignis nachzudenken, sehen Sie, ob Sie die Unbekanntheit der Zukunft in den Vordergrund treten lassen können. Zur Erleichterung des Zugangs zu dieser Indeterminiertheit könnten Sie über die fortwährenden Verwandlungen nachdenken, durch die das Leben sich entwickelt.

Innerhalb des ständigen Stroms der linearen Zeit gibt es Bewegungen, die wir als günstig betrachten, und andere, die ungünstig sind. Doch wenn Sie die Zukunft ohne Hinblick auf spezifische Inhalte willkommen heißen, dann werden Sie vielleicht einer Dynamik gewahr, die sich auf natürliche Weise zum Besseren entfaltet.

Je mehr Sie bestimmte Voreingenommenheiten oder Sorgen loslassen, desto deutlicher können Sie diesen evolutionären Schub in Ihrer eigenen Erfahrung wahrnehmen. Sie werden zum Beispiel präziser und exakter in Ihrem Denken und Planen oder entwickeln mehr Stabilität, eine reichere Erfahrung oder ethische Klarheit. Begrüßen und schätzen Sie diese Tendenzen. Allmählich werden Sie vielleicht empfinden, daß die konventionelle Zeit selber sich auf eine andersgeartete, befriedigendere Präsentation hin entwickeln kann.

Kommentar 23 B

Wenn sich die Zeit von Natur aus in positive Richtungen bewegt, warum finden wir uns dann in Mustern gefangen, die so negativ scheinen? Warum wirken Beschreibungen des Kali-Yuga in sich so überzeugend? Obwohl wir bestimmte Antworten anbieten könnten – zum Beispiel solche, die an die Strukturen des Wissens gebunden sind, das wir zu dirigieren gelernt haben –, scheint es fruchtbarer, anzuerkennen, daß wir nicht wirklich wissen. Es kann durchaus hilfreich sein, zu erkennen, daß Ereignisse manchmal unbekannte, verborgene Rhythmen in die Zeit tragen, die mit der vorherrschenden Ordnung nicht in Einklang stehen; daß unser Wissen nicht notwendigerweise schlüssig oder völlig exakt ist.

Ähnlich kann Wissen selber manchmal auf unbekannte Weise funktionieren. Als eine vorläufige Weise der Identifizierung solch unbekannten Funktionierens bieten sich Begriffe wie Intuition oder paranormale Phänomene. Doch bleiben diese Beschreibungen zu eng an unsere gewöhnliche Erfahrung gebunden. Indem sie nahelegen, es sei möglich, über Grenzen hinauszugehen, bestätigen sie de facto diese Grenzen.

Die Anwesenheit eines unbekannten Wissensmodus können wir auch auf andere Weise anerkennen. In jeder Kultur scheinen bestimmte Individuen eine höher entfaltete Bewußtheit oder Intelligenz zu manifestieren und einen größeren Zugang zu Wissen zu haben. Bei bestimmten großen Führerpersönlichkeiten mag dieser Unterschied sehr substantiell sein. Wenn wir den Taten solcher Gestalten nachgehen, dann scheint es, als habe das, was mit Einsicht geschaffen wurde, länger Bestand. Dies mag daher rühren, daß ein besser auf Zeit eingestimmtes Wissen mit größerer Genauigkeit Folgewirkungen vorhersagen kann. Vielleicht bietet auch das Wissen selbst, wenn es erst einmal aktiviert ist, seinen eigenen Schutz.

C Betrachten Sie die Kehrseite der Positivität, auf die Sie sich im vorherigen Teil dieser Übung konzentriert haben. Wir wissen, daß es immer Veränderung und Verfall geben wird; daß ›für immer und ewig‹ nur im Märchen Bestand hat. Die Sphäre, in der wir uns bewegen, ist keine Basis für Perfektibilität. Schönheit welkt und Jugend schwindet; Reichtum und Macht und Beziehungen kommen und gehen. Gesundheit und die Familie bieten nicht ewig Zuflucht; Sprache, Begriffe und Erkenntnis durchlaufen selber Veränderungen. Die Rhythmen der Zeit dirigieren die Gezeiten des Wandels, dessen Kraft sich nicht bändigen läßt. Lassen Sie sich diese Muster voll und ganz erfahren. Sie können Beispiele aus Ihrem eigenen Leben oder aus dem Leben anderer, aus der Geschichte oder aus Ihren Phantasien oder Ängsten heranziehen. Im Mittelpunkt steht dabei nicht das spezifische Beispiel oder die emotionale Reaktion, die es hervorruft. Lassen Sie sich stattdessen die Zeitqualität empfinden, die solche Schwierigkeiten hervorbringt oder fördert oder unterstützt. Fragen Sie sich, ohne erklären zu wollen: Wie kommt es, daß die Zeit auf diese Weise funktioniert?

Kommentar 23 C

Indem wir die Muster der Zeit sehen, anerkennen und akzeptieren, vermögen wir vielleicht eine andere Seinsweise zu gestalten. Ohne zu verändern, wer wir sind oder was gegeben ist, kann das Präsentieren der Zeit selber anders sein.

Die Muster der linearen Zeitlichkeit entfalten einen Wissensmodus und eine Sprache, die uns zu Wünschen, Hoffnungen und Befürchtungen hinführen und weg von den Wahrheiten unserer Erfahrung. Jetzt sind wir vielleicht in der Lage, dieses aktive Positionieren, die Quelle von soviel Unglück und Frustration, zu transformieren.

Vor dem Rationalen und dem Logischen, vor dem Sortieren und Sammeln und vor der Überzeugung, das, was wir zusammenbauen, sei so und so, ist eine Art Unschuld verfügbar. Aus Freiheit und Aufrichtigkeit geboren, vermittelt sie Freude und Liebe.

Unter dem Druck der Zeit, wie wir sie kennen, haben wir versucht, uns durch eine Art Faulheit und Achtlosigkeit zu schützen. Indem wir lernen, unsere Position *gegen* die Zeit zu schützen, fügen wir dem, was wir in uns selbst und an unserer Erfahrung werthalten, nur Schaden zu. Unsere Energie wird nicht zu Wissen freigesetzt, und wir sind auf die Denkweisen des Geistes beschränkt. Wir können niemals hoffen, unsere eigene Erfahrung zu besitzen.

Wir haben die Fähigkeit, anders zu verfahren; den Druck der Zeit loszulassen. Das Geheimnis besteht nicht darin, sich zurückzuziehen oder in Dauerurlaub zu gehen, sondern ungebunden die Initiative zu ergreifen, im Ansprechen auf die Zeit dem Zeitlichen zuvorzukommen. Nur dann können wir die Worte, die wir mit solcher Überzeugung verkünden, in eine mit Bewußtsein erfüllte Anteilnahme übersetzen. Nur dann können wir die Zeit zu unserem Führer werden lassen.

Bevor wir handeln können, müssen wir bereit sein, das Negative ans Tageslicht zu bringen; müssen wir die Situation sehen, in der wir gefangen sind. Dann können wir inmitten dieser Situation fragen: Können wir stattdessen ›positive Zeit‹ einsetzen? Vielleicht erinnern wir uns an Zeiten, in denen Staunen und heilende Gefühle natürlich schienen; wenn dem so ist, dann können wir diese Präsenz in unser Leben einladen. Können wir positive Gedanken und Gefühle wachrufen und sie unserem Gedächtnis einprägen? Können wir unser eigener Freund und Ratgeber sein? Können wir mit unverbrauchten Augen sehen?

Übung 24 Ganzheit der Wahrnehmung

Sie können die in Übung 23 erkundeten negativen und positiven Seiten der Erfahrung in ein Gleichgewicht bringen, indem Sie die Qualität der Zeit dazu einladen, sich innerhalb der Erfahrung zu manifestieren. Laden Sie dazu die Ganzheit der Wahrnehmung in jede Sinneswahrnehmung und in jeden Gedanken ein. Lassen Sie diese Ganzheit sich vertiefen über Beobachtung hinaus. Sie können würdigen, was auch immer entsteht, indem Sie jedes Entstehen als ein Beispiel für das Raum-Zeit-Wechselspiel betrachten. Im Sehen liegt Schönheit und Licht; im Hören liegt Stille und Bedeutung. Je mehr Sie die Schätze würdigen können, die die Zeit präsentiert, desto mehr werden Sie das Gefühl haben, *in* Zeit und Raum *hinein* und *stellvertretend für und zum Wohle von* allen Phänomene zu handeln. Schließlich kann sich diese Wertschätzung ausdehnen, um die transformierende Ganzheit der Liebe in sich aufzunehmen.

Kommentar 24

Übung 24 lädt ein zu einer Antwort auf die Situation, die die Zeit in unserer stürmischen Epoche präsentiert. Von Jahrzehnt zu Jahrzehnt und von Jahr zu Jahr beschleunigen sich die Ereignisse. Sobald wir die ungeheure Vielfalt der auf der Oberfläche der Erfahrung erzeugten Dinge durchdringen, erkennen wir, daß die Bandbreite der uns auf einer tieferen Ebene zur Verfügung stehenden Optionen ständig abnimmt. Die Triebkraft der Zeit scheint uns zu überwältigen. Eine Ausrichtung ins Dunkel gewinnt zunehmend an Kraft, und die Unbeschwertheit des Lebens verliert ihren Glanz.

Wir können unsere Unabhängigkeit verteidigen, indem wir die Macht des Wissens und der positiven Imagination in aktiver Weise entwickeln, schützen und wiederherstellen. Indem wir uns aus diesen kostbaren Energiequellen speisen, können wir in voller Verantwortung auf unser eigenes Verhalten schauen und unsere eigene Energie kontrollieren. Wir können für uns selbst die Muster aussortieren, die zu Schmerz, Leiden, Verwirrung und Chaos führen.

Sobald wir die Dringlichkeit dieser Notwendigkeit erkennen, können wir handeln, ohne auf andere zu warten. Wir wissen vielleicht nicht die richtigen Worte oder sind ohne festen Plan. Doch wir wissen, daß es an der Zeit ist, das Wissen, das wir haben, und die es hervorbringende Dynamik neu zu überdenken und neu zu bewerten.

Indem wir den ersten Schritt tun, laden wir bereits eine neue Dynamik ein. Die Triebkraft der Zeit, wie sie sich jetzt entfaltet, ist zu machtvoll, als daß sie sich anhalten oder umkehren ließe, doch wir können mit einer anderen Zeit Berührung aufnehmen, einer positiveren und grundlegenderen Zeit. Wir können Wissen in Richtung auf eine andere Seinsweise dirigieren.

Übung 25 Erleuchtendes Wissen

Stellen Sie sich vor, Ihr Leben entfalte sich in eine positive Richtung, es bewege sich zu immer größerer Lichtheit. Da Licht durch Ihre Bewußtheit strahlt, lassen Sie es expandieren und die dunklen und schmerzhaften Seiten Ihres eigenen Lebens wie auch die dunkle, chaotische Verwirrung menschlichen Leidens berühren. Stellen Sie sich vor, alle Probleme und Sorgen seien gelöst und kehrten nie mehr zurück.

Indem ›leichter‹ zu Licht führt, verwandeln Schönheit und Freude die Erfahrung für Wesen aller Orten. Sämtliche Erscheinung kann die Ganzheit des Wissens beherbergen. Das Sein bietet uns seine Freundschaft und inspiriert uns zum günstigen Augenblick. Der Geist wird klar, und unser Entschluß, nicht ins Dunkel zurückzufallen, wird unerschütterlich. Es ist nicht nötig, sich zu beeilen oder sich zu sorgen, sich Lösungen auszudenken, die Hand auszustrecken oder einzugreifen – nicht einmal loszulassen.

Wenn Sie dieses Bild ganz und gar und aufrichtig positiv sein lassen können, werden Sie in die Gegenwart von Wissen einrücken als ein Meister des Wissens. Sie werden selber sehen, daß Wissen nicht besessen, beschränkt oder vermindert werden kann, selbst wenn es im Denken oder in der Erfahrung dieses oder jenes Individuums zu Tage tritt.

Während Sie diese Vision von Wissen in Zeit und Raum entwickeln, was hält Sie zurück? Welche Ängste tauchen auf? Ergründen Sie, wie solche Ängste die Geschichten prägen, die Sie erzählen, und seien Sie entschlossen, weiterzuforschen, bevor diese Ängste die Möglichkeit haben, die Triebkraft des Wissens zu kappen. Lösen Sie sich vom Sich-Sorgen, vom Warten und Erwarten; lösen Sie sich von Interpretationen, die versuchen, aus dem, was geschieht, klug zu werden. Lösen Sie sich von dem Glauben, es werde sich jemand Ihrer annehmen oder sich kümmern um das, was zu tun ist. Erlauben Sie dem Wissen einfach zu wissen.

Kommentar 25

Wissen in seinem Zutagetreten ist mehr als nur ein Wort; viel mehr als nur ein Begriff. Wenn Sie loslassen *ins* Wissen *hinein*, ohne vorgefaßtes Urteil oder Verlaß auf Voraufgegangenes, dann können Sie die Kraft des Positiven aktivieren. Eingestimmt auf die einzigartige Fügung des umfassenden Weges, kann Wissen Herz und Geist befreien und Klarheit und Vitalität bringen. Es kann den Weg bereiten für Liebe und Mitgefühl und jegliches Heilsame.

Jenseits dieser Transformationen liegt die neue Verfügbarkeit von Erscheinung. In dieser Verfügbarkeit präsentiert sich die Zukunft. Wir berühren unbekanntes Wissen und entdekken, daß wir sehr nahe an universeller Zeit leben. Wie Helden des Wissens können wir ein selbst-erhellendes Modell der Meisterschaft ins Werk setzen.

Insofern wir die Welt unbekannter Wissensfähigkeit bewohnen, nähern wir uns dem Lebenswandel derer, die in der Vergangenheit Wissen weitergetragen und seine Anwesenheit für die Zukunft bewahrt haben. Dies ist kein Taschenspielertrick der Einbildung. Insofern wir im Wissen verweilen, gestatten wir es der Zeit, eine Wahrheit jenseits des Besitzens zu offenbaren, eine unverlierbare Freude, ein Wunder, das stets greifbar nah ist.

Wenn wir uns sorgen, wir seien nicht diejenigen, die vorangehen sollen, untergraben wir nur die Kraft des Wissens. Wir können an unserer eigenen Stärke zweifeln, doch wir können gleichwohl handeln. Offen für Wissen können wir mit anderen gemeinsam vorangehen.

Vielleicht ist es nicht so schwierig, wie wir es uns vorstellen. Das Licht des Wissens ist in jeder Wahrnehmung, jeder Erscheinung, in jedem Augenblick verfügbar. Hier und jetzt können wir in der Grenzenlosigkeit der Offenheit und in der Gegenwart von vollkommenem Wissen leben. Wir können eine goldene Zeit – eine heilige Zeit – betreten und den Schatz des Lebendigseins in die Verkörperung tragen.

Wenn wir darauf beharren, konventionelle Sichtweisen aufrechtzuerhalten, wird all dies Gerede sein: fruchtlose Spekulation und unbewiesene Hypothesen, Ammenmärchen für das Kind, das sich nach etwas Größerem sehnt als dem Trott des Alltags. Doch warum sollten wir mit solchen eingefahrenen Urteilen vorlieb nehmen? Wir alle sind Experten in Negativität;

wir alle wissen, was nicht funktioniert. Wer von uns ist mit der Alternative vertraut? Sollten wir unser Nicht-Wissen uns den Weg versperren lassen, noch bevor wir überhaupt aufbrechen? Was wäre der Sinn davon?

Es ist keine Gefahr verbunden mit dem Bestreben, Wissen ins Werk zu setzen. Wir werden nicht dazu aufgefordert, jemandes anderen Doktrin auf Treu und Glauben zu übernehmen oder unsere eigenen Werte aufzugeben. Der Weg des Wissens ist ein Weg der Unabhängigkeit. Es ist unsere Art, die wir entwickeln; unser Wissen, auf das wir uns verlassen; unser Gewahrsein, das wir achten. Der einzige Lehrer, den wir brauchen, ist hier; das Licht der Erforschung und des Erkennens ist verfügbar. Was hält uns davon ab, uns auf den Weg zu machen?

Wenn wir Seele, Herz und Geist des Grenzenlosen Körpers hochhalten, dann nähren wir unseren größten Schatz als menschliche Wesen. Mit Leben und Intelligenz begabt, besitzen wir Fähigkeiten, die uns von Felsen und Bäumen, von Tieren und anderen Formen des Lebens unterscheiden. Wir können uns umfassender öffnen und Schätze des Wissens aufnehmen. Wir können es dem Wissen selbst gestatten, sich, dynamisch und einzigartig, grenzenlos zu öffnen.

Das Wissen, das unsere Erforschung enthüllt, gehört nicht jemand anderem. Es gehört auch nicht uns, und es ist vielleicht nicht zugänglich als ›unser‹ Wissen. Dennoch können wir Teilhaber des Wissens, Freunde des Wissens, Liebende des Wissens sein. Indem wir uns auf unseren eigenen Geist, unsere Sinne und unsere Gefühle stützen, können wir das Herz des Raumes öffnen und die Tiefe der Zeit betreten. Was als Idee beginnt, enthüllt seine Verfügbarkeit im Mittelpunkt von allem, was ist. Indem sich die Größe des Positiven ausdehnt, tritt das Gesamt der Erfahrung ins Licht. Ungehemmt und frei tritt das Wissen uns zur Begrüßung entgegen und fordert uns mit sanftem Lächeln zum Mittun auf.

Register

Weitere Bücher von Dharma Publishing Deutschland

TARTHANG TULKU:
Befreiendes Wissen – Zeit zur Veränderung
Eine Vision menschlicher Freiheit und eine herausfordernde Reise in unsere Bewußtheit, die die in uns liegenden unbegrenzten Fähigkeiten zu Wissen wachruft. ›Ein meisterhaftes Buch der Synthese von Herz und Verstand‹. (Prof. Michael von Brück)
Münster 1992, 390 Seiten, DM 39,80

TARTHANG TULKU:
Geschicktes Wirken – Arbeit erfolgreich meistern
Erfolgreiches Arbeiten bringt unsere Fähigkeiten und unsere Intelligenz zur Entfaltung. Über achtzig Übungen, die uns bei der Arbeit begleiten, zeigen auf, wie wir mit Freude, Enthusiasmus und tiefer Befriedigung arbeiten können. Arbeit wird zu einem Weg der Verwirklichung und Transformation.
Münster 1994, 268 Seiten, DM 32,80

TARTHANG TULKU:
Wege zum Gleichgewicht
Das Buch beschreibt, wie wir gerade in unserer heutigen schnellebigen Zeit zu innerer Ruhe, Klarheit und individuellem Glücklichsein finden können. In einer warmen offenen Sprache, teilweise in Dialogform, führt dieses Buch in das tiefgründige Wissen der tibetisch-buddhistischen Nyingma-Tradition ein. Wir lernen, Bewußtheit zu entwickeln, schöpferisch mit Gedanken und Emotionen umzugehen und unsere geistigen, emotionalen und physischen Energien auszugleichen. Es öffnet uns den Weg zu einer ausgeglichenen Seinsweise, die in jedem Augenblick verfügbar ist.
Münster 1997, 196 Seiten, DM 29,00

TARTHANG TULKU:
Offene Bewußtheit
Meditation zeigt sich als ein Weg, unser Bewußtsein dem Reichtum der Erfahrung zu öffnen. Ein praktischer Zugang, um Bewußtheit zu entwickeln, die Grenzen unseres Selbstbildes zu überwinden, Konzentration zu stärken und unsere Lebensweise heilsam zu gestalten.
Münster 1992, 194 Seiten, DM 25,90

Tarthang Tulku (Hrsg.):
Die Drei Juwelen – Buddha, Dharma und Sangha
In einer klar verständlichen Sprache werden wir in die Bedeutung von Buddha, Dharma und Sangha eingeführt. Das Buch stellt die grundlegenden buddhistischen Lehren vor und gibt einen Überblick, welche Ausprägung der Dharma in unterschiedlichen Kulturen und zu verschiedenen Zeiten angenommen hat.
Münster 1996, 257 Seiten, DM 45,80

Padmasambhava:
Die Legende vom großen Stupa
Die legendäre Entstehungsgeschichte des großen Stupa bei Kathmandu in Nepal handelt von Inkarnation, Hingabe, Niedergang und Neubeginn. Eine Terma-Schrift von Padmasambhava an Yeshe Tsogyal.
Münster 1993, 75 Seiten, DM 22,00

Lama Govinda:
Einsichten eines Pilgers im Himalaya
Aufsätze über Buddhismus, Kunst und Dimensionen der Spiritualität, die Lama Govinda im hohen Alter schrieb; u.a. Pilger und Klöster im Himalaya, Buddhistische Kunst und Architektur, Die Acht Formen von Guru Padmasambhava, Die Bedeutung von Mantras im Vajrayana.
Münster 1993, 195 Seiten, DM 25,90

Demnächst erscheinen:

Tarthang Tulku (Hrsg.):
Schritte auf dem Diamantweg
„Schritte auf dem Diamantweg“ ist eine exzellente Einführung in den Vajrayana Buddhismus anhand von drei Schwerpunkten: Übertragungslinie, traditionelle Lehren und Lehren für den Westen. Die Übersetzungen von alten Meistern wie Paltrul Rinpoche, Longchenpa und anderen sowie die Artikel von Tarthang Tulku Rinpoche illustrieren die Relevanz dieser alterhrwüdigen Lehren für unsere heutige Zeit. In einer einfachen und ansprechenden, auf wissenschaftliche Terminologie bewußt verzichtenden Sprache verfaßt, ist dieses Buch besonders gut geeignet, dem westlichen Menschen buddhistisches Gedankengut näher zu bringen.

TARTHANG TULKU:
Innere Kunst der Arbeit – Ein sanfter Weg zum Erfolg
In der Arbeit können wir die Zufriedenheit und Erfüllung finden, die das Leben wirklich lebenswert machen. Doch heutzutage hat Arbeit für die meisten ihre inspirierende Kraft verloren. Das Buch zeigt auf, wie wir die Freude am Arbeiten wiedergewinnen und uns den Reichtum unseres inneren Seins in allen unseren Handlungen erschließen können. Jede Erfahrung wird zu einer Herausforderung, die uns einlädt, gemäß unserem ganzen menschlichen Potential zu leben und zu arbeiten.

Reihe: Jataka Geschichten für Kinder erzählt

Die Jataka Geschichten haben ihren Ursprung in jahrtausendealten Erzählungen Asiens. Als Tierfabeln zeigen sie, wie die Kraft von Mitgefühl und Weisheit jede Situation verändern kann. Für Kinder von 3 - 8 Jahren. Mit Seiten zum Ausmalen. – Bisher sind erschienen:

Das kleine Kaninchen und die Angst
Die Angst eines Kaninchens bringt viele Tiere in Gefahr. Ein weißer Löwe rettet die Tiere.
26 Seiten, broschiert, DM 18,50

Gute Freunde sind viel wert
Eine Falkenfamilie lernt den Wert der Freundschaft kennen.
28 Seiten, broschiert, DM 18,50

Der Papagei und der Feigenbaum
Ein Papagei wird in seiner Treue zu einem Feigenbaum auf die Probe gestellt.
28 Seiten, broschiert DM 18,50, gebunden DM 28,50

Dharma Publishing Deutschland
Wilhelmstraße 28 · D-48149 Münster
Telefon: 0251-296247 · Telefax: 0251-272710
e-mail: NyingmaD@aol.com